门德斯传

世界上最好的生意人

[西]米格尔·奎斯塔·鲁维奥 [西]乔纳森·桑切斯·莫拉 著
孟鼎博 汪俊成 译

LA CLAVE MENDES

台海出版社

图书在版编目（CIP）数据

门德斯传：世界上最好的生意人 /（西）米格尔·奎斯塔·鲁维奥,（西）乔纳森·桑切斯·莫拉著；孟鼎博, 汪俊成译．-- 北京：台海出版社，2017.12

书名原文：LA CLAVE MENDES

ISBN 978-7-5168-1612-7

Ⅰ．①门… Ⅱ．①米… ②乔… ③孟… ④汪… Ⅲ．①豪尔赫·门德斯—传记 Ⅳ．① K835.525.47

中国版本图书馆 CIP 数据核字（2017）第 256120 号

版权合同登记号：01-2017-6788

本书为引进版图书，为最大限度保留原作特色，尊重原作者写作习惯，故本书酌情保留了部分外来词汇。特此说明。

门德斯传：世界上最好的生意人

著　　者 |（西）米格尔·奎斯塔·鲁维奥　（西）乔纳森·桑切斯·莫拉
译　　者 | 孟鼎博　汪俊成

责任编辑 | 刘　峰　　策划编辑 | 张　盼　王　玥
封面设计 | 主语设计　　责任印制 | 蔡　旭

出版发行 | 台海出版社
地　　址 | 北京市东城区景山东街 20 号　邮政编码：100009
电　　话 | 010 — 64041652（发行，邮购）
传　　真 | 010 — 84045799（总编室）
网　　址 | www.taimeng.org.cn/thcbs/default.htm
E — mail | thcbs@126.com

印　　刷 | 北京嘉业印刷厂
开　　本 | 710 毫米 × 1000 毫米　1/16
字　　数 | 320 千字
印　　张 | 24.25
版　　次 | 2017 年 12 月第 1 版
印　　次 | 2017 年 12 月第 1 次印刷
书　　号 | ISBN 978-7-5168-1612-7
定　　价 | 69.80元

童年时的门德斯已经开始用电话聊天

门德斯（坐）在校园戏剧中扮演一名膝盖受伤的病人，旁边是他的朋友保罗·劳伦佐（左）

门德斯在骑自行车

门德斯（右三）和同学们在一场学校聚会中

门德斯（右一）在石油公司足球队中

门德斯（前排右一）在石油公司足球队中

门德斯一家：曼努埃尔、玛利亚以及他们的孩子豪尔赫（左二）和小曼努埃尔

门德斯（中）和他的双亲领取来自《球报》的奖项

门德斯和母亲玛利亚在颁奖典礼上

门德斯（左）和平托·达·科斯塔展示洲际杯奖杯

门德斯与保罗·费雷拉（右）和蒂亚戈（左）一起庆祝抵达切尔西

BARCLAYS

从左至右依次为：门德斯、阿布拉莫维奇、肯扬和穆里尼奥，四人一起庆祝切尔西夺得联赛冠军

C罗在曼联的第一天，门德斯（左一）与弗格森（左二）、柯雷亚（右一）一起合影

门德斯（左）、弗格森爵士（中）和C罗（右）合影

门德斯（右）和皇马中卫佩佩在一起

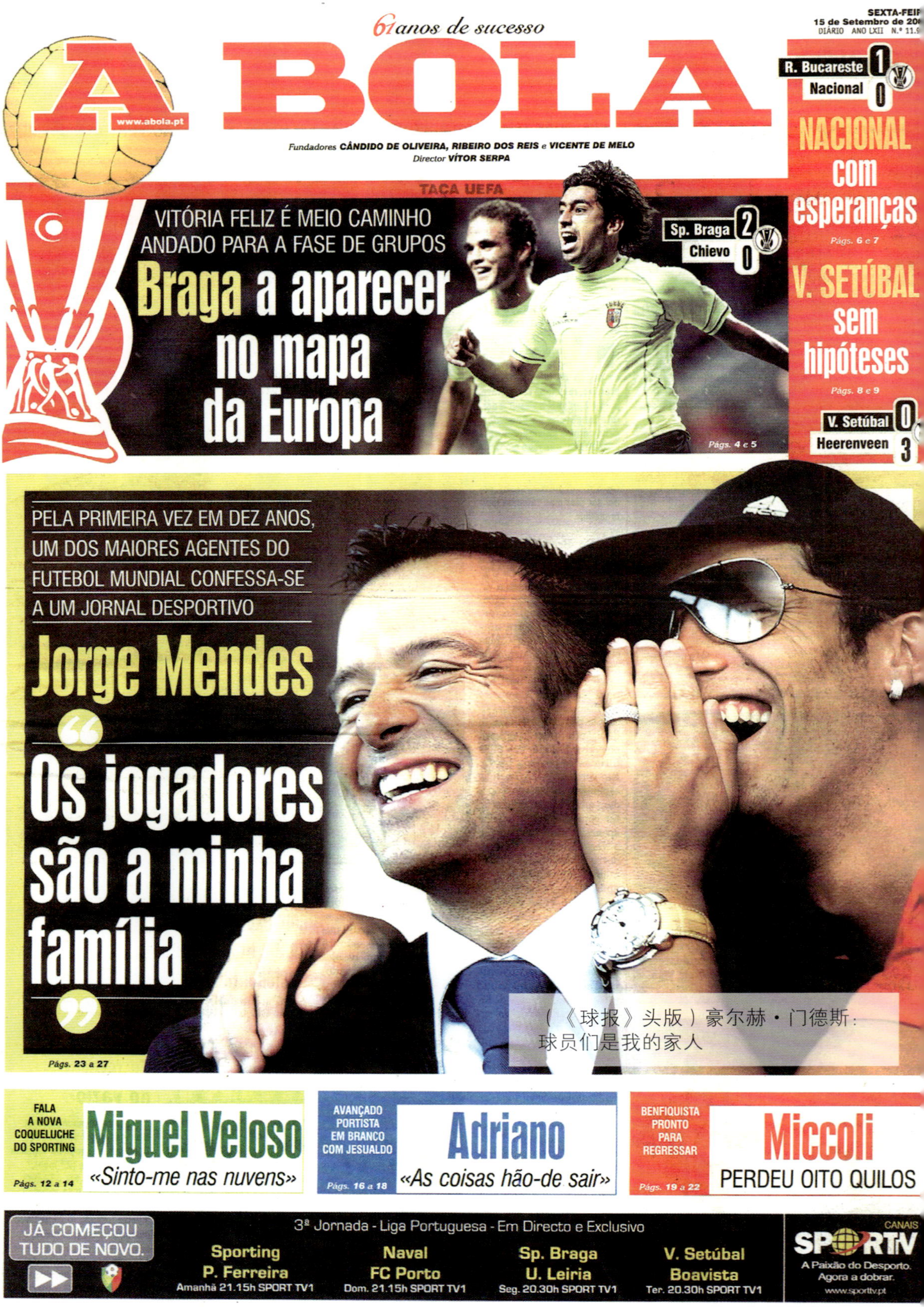

SEXTA-FEIR
15 de Setembro de 20
DIÁRIO ANO LXII N.º 11.9

NACIONAL com esperanças

Págs. 6 e 7

V. SETÚBAL sem hipóteses

Págs. 8 e 9

V. Setúbal 0
Heerenveen 3

TAÇA UEFA

VITÓRIA FELIZ É MEIO CAMINHO ANDADO PARA A FASE DE GRUPOS

Braga a aparecer no mapa da Europa

Págs. 4 e 5

PELA PRIMEIRA VEZ EM DEZ ANOS, UM DOS MAIORES AGENTES DO FUTEBOL MUNDIAL CONFESSA-SE A UM JORNAL DESPORTIVO

Jorge Mendes

“Os jogadores são a minha família”

Págs. 23 a 27

（《球报》头版）豪尔赫·门德斯：球员们是我的家人

FALA A NOVA COQUELUCHE DO SPORTING

Miguel Veloso

«Sinto-me nas nuvens»

Págs. 12 a 14

AVANÇADO PORTISTA EM BRANCO COM JESUALDO

Adriano

«As coisas hão-de sair»

Págs. 16 a 18

BENFIQUISTA PRONTO PARA REGRESSAR

Miccoli

PERDEU OITO QUILOS

Págs. 19 a 22

门德斯（左一）捧着C罗赢得的金靴奖

football

门德斯（左）、C罗（中）和弗格森爵士（右）展示C罗在2008年夺得的第一座金球奖奖杯

2009年7月6日，C罗第一次作为皇马球员亮相，与弗洛伦蒂诺（左）和门德斯合影

2010年5月31日，穆里尼奥（左）、佩雷兹（中）和门德斯（右）在马德里出席年度教练颁奖典礼

C罗、门德斯（中）和穆里尼奥（右）展示2010年年度最佳教练员奖杯

米格尔·安吉尔·吉尔帮助法尔考转会马德里竞技

门德斯（左）和伦多伊罗与努诺·埃斯皮里图·桑托合影，门德斯帮助葡萄牙门将去瓦伦西亚执教

瓦西里耶夫、弗洛伦蒂诺、门德斯（左三）和哈梅斯·罗德里格斯在马德里庆祝哥伦比亚球星的到来

法比奥·科恩特朗（左二）来到皇马的第一天，球员的左手边是路易斯·费利佩·维埃拉，右手边是弗洛伦蒂诺

鲁伊·帕特里西奥，里斯本竞技和西班牙国家队的球员，也是门德斯的客户

里卡多·夸雷斯马——波尔图队和葡萄牙国家队的大师级球员

威廉·卡瓦略——里斯本竞技和葡萄牙国家队的伟大球员之一

门德斯（左）和“球王”马拉多纳

2012年5月，葡萄牙政府授予门德斯体育功勋奖章，颁奖仪式上门德斯喜极而泣

曼努埃尔在端详门德斯佩戴的勋章

勋章授予仪式当天，门德斯（后排左六）与热斯蒂夫特的员工们一起合影

门德斯（左）和尤西比奥在一起

门德斯（中）和弗格森（左一）、穆里尼奥（左二）、法比奥·卡佩罗（右二）会谈

门德斯出席迪拜的新闻发布会

门德斯（右）和弗洛伦蒂诺·佩雷兹（左）与林荣福（中）的合影

2014年1月，葡萄牙球员C罗获得金球奖，颁奖典礼上门德斯（左一）、瓦西里耶夫（左二）、C罗和摩纳哥的主席雷博诺夫列夫（右一）合影留念

门德斯和C罗在一场网球比赛之后

门德斯和妻子桑德拉

游泳和水上摩托：门德斯在水中怡然自得

2014年C罗第二次获得金球奖后，
与门德斯合影

献 词

献给我们的家庭，献给热斯蒂夫特，

特别献给桑德拉和豪尔赫。

感谢你，教父，感谢你帮球员们实现梦想。

生活中没有不可能，工作、勤奋和诚信会让你得到一切。

推荐序

四个手机的门德斯

西方文化里的乌托邦，和中国传统文化中讲述的世外桃源，一个相同之处，就是人人都有着明确的社会定位，都有着各自清楚的社会分工，属性明晰、范围固定。在老子的极致理想社会里，“小国寡民……邻国相望，鸡犬之声相闻……老死不相往来”。

可是这人世间从来都不会不变，老死不相往来，只是永不存在的静态。现实就像时间，每一秒每一分都在往前走。向前未必就是进步，但不停步是必然。这流动的过程中，彼此交流的动态，才是社会真相。交流得当，是为交融，而能融合；交流失当，是为断裂。而不同的溪流洪流海流，又会择路奔流，就像肆虐千年的黄河，故道今道，最终还是会找到相通相融的道路。

这样的人间，有趋同大势，大势之下，顺理成章的聚合总会发生。可真正推动这些交融的人，抑或在交融发生前那一刹那，能跳跃到浪尖风口，踏波驾涛，就是世俗意义上的成功者。或者也是世俗眼光中的取巧者。

不论你是羡慕他的成功，还是腹黑他的取巧，豪尔赫·门德斯都是门德斯。一个以一己之力，定义了一个极其特殊细分行业的特殊个体。一个不识其人只知其名时，常会被另眼相看，甚至引来太多骂名的长袖善舞者；一个亲识其人后，往往引之为友为臂助，专业而勤奋的桥梁人物。

门德斯定义了足球经纪人这个特殊行业。他早已不是一个人在战斗。他的经纪公司，早就是这个世界上规模最大也最专业的体育经纪公司，汇集的人才，以市场价值定义在10亿欧元上下。然而他给这个行业带来的影响，恰恰符合沟通交融的社会大势。他是一个斡旋者，一个双赢多赢的机会主义者。他是一座桥梁。

而且他才刚刚年过半百。在一个kidult时代，这是事业成熟期的年龄。他的公众人设，往往被简单处理为一丝不乱的发型、随时都有三个不同手机在切换使用。但我采访C罗时，门德斯的头号粉丝告诉我说："豪尔赫身上一般有四台手机。"C罗甚至还开玩笑说过，门德斯"一天有20个小时在打电话"。

这个已经被放大得不行的足球人物，却从来不是能在球场上见证其直接功力的。门德斯是谁？他的成功轨迹和成功原因是什么？如何评价他的成功？这样的话题，在极度势利的英文世界里，找不到答案——穆里尼奥不止一次，用snobbish这个词汇，来描述所谓世界主流的英文环境，是如何对待他们拉丁族群的。我很有幸，和一些葡萄牙同行交流，得到过他们直接的反馈：

在葡萄牙，豪尔赫·门德斯是一个巨大的成功典范，一个绝对的励志故事。资深记者鲁伊·马托斯·佩雷拉的评论，首先是肯定门德斯的专业性。"从一个像我们这样小的国家，能给世界足球提供最好的球员C罗、最好的教练穆里尼奥以及最好的经纪人门德斯，这是我们巨大的骄傲。"佩雷拉说道，"而且一个能将贝贝高价卖给曼联的人，最终还没有和弗格森爵士反目成仇，已经足够说明他的专业能力了。"

贝贝这桩转会案……当然，这并不是最高光的门德斯交易，一如他和英超俱乐部的第一桩交易：像这本传记中提到的，将维亚纳从里斯本竞技卖到纽卡。不过专业性，是门德斯能在近20年从业经历里，由小商人变身为超级经纪人的安身立命根本。他能帮助球员、俱乐部，足球市场交易的不同利益方快速高效达成目的。门德斯操作的交易，并不是完全成功，也会有贝贝这样的案例，但专业可信的口碑名声，让他在这个行业内游刃有余。

Snobbish的英文语境，歧视经纪人或任何中间商，内里带有贵族精英阶层和劳工阶层，对商业互通的天然不信任。在重商主义环境出现这种态度，可见其社会性格之纠结。而英国恰恰是足球经纪人最多的国家。在国际足联取消足球经纪人注册制之前，全球60%的足球经纪人来自英国。同业恶意竞争，更让足球经纪人背上了所谓“5%先生”这样不劳而获的骂名。

门德斯成功的第二条，是他往往不仅是一个经纪人。C罗称之为教父，那种真挚情感，去看看C罗前几年那部自传电影，就能得到充分感知。那部电影里，门德斯只要出现，也总是在打电话的，可他和C罗之间的关系，完全是家庭亲人的感觉。

C罗只有一个，门德斯不可能不重视。但他在1997年，开着夜总会自己做DJ时，经手的第一桩转会，帮助的是门将努诺。努诺对他的评价：“他不仅是我的经纪人。豪尔赫是我的朋友，重要的时候他总在我身边，哪怕我们从未签订过合司。”

门德斯在所有的采访中，谈到自己的球员时，都称之为“我的家庭”。这里当然会有C罗、德赫亚、J罗、法尔考、迪玛利亚、迭戈·科斯塔们，也会有你我或许早就忘却的巴西人安德森、维亚纳、贝贝，乃至说过“没有豪尔赫，或许我现在是个水手”的科恩特朗。

他的足球经历，在成为经纪人之前，绕了一个大大的圈，没有成为职业球员的可能、没有相关人脉关系，然而这样一个情商极高、未必事事按照哈佛商学院商业逻辑行动的拉丁男子，一旦进入这个领域，桩桩交易，直接在他身边聚拢。各种俱乐部豪门坚城，就像多米诺骨牌一般，在他面前倒下。1997年随即帮助名不见经传的科斯蒂尼亚从葡萄牙二级联赛转会摩纳哥，让他正式起步。2002年以850万英镑帮助19岁的维亚纳转会纽卡，让他进入了英超。

令人尊敬的足球调查记者大卫·科恩，做过一段统计：在2001年到

2010年，葡萄牙传统三强波尔图、里斯本竞技和本菲卡的所有转会，68%和门德斯相关。他作为推手，将葡萄牙足球推向了欧洲一线。他的发展和蔓延，更让他在西甲、英超、法甲以及拉丁美洲的各大联赛，成为了标杆一般的足球交融人物。

但这并不是一个漫威漫画里的黑帮老大。葡萄牙人称之为“葡萄牙式的美国梦”。越来越多的足球俱乐部乃至球员都意识到，和门德斯建立合作，是有价值的，“因为他的全球网络，很可能在某个时间让你的球员找到一份更好的工作，或者帮助你的俱乐部快速找到一个解决方案。”

他的工作重心也在逐渐转移，在自己的团队逐渐成型后，他更是充当了一个打开各种关系的破冰者，不论是逐渐打开中国大门，还是争取迪利·阿里、莫拉塔，拢聚更多90后才俊。和一些俱乐部合作关系过密，像瓦伦西亚，带来过各种争议，不过米德尔斯堡升入英超、狼队在英冠竞争力上升，都和他巨大的人脉与知识积累相关。能完成这一切，都和他四个手机相关，这是门德斯成功的第三条因素：绝对的勤奋。

他勤奋到了令人咋舌的地步，这本传记绝对是你走进一个神奇个体的捷径。例如书中提到，他第一次去和弗格森见面，前往机场，自己的保时捷撞上卡车，宁可不顾身体放弃治疗，也要准时出现在曼彻斯特，而老爵爷还不知道门德斯是这么来的……例如他在2010年国际米兰和拜仁慕尼黑，欧冠决赛前夜，已经拿到了穆里尼奥和皇马的合同，兴冲冲地想告诉穆里尼奥这个好消息，结果被精神高度集中的“魔力鸟”轰走……例如18岁的C罗被曼联签下，喜不自胜，想要和门德斯庆祝，但门德斯拿着手机转背就进入了另一个项目的工作中……

能成为门德斯，成为一个足球交融者，他的天赋，可能是他身上最大的、难以全部公示的秘密。不过专业执着、真挚诚恳和绝对勤奋，有了这些，你可能不需要四个手机，也能获得成功。

颜强

序

我的足球之父

自我的职业生涯伊始，就结识了豪尔赫·门德斯。他用他的勇气、诚信和专业，把我从无名的后辈提携到了如今的高度。门德斯言出必行，正因如此，他成了我生命中的基石，是让我有如此辉煌成就的最重要的一环。他就像我的家人一样，我从心底感激他，在足球方面没人比他给予我更多的帮助。

对于我来说，门德斯亦兄亦父，我们的关系就像家人一般亲密。在家中，我们可以肆无忌惮地开玩笑，一起在泳池里游泳……这些场景屡见不鲜，好像他不是我的足球经纪人，而是我的好友，我们还会分享各自家庭的情况。换句话说，我们的关系非比寻常。

门德斯和我一样都是足球痴，我相信这本书的读者也会好奇他工作的巨大成就，这本传记会让你有独一无二的机会走近门德斯。如果以数据形式阅读他近十年的成就，你会疯掉的。提供数据的不是我，是他的客户们——葡萄牙的那些俱乐部。国际俱乐部里还有皇家马德里、曼联和摩纳哥等队伍，简直不可思议。因此，我认为他是一个现象级人物，在他的领域中无人能出其右。他诚实且专业，和各大俱乐部都有着良好的关系。对于我来说他是一个顶天立地的人，我希望他能延续现在的辉煌。

我确定，读者翻开这本书后，会发现一个独一无二的门德斯。从他身上，你能看到一个人的努力会把他带到怎样的高度。门德斯非常勤奋、专业且善良。我确定这本《门德斯传》会取得巨大的成功，它的问世能让更多不认识门德斯的人产生对世界上最伟大经纪人的浓厚兴趣。在阅读的同时，读者能够发现他的人格魅力、专业素养和乐于助人的性格，不知多少次他通过各种机会把那些有潜力的运动员送上了高峰；更帮助过很多的教练、总监和球探。门德斯把机会分发给所有人，虽然能否抓住机会取决于个人，但他会为所有人提供机会。不过有可能的话，我希望他能别那么拼命。他已经是世界上最好的经纪人了，我也非常替他高兴。

我们的未来？如果在我的足球生涯结束后，有份去好莱坞发展的合同放到门德斯案前，我们会毫不犹豫地签约。但他属于足球的世界。他比任何人都热爱足球，我从未见过一个人能在足球的世界中如此陶醉。他想获取一切有关足球的讯息：观看比赛或考察球员都让他甘之如饴。每场比赛后，他都乐于和我讨论他看到的一切。他也喜欢和足球人打成一片。总而言之，我想和各位分享我这位亦父亦兄、在我生活中举足轻重的至交——豪尔赫·门德斯——的故事。

克里斯蒂亚诺·罗纳尔多

目 录
CONTENTS

一 豪尔赫·门德斯——筑梦家

“你想去哪儿踢球？”

带马甲的定制西装、优雅的领带、锃亮的皮鞋、迷人的香水，还有一丝不苟的短发；一只手里握着三部手机，另一只手不断地整理着耳后的头发——这就是1966年1月7日出生在里斯本的豪尔赫·门德斯，世界上最好的经纪人。但是这些还不足以体现出他身上令全世界足球俱乐部主席和球员们最为欣赏的一样“兵器”——他的眼光。这双眼睛从芸芸众生中发现了无数明星：C罗、法尔考、穆里尼奥、迭戈·科斯塔和哈梅斯·罗德里格斯。他的双眼能看穿一个人，这也是他和普通商人们最为不同的一点。门德斯这样定义自己：“我和数百万勤奋工作的人一样，用热爱的态度投身到我的事业中。”当你真诚地看着他时，他会卸下那身高精尖人才的伪装，露出掩藏在下面的那个爱开玩笑的葡萄牙小男孩的身影，喜欢和别人开玩笑。他从不用高谈阔论赢得人心，他的秘密武器是他的微笑和勤奋的工作态度。他在球员交易中无可挑剔的工作为他带来了无数荣誉，其中有葡萄牙本国的荣誉杰出体育人奖和迪拜评出的足球商业界的最高奖项——世界最佳经纪人奖，2010年、2011年、2012年、2014年和2015年他都拿到了该奖项。在2013年让奖项旁落后，2014年他又重新夺回了这个奖项。2014年夏天，《财经时代》杂志刊登了一篇有关门德斯的文章，标题为——“豪尔赫·门德斯，足球精英背后最有权势的经纪人”，这篇文章中写道：“他有着一种不寻常的力量，能够在转会市场上呼风唤雨。”在2015年夏季转会窗口开启期间，《福布斯》杂志称他为足球世界里最有实力的经纪人。

“你想象不出我的生活。”这是他最广为传颂的一句话，事实的确如此。不过我们确切知道的是，他就算是在吃饭的时候都在接电话，很少有人能经受住他每天所承受的压力。因为门德斯每天要考虑的比其他100名经纪人加起来的事务都多。他需要去关心球员的生活，甚至还要关心他们的家人。门德斯的大脑在以异于常人的模式飞速运转，他能记得住所有的数据、短信和来电等。他总是忙到没时间做任何事，但他做任何事的时候都有时间。这话看似矛盾，但其实很准确。如果有一通电话没接到，他就会记下来，现在或者过后一定要拨回去。他经常会拒接别人的电话，自动回复说“一小时后打给我”或“明天打给我”，有时候却直接打给你说：“我现在回你电话。”这不是在逃避责任，而是管理时间的艺术。事实上，他说过的话就是一个承诺，“我让你之后打给我，可是你没有来电，你想问什么？”门德斯和俱乐部签订合同只是因为规矩使然，他的话远比纸上的签字更有效力。你和他握过手，那合同就签好了。

这样的一幕每年都在上演，他的手来来往往不知握过多少人。就像这本书中很多人说的那样，门德斯是一个信守承诺的人。握手这一幕在太多人的办公室里上演，比如说皇马主席弗洛伦蒂诺·佩雷斯、斯坦福桥的老板罗曼·阿布拉莫维奇、波尔图的平托·达·科斯塔、埃菲尔铁塔下的巴黎圣日耳曼主席纳赛尔·阿尔－赫拉伊夫，或是蒙特卡洛的雷波诺列夫和他的助手瓦西里耶夫。就在2013年的夏天，门德斯在短短数天内就完成了1.3亿欧元的交易（法尔考、J罗、穆蒂尼奥、法比尼奥、卡瓦略……）。2014年的夏天可能是门德斯职业生涯的巅峰，打破了所有的纪录。这个夏天，门德斯的名字又一次响彻欧洲。23岁的哈梅斯·罗德里格斯以8000万欧元的身价加盟皇马。迪玛利亚加盟曼联，身价高达8400万欧元，成了西甲联赛卖出的最贵球员。他的交易也是皇马有史以来单次收入最多的一次，更是英超的最大手笔引援。门德斯为英超带来的强援不止于此，法尔考在转会窗口关闭的那一天加盟曼联，还有迭戈·科斯塔以3800万欧元的身价转投穆里尼奥麾下。门德斯还完成了另外一些重要交易，诸如把曼加拉送到了曼城；替瓦伦西亚送走了努诺、戈麦斯和费利佩·奥古斯托，并为瓦伦西亚带来了罗德里格；为波尔图带来了新援洛佩特吉；又帮助他挚爱的拉科鲁尼亚竞技签下了卡巴雷罗、法里尼亚、波斯蒂加和西德内。2015年，门德斯的转会额又创新高。巴黎圣日耳曼花6300万欧元从曼联手中购得迪玛利亚，也让这名球员成为转会总金额最高的球员。奥塔门迪也是那个夏天的大动作，他以4500万欧元的身价从瓦伦西亚转投曼城，成了身价最高的后卫之一。豪尔赫也帮助曼联买下了前锋马夏尔。

每个转会窗口，门德斯都会让市场风云变幻。交易保证了球员的流动性，甚至有时门德斯本人都不参与其中。球员签约就会带来金钱的交易，这样足球才会有活力，门德斯也才会有活力。他不操纵市场，仅仅建立市场，市场会自己前进。球员们让足球前进，而经纪人让球员前进。门德斯转动了市场大门的把手。每年夏天和冬天，都会产生“门德斯效应”。

但是在产生这些效应之前，肯定要有前期的准备工作。球员交易会给球员的生活带来巨大的变化，他们在今后会享受巨变的快乐或承担后果。为了能让交易顺利进行，他们会去见门德斯。他们去找门德斯的原因千奇百怪，但过程都一样。第一次会面时，门德斯会简单地问球员一个问题：“你想去哪儿踢球？”在这个问题里充满着自信和责任，却又无比简单。你可以把你的愿望、梦想、想要达成的成就全部说出来。这个问题不仅仅是出于好奇，更是让回答者明白自己的梦想是什么。

除了这个谜一般的问题，球员的交易还要落到每个夏天实打实的数字上去。你会发现门德斯是一个简单、谦虚、体贴的朋友。简而言之，他就是一个普通人。他之所以会成功，是因为他百分百地投入，正如他所说：

“不要试图一天赢下全世界。”他是一名白手起家的商人，他不断地思考下一步该如何完成自己的目标。门德斯创造了一个属于自己的帝国，他总是比其他人提前一步，总是从另一个视角分析细节。年轻时门德斯遭遇了不少危机，他就是凭借这些化险为夷的。门德斯对于那些想要从一无所有完成梦想的年轻人来说，就是一个最好的教材，要投入、勤奋，并且知足。在本书中我们会讲到他成功的模式。这个配方并不神奇，也没有奇迹。C罗曾想为本书题名：“我会把这本书叫作‘奇迹创造者门德斯’。你们知道奇迹创造者吗？就是那些把球员们变成奇迹的人。”就算是奇迹，也没办法像印钞厂一样造钱。对于这些未解之谜的答案其实很简单，只要你有耐心，有决心，肯坚持。正如门德斯所说——持之以恒。我们很快就要开始一段奇妙的旅程，探寻世界最佳经纪人深藏的秘密：门德斯的秘诀。

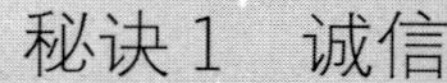

秘诀1　诚信

对于我来说，合约无价。

如果不尊重合同的话，我不会把任何一名球员带到球场上。

我在任何情况下都不会违反合约。

——豪尔赫·门德斯

Com o troféu Globe Soccer atribuído ao melhor agente do ano.

二 时代的先锋——有着谈判家天赋的小伙子

“我们去市场上卖二手货，门德斯总是卖得最多。”

1976年，里斯本的萨克街区住的还都是平民百姓。这里的孩子们喜欢在街道上嬉闹玩耍，一起踢球。街区里还有个四人小团体，成员有埃尼奥、卡洛斯、保罗和门德斯，他们四个更喜欢在房屋的阴影下凑在一起谈天说地。不知有多少个这样的下午，埃尼奥踮着脚尖隔着窗户对他的小伙伴豪尔赫喊：“卡巴纳斯！下来到广场上来场2对2啊？”卡巴纳斯是继承自他父亲的称呼。豪尔赫便“光速”般冲下楼梯来到一楼。他还记得自己总是爬过普莱西奥萨的窗户，那是一位和蔼可亲的妇人，她现在依旧住在那里，回忆起豪尔赫的时候眼里充满着欣喜。“他凯旋的时候都会吵吵嚷嚷的，他是个好小伙儿，家教也很好。我对他和他的家人可说不出什么坏话。”门德斯的父亲是一家人生活的经济支柱，他在一家石油公司做保安，母亲玛利亚则是一位全职主妇。豪尔赫·门德斯则是两兄弟中年龄较小的一个。如今95岁高龄的父亲满怀深情地为他的小儿子写下了这段话。

儿子，我对你所取得的成就非常自豪。说实话，我从未想象过你能如此光宗耀祖。好像前几天你还是我眼中的宝贝儿子，转眼间却是个顶天立地、让我感到光荣的男子汉了。说实在话，我从未期待过你会有这样的成就和运气，你的好运都是上帝的恩赐。不要走入歧途，你还有老父亲在身边，一个永远忘不掉你的父亲。感谢上苍让我成了这样一个幸福的男人。我生来卑微，可因为有这样一个我爱的，而且爱我的儿子，我感到无比的幸福。亲爱的儿子，感谢你为我所做的一切，也感谢你们夫妇给我的陪伴，我希望你们两个能永远相互扶持。儿子，要戒骄戒躁，你是如此的伟大，永远不要离开我，我很好，无须挂念。

曼努埃尔·门德斯

（摘自桑德拉为豪尔赫·门德斯45岁生日准备的书和DVD）

在和普莱西奥萨聊天的时候，我们还见到了她的女儿、女婿乌戈和侄子。乌戈说，普莱西奥萨离婚时，门德斯还特意打电话来慰问她。“他很有成就却又为人谦和，这就是他能如此成功的原因。”

他的昔日邻居们正要去何塞·阿尔瓦拉德球场观看主队里斯本竞技和波尔图的比赛。“他总是想要去帮助别人，真是个好人。”他的邻居们善意地说。这里距离他总和朋友们一起踢球的果阿广场不远。在这个小广场上，曾经矗立着门德斯自己的“球场”。他们只用两条石凳当作球门柱，就能把自己的比赛进行得不亦乐乎。

门德斯一家只有一份薪水，经济上自然稍显拮据。正因如此，他们对各种额外的收入都来者不拒，至少得付得起房租啊。“我那时还是个孩子，就经常去帮爸妈赚点儿小钱了。周末我会做点儿手工活儿。”周末，他会去卡帕利卡海岸的方特德特拉海滩卖帽子、浮标和他母亲手工做的小口袋，那儿距离里斯本不远。年仅13岁的豪尔赫经常跑遍整个地区去寻找买家，汗水经常湿透他的衬衫，为的只是能多带一些钱回家。

如今这里已经改名为石油企业街区，尽管许多老房子已经不在了，居民们还是致力于保留昔日的回忆。或许用石子和粉笔在墙上留下的印记已被洗去，可这里自由的精神永存。这里还有博巴德伦斯队——本菲卡的一支预备队，门德斯以前就在这支球队里踢球。在石油公司的俱乐部里，门德斯和另外两个朋友保罗·劳伦佐和拉亚·布加斯一起踢球。这些小伙子很走运，年仅 15 岁就能在草地上踢球了，在那个年代，只有本菲卡、波尔图和里斯本竞技之类的大俱乐部才有这样的设施。

偶像球员："他总要和最棒的人在一起。"

门德斯是本菲卡的死忠球迷，许多球员都是他的心头所爱：卡洛斯·曼努埃尔、内内、胡姆贝托、乔安·阿尔维斯、迪亚曼蒂诺、卡洛斯·摩泽和查拉纳，毫无疑问，还有葡萄牙的传奇巨星——尤西比奥。在尤西比奥逝世的那天，门德斯致辞说："他是一位超凡脱俗的球员。他永远活着，不会消逝。他会一直活在我和千千万万葡萄牙人的心中。他是如此伟大，一生从未树敌，对每个人都笑脸相待，所有人都爱尤西比奥。"

门德斯对足球的痴迷毋庸置疑。他儿时另外的一个偶像费尔南多·查拉纳对这点深信不疑。这位西班牙球星虽然个子不高，但整个欧洲没人敢小瞧他。查拉纳是一位梦幻般的球员，魔力十足，双脚能力均衡。他的绰号是"查拉尼克斯"，取自漫画《高卢英雄传》里的主角阿斯泰里克斯，他们两位都留着一样的一撮大胡子，又或许是他小小的身体里蕴含着无穷的想象力。如今查拉纳在本菲卡的训练基地工作，为年轻球员指点迷津。

门德斯的手中提着一个小塑料袋，里面藏着他的大宝藏，这是查拉纳穿过的第一件本菲卡球衣！他小心翼翼地把衣服套在了自己身上，看着让本菲卡球迷和门德斯自己目眩神迷的 10 号。查拉纳，这位被称作"巴雷罗的魔术师"的球员得知门德斯是自己的狂热粉丝后吃惊不已。"我第一次听说门德斯是里斯本的一个朋友告诉我的。可能是九或十年前吧。但我从未想到过门德斯能有今日的成就，如今他坐拥巨大的产业，我从他的偶像变成他的崇拜者了。"

在查拉纳踢球的年代，葡萄牙球员极少出国踢球。而如今这种局面正好相反，对此查拉纳很感激门德斯。“如今谁没听说过穆里尼奥或C罗?豪尔赫·门德斯也家喻户晓。这对于葡萄牙足球来说是件大好事，门德斯居功至伟。”查拉纳认为，越来越多的本菲卡出产的优秀年轻球员能出国踢球，是一种“门德斯效应”。“所有人都说如果门德斯能帮他出谋划策就好了，有关他的事迹在耳边一刻不停。绝大多数的优秀球员都逃不出门德斯的法眼，门德斯能为年轻人找到很好的出路。如果父母没钱给孩子买球鞋，门德斯还会慷慨解囊。”

当我们问及查拉纳在未来门德斯能帮他实现什么职业梦想时，查拉纳的眼神变得忧郁而严肃：“至少，我曾经想去皇马踢球，门德斯以后可能会帮我完成这个梦想吧。”

为变成马拉多纳而踢球

豪尔赫·门德斯对迭戈·马拉多纳的崇敬超过了他对任何一名球员的热爱。小时候，他通过电视欣赏着阿根廷人犹如魔术一般的控球。不过门德斯踢球的球场太简陋了，小时候也没有像马拉多纳一样专心进攻，而是把主要精力投入到了防守端。他的朋友保罗是球队的队长。“豪尔赫是一名出色的左边卫，他就是为左路而生的。不过他成不了一名巨星，尽管如此我们还是去参加了本菲卡的试训。”他在球员堆里并不出众，肌肉单薄、大腿纤细，唯一值得称道的只有他的速度。后来门德斯投身田径运动，时至今日，跑步依然是他最喜欢的健身方式。这是他常年养成的习惯，正如他每年都和保罗·劳伦佐一起庆祝生日一样。他们俩分别出生于1966年1月6日和7日，在午夜时分二人一起庆生，互相分享喜悦，也因此成了一生的挚友。从孩童时代起，他们俩就一起度过了无数难忘的时刻。保罗还保留着一张特殊的老照片，是他们俩 8 岁时拍的：保罗扮成医生，在诊治“患者”豪尔赫那假装受伤的膝盖。孩童时代的快乐就是这么简单。他们未尝饥馑，却也过得不奢华。他们玩着自制的玩具：其中最为心爱的当属那些木制的小汽车。他们畅想着美好的未来，他们是好兄弟，从未想过失去对方。“如果可以的话，他会在游戏中作弊。”布加斯说，但这也是一种技巧。在街头，门德斯常常在那些大孩子身上取得胜利。“没有人能想象到他未来会有这么大的成就，豪尔赫从小就和现在一样，跟最好的球员一队。就算领先他也不会放弃一丁点儿优势。”儿时的玩伴对当年球场的逸事娓娓道来。

但如果说什么是门德斯的特质，那便是他的机敏和灵动。像其他天才一样，门德斯会专心学习一些独一无二的技能。他思考问题的方式与众不同，也只有这样，他才能实现自己的梦想。正是由于他独特的生活经历，才成就了今日的他：与人交往的能力是他的立身之本。“门德斯非常外向。和他一起出去的话，他总是人群中的焦点。”他的朋友评论说，在这方面他无可匹敌。他在人群中能把一群素不相识的人捏合起来，而且在聚会之后能让他们像至交老友一样熟稔。他的朋友兼合伙人乔安·卡马乔总结说：“他能让奥巴马、球星、商人甚至是崇拜者们毫无障碍地在一起交谈。”这种天赋运用在门德斯的生意里无往不利。

门德斯不仅仅只是周末去海滩卖货，他每周二和周六还要去里斯本著名的拉德拉集市。门德斯和他的朋友们在那儿卖一些二手货物、旧物和衣服等。他的朋友埃尼奥经常陪他一起去。“在我们这些人里，他是最有头脑的，总能想到好主意。在拉德拉集市上，我们卖二手衣服、磁带，还有一切你能想到的旧货。门德斯总能卖出最多的东西，他天生会做生意，慧眼如炬。”这帮小伙子经常比较谁卖的货物多，门德斯永远是冠军。“我有最好的销售策略。”回忆起昔日在小市场上卖货的经历，门德斯不由得笑了起来。这也是让他在周末挣钱之余还能开心起来的方式之一。“我总是想着在白天赚最多的钱，然后能和小伙伴们吃个三明治或者喝一罐可口可乐。我觉得赚钱是我对家庭的一种承诺吧，毕竟周末我都不在家里帮忙。”门德斯说。他的另外一份工作是夏天去父亲供职的石油公司修剪草坪。“天气太热了，还没有机器，只能手工修剪草坪。我一般会工作一个月，赚一些周末出去玩或者出去度暑假的钱。”

门德斯在 18 岁那年有了第一份带固定薪水的工作。他和他的朋友卡洛斯·拉亚和布加斯在欧拉冰淇淋工厂制造、打包冰淇淋。他每天搭乘公司的通勤巴士上班，拿着 200 欧元出头的月薪，每天的工作就是把华夫饼干放到制造甜筒的机器里。布加斯现在还在这家公司担任仓储部门的主管，他说：“这是我见过他唯一一次受雇于人。他可不喜欢为别人工作，他想要自立门户。”

也正是得益于这份稳定的工作，门德斯成了这帮小伙伴里的第一个“有车一族”。“那是一辆非常旧的菲亚特 127 汽车，这辆车得补一大堆漆才能盖住原来的累累伤痕。”门德斯对这辆车感情颇深，“每次想到那辆菲亚特，我都会唏嘘不已。它是我一生中最爱的一辆车。我还有一辆雷诺，我把它停在了地下室里，如果不这样的话可能以后就没办法启动它了。”

那时，门德斯还经常和朋友们一起从里斯本乘火车到附近的城市。尽管有了车，门德斯和朋友们出去游玩的时候还是会选择公共交通。但归根结底如今是汽车的时代了，这辆老菲亚特后来被一辆雷诺 5GT 所取代，后来门德斯更是有了一辆丰田塞利卡跑车，这辆车是门德斯一段时间奋斗的动力。后来他参了军，决心去寻找属于自己的未来。

适者生存：当门德斯成为教练

门德斯天生有着变色龙一般的超强适应能力，他能随着周围的环境不断改变、生存、进化，这是他向前进步的一记妙招。每个人的生存哲学都有所不同，但对于门德斯来说，重要的只有一点：遇到问题，不要停滞不前，要去寻找适当的解决办法。“我的原则一向如此：如果你想要卖东西，就要寻找一些能让你获利最高的办法；如果你在一家公司工作，就要全力以赴去征服你身边的人，让他们信赖你。一旦到了一个新环境，就要立刻去适应它。”

为了拿一个实际一点的例子来证明这套理论，门德斯讲述了自己的军旅生涯。在军营中，小伙子们满脑子都是回家，因为在这里只有无休止的训练。门德斯在军营里过得也不愉快，但他并非一点经验都没学到。“在那种地方，你没办法逃避训练。你需要有明确的目标，去想一些美好的事物才能好好训练。你需要去适应军队的生活，这样也会对自己有所帮助。不断去尝试，尝试，尝试。我的念头就是我要把每一项活动都做到最好。”门德斯在里斯本数公里外的辛特拉山脉服兵役，当他谈到这一段岁月时，依旧怀念不已，虽然不全是美好的回忆。“每天我们都要在山岭中穿行数公里，在雨季，我们刚刚换上干净的衣服又要去泥地里打滚儿。到了晚上，我们身上还是湿透的，因为我们的营地在陡峭的山崖下面，睡觉的时候雨都会倾泻进来。那真是难熬的日子，大部分人不想留在军营，但这是我们的义务。最后我还是用最好的成绩通过了考核，当然，在这个过程中我一直在逼自己全力以赴。”虽然这不是他梦想中的生活，但在退伍之前，他还是得到了杰出个人勋章、身体测试勋章和射击勋章，也因此得以提前结束服役。他也成了有史以来第一位获得三枚勋章的军校学员。能取得这些成绩，离不开他的头脑。当这名年轻人踏入军营后，他不想浪费时间，立刻投身到了军事训练中去。门德斯在回忆他的军营生活时，呆住了一小会儿：“啊！对！我人生中就当过一次足球教练！在军营里！”门德斯身兼教练员和球员两职，指挥着由他的战友们组成的球队在场上厮杀。每个对手都很强大，但他们还是夺得了冠军。“我们斗志昂扬，我们是战士，每场比赛我们都奋勇战斗，所以我们赢了。”我们问门德斯，他执教的风格是不是和穆里尼奥很像？“我的风格比较独树一帜，我会让球员全部收缩防守，把球抢回来，然后进攻，就这样一遍又一遍！”

他的朋友们尽管不能想象后来他会变成世界上最好的经纪人，但是可以预见他在军营里会取得成功。“他的坚韧让他取得了成功。一旦有了想法，门德斯就不会退缩，会一直坚持到胜利。有了想法而且无所畏惧，就会实现梦想。”他的朋友埃尼奥说。对此一个强有力的佐证就是门德斯离开了这个街区，去了葡萄牙的北部寻求更好的机会。远离了故土的门德斯也没有疏离儿时的玩伴，他们经常会聚在一起。“对于老朋友们来说，门德斯还是那个小男孩儿。他还是那个能和我们平等地混在一起的人，一肚子的鬼主意，他也总是讲着有趣的故事。我们有一次一起去看了一场皇马对巴萨的国家德比，像他这样的大人物在这样的场合不应该和我们在一起，可是他就像儿时一样，和我们这帮朋友们坐在了一起，这一刻他仿佛不是那个世界闻名的经纪人了。”埃尼奥说。他的另外一个朋友布加斯永远不会忘记这样一件趣事。一天夜里，门德斯匆忙地赶来跟他说：“带上照相机快来，我和罗杰·泰勒在一起！”皇后乐队的鼓手是他朋友的偶像，所以一听到泰勒的名字，他就赶紧让布加斯赶过来。实际上，泰勒当时是伯纳乌看台上的嘉宾，门德斯只是恰巧看到了他。那时还是 1994 年，我们的经纪人还没有取得今日的成就，他作为足球经纪人的事业才刚刚起步。门德斯赶回老家参加婚礼，这也是他作为小豪尔赫最后一次回到老家，再回来的时候，就是人尽皆知的豪尔赫·门德斯了。

三　好戏开场——生意起步，小试牛刀

“人们到音像店经常只是为了租一部电影，却带了五部片子回家，并且需要在二十四小时之内还回去。”

1988 年夏天，23 岁的门德斯的生活发生了翻天覆地的变化。他决定在完成最后一门课程就能毕业的情况下从大学退学。“为了进入大学我彻夜学习，后来我学了法律。我想我会成为一名律师，我也有志于此。”但门德斯对生活的野心让他最终远离了这个梦想。“我需要平衡学习和工作这两项任务，如果我的家境还不错，我就可以专心学术。但我需要经济独立，所以空闲的时间不得不工作。”豪尔赫·门德斯知道学业很重要，但他的野心驱使他改变了生活的现状，他想要摆脱父母的资助。“我想出去踢球，这可能是当时比较好的选择了。最后，我决定离开家，去踢职业足球。”

门德斯离开了里斯本，来到了葡萄牙北部小城维亚纳堡。他放弃了他在故乡的一切，投靠了他的哥哥若奥·曼努埃尔。门德斯还照顾着侄子路易斯·柯雷亚，现如今柯雷亚可是门德斯公司里的关键人物。门德斯在维亚纳堡继续当着足球运动员，他带着本菲卡传奇巨星尤西比奥的推荐信，加盟了当地球队维亚纳人。时至 8 月，季前赛的号角已经吹响。在维亚纳人，他认识了可以称得上是他的第一位球员的安东尼奥·埃尔贝托，他如今在门德斯的热斯蒂夫特公司任职。“我们在 8 月相识，结下了深厚的友谊，那时他才 25 岁。三个月后，我卷入了一场交易中，我还想继续在这儿踢球！”安东尼奥说。很明显，门德斯想的比足球更远。他的商业本能被激发了出来，开始学习、进化。“不要把精力浪费在无用功上，要关注那些真正重要的事情。”这是门德斯的人生信条之一。球队想把门德斯的好友安东尼奥卖掉，门德斯决心“拼死抵抗”，于是他开始踏入了商业足球的大门。“不断地有人来试图说服我，但我比他们更有说服力。”就这样，门德斯和安东尼奥开始了自己的生意。

苏梅不是一座岛

门德斯的第一笔生意是开了一间叫苏梅的音像店，苏梅本是泰国的一座天堂般的岛屿。为了让这家店能够正常运转，他向哥哥借了钱，雇佣当地人当帮手。“我哥哥永远支持我，我的父母也接受了我的决定，因为他们对做生意也一无所知。他们能做的就是关心我的健康，希望有一天我能成功。不过在生意上，能帮助、影响我的，只有我自己。”门德斯的侄子路易斯·柯雷亚回忆起那个阶段时说：“我父亲比豪尔赫大十七八岁，他在当地社区很有威望，这是豪尔赫在这儿立身的根本。我父亲为豪尔赫的冒险消除了后顾之忧。”豪尔赫对他的兄长极其尊敬，尽管他们两人的性格截然不同。豪尔赫锐意进取，而他的哥哥曼努埃尔则小心谨慎。“我父亲是一名工程师，喜欢学习，计划一切事情，而豪尔赫精力充沛，喜好冒险。”柯雷亚回忆道。门德斯就这样轰轰烈烈地开展了自己的第一份生意，除了他自己，没有人相信他会成功。“我和其他人一样普通，但我觉得只要有信心，通过努力和奋斗，一切都唾手可得。”所有人都劝他不要做这个错误的决定，说维亚纳堡太小了，还有着重重的困难，是谈不成生意的。“但我已经下定决心了，甚至在我的脑海中已经看到了胜利的曙光。”门德斯凭借之前自己在音像店当顾客的经验，开始摸索着开展自己的音像店生意。

首先他需要找到一个合适的店址，交通要便利，停车场等配套设施也要齐全。“以前我在里斯本去看电影时，经常要步行过去，因为实在是太难停车了。”门德斯说。最后店址选在了一个看起来没有什么前途的地方，位于花园街区的“奇迹商业中心”。这个商业中心里有数十家商店，但绝大多数都已经关门了。来自里斯本的门德斯有着一脑子的先锋理念，他认为维亚纳堡的音像店收费普遍偏高，所以他和他的合伙人决定采取一个非常冒险的措施——终极大促销：大幅削减租赁费用。这样的价格策略帮助他们吸引了大批的当地客户，在竞争中脱颖而出。时至今日，安东尼奥谈到门德斯在音像店生意上展现出的过人才华时还津津乐道：“巧舌如簧的他去接待那些上门的客户。人们到音像店经常只是为了租一部电影，却带了五部片子回家，并且需要在二十四小时之内还回去。”少年时期的路易斯·柯雷亚也在叔叔的音像店里度过了不少时光。路易斯的学校离音像店很近，每天下午他都会去看看。“人们奔波不停，却都愿意和他驻足交谈。”门德斯俨然成了影视专家，对于当时的电影和演员如数家珍。他看了无数的电影，对电影方面的知识无所不精。他最喜欢阿尔·帕西诺、丹泽尔·华盛顿和罗伯特·德尼罗，就像在电影《赌场》中的那句经典台词一样：“世界上有三种处理方式：正确的、不正确的、我的。”这种说法对于门德斯也非常适用。毫无疑问门德斯属于独一无二的那种人。第一次的开店经历不仅让门德斯学会了电影台词，更让他明白了勤奋工作是多么重要。他的音像店根据当地的情况进货，如果有些电影不适宜观看的话，会很快被替换掉。最开始他的店里有 178 部电影，开张第一天就被抢租一空：“我当时不得不挨个儿给客户打电话问他们是否看完了电影，我的店里一部录像带都不剩了。这也提醒了我要时刻保持警惕，你需要去为一切情况做好准备。”每天入夜，音像店关门后，他的工作并未停歇，门德斯会为后面的工作做好铺垫。他驱车跑遍了从波尔图到科英布拉的广大地区，就为了给自己的客户更换最新的影片。“我做事会不由自主地全力以赴，因此我每天至少都会看一两部电影，以便能为顾客更好地推介它们。”难以想象他在繁重的工作中还能抽出时间完成看电影的任务。“这就是我选择的生活，我每天早上 5 点才能上床睡觉。”在他的不懈努力下，音像店的生意蒸蒸日上。

音像店生意的成功拓宽了门德斯生意场上的人脉。接下来发生了什么？门德斯和安东尼奥很快又开了一家名叫“大汉堡”的快餐店。与此同时，他们还筹划着出租游戏机。门德斯把他们的计划详细规划了一番，把他们的游戏机放在了酒吧里，因为那里人流更为密集，营业时间也更长。他总是能发掘出自己生意上的潜力，通过一个个小小的协商就能一步步地完成自己的目标。“对我来讲生活就是如此，你总要为点儿什么去奋斗。如果你的头脑里有了明确的目标，加上你的想法和你的信心，就会实现你的梦想。”生意场上得意的门德斯并没有忘了足球，他把两方面都抓得很好，尽管他的店铺在晚上 11 点才能关门。他上午工作，下午训练，晚上继续工作。后来他自由转会到了 B 级联赛的拉涅济什，在那儿他会效力三个赛季。

展板广告

拉涅济什是维亚纳堡附近的一座小城镇，球场非常简朴，斑驳的围墙，刚刚铺设的人造草坪，主看台上不知为何还挂着晾衣绳。打开大门迎接他的是何塞·佩雷拉，他当时是门德斯的队友，现如今是俱乐部的主席，人送绰号“午夜”。“大家叫我‘午夜’，可门德斯应该叫‘整夜’。”佩雷拉开着玩笑，拿出了珍藏的在球场上拍的一张旧照片。他的手机里存有很多奖杯的照片和以前踢球时的照片。佩雷拉开心地讲着门德斯当年踢球、经商的故事：“我们的球队很棒，就像一个大家庭。我还记得 1993—1994 赛季有一场对阵维亚纳人的维亚纳德比。他们是这片区域里最强大的球队，门德斯非常想赢下这场比赛。他们球队的平均年龄太大了！我们整场都在奔跑，门德斯在左路不断奔驰，嗡嗡嗡嗡嗡，就像今天的科恩特朗一样。”佩雷拉说得兴起，还用嘴模仿起了引擎的声音。“他跑得太快了，对手的眼睛都来不及跟上他，每次和他做传接配合的时候都得靠听力定位。在比赛还有五分钟结束时，门德斯吃到了第二张黄牌被驱逐出场，不过我们还是1 ：0 赢下了那场比赛，那天真的是我这辈子最快乐的日子。我们竟然还拿到了奖金！”这是鼓励球员的好手段，但门德斯早就不在乎这点儿小钱了。“我们大概能赚 150 到 200 欧元，门德斯却能赚 1000 欧元以上。这可是一大笔钱。”门德斯的球员生涯并不辉煌，但生意头脑无人能敌。他用球场里的展板广告，挣了比当球员更多的钱。这个年轻人用他超前的思维推动了商业的发展。“他对主席说可以和当地的企业家们谈一谈，那个时候我也是个商人。门德斯任何时候都在谈生意，在音像店里、午夜时分、迪厅里。”佩雷拉回忆说，他高度赞扬了门德斯的工作成就。“他每天要工作 24 个小时，直到比赛才能休息一下。”佩雷拉笑着说。他对生意的热情也导致他在训练中经常打盹，这也成了他的小缺点。“门德斯经常迟到，他为队里交了不少的罚款。”佩雷拉说道。

夜店

足球生意在门德斯的生活中变得愈发重要，与此同时他的朋友安东尼奥还在做一名专职球员。因此，在门德斯还没准备好的情况下，就成了安东尼奥的经纪人，他把安东尼奥带到了洛罗萨。这可能是门德斯独立完成的第一笔操作。安东尼奥还记得一件趣事：“有一天夜里门德斯疯了一样给我打电话说，让我准备准备，要去本菲卡踢球了。我一直等到今天。”

经纪人门德斯还没有适应他的新角色，但是这次他想出了一个绝妙的主意。他在维亚纳堡附近的卡贝德罗斯海滩上开办了一个度假村——集饭店、泳池、酒吧和夜店为一体。这是他第一次进军“夜生活”。门德斯能把一切好主意都投入实践。之前门德斯知道卡米尼亚地区的阿方德加夜店汇集了众多的葡萄牙和西班牙球员，他觉得这是个不容错过的好机会。在这个生意上门德斯事必躬亲，不仅牢牢把持着管理大权，确保自己是独一无二的老板，还在酒店的选址、付款方式，甚至装饰树木和促销方式上吹毛求疵。“我觉得我的选址有点儿远了，不然肯定会有更多的顾客。”每周他都会花三四个小时在公路两旁张贴广告。顾客们都记得门德斯亲自过来问他们的意见，在自己的生意上亲力亲为，而他的雇员们就在栏杆后面靠着，就像老板一样。“我和他形影不离，他的每一个举动我都看在眼里，他唯一和别人不同的就是想法很多。而且他会把信息收集起来，在实践中把信息融入自己的想法里去。”安东尼奥回忆道。后来努诺·埃斯皮里图·桑托成了这家夜店的常客，那时他还是吉马良斯胜利队的门将，后来成了门德斯第一笔大生意的主角。“我那时不知道他的工作和野心，只知道他是个叫豪尔赫的年轻人。每个人都有第一次，不是吗？他非常有动力，后来他促成了我从吉马良斯胜利转会到拉科鲁尼亚。”这段令人焦躁的故事，正是世界上最具影响力的经纪人门德斯的真实经历。

秘诀 2　坚持

我每天都在拉科鲁尼亚附近转悠，
每天都转，每天。
这样并不聪明，
也不是个好办法，
不过贵在坚持。

——豪尔赫·门德斯

Com o troféu Globe Soccer
atribuído ao melhor agente do ano.

四　消失的努诺——第一次转会

“努诺去哪儿了？”

1996 年夏天，电影院里放映着梅尔·吉布森的电影《赎金风暴》，电影里他扮演了一位儿子被绑架的绝望父亲。或许正因如此，门德斯想出了一个荒诞不经的主意——“绑架”吉马良斯胜利队的门将努诺·埃斯皮里图·桑托。之所以称之为“绑架”，是因为门德斯之前从未涉足过商业足球，如果他贸然进入商业足球领域的话，可能会涉及法律的灰色地带。不过我们先不围观这桩惊世骇俗的转会交易，把时钟拨回到两年前，从门德斯和努诺的相逢开始讲起。正是这段时间的历练，使他从卡巴纳斯蜕变成了如今的豪尔赫·门德斯。

阿方德加夜店是葡萄牙北部的时尚聚集地，年轻有为的葡萄牙门将努诺和他的队友们是那儿的常客。在店里他们结识了音像店老板豪尔赫·门德斯，他们迅速结下了深厚的友谊，每周末都会一起畅谈足球，当然，是比较外围的话题。门德斯当时正打算把自己推荐给一些球员，但苦于不认识那些有名气的球星，忽然他发现了这个在葡萄牙顶级联赛踢球的年轻门将。当他们俩熟识后，门德斯立刻就开始着手联络了。“我那时觉得他非常和蔼可亲，但是他实在是太喜欢 20 世纪 80 年代的歌曲了，这可不会留给别人什么好印象。”努诺满脸严肃地评价着门德斯。当努诺走出教练的办公室时，笑容在他的脸上绽放开来，教练们对他的试训很满意。他能有今日的成就，首先要感谢的就是门德斯。“或许我可以换一个更有能力和经验的经纪人，但是在任何情况下我都想象不到除了门德斯之外还有谁能胜任。我们之间的关系超乎友谊，我对他有信心，或者说是我们俩有共鸣。每次你看到他的时候，都会发现他在忙碌。这时你的心里就会觉得，他在为你们的命运操劳。当然了，你会喜欢上这种别人为你工作的感觉。门德斯告诉我说，他会把我带到一家伟大的俱乐部去。他对我说：‘别担心，你的生计我来解决。’”门德斯可不是在吹牛。

337 公里

努诺清楚地记得门德斯正式成为他经纪人的那天，就立刻为他的事业操劳了起来。“当他正式成为我经纪人的那天，他开着一辆白色的 M3 出现在我面前，说：‘波尔图俱乐部对你有意思。’就这么一句话，没别的。‘波尔图想要你，我要把你带过去。’我立刻就答应了他，我们之间甚至无须签订协议。当时正值赛季初，他告诉我这事儿是冒了很大的风险的，但我没有料到后来会发生那么多的插曲。”努诺不仅成了改变门德斯生活的第一个客户，更为他开启了波尔图的大门。在波尔图的办公室里，官员们想联系这位年轻的门将，努诺告诉他们说：“我有经纪人，他叫豪尔赫·门德斯。”从那时起，门德斯的名字就在波尔图俱乐部里流传开来，甚至他们的主席平托·达·科斯塔都知道了他。门德斯说：“我第一次去波尔图见科斯塔是为了努诺的事情，球队非常想要这位门将，他们知道我代表着努诺。第二次的联络则是因为卡普乔的事。”

努诺当时还在吉马良斯胜利队效力，门德斯决定去和球队的主席皮门塔·马查多博士谈谈。当门德斯提出波尔图有意买入努诺时，马查多坚决反对让努诺离开，他斩钉截铁地说：“如果你能带来一份 100 万美元的报价，我就同意放人。”虽然出师不利，门德斯还是遵守诺言继续为这位门将寻找新的球队。

那些日子里，门德斯开着车踏上了漫漫长路，他从吉马良斯一直开到了拉科鲁尼亚。在那里，他和拉科鲁尼亚竞技的主席奥古斯都·塞萨尔·伦多伊罗见了一面，后来又在早上三四点回去和努诺通报了最新情况。“我每天都在拉科鲁尼亚附近转悠，每天都转，每天。这样并不聪明，这并不是个好办法，不过贵在坚持。”门德斯解释了他是如何说服伦多伊罗给这位年轻门将机会的。时至今日，努诺还不知道门德斯是怎样说服伦多伊罗主席的。“我不知道他做了什么，但是我相信是他的坚持让竞技队给了我一个机会。他们询问了法伦斯的教练帕科·富尔特斯，他说除了维托·拜亚以外，我就是最好的门将了。竞技队想了想，觉得我或许值得呢。”努诺参加了1996年的亚特兰大奥运会，拉科鲁尼亚的球探终于承认了他的实力，不仅如此，那年拉科鲁尼亚还发现了弗拉维奥·孔塞卡奥、伯尼塞尔和里瓦尔多。努诺从美国归来后，就收到了签约的邀请。“门德斯带着报价走到皮门塔·马查多博士的办公室，可是马查多没有信守承诺，拒绝放我走人。”

消失

绝望的环境会催生出极端的手段。门德斯的脑海中无数次设想过他职业生涯中的第一笔交易该怎样开花结果。但他刚刚迈出的第一步如果踩空了的话，他的梦或许只能是个梦了。门德斯和努诺聚在一起商议，决定不让努诺出席球队的任何活动。他们把努诺家里的东西都打包收了起来，随即努诺本人也消失了。在吉马良斯队的办公室里，所有人都坐立不安。西班牙和葡萄牙的媒体上都印着一样的标题：“努诺去哪儿了？”拉科鲁尼亚的报纸说这位谜一样的运动员即将和竞技队签约，因为有人看到了他的经纪人门德斯在拉科鲁尼亚现身，但球员本尊还是毫无踪影。“现在可以说了，我和家人当时住在门德斯家里。所有人都找不到我，媒体大肆炒作，我也担心这样曝光后我还能不能继续踢球。我和吉马良斯队还有三年的合约，马查多也在采访中说如果我再不现身的话，这辈子就别想再踢球了。”

努诺在被“监禁”三个月后，才敢在公众场合稍微露一面。他有时会乔装打扮一番去跑跑步，还会去拉科鲁尼亚的圣克里斯蒂娜广场健健身，一切都是为了远离葡萄牙媒体。门德斯这时充当了他的教练，为了让他继续保持良好的反应能力，甚至会在室内扔球陪他训练守门技术。“在那段日子里，我要感谢两个人，门德斯和我自己，除了我们之外没有人为我付出了这么多。有时门德斯会说：‘你看你惹了多大的麻烦，看你怎么办，反正我是要走了。’但是他从未离开，我们手上的赌注是他的形象和我的人生。”无论如何，两人还是携手克服了重重险阻。

在那段时间里，经纪人和球员的关系升华为友谊，门德斯在以后对待别的球员时都奉行着这样的方式，按他的话说，像对待家人一样对待球员。“门德斯会让你变得更自信。他会跟你说：‘你真棒，你是最棒的，我要让别人看看你有多出色。’别人可能不相信，但他觉得这对球员非常重要。他会对你说：‘你去做好你的事，剩下的交给我。’或许你正需要被别人这样相信。无论你是18岁的球员还是50岁的教练，他都会这样说。没有人能仅凭信念就让别人相信一定会成功，但门德斯的自信非常令人敬畏。他这个人谨守诺言，就因为第一次见我的时候说要为我找一支好球队，就日夜不停地奔波上千公里来到拉科鲁尼亚。”门德斯、伦多伊罗和拉科鲁尼亚当时的顾问罗伯托·维埃拉，在里亚索尔的办公室里花费数十个小时来想办法解决努诺的问题。“他们都支持我，让我保持冷静，说我一定能去竞技队的。伦多伊罗也是个言出必行的人，我非常敬佩他。”拉科鲁尼亚当时已经有两个门将，努诺只能出任第三门将，随时可能被交易走。“或许时机已到，在折腾了这么久之后我也应该得到机会了。就算如此，伦多伊罗还是想签下我，还是有相信自己眼光的人。选择我是一次豪赌。”

经历了一系列出乎意料的剧情转折，10 月份努诺还是在拉科鲁尼亚现身了，此时联赛已经开始。当他带着太多的疑问来到拉科鲁尼亚时，媒体已不再关注他的问题。之前所有的媒体都好奇这位神秘的球员去了哪里，但当他真正到来后，当地媒体却已失去了兴趣。“我住在里亚索尔酒店里，在那里召开了一次新闻发布会。我穿上了曾在我姐姐婚礼上穿过的西装，沐浴在这个有特殊意义的晨风里。我刚刚和拉科鲁尼亚签了 8 年的合约，但是我发现门德斯和伦多伊罗一起消失了很久。”时间仿佛没有尽头，努诺也一直猜想着门德斯去了哪里。蒙迪艾尔先生说，门德斯是一个商人。“当努诺签协议的时候，他正在第 50 次确认合同。”毫无疑问，伦多伊罗如今对于这一对球员和经纪人是最特殊的人。“当天门德斯接了不下 200 个电话，他整天都在通过手机和别人说：‘现在不行，这也不行。’但伦多伊罗来电话时，门德斯很快就接了。这说明了他对主席的热情和尊敬。就像他父亲来电话一样，他必须接。”努诺评论说。从那以后，努诺、伦多伊罗和门德斯的关系越发紧密。“伦多伊罗跟我说：‘欢迎加入我们！祝你好运。’他还对我说在我之前也有一些艰难的转会案例，但像我这样经历了三个月的谈判已经完全超越了那些交易。”努诺逐渐发现在他们之间慢慢达成了一致。“最开始是伦多伊罗想交易，门德斯帮忙准备。后来门德斯变得非常积极，伦多伊罗还保持着原来的态度。但当拉科鲁尼亚陷入麻烦时，门德斯并没有放弃，还在支持着伦多伊罗的工作。如今我们三个人经常聚在一起回忆 18 年前的故事，这段经历实在是太特别了。”他们三人如今还会在马德里或拉科鲁尼亚小聚，一起探讨那些不可思议的剧情转折。一个天才、一个想法、一段未解之谜，让这桩交易最终成真。

五　奥古斯都·塞萨尔·伦多伊罗——教授

“为了一杯咖啡奔驰300公里。”

门德斯在大西洋岸边的老旧高速公路上奔驰了近三个小时，终于看到了即将要到达贝坦索斯的路标。他整整盼望了一路，如今终于能拨出那一通电话了。门德斯苦苦搜索那个电话号码，终于在L的分类下找到并按下了通话键。接通的铃声响了起来，气氛非常紧张，终于电话接通了。“您好？”“奥古斯都先生，我是豪尔赫，豪尔赫·门德斯，我已经到拉科鲁尼亚了，我们在哪里见面？”奥古斯都·塞萨尔·伦多伊罗是拉科鲁尼亚竞技的主席，饶是他智计百出，这次也不得不见见这个年轻人。这个葡萄牙小伙子，就为了见他五分钟，竟然从波尔图赶了过来。“我们去曼加尔餐厅吃了晚餐，后来又去了很多次。我第一次见他的时候，觉得他就是个长着娃娃脸的年轻人。”伦多伊罗回忆道。门德斯那时31岁，伦多伊罗对他非常亲热，就像家人一样照顾他。如今拉科鲁尼亚的主席是教父，门德斯是他的教子。这是现实生活中维系亲密的一种方式。“他对我来说意义非凡，就像我的一位家庭成员一样。我和他一起度过了几个月的美好时光，这样的亲密关系我们已经维持了好多年。”门德斯谈到和伦多伊罗的教父子关系时说。“我那时已经预见到了他会成功，唯一希望的是不要等太久。门德斯那时还年轻，如果早些出人头地的话就能赢得更多荣耀，况且像他这样的人想不成功也难。”和年轻的门德斯在一起，伦多伊罗也会“聊发少年狂”。

比如说他会开三个小时的车随便去一座城市，也没有什么特殊的目的。伦多伊罗说道："门德斯每个月甚至每周都会在夜里从波尔图赶赴拉科鲁尼亚，或者从拉科鲁尼亚回波尔图，当天晚上又开车回去。他经常晚上 9 点或 10 点钟过来吃个晚饭，紧接着就踏上了返程，那时候的道路可不像现在这么好。他一周来两次，每个月要来 6 到 8 次，他事先不会通知我，经常我还在忙的时候他就来了。换作是你该怎么办？不跟他说话就把他打发走？我当然不会这么做，虽然他可能受得了。"在门德斯的理念中，无论如何都要持之以恒，"伦多伊罗是俱乐部的第一位外籍主席，如果你工作出色，伦多伊罗就会对你青眼有加，在他的帮助下你很快就会成功。你唯一不能停下的就是认真工作。当时，我晚上 8 点结束工作后就可以赶赴拉科鲁尼亚，但现如今我会直接休息，三天之内过去！但是我告诉你：不要把今天能做的事拖到明日。"

很久以前，门德斯第一次走进位于阿尔弗雷德·文森特大街的曼加尔餐厅，还不知道等待他的是怎样的情景。他静静地享受着这家餐厅的舒适氛围，吃着最有加利西亚特色的食物——香气扑鼻的海贝汤，当然他也没有忘记他的工作。这个地方对于两个人的会面简直再合适不过了。伦多伊罗回忆道："我记得在晚餐的时候跟门德斯说：'我们说完，你再在这儿随便吃。'"门德斯还在等着"第二道菜"，主席又在另一张桌子上处理了一些事情，而他在这家餐厅的另外一个包厢还有饭局，就这样把门德斯和他的想法搁在了一边。"我知道他每天都去喝咖啡，我就在那儿等着他，最终他过来跟我聊了两分钟。还有一次我从 4 点就蹲守在他晚上和别人约好的饭店，就为了聊两分钟，之后我就回了葡萄牙。"伦多伊罗回忆说他那时的做法是一种策略："他有备而来，但感觉是在强迫你，仿佛在说：'你有种就过来跟我谈谈。'不过我觉得还可以接受，没有让他滚开。"门德斯现如今还保持着敢于冒险和不知疲倦的精神。"有人说我一天当中在马德里吃早饭，在伦敦吃午饭，在波尔图吃晚饭，没错，这就是我，现在依旧这样。"

有关努诺、德科和……C 罗

门德斯和伦多伊罗的第一次谈话就非常开门见山，门德斯说他想把努诺·埃斯皮里图·桑托放到台面上。虽然和波尔图的交易没能成功，门德斯还是在履行着自己的诺言，并想办法把他从吉马良斯那儿弄出来。因此，门德斯给伦多伊罗打了一通电话。“我还记得他第一次给我打电话的场景，就因为我们在寻找一位像努诺一样的门将，他就立刻赶了过来。努诺会成为一名好教练。他虽然出场不多，但在球队里非常受人尊敬。他年龄渐长后就可以在波尔图当教练了。”接下来的几周，门德斯和伦多伊罗都在一起密谋着那起守门员“绑架”事件。“我们无论如何都是为了拉科鲁尼亚在做事，我知道这样对努诺不公平，我们绑架了他。其实谈不上绑架，因为球员也是自愿的。这也就是门德斯年轻时才能做出来的疯狂举动。”那时，吉马良斯胜利队还是能和波尔图、里斯本竞技、本菲卡并驾齐驱的葡萄牙传统豪强。

那时出现在伦多伊罗面前的门德斯，已经依稀有了现在的影子：西装和胡须，尽管样式和现在不太一样。“这孩子特别热情。我也给予了他特殊待遇，他和其他的经纪人非常不同，他身上有一种新颖的感觉。”语言不是问题，那时门德斯的西班牙语还不如现在这么好，但他还是懂一些。说不明白的话就用葡萄牙语，有的时候还掺杂着加利西亚语，加利西亚语也是伊比利亚半岛上的一种语言，跟西语和葡语都很相似。他们在一起谈论的话题无外乎足球，而足球又是世界的通用语言。门德斯和他喜爱的门将努诺待在利亚索尔的办公室里。“努诺是葡萄牙 U21 国家队的门将，还是奥运会代表队的门将，他的表现非常出色，正是我们需要的年轻门将。”伦多伊罗说道。签约过程很复杂，但并不是伦多伊罗带来的阻力，看着葡萄牙经纪人可爱的脸，提出什么条件他都乐意。“这是他第一次独立完成交易，我们在拉科鲁尼亚签订了协议。门德斯和努诺执意要求为拉科鲁尼亚竞技效力，我们受宠若惊。当交易最终完成时，我非常满足，门德斯也手舞足蹈地庆祝了起来。对于拉科鲁尼亚竞技来说，那真是历史性的一幕。"努诺艰难的转会大戏终于尘埃落定，如今他成了球队的第三号门将。毫无疑问，努诺和门德斯与伦多伊罗在一起经历了无数有趣的时刻。"很多人没有那么幸运，他们没办法拥有两位伟大的门将。当门德斯的另外一位球员豪尔赫 · 安德拉德来竞技队效力时，努诺还在队中。"

签下后卫安德拉德后，更多有才华的年轻人却没有来拉科鲁尼亚。不过伦多伊罗对此并不介意："我们的关系很融洽，就算我们没有签下他的很多球员，我们之间的关系也很好。他一直在鼓励年轻的葡萄牙球员去英格兰踢球，他真的很有商业头脑。这些交易正巧赶上葡萄牙足球的退步，强队不那么强了。很多年前，我还记得波尔图崛起之前，塞尔塔 7 ：0 血洗了本菲卡，这可不是正常的情况。"当然，只把名字放在谈判桌上是永远不会开花结果的。伦多伊罗还记得门德斯经常陪着一名年轻球员来拉科鲁尼亚，后来那名球员去了巴萨。"豪尔赫经常和夸雷斯马一起来，我们没有签下他的意愿，其实是因为我们的经济环境和竞技水平根本配不上夸雷斯马。后来门德斯就不和我提这个年轻人了，他们回了波尔图。"门德斯还向伦多伊罗推荐了另外一名和夸雷斯马类似的球员——巴西人德科，后来他也穿上了巴萨的球衣。伦多伊罗对这次没能成功的签约很遗憾："我们当时不确定要不要签下他，因为我们的球探觉得德科很一般，但门德斯执意让我们签下他。后来我们发现没能签下德科是个大错误。由于我们当时有着很好的球员，所以球探们觉得没必要签下德科。但如果他能来，肯定会完美地融入球队。"伦多伊罗和门德斯一起共事带来的另一位球员是科斯蒂尼亚，"但是他去了摩纳哥，回来之后又直接去了波尔图，原因是他要跟随他的教练穆里尼奥。"但他们还差一点儿把一名出色的球员带到拉科鲁尼亚，那就是 C 罗。在曼联关注这位里斯本新星之前，拉科鲁尼亚就已经和里斯本竞技联系上了。"这就是我们所说的那个人，但是这个小伙子的报价太高了，我们也不敢在这么年轻的球员身上冒险。我们比曼联到的稍早一些，后来不只是曼联，更多的球队加入到角逐中来。报价越来越高，直到后来我们出不起这么多钱。”伦多伊罗说。

门德斯帮助拉科鲁尼亚竞技渡过难关

如果有什么是门德斯不能忘怀的，就是那段他白手起家的日子。正是由于在他起步时，伦多伊罗拉了他一把，所以在伦多伊罗在拉科鲁尼亚最后的日子里，门德斯投桃报李，也为他提供了帮助。很多热斯蒂夫特旗下的球员在那时转投拉科鲁尼亚竞技：萨洛芒、布鲁诺·伽马、皮奇、内尔森·奥利维拉、托德里克、西尔维奥、安德烈·桑托斯……这些球员大多都很年轻，后来也都取得了很高的成就。许多人也从拉科鲁尼亚竞技登陆到国际舞台。“门德斯对竞技队非常有信心，近年来他为了帮我们渡过难关做了不少的贡献。我们非常欢迎内尔森·奥利维拉，他不仅仅被西班牙的球队盯着，英格兰、法国和德国都有球队对他虎视眈眈，来我们这儿可赚不到大钱。我们有这样优秀的一支球队，本不应该降级的。”门德斯对球队的帮助不言而喻。但即使这样，他在竞技队的管理层中还是招来了很多非议。伦多伊罗担任球队主席的职务整整25年，这次竞选却岌岌可危。竞争对手们用门德斯来攻击伦多伊罗。“真是不公平，尤其是最近几年，他帮了竞技队太多。他每次都能完成使命，是球队应该感谢的人，真希望有人能和记者们说一说。”布鲁诺·伽马的到来就是一个活生生的例子，他自愿来到拉科鲁尼亚，门德斯在他的交易中没有赚一分钱。后来管理层需要出售球员用以平衡收支，把伽马送到乌克兰为球队赚了至少200万欧元。“我和球员们说，他们要被贱卖了，大家对此议论纷纷。”沧海桑田，当时攻击门德斯的人如今又把他视作好友。也许，这支加利西亚的俱乐部永远留在了门德斯的心底。

2014 年夏季转会窗口关闭时，现任主席迪诺·费尔南德兹说："与优秀者共事让我们欢欣鼓舞，门德斯就是那个优秀的人。我们永远感谢他的支持。"

伦多伊罗教授

门德斯去拉科鲁尼亚不仅仅为了签约，他还希望能够和奥古斯都·塞萨尔·伦多伊罗建立良好的关系。可以说门德斯和伦多伊罗共进晚餐就是在学习，在餐桌上，他逐渐学到了商业足球的理念，成了如今的专家。"我们在夜里经常一起散着步谈天说地。豪尔赫就像海绵一样，吸收消化他听到的一切知识。"伦多伊罗说。15 年的主席经验让伦多伊罗有着充盈的信息资源和丰富的实践经验，门德斯如饥似渴地从他身上学习着。"如果把这些经验全部传授给一个刚刚起步的年轻人的话，你就能轻易地从你们所聊的话题中发现他身上还有哪些不足：他球踢得不错，作为商人也有一定的经验，但对于足球俱乐部他一无所知。"

足球经纪的新世界大门在门德斯面前缓缓打开。创立热斯蒂夫特的种子已经悄悄萌芽，现在需要的就是精心呵护它。"这些知识不会立刻让你成功，但我确实觉得学习很有必要，他现在要做的就是：给俱乐部提出建议；向俱乐部的买家提出建议；向投资商提出建议，等等。体育产业的管理可不仅仅是买卖球员，现在有人想买卖俱乐部都要寻求门德斯的建议，这就是他当时学习那些知识的原因。"伦多伊罗传授的"课程"毫无疑问改变了门德斯的未来。在拉科鲁尼亚，门德斯系统地学习了理论知识，在回去的路上他一遍又一遍地复习这些知识，希望有朝一日能派上用场。"我能传授给他的就是我的经验，我和他讲什么时候需要计较得失：不要太强硬，不然会吓跑潜在的买家。当你上了年纪以后，才会知道当年做错了那么多。”伦多伊罗实在是太溺爱门德斯了，他们相互尊重，用学习的方式一起分享了那么多开心的时光。

午夜时光

这对教父子总是在清晨才结束他们的聚会。有时是和朋友们小聚，有时是为了谈生意。门德斯在午夜时分才开始变得有活力，他经常要吃一顿以上的晚饭，睡得也很少。门德斯和伦多伊罗总是在曼加尔待到很晚，因为伦多伊罗主席需要稍微倒一下时差。事实上，伦多伊罗也经常因为谈判谈太久而很晚吃饭，和他谈判的人经常会觉得和这个强硬的家伙根本谈不完。“相比在晚饭时谈生意，我更喜欢先把生意定下来。如果没有时间限制的话，我们怎样都会谈完。所以我经常晚上 9 点、10 点甚至是 11 点才吃晚饭。坐在餐桌旁需要冷静，不能有太多事务打扰。如果带着生意吃饭的话，你就要不停地用塞满食物的嘴说话，所以我更倾向于先谈好。谈生意很慢，经常到最后一刻才能定下来。要么成功要么失败，不能在这儿绕圈子。一般来说我们上了餐桌就不谈生意了，也不会限制大家打电话，同时进行谈判的生意伙伴还会过来打招呼。”如果在白天进行谈判时，有人过来打扰，经常会导致交易的失败。“不过在后半夜就很少出现这种情况，所以你可以在这一时刻进行最重要的谈判和签订合同。第二天白天如果发生特殊情况的话，你就可以说协议已经签过了。所以晚餐非常重要：能把生意拖到晚上。”伦多伊罗保持了一个纪录，他谈生意整整谈过 12 个小时。“我们和帕尔玛俱乐部一直纠缠到了第二天的 12 点。我还记得他们带了好几抽屉的香烟。到傍晚时分，他们整整抽完了一抽屉的烟。或许是我和门德斯拉着他们聊得太晚了。不过说实在的，晚饭期间帕尔玛的工作人员就和我们成了兄弟，之后每次通话时都让我们先挂电话以表示友好。”

实践旅行

当门德斯和伦多伊罗之间的信任更进一步后，伦多伊罗经常在涉及葡萄牙人的交易时向门德斯寻求意见。多数时候可能是拉科鲁尼亚的球探对某名葡萄牙球员产生了兴趣。罗伯特·维埃拉，拉科鲁尼亚的顾问，同时也是伦多伊罗的心腹，在他们的关系中起着非常重要的作用。门德斯如是描述维埃拉：“他是我心中的好朋友，我永远不会忘记他。”维埃拉和门德斯也建立了非常良好的关系，他们在寻找年轻的优秀球员方面非常有默契。伦多伊罗还记得发生在他们之间的一件趣事：“有一次我委托门德斯去和葡萄牙中场贝托签约，同时派了维埃拉去协助他。他们去见了球员的经纪人，请他吃了顿牡蛎大餐。结果第二天早上那个经纪人溺水死了。新来的经纪人因为合同的数额和他们吵得不可开交。球员本身非常出色，表现优异，自由身，只有二十一二岁。新经纪人一再加价，而球队不想再提价了。最后，维埃拉一怒之下撕了合同，扔在桌上。‘你要是不满意我就撕掉！’最后我们没能签下那名球员。门德斯对此惊讶不已，事后一直在念叨着：‘牡蛎！误事！’”

教父的骄傲

伦多伊罗认为如今的门德斯和当初的那个小伙子的不同之处在于他的内心深处的变化。“当年那个小伙子，如果有机会的话，就会用十倍、百倍的付出去努力。”他是个聪明能干的小伙子，能把球员的问题当作自己的问题去解决。门德斯很年轻，这个优势很重要。而且他会把葡萄牙足球带到最好的年代，伦多伊罗说：“在葡萄牙体育奖颁奖的晚宴上，差不多所有的国家队队员都围着他，他就像是葡萄牙足球的领袖一样，把他们带向欧洲各地。最重要的是所有人都仰仗他。”伦多伊罗谈到他的教子，语气里充满了真挚的感情。“我对于他在职业生涯中能企及这样的高度非常骄傲。但我也总是告诫他不要因为过于自满而从高处摔下……”

伦多伊罗边讲着笑话，边讲着他们的往事。我们坐在距离利亚索尔体育场非常近的一间饭店的沙发上，伦多伊罗在利亚索尔奋斗了大半辈子。我们可以肯定的是，这位加利西亚人经常坐在这张沙发上。如今他已经不是主席了，从工作中解脱的伦多伊罗幻想着他的教子哪天能和他坐到一样的位子。“我觉得他是个当主席的好材料。他可以同时处理很多事物。我曾经建议他去做主席、老板或是投资商。但是现在，‘去抓住公牛的犄角吧，你就是主席，就是英雄。’”这就是他给门德斯的建议。多年以前，还是娃娃脸的门德斯出现在了伦多伊罗面前，伦多伊罗知道，他就是生来要改变足球世界的那个人。“我遇见他的时候他还像未孵化的蛋一样，如今他已经长大了，飞呀飞呀，飞离了鸟巢。”

秘诀 3　标记目标

当你专心致志地投身于一项工作并完成后，
就该想想接下来要怎么做了。
我不会枕在功劳簿上睡懒觉，
C 罗也是如此。
他不会因为刚刚进了球就沾沾自喜，
他会想着进更多的球。
休息也是工作，是为了能让自己更好地思考。

——豪尔赫 · 门德斯

Com o troféu Globe Soccer
atribuído ao melhor agente do ano.

六 热斯蒂夫特诞生——起源

“我们起家于一个没有电梯的四楼。”

1996 年，波尔图，《球报》的一台电话响了起来，记者塞尔吉奥·阿尔维斯接了电话。

“喂？”

“你好，我是豪尔赫·门德斯，我今天想要和你谈一谈，我们能过去坐坐吗？”

“我还有很多工作，还要出门，可能很晚才会回来。”

豪尔赫·门德斯很快回答道：

“没关系，我等你，稍后见。”

“好吧。”阿尔维斯挂掉了电话，继续埋头写新闻报道去了。

几天前，一位重量级体育官员请阿尔维斯关照一位刚刚在足球界起步的年轻商人，请他把这位年轻人引荐给合适的人。阿尔维斯同意了，当晚就去了波尔图的波力奥大街，去见这位素未谋面的陌生人。他走进了约定见面的钢琴酒吧，在昏暗的灯光里寻找一张从未见过的脸。忽然，在一排皮质扶手椅中，一只手抬了起来，紧接着一位年轻人起身向他走来，伸出了手。“你好啊，塞尔吉奥，我是豪尔赫·门德斯，很高兴见到你。”塞尔吉奥和门德斯就了座，点过饮料后两人开始了交谈。塞尔吉奥回忆道：“我们一直聊到凌晨 4 点，酒吧都关门了。但我们没有各自回家，在大街上又聊到了 7 点。这种找到知音的感觉太奇妙了，我们一直聊啊聊啊，心情非常畅快。”

从那天起，这对好朋友每天都要聊天。他们的主要议题是足球，豪尔赫跟他说想要涉足足球经纪人这个行当，正在盘算着把守门员努诺・埃斯皮里图・桑托带到拉科鲁尼亚竞技队。塞尔吉奥跟他分享了从业数年来的经验。这名记者的人脉之广令人咋舌，他的父亲也是体育记者，所以他小时候就跟着父亲去看训练和比赛。因此，塞尔吉奥 10 岁的时候就认识了波尔图队的主席平托・达・科斯塔。凭借着他的人脉、知识和对球员的了解，门德斯很快就把公司的业务管理得井井有条。在见了几次面后，门德斯对塞尔吉奥说：“我想让你和我一起干。”记者的脑子立刻乱了。“这对我来说实在是太难选了，我在报社干得好好的，我当时正在跟踪报道波尔图和国家队，除此之外，门德斯那时候还一无所有呢。”门德斯那时只是一个白手起家的年轻人，换作别人都不会考虑他的提议，但塞尔吉奥决定在前途未卜的情况下放弃自己的工作。“这是个大问题，我活生生纠结了六个月，最后决定离开报社，我们走访了各家俱乐部，在他们的交易中斡旋。这对我来说真的是个大冒险，但最终他说服了我。”

公路和土球场

万事开头难，对门德斯亦然。现在的这位大经纪人在年轻时的境况和现在大为不同。没有私人飞机，没有豪华旅馆。他所拥有的是无尽的公路、失眠的夜和汽车旅馆里最寒酸的房间。要说什么是相同的，那就只有门德斯的热情了，他的热情也影响了新同事塞尔吉奥。“最开始的时候，我们俩几乎天天都在路上，我们一起开车，一起睡觉，一起开会，一起吃饭喝咖啡。”除了做努诺这种顶级联赛球星的生意，他们把工作重心放在了发掘小球队的优秀年轻人上。过程就是和球队和年轻人聊天，让他们对门德斯的操作有信心，相信门德斯能为他们找到合适的买家。门德斯和塞尔吉奥会去观看心仪球员的比赛。塞尔吉奥说道："如果我们去看 B 级联赛的里贝朗队的一名年轻人，比如说乔安·佩德罗，我们还会顺路去维拉雷阿尔考察舒斯特尔。这些年轻球员都在二三级联赛效力。"

他的第一位生意伙伴安东尼奥·阿尔伯托，也见证了门德斯一步一步转型成经纪人的过程。他看着门德斯学习外语，迈入足球的世界。"有一次我们在波尔图，天色很晚了，但是他接到了一通来自塞维利亚的电话，门德斯决定立刻出发。我们开了一夜的车。"他们在基本不能叫作高速公路的路上颠簸了 8 个小时，这给塞维利亚的主席留下了"及时"的好印象，立刻决定和门德斯开始谈生意。从那时起，门德斯对移动电话就上了瘾，他不再用旅馆的公共电话和人联系了。紧接着门德斯就买了自己的第一台移动电话，那时的移动电话非常笨重，就像一个小手提箱一样。然而门德斯对这件新装备非常满意。安东尼奥回忆说他的第一个电话号码还是门德斯给他的，"门德斯有个习惯，他在乘出租车的时候总喜欢跟我们保持联络。他和我们说上出租车了，我们就要花很多时间等着电话铃声响起。"这个情节很像电影，也很像门德斯的作风。在音像店工作时养成的看电影的习惯他保留了下来，不过在成为经纪人后，门德斯更喜欢去现场观看球赛。"我的新生活被我最爱的足球填满，其中我最喜欢的就是亲自去看比赛了。我需要在面对新挑战时保持专注。如今我几乎不可能有时间去看新秀的比赛了，只能相信我的雇员。但在最开始的时候，亲眼欣赏小将们的表演是我最大的享受。"

卡普乔——和波尔图的第一次交易

把努诺·埃斯皮里图·桑托送到了波尔图并没有很快给门德斯带来

新的机遇。但门德斯在当夜店老板时结识了另一位球员——吉马良斯的努诺·卡普乔，1991 年，20 岁的他就成了世界冠军。“我记得门德斯是一个非常谦虚的家伙，他说他相信我的能力，会为我打开去波尔图的大门，当时我正盘算着离开吉马良斯。门德斯一直信任我，无比专业的他，在我的职业生涯中意义非凡。”对于两支球队的管理层来说，这次交易都非常繁复且棘手，但门德斯最后还是搞定了。卡普乔说：“对于我来说，波尔图是一支非常理想的球队，我所经过的磨炼让我配得上这身球衣。对于门德斯来说，球员的感觉是最重要的。他把我带到波尔图后，我非常开心，刚刚加盟波尔图，我就知道我会在这儿度过很多年。”“卡普乔”这个名字来自努诺父亲的外号，原意是外套上的兜帽。努诺对门德斯满怀感激，在波尔图的 6 年里他拿到了 3 次联赛冠军和 1 次欧联杯冠军，之后他远渡苏格兰。“门德斯和格拉斯哥流浪者的主席私交不错，所以我去了那支球队。这对于我来说是段非常重要的经历，对我个人的成长非常有助益。”在门德斯的帮助下，卡普乔在西甲的塞尔塔队结束了自己的职业生涯，如今成了波尔图预备队的教练，他从未想过还能和门德斯以这样的方式共事。卡普乔说：“我希望在我当教练的时候门德斯还能帮我一把，这是我人生的全新阶段。我很开心能和这些人共事，这让我的人生更加快乐而且成功。”卡普乔是门德斯事业的第二块基石。

在解决了努诺和卡普乔的生意后，门德斯和塞尔吉奥又接手了几名新球员：马德拉国民的科斯蒂尼亚、门将拓泽，还有后来去了本菲卡的伟大中场球员路易斯·卡洛斯。他们的不懈努力在阿尔维卡的球员乌戈·莱亚尔身上取得了成效，他也成了热斯蒂夫特的客户。塞尔吉奥说道：“莱亚尔成了我们最重要的球员。之前他是菲戈的经纪人维嘉旗下的球员，维嘉有权有势，我们把他争取过来非常不易，满足了他想要的一切条件。”两个一穷二白的年轻人是如何说服当时葡萄牙最好经纪人旗下的球员的呢？这就是热斯蒂夫特成功的诀窍，也是热斯蒂夫特到现在一直不变的立身之本。

塞尔吉奥·阿尔维斯透露说:“我们为了说服他，用上了我们的成功公式:我们年轻，而且会说运动员的母语，这样就会给运动员传递一种我们非常谦虚且看重他才华的感觉。最重要的是要和运动员建立起良好的关系。这是一种难以名状的关系，有时会有，有时却没有。我们相信和运动员的友谊真诚且真挚。”凭借着这种态度，他们签下了乌戈·莱亚尔，两个年轻人梦寐以求的球员。有的时候刚刚成立的公司会在原地打转，但突然就凭借着机遇一飞冲天。莱亚尔的出现，也为他们带来了德科。不过，我们先来讲讲我们的主角，再来讲述这段故事。

名声有价

成为这些球星的经纪人让这两个年轻人声名鹊起，一家周刊写道:这两个年轻人正在葡萄牙足球界掀起改革的风暴。在这篇文章的配图中，门德斯和塞尔吉奥西装革履、风度翩翩，塞尔吉奥在前，门德斯落后半步，二人漫步在绿茵场上。“这是我们第一次接受采访，不过后来就后悔了。”塞尔吉奥说道。这篇访谈的标题是“我从不犯错”。这狂傲的语气不禁让人们品头论足。“门德斯气疯了，‘他们怎么能用这种题目！’这简直太哗众取宠了。从那时起我们就谢绝了所有采访，专心干我们的事业。有时候好事也会变成问题，所以还是不要碰它为妙。”塞尔吉奥从他的记者经验中总结道:“可能采访的内容平淡无奇，但记者有时会从中断章取义出一个激进的题目。”

塞尔吉奥·阿尔维斯坐在波尔图的一家旅馆的黑色沙发中，回忆着往事，他也难以掩饰自己的感情，他的眼睛有些泛红。“那时我们是年轻人，头发还没有变得灰白。门德斯现在头发还没白！我们一起走过了18年，分享过无数有意思的故事，尤其是在前几年。主要是因为那时我们还很年轻，一切都很艰难。”门德斯现在变得小心翼翼了，因为他身上的担子越发沉重，他说：“那年头我们一起分享，共同生活，互相帮助，那段时光非常有乐趣。我们所追逐的每一件事在现在看来都微不足道，但那的确是让我们前进的动力。如今我们促成了一桩 8000 万欧元的转会都不当回事儿，转头就去忙别的了。如果当年我们完成了一个百万级别的交易，我们会狂欢一整周。”塞尔吉奥非常想念那些一起去看比赛的周末：“整个周末我们会去看四五场比赛，如果能联系到米兰的球探，我们会把我们最好的球员的录像寄给他。如果球探来看了一场比赛，我们简直就会高兴疯了。但后来你发现仅仅来看比赛没有任何意义，或许你喜欢这个运动员，但球探不喜欢，那一切的努力都是无用功。”

复杂的职业

塞尔吉奥·阿尔维斯放弃了报社的工作去当球员的经纪人，不久后他发现这项工作非常刺激。毫无疑问，其中也有不少的苦涩。塞尔吉奥说道：“我一直以为我懂得不少待人接物的方式，但有的时候你到了另外一个经纪人那里，画风变得太快了。从记者转行为经纪人，可没有想象得那么轻松。”当记者的时候，塞尔吉奥和很多球员都建立了称得上友谊的良好关系。因此，经纪人塞尔吉奥认为他的“朋友”们对待他会一如既往。“我和一名球员的关系好到可以互为父子。我们想为这位球员争取到拉科鲁尼亚竞技的合同。门德斯对我说：‘先和他签订合同。’我让门德斯别急，我不想逼那个球员。”球员和门德斯说，一定会和他们签约。他们的关系离签约很近了，但门德斯并不是很相信他，所以一直催塞尔吉奥和球员签订合同。“我和门德斯说我会为这个球员火中取栗。”有一天门德斯打电话给塞尔吉奥说，这名球员和别的经纪人签约了。“我不敢相信，当时我正在看里斯本竞技对阵波尔图的比赛。赛后我立刻给球员打了电话求证此事，那时他正在去往波尔图的路上。他对我说：‘是的，我们的私交等下再谈。’”塞尔吉奥感到了莫大的背叛，他放下了手头的一切，回到了报社。“在那时我和门德斯讲，我放弃了，这不是我的世界。但门德斯有着他的魔力，在他的开导下我重整了旗鼓。他警告过我，再怎样斥责我都不过分，然而他没有。正相反，他和我说：‘冷静一下，你需要学习冷静下来，这种情况随处可见。’我对那名球员非常恼火，但门德斯又做了一件出人意料的事：他修复了我和球员的关系。这就是他的天赋——善解人意。”

热斯蒂夫特公司调转方向

当时热斯蒂夫特的管理层由门德斯、安东尼奥、塞尔吉奥和一名维亚纳人球队的队友席尔瓦构成。最开始，他们连办公室都没有，所有的会议都在旅馆和饭店里召开。后来他们在波尔图租了一间办公室，办公室位于四楼，电梯却不能用，也没有互联网和电脑。后来当他们扩张到一定规模后，将办公室搬到了如今位于波尔图成功广场的这栋建筑里。

1999 年，门德斯邀请他的侄子路易斯·柯雷亚加入他们的团队。年轻的路易斯刚刚在波尔图大学拿到经济学学位。他还没有当经纪人的专业经验，但他作为公司的银行、通讯顾问干得有声有色。最开始他们只有很少的球员，有名的也只有努诺·埃斯皮里图·桑托、卡普乔、莱亚尔和德科。公司不断在扩张，但还不是很成功，因为经营结构并不是很合理。路易斯的学习能力非常强，如今他已经是热斯蒂夫特的基石，正是他让公司有了今天。路易斯说：“我还年轻，但我要把一切杂事都做好。最开始当然有些失落，做的活儿都很基本：会计、做网络、绘图、设计徽标等。我对这些小事本来也没经验，不过我学得很快，把公司的经营环境改善得很好。”越是简单的事越难做。路易斯最开始没有等到机会，但后来有了转机。生意越做越大，签约的球员越来越多，公司需要更多的经纪人。“当我们刚刚开始业务的时候，维嘉无疑是行业的老大。不过我们有专业的素养和良好的环境，这让我们从竞争对手中脱颖而出。俱乐部也会欣赏那些有信誉的合作伙伴，能够在会计规则上下功夫的经纪公司肯定不会把交易搞砸。”这样良好的管理制度让各方都能真正地关注到最重要的方面：足球、球员和转会。“当我们拥有了莱亚尔和德科之后，我们就有了底气。”塞尔吉奥证实说。他们立刻就把莱亚尔送到了马德里竞技，后来他们去巴拉圭考察，甚至到波尔图队的场地里考察。生意越做越大，能够说西班牙语这门足球语言让热斯蒂夫特公司和球员们的交流更为直接、清晰，球员的数量开始增长，美好的前景慢慢浮现。后来他们更是涉足了英超这一最大的市场，把 C 罗送到曼联，后来又把几名英超水平的球员带到了欧洲冠军波尔图，更是将穆里尼奥带到伦敦和切尔西签约，帮切尔西实现了夺冠的夙愿。切尔西的改变不仅仅得益于穆里尼奥，还有些名字我们也要记住，比如中场里卡多·卡瓦略和保罗·费雷拉。“穆里尼奥带着欧洲冠军的名头入主切尔西。之前他就想把卡瓦略收入囊中，但在 2003 年之前我们在英超没有一名出众的球员。打开英格兰大门的是 2003 年的 C 罗，接着是穆里尼奥……后来又来了保罗·费雷拉、卡瓦略、蒂亚戈……从那时起葡萄牙球员才真正有机会在英伦三岛展现他们的才华。C 罗走到了巅峰，其他球员也很好地立足了。”门德斯回忆着他向充满魅力的英超联赛贡献的一个个球员的名字。

路易斯·柯雷亚提到，在热斯蒂夫特这么多年有一点是不会变的，就是公司的凝聚力和多元化。“我们每个人都为整体出一点儿力，有人和球员的父母谈，有人和球员谈。”柯雷亚没有把自己锁在办公室里，门德斯信任他，把拓展国际市场的重任交付于他。“这对我来说真的太重要了，”柯雷亚说，“最开始，所有的交易都限于葡萄牙境内，好吧，可能还因为门德斯与伦多伊罗关系不错，跟拉科鲁尼亚也有些交易。但是还有更广阔的市场啊，葡萄牙球员们也在放眼外面的世界。我的英语说得不错，门德斯经常让我陪他出差，去参加那些在英格兰进行的交易。我们去纽卡斯尔争取到了巴拉圭人迭戈·加维兰就是个很好的尝试。我和门德斯经常花一周到十天的时间观看中意的球员训练，我们就这样开展了境外生意。”利用这些机会，门德斯也提高了自己的英语水平，但是在重大场合，比如谈判的时候，他还是需要柯雷亚当翻译。柯雷亚解释道："门德斯习惯引导话题，但谈判的时候场面太杂，两个人更好一些。这是他的性格，他和别人一道工作时更为出色。”门德斯才华出众，事必躬亲，但是这并不妨碍他在正确的道路上寻求一点儿小帮助。

路易斯·柯雷亚可能是知道这位经纪人最多秘密的人。所以当我们问他，当他叔叔在处理转会的时候令他印象深刻的是什么，他回答说："最让我印象深刻的是他对一切事务的热忱。就算一桩交易成功率极低，他也会投入百分百的努力。很多时候我们都以为他白白浪费了很多努力，但很多次我们发现他的收获远超过他的期待。也正因如此，在很多逆境中，门德斯还能取得成功。”为了解释这种品质，柯雷亚还举了一个足球上的例子："在我小的时候，门德斯有一次发了烧但坚持要上场比赛，他说这样才能好得快。接着他完成了比赛，但是整整病了两个月。永远不低头，这就是我对他刮目相看的地方。”门德斯的经纪人生涯就是这样，纯粹的坚持。他不是那种科班出身的经纪人，没有学过案例和策略，但对于柯雷亚来说，他就是“为了市场而生的艺术品：每时每刻都有意义，对每个买家都有价值。门德斯非常懂行，知道球员价值几何、适合去哪些球队，这些知识对于市场来说太重要了”。

2005 年，另一位重量级人物曼努埃拉·布朗丹加盟了热斯蒂夫特。她是门德斯在交流问题上的专家，这些年来，她的作用远不止于此。“我从满是波尔图队信息的《比赛报》离职。我的丈夫是门德斯和桑德拉的朋友，我们出去吃过很多次饭，还一起度过假，我们两家的感情非常好。从我当上记者、门德斯开始做经纪人时我们就结下了深厚的友谊。我们成了非常要好的朋友。”这段记者和经纪人之间的友情让门德斯在专业领域向曼努埃拉寻求了很多帮助，后来更是请求她加入热斯蒂夫特。“门德斯过来和我说：‘总有一天你会和我工作，总有一天你会和我工作……’我就加入了热斯蒂夫特。最开始我和同样来自《比赛报》的何塞·蒙特罗一起建设网站，这个网站是专门为通讯社服务的，每天都会更新我们球员的信息。后来网页更新的速度越来越快，就像门德斯的发展一样。”

正是由于这些人的勤奋工作，热斯蒂夫特这样重要的葡萄牙公司才得以进驻资本的市场。众所周知，他们为这个国家的教练员和球员提供了无数的机会，更让他们在国境以外大放异彩。门德斯如今坐拥一切：球员、制度、形象、全天候联络，现在只需要学习更多的语言，遇见合适的人并给他们一个跳板。他们的经纪事业又上了一个新的台阶。

科斯蒂尼亚——从第三级联赛到摩纳哥

“门德斯给了我一个机会，我会用手抓住，用嘴咬住，用腿夹住。”

1994 年的一天，门德斯接到了一通来自他的老朋友保罗·劳伦佐的电话，劳伦佐向他推荐了一个在他球队踢球的年轻人，那时候他的球队是第三级联赛的东里斯本俱乐部。他推荐的球员名叫弗朗西斯科·何塞·罗德里格斯·达·科斯塔，大家习惯叫他科斯蒂尼亚，科斯蒂尼亚回忆道：“机缘巧合下我认识了一名球员和一名教练员，他们是门德斯住在石油社区时的幼年好友：保罗·劳伦佐和巴斯克·劳伦佐。他们给刚刚开始经纪人工作的门德斯打电话推荐我。后来门德斯半夜 12 点打电话跟我说他要来里斯本见我，我当时就觉得他疯了。有谁会在半夜12点给别人打电话啊！”

就这样，年仅23岁的科斯蒂尼亚的命运就因为结识了门德斯而发生了翻天覆地的变化。年轻气盛的科斯蒂尼亚见到门德斯后抓紧每一秒钟的机会来表现自己的才能，想在身体素质和着装上吸引住门德斯。“每次我见到门德斯，都觉得他异于常人。”科斯蒂尼亚特意去做了个造型，还戴上了像英国摇滚歌星利马尔一样的假发。第一次见面门德斯就记住了科斯蒂尼亚，而科斯蒂尼亚也对门德斯难以忘怀，是因为他手中的手提电话。“那是1994年啊，他就带着两部移动电话来了。我现在还觉得不可思议。”见面之后，门德斯说服了科斯蒂尼亚，成了他的经纪人。如今他有了帝国的第二块拼图，第一块是努诺，第二块是在葡萄牙都名不见经传的科斯蒂尼亚。他魔术般的口才又发挥了作用，科斯蒂尼亚陶醉在他的话语中，正如科斯蒂尼亚所说：“五分钟之内他就让我喜欢上了他。我的妹妹陪着我，跟我说：‘我不知道这家伙是不是好人——因为那时候经纪人里我只认识维嘉和巴博萨——但我喜欢他。’”性格淳朴的他就这样相信了门德斯做出的承诺，他的生活也从此发生了改变。“我要和他签约，我太高兴了。他待人和善，虽然总是捧着电话。我们的友谊从那时就开始了，还超越了体育层面。我们好多年都没有签书面合同了，口头约定一切事宜，因为他绝无戏言。”

门德斯和科斯蒂尼亚就因为几句话而开始了一段奇妙的冒险。经纪人还没有任何专业经验，球员也只是在东里斯本、马奇果、马德拉国民这些小俱乐部里踢过球。科斯蒂尼亚在马德拉的俱乐部获得过一次无可争议的冠军，他出场27次打进4粒进球。1996—1997赛季，门德斯为他争取到了去瓦伦西亚的机会。“富尔特斯是瓦伦西亚的球探，他坚持让科斯蒂尼亚参加试训。他觉得科斯蒂尼亚就是一个天才。”成功通过了试训后，科斯蒂尼亚留在了瓦伦西亚的办公室里，他希望有朝一日能进入一线队。“我坐在那时的主席弗朗西斯科·罗格的办公室里讨论签约事宜，简直太梦幻了。

我都没办法相信我是和主席坐在那里，门德斯在旁边打着电话。”科斯蒂尼亚回忆起那段在瓦伦西亚办公室里的对话。那里坐着罗格和科斯蒂尼亚，门德斯拿着电话站在一边。

“豪尔赫，你在那边打电话我怎么和这个孩子签约？”罗格说道。

“签了吧，签了吧。”门德斯边打电话边说。科斯蒂尼亚看着主席的脸色觉得他不太想签约。

“主席，这很重要。”门德斯说。“喂？”门德斯这时还没有停止通话。罗格决定直接和科斯蒂尼亚谈。

“好吧，我们来聊聊。你觉得你能在瓦伦西亚立足吗？”

“当然，但我不是说我会像雷东多、席尔瓦或者瓜迪奥拉那样，但我有能力和信心。”

“我跟你讲过了，”门德斯插嘴道，“这小子很认真。”

“门德斯就是这样，不允许任何人质疑我，但他为什么不肯放下电话呢？哎，没事。”如今科斯蒂尼亚笑着说，可当年那个毛头小子非常担心他的经纪人会把生意搅黄。然而一切尽在门德斯的掌握之中，罗格最终和科斯蒂尼亚签了约。但那时瓦伦西亚的主教练豪尔赫·瓦尔达诺却觉得出租科斯蒂尼亚才是个明智的选择。门德斯还是相信科斯蒂尼亚的实力，和罗格聊过后决定撕毁合约——一份四年的长约——为科斯蒂尼亚寻找更好的出路。对于一个三级联赛的球员，仅仅因为球队想出租你就撕毁瓦伦西亚的合约，简直是疯子一般的行为。“现如今我可不会再那样做了，我不想冒险，”门德斯说，“不过这也是一个很好的例子，你永远不要对你的工作自满。你要相信你的球员值得更好的工作。可能他在外租一年后一事无成，所以你需要冒险让他有球踢。”因此，门德斯又开始寻找新的目标。从第三级联赛起步的科斯蒂尼亚接着去了摩纳哥。“我开始踢球的时候非常早，我觉得我没有资格去摩纳哥踢球。但是门德斯一再坚持，在两个赛季后，我竟然成了队长。门德斯认为，我没有任何包袱，因为我来自低级别的联赛。

而如今我成了法甲冠军队的队长，这真是一场豪赌。”

门德斯觉得这次交易真的是“奇迹”，因为之前联系摩纳哥的时候，俱乐部说没有任何的可能。“我被摧毁了、击溃了，但是一周后他们打电话给我说可以试一试。”门德斯接到了摩纳哥主席的电话，因为当时的教练让·提加纳对这名球员的印象很好。我们签了一份四年的合约。“一切都太美妙了，但也很艰难。如果有机会，一定要抓住。我也永远不会忘记这段经历。”18 年以后，门德斯在脑海中回忆这段往事，“你设想一下，24 小时都和科斯蒂尼亚待在一起，24 小时都在想着工作。后来我和努诺、德科，都是这样工作的。在这样的努力下，他们的职业生涯才会变得美好。”让这一切变得美好的主要原因还是球员的素质，但如果有着正确的方向的话，步伐会更为坚定。工作从来不简单，因为 23 岁的科斯蒂尼亚还在第三级联赛打拼。但是，门德斯说：“我们会脱离困境，得到我们想得到的一切。”

科斯蒂尼亚在掷飞镖前笑了笑：“我们的故事就此开始。我第一眼看见他的照片时吃惊不小，这是一个开着白色汽车、顶着歌手一样发型的陌生人。不过后来在我身边他倒是穿得好多了。”科斯蒂尼亚在摩纳哥的第一个赛季主要是在适应环境，但他也帮助球队取得了第十一个冠军。他们取得了联赛冠军，并在法国超级杯上夺魁。这个之前籍籍无名的小子就这样登上了葡萄牙国家队的大名单。他随队参加了 2000 年在比利时和荷兰举行的欧洲杯。在小组赛最后一轮对阵罗马尼亚队的比赛中，科斯蒂尼亚在最后一刻打进了关键性的入球，最终帮助葡萄牙队夺得了第三名的佳绩。“从那之后，他就不再为我操心了。每次见面他都不断地用两部电话和别人讨论生意的事。他为我付出了太多，我也想为他做点儿什么。在他的办公室里有一个木雕娃娃，所有人都说那就是我，因为和我太像了。我跟他说：‘你之所以把我放在这儿，是你记得你如今的一切都是因为我。’”科斯蒂尼亚开玩笑道，其实这个玩笑不无道理。科斯蒂尼亚让门德斯以崭新的视角观察这个世界，让他相信成为球员的经纪人不仅容易，而且很现实。在门德斯一无所有的时候，科斯蒂尼亚就成了他的第一个球员。这也让门德斯飞速地成长，业余球员们都知道了门德斯的名字，想要接近他。“我和他相处的时候，就把他当作豪尔赫，不是门德斯先生或门德斯君。我们的关系很复杂，但是是友谊。也正因如此，即使他现在拥有了这么多的球员，我还能和他们保持良好的关系。”

科斯蒂尼亚于2011年又回到了葡萄牙，之后为波尔图队拿下了联赛冠军、葡萄牙杯冠军、洲际冠军，又在穆里尼奥的率领下夺得了欧冠冠军。后来，他去了莫斯科迪纳摩和马德里竞技，很多人认为他过气后，和门德斯的关系就冷淡了。科斯蒂尼亚说道：“如果一名球员说他得不到关注，门德斯就会感到很抱歉。他不会把人分成三六九等，因为都是他的球员，他需要和他们商量，完成交易。门德斯如今不可能像以前一样陪在每名球员身边，但你需要的时候他总在那里。如果你给他打电话的时候他没接，一两个小时之后他肯定会打回来的。这很正常，每名球员和经纪人之间都会发生这样的事。”

一千个故事

科斯蒂尼亚如今成了一名教练，当他讲了门德斯的一系列“轶事”后，我们才发现他们的交情是如此深厚。“他是我的教父，所以在我的生活中全是他的笑话，不是在我婚礼上的那件……那可是我的婚礼啊！他搞了一场单身汉对已婚人士的球赛。当然，我妻子也有责任，她把一个足球带到了婚礼现场，事后她恼怒不已。门德斯看到足球就喊道：‘啊！谁想在婚礼上来一场球赛……’”科斯蒂尼亚回忆道：“豪尔赫也太不像话了，在我的婚礼上踢球！不过这就是他的性格，无论如何都要玩闹。”

科斯蒂尼亚口中还有很多故事，他打开了话匣子后，记忆如潮水一般涌来。还有一次，主人公们开着车在一段非常颠簸的公路上旅行。“那次，我们去考察一些球员，我正巧也要去拜访一位二级联赛球队洛萨达的主席。他告诉我们距离很近，只需要 15 分钟。我的妈呀！我们开了两三个小时！我们启程回波尔图的时候已经很累了，他问我能不能替他开车，他想在副驾驶上小睡一会儿。突然……‘嘭！’出车祸了！他立刻惊醒了，问道：‘发生什么事了！发生什么事了！’我告诉他路上有个坑，我们爆胎了。‘我这辈子都没发生过这事儿！’门德斯叫嚷道。他帮我把车子停在了路边，往回走了一公里查看那个坑的尺寸。他回来跟我说：‘那么大的坑你怎么能看不见！现在怎么办？’‘现在我们换上备胎呀，’我回答道，‘备胎在哪儿？’另一位运动员说在车的前面，可前面是发动机。门德斯过去看了看说：‘这儿什么都没有啊。’我出来笑话他说：‘豪尔赫，你看路虎的前面干吗？你不知道那是放发动机的地方吗？’‘这是你的问题，我就不会发生这种事。’他生气地回答我说。事到如今，每当他和我在一起，他就会跟所有人说：‘科斯蒂尼亚是唯一一个把我的车弄坏了还扔在那儿不管的人。’”

独一无二的机会

如果概括科斯蒂尼亚的性格的话，简洁明了应该是最合适的词，当他聊天的时候他从来都是直切要害。他从来没有送过门德斯什么礼物，不过一直在向球队、主席们和球员们传达这样的信息：“门德斯成功的秘诀是他的工作能力、忠心、与球员的友谊和他的单纯。他是最棒的经纪人，但他也总是与人为善。感谢门德斯，很多球员都赚了大钱，但他并没有赚很多钱，其实按照他的成就，他应该拥有更多的财富。一个经纪人能和球场死敌们保持良好关系是很不简单的，比如皇马和巴萨；AC 米兰和国际米兰；巴黎圣日耳曼和马赛；波尔图和本菲卡。他最棒的一点是能公事公办，和各家俱乐部都能正常开展工作。门德斯和主席们与球员们的关系都很不错。”

科斯蒂尼亚知道门德斯对批评的声音很在意，也经常回复别人的批评。“门德斯可以把一名球员送到一家俱乐部，如果没能成行的话也不会伤害球员或俱乐部。因此和他谈判很轻松，他们可以随便评价他，比如说门德斯为皇马输送了很多优秀的球员，但是……他送去了哪些球员？例子实在是太多了。他带来了卡瓦略，对于我来说是顶级中场；佩佩，顶级；C 罗，当世最佳；科恩特朗，曼联、巴黎、拜仁、利物浦都在追逐他，他还是国家队队员。他不会带来不好的球员，如果有的话也是球队的要求。他不只是把球员拉过来扔给球队。”这是一名深知好的经纪人作用的前职业球员的成熟之言：“门德斯是一名追逐出色球员的经纪人，他从来不会看走眼，也深知每个球员的能力，知道该把他们送到哪家俱乐部。球员的形象就代表着经纪人的形象，所以不能犯错。”

从科斯蒂尼亚第一次和门德斯打招呼，已经过去了 20 多年。豪尔赫·门德斯帮那时才 20 岁的年轻人完成了他的梦想。“个人来说，我非常感谢劳伦佐能把我推荐给门德斯，这改变了我的生活。门德斯给了我用自己的双手、双腿和嘴决定自己生活的机会。因此，我要向他致以谢意。”

乌戈·莱亚尔——第一位巨星

“在接下来的十年里他无人问津，就连门德斯都放弃了市场。”

旧日的轮胎印痕刻在路上，通往埃斯托里尔俱乐部的训练场。这家葡萄牙顶级联赛俱乐部虽然规模不大，但有着进军欧洲的信心。预备队在埃着体育场的场地上训练，一位关注着这些未来球星的男人从大厦的窗子里看着他们训练，他就是乌戈·莱亚尔。他用标准的西班牙语和我们打了招呼，和之前有了些变化。他如今不再顶着来马德里时候的发型，尽管他“有一点儿发福”，但还是用打网球的方式保持身材。莱亚尔友善地把我们领到了他的办公室。桌子上堆着成堆的球员报告，如今那个获得很多荣誉的球员已经把他的知识和经验用于服务年轻人了。如果没有门德斯，你就不会了解他的故事。他的经纪人更是他的好友。在莱亚尔的眼中，我们可以看到他对门德斯的特殊感情，那种私人的感情，来自于他们一起经历的种种。我们要从他们两个相遇之前讲起。

1997 年，埃斯托里尔

那些年，葡萄牙的体育报纸除了乌戈·莱亚尔不会提起其他的名字，这个 17 岁的少年保持着本菲卡最年轻的首秀纪录。这位未来之星有朝一日必成大器，无数双眼睛都盯在他身上。还有很多经纪人也在联系他的父亲爱德华多，试图拿下这位年轻球员的代理权。当时实力最强的葡萄牙经纪人何塞·维嘉赫然在列，虽然他在同行中口碑并不好。豪尔赫·门德斯那时正处于起步阶段，犹如满是鲨鱼的海滩上的一粒粟米。门德斯知道，得到莱亚尔的难度犹如摘取王冠上的瑰宝，但他还是要试一试。他立刻安排了行程，找到了安东尼奥·维罗索——曾经执教过乌戈·莱亚尔的一位前本菲卡球员。后来他和球员约好了在埃斯托里尔附近的一家酒店会面。“莱亚尔现了身，紧接着我们开始聊天。我喜欢他的为人，他非常健谈。最终，我得到了肯定的答复，我成了他的经纪人，不过附加了一些条件。”他们签订的协议中规定，门德斯在为他争取到一定金额的合同后才会成为他的经纪人，在这之前，莱亚尔可以任意和其他另外的经纪人签约。“我们的职业合作关系就此开始，但毫无疑问，我们的私人关系也于此刻开始。”

门德斯立刻开始了无私的劳作，莱亚尔看在眼里，感到非常舒心，很快就把他们的协议抛到脑后。“由于我们的协议中没有白纸黑字地讲明门德斯就是我的经纪人，所以其他的经纪人也蜂拥而至来找我签约，但在我心里已经认同门德斯了。”莱亚尔——这个姓氏在西班牙语里代表着忠诚——他完全凭着感觉的指引，没办法找到很多的参考，因为门德斯仅仅代表过努诺和卡普乔两名球员。“他们俩当时还不是葡萄牙联赛的球星，但这也说明了门德斯和他的球员们关系很亲近。我要的不是在我踢得好时能为我追逐名利的经纪人，而是一位在我的足球事业中能陪伴我、关心我的人，毫无疑问，这个人就是门德斯。”所以从他们握手、相识的那一刻起，乌戈·莱亚尔就知道他的选择没有错。他对门德斯的有些感觉甚至保留至今。“我喜欢和我父亲待在一起，但是和门德斯在一起也很舒服，他的热情传染了我。相比之下，他更像一个好朋友而不是一个经纪人。尽管我找不到什么关于他的参考，但是直觉让我相信了他，这是我第一次仅凭一面之缘就信任别人，可能现在也会发生这种事吧。我和门德斯签约看的不是他的简历或是条件，而是凭借第一面的感觉，和他签约就是这样。”

离开本菲卡和一个约定

豪尔赫·门德斯和乌戈·莱亚尔一起完成的第一项交易既不是转会，也不是其他一些简单的交易。莱亚尔想要和球队续约，但俱乐部拒绝提供别的球队已经向他提出的报价。本菲卡的主席阿泽维多在新闻发布会上严厉地批评了他，莱亚尔和球队的关系已濒临破裂。门德斯试图稳定事态，调停矛盾。“在这件事上豪尔赫一直站在我这边。他一直在做和事佬，因为他不想和本菲卡交恶。对于他来说这是个和球队建立良好关系的契机，他可不想就这么浪费掉。门德斯仍在努力，但事件已经没有回旋的余地。”每天事态都在恶化，双方也无法找到解决的办法。这时马德里竞技队出现了，为莱亚尔奉上了一份合约，希望能让他摆脱尴尬的处境。“豪尔赫和保罗·富特雷在商议这件事情，但就算是我想和本菲卡解约加盟马竞，事情也非常复杂。我知道和本菲卡解决这场纠纷需要时间，门德斯也在和本菲卡积极地商谈，试图让本菲卡减少损失。”

这也促成了门德斯的第一笔大交易，不在于金额，而在于影响。“我曾入选过葡萄牙国家队，还为本菲卡踢了30多场比赛。如今我正值最好的年华，我想要更多的人认识我。这些都让豪尔赫对我很上心，也给了他动力。在我和马竞签约的那一年，门德斯获益匪浅，第二年他就拥有了更多的球员和更强大的实力。”值得一提的是，在经历了这么多风风雨雨后，门德斯还没有成为莱亚尔的官方经纪人。他们一起完成的第一次运作，便把莱亚尔送到了马德里。

豪尔赫·门德斯抵达马德里

我们现在要讲的是门德斯第一次因为公事到马德里的故事，他到西班牙首都是为了和马竞确认乌戈·莱亚尔的转会交易。文森特·卡尔德隆球场的主人在办公室里热烈欢迎了门德斯和刚满19岁的莱亚尔。“我已开始对马竞不太满意，因为他们没有给出我想要的报价，但是门德斯在双方之间做了很多的协调工作，让我和球队之间的分歧小了一些，最终问题圆满解决。马竞是我逃离里斯本的通道。”凭借着这份合同，乌戈·莱亚尔成长为了真正的球员，门德斯也成了真正的经纪人。莱亚尔是门德斯用来敲开马竞大门的敲门砖。“门德斯在俘获人心方面有着无与伦比的天赋。他是个超级有趣的人，你会在第一次见面时就喜欢上他。所以他和米格尔·安吉尔·吉尔的关系非常好，如今大门已经打开，门德斯也从中获益良多。”

这是他和马竞的第一次交易，后来马竞也成了和他交易最多的球队。“他给球队带来了一种不会上当受骗的信心。俱乐部和他的交易每次都很顺利，门德斯也赚得了信用。”埃斯托里尔的一位官员说，门德斯的成功主要得益于两点：“门德斯在私人关系和专业领域都是赢家。他能左右球队的态度，同时还能赢得球队的尊敬。”

不仅是经纪人，更是朋友

莱亚尔和父母在马德里定居了下来，他们最开始住在阿拉瓦卡，后来又搬到了马亚达洪达，那里距离训练中心更近一些。里贝罗·莱亚尔一家又多了一名家庭成员：门德斯。“我特别喜欢门德斯的一点是他把我当成朋友，没有把我一个人扔在马德里。豪尔赫经常和我待在一起。在那时我在他心目中排第一位，他可能还有很多计划，但不会丢下我一个人，所以他与我和我的家人的关系非常好。我们一起在辛特拉不知道过了两个还是三个圣诞节。我们在圣诞节大餐之后还会玩‘单身对已婚’的足球赛。”乌戈·莱亚尔回忆说，比赛还非常激烈。“一般都是父亲带着孩子玩，但门德斯希望所有人都参与进来。他总是想进球，所以竞争还蛮激烈的。”门德斯自己也讲述过类似的故事：德科、塞尔吉奥·阿尔维斯、莱亚尔和他自己，“我们玩二对二，我和德科对付他们。当然，我们完虐了他们，但你得看看德科踢球，他是个左撇子，还不喜欢传球。”

经纪人和球员之间的信任包含的意义很深厚，为了证明他和门德斯的良好关系，莱亚尔讲了这样一个故事。莱亚尔想要在距离里斯本数公里的艾斯德班买些土地。“豪尔赫打电话问我说是否有了中意的地块，我跟他说我看好了两片地，但是只能留一片。门德斯毫不犹豫地告诉我说，另一块他要买下来，他甚至都不知道那片地长什么样子，由此可见他对我是真的好，也相信我的眼光。”后来有越来越多的球员在这一区域买地，其中就有C罗。他们后来还会去那里的房子度假，门德斯是来访最多的客人。“有两三次我和父母在那里度假，门德斯会在我家待到很晚。有时候喝一杯咖啡都要聊上四个小时，后来我和父母都去睡觉了，门德斯在我家里招待客人。”甚至莱亚尔不在家时，门德斯都会在那里招待客人。“他经常带别人来，有的时候可能会带着我不认识的球员来做客。还有的时候甚至我不在家，我的父母、门德斯、别的经纪人和一些球员在我的家里谈天说地。”门德斯是莱亚尔在马德里的精神支柱，尽管莱亚尔的父母也住在他身边。“我相信他很享受那时的生活，能够当上一名经纪人对他来说是全新的人生阶段。后来他和佩佩·伊尔达多也搭上了线，我和伊尔达多在足球的世界里一起长大，有着太多相同的经历。”

总要把他们留在……马德里

用电影《卡萨布兰卡》来形容莱亚尔和门德斯的关系很恰当，因为巴黎正好是他们疏远、冷淡的地方。莱亚尔在2001年夏天，毁约离开了马德里。门德斯当时作为一个经纪人已经有了长足的进步，他和莱亚尔经常一起开玩笑、吃晚饭，甚至和他的朋友们踢比赛。对于门德斯来说，对巴黎远没有对马德里熟悉。“我在马竞待的这几年里，门德斯进步非常快，他代理球员的计划非常庞大。他有着很多的联络人，我和他的关系也变得非常近。他没有像往常一样关心我，但我相信对于他我还是很特别的。”莱亚尔还没有把私人和工作关系分开。“我当时还想和他在私人层面上交往，但当我跟他说我不想和他继续合作的时候他一定非常沮丧。我们之前没有签订任何协议，因为我们信任对方，但是我把合作推向了终点。”虽然有些不愉快，门德斯依旧在帮助着他的朋友。“但是他后来还是帮我转会到了波尔图，后来又去了布拉格。如今我们的关系不如以往了，但我还会时不时地给他打个电话。”现在门德斯不会像以前一样邀请莱亚尔在马德里看比赛了。“事实上我还是很喜欢门德斯，我甚至邀请他来当我婚礼的证婚人，这样他还是我家庭的一分子。我亏欠他太多，我相信我们以后还能互相帮助。无论是专业层面还是私人层面。我和豪尔赫一起分享了太多的美好回忆，这些非常有益。”谈到这些，莱亚尔变得有些激动，日复一日的生活差点儿让他忘了以前的那些岁月。回忆起门德斯，他总有一种温暖的感觉，“每当我想到这些，我就非常想念那些有他的日子。”

世界上最好的经纪人

乌戈·莱亚尔毫无迟疑地评论道：“这本书最不应该少的内容就是告诉大家门德斯是世界上最好的经纪人，第一位的。”所有人对于谁是最好的经纪人都有自己的看法。对于莱亚尔来说，这个人是门德斯。“豪尔赫经常用积极的态度看问题，或许所有的球员和球队都不是问题。他会为球员争取最好的合同，而不是从中大赚一笔，我非常珍惜我们的关系。”与其他经纪人刚愎自用不同，门德斯特别喜欢了解球员和俱乐部的想法。“他经常在回忆中考虑双方的想法，好像他既是球队又是球员的经纪人。这也让他成了当世最好的经纪人。任何一家俱乐部都不会为他关上大门。他在双方的心里都会留下好印象，我相信这就是他的天赋。”

和所有在工作中有天赋的人一样，他也会招来非议。莱亚尔为他辩护道：“或许他会把很多他的球员放到一支球队里，但他有这么多的球员，难道不可以吗？他对他旗下的球员和教练有着很强的影响，这一点儿也不假，但他从来不会因此控制市场。”在莱亚尔看来，门德斯想要谋求发展，但是竞争手段和别人没有什么不同。“豪尔赫的高度无人能及，未来十年没有任何经纪人能赶得上他，就算门德斯自己退出市场了也是一样。”这位本菲卡和马竞的前球员这样保证道，“因为他是这样的成功，所以他无可指摘。有些球员离开了他们的经纪人，在和门德斯合作后变得更好。但是门德斯不会从别人那里抢球员，他只靠自己的魅力吸引他们，所有人都想和门德斯共事。”

埃斯托里尔的记忆

在埃斯托里尔海滩的办公室里，时光“嗖”一下就过去了：足球的故事、笑声、记忆、奇闻逸事，都汇聚在这间小小的办公室里。最后，就如莱亚尔所说，一切都会悄然而逝。这位 34 岁的前足球运动员，还能回忆起他在门德斯身边的点点滴滴：“这是一种非常纯粹、有趣且忠诚的友谊。这就是我和他，还有塞尔吉奥的关系。如果你问我从门德斯身上学到了什么，我也说不出来，人们总是在无意间学到了别人的优点。和他在一起的时光里我非常快乐，我会铭记终生。”莱亚尔如果和别的经纪人共事，可能生涯也不会差很多，因为他出道很早，也非常有天赋。但他和门德斯在一起后，完全改变了他的性格。“豪尔赫教会了我很多。他在我身边是我的骄傲。可能我们不会每天都联系，但是我知道我们的关系非常好。可能我的职业生涯有没有他都不会差很多，但我们的良好关系让我学到了更多。”

莱亚尔想说一条关于门德斯的消息。“我想要说的是他可能会暂时放下手中的工作了，他想要有一些休息的时间去享受天伦之乐。他已经把毕生的心血倾注在他的球员们身上，如今是他该享受的时候了。尽管我知道他还不会停下工作！”另一方面，莱亚尔也向改变了他职业生涯的人致以谢意。“我对他一直充满感激之情。不仅仅是因为他是我的经纪人，更因为他是我的教父和朋友。当然，在职业合作方面，我肯定要感谢他在工作上的付出，但这都是职业操守。把我们都塑造得如此成功的，是我们的友谊。”

莱亚尔在埃斯托里尔海滩上为我们指着这一切：办公室、训练场，还有刚刚装饰一新的运动场。这是一家渺小的俱乐部，但从中走出了最坚定的友谊。正如莱亚尔所说，他们正在为未来做准备。他不清楚自己日后会成为体育总监、教练还是继续征战球场。他总是这样教导未来的巨星们：“我用豪尔赫的话和我的经验引导他们。豪尔赫是我可以参照的经纪人，幸运的是，也是最好的经纪人。”

德科——10号魔术师

“如果门德斯没有发现我，可能我就回巴西了。”

1998年，在波尔图的海边，老旧的铁轨绵延不绝。距海岸几百米的地方，就矗立着阿尔维卡曾经的主场——曼努埃尔·奥利维拉·维奥拉斯将军体育场。这座球场如今虽然已被淘汰，但是仍能容纳7000名观众。在那里，门德斯和塞尔吉奥陪着新星乌戈·莱亚尔的父母将要一起欣赏一场莱亚尔于当天下午对阵昔日主队的比赛。但在比赛开始之前，经纪人身上发生了一些意外，这桩意外日后会出现在他的办公室里。他们本是去看他的球员，但在比赛中另外一颗新星也发出了耀眼的光芒。“我整场比赛都在关注德科的每一次触球。”塞尔吉奥·阿尔维斯和门德斯一样，都对德科的发挥给予了高度的评价。“我在阿尔维卡第一次见到德科的时候，高兴坏了，我当时就在盘算第二天如何签下他。”门德斯回忆道。莱亚尔在门德斯和德科的签约中发挥了重要的作用。“这并不是我的功劳，都是因为门德斯的出色工作。不过作为他的球员，我也给了一点点帮助。德科知道之前我在本菲卡身处困境，他看着门德斯帮我脱离了困境。好在门德斯和我一起来了，看到了德科的上佳发挥。”比赛日是周六，紧接着门德斯和塞尔吉奥就约了德科在周一共进晚餐。他们很喜欢德科，但也知道德科现在有权和任何经纪人签约。

门德斯和塞尔吉奥还不知道，德科刚刚经历了一段绝望的日子。“我可能就要回巴西了，我和维罗索（安东尼奥·维罗索，球员米格尔·维罗索的父亲）说过想要去本菲卡踢球，但球队没有同意，也没人能帮我，所以在和阿尔维卡结束合约后我就得回巴西了。”德科回忆说当年他在欧洲遇到了大问题。他不仅没能如约在顶级联赛里踢球，甚至球队还要克扣他一半的薪水，所以他只能和队友同住在一间小公寓里——房屋的状况很差。“他每日以泪洗面，想要逃回巴西。所以我们出现了。”塞尔吉奥笑着说。

德科曾向阿尔维卡的一位雇员求助，后来这位雇员打电话给他说：“德科，你想要一名经纪人吗？”“我回答说想要，因为在巴西还有人帮我，但在葡萄牙我孑然一身。他和当时著名的经纪人维嘉、巴博萨都谈了谈。”德科之后就没有得到任何的回复了，直到他帮助球队 3 ：0 战胜了波尔图。“在 3 ：0 战胜波尔图的那场比赛，我还进了个球，那位雇员过来和我说：‘我刚刚和一位经纪人通过话，叫豪尔赫·门德斯，他只有两三名球员。’”德科从未听过这个名字，只知道这个人想做他的经纪人。“我想……好吧，反正我谁也没有，就签了吧。我和他、塞尔吉奥和我当时的妻子一起去吃了晚饭。”晚餐对双方来说都不算丰盛。德科讲述了他的情况，门德斯和塞尔吉奥立刻开始盘算如何能帮助这位有前途的球员。“门德斯和我说，有很多大球队想和我合作。他能说会道，但我相信他说的话是真的。”

才华不是一切

门德斯和塞尔吉奥都不敢相信他们的好运。一周之内能获得两名才俊：

莱亚尔和德科。“门德斯劝我别回巴西，我之前很不开心，认识他之后才开始考虑：现在我还是留在葡萄牙吧。”德科和他的新经纪人在一起非常开心，不过很快他才发现别的经纪人很少和球员们一起待在球场里。“我们和球员的关系迅速升温，六个月以来，我和他每天都在一起训练，德科还住在我的家里。”塞尔吉奥回忆说。他们对德科非常用心，因为他们知道他有可能成为当世最好的球员。“2004 年差一点儿就成真了。”塞尔吉奥补充道，那一年，德科在金球奖的角逐中惜败给了乌克兰人舍甫琴科。不过此时此刻，德科和本菲卡的转会已经开始运作了。

德科的买断价格是 50 万美元。“我们知道本菲卡是不会同意的。”塞尔吉奥强调道，接下来的事实也证明了这一点。本菲卡的教练索内斯只想要英格兰球员，甚至跟他们强调说这价钱能买比德科好十倍的球员。当时本菲卡的主席是阿泽维多，他也觉得这桩交易有些不妥。各种情况都很不利。“我们知道如果德科回了巴西，我们就会失去他了，因为我们没法经常去巴西。”最终德科转投了波尔图北部的一家俱乐部——S.C. 萨格罗斯。“门德斯和主席谈话的时候我在听，他说服了这位主席，但他们没钱。”这次他们决定采用一种半疯狂、半天才的策略，毫无疑问是门德斯出的主意。门德斯和主席说：“别担心钱的事。”门德斯提出的设想是，如果以后出售德科，绝对会大赚一笔。虽然他的薪水有点儿高，但如果能转会的话球队绝对会大赚一笔。当时门德斯还不知道有哪些球队对德科有兴趣，但他保证说这样出色的球员绝对不愁没有买家。德科非常惊讶，但他的压力也减轻了一些。“他对球员表示信任的方式还真是独特。我从来没有这方面的压力。他总是跟我说他信任我，觉得我能有大作为，也在努力帮我达到那个高度。”门德斯对德科有着疯狂的信心。“门德斯天生会和别人交涉，会说服别人，相信别人。尽管这时门德斯还没成功，德科也籍籍无名。”塞尔吉奥当时对这场交易充满信心。

一切都乱了

一旦开始调查球员的情况，就会让事情变得复杂。他们发现德科的所有者是一家叫阿拉葛阿诺中央竞技的一家巴西球队。萨格罗斯的主席、门德斯和塞尔吉奥一起去了巴西，阿德尔森·杜华特驾驶着一架老旧的飞机带着他们。“我们的飞机晚点了三个小时，后来在飞机上我们觉得有90%的可能会坠毁。”塞尔吉奥笑着说，“幸好有上帝保佑，不然这架飞机的引擎都转不起来。”幸运的是，他们安然无恙地抵达了目的地。“我们和中央竞技的主席签订了协议，确定了德科的所有权归门德斯所有。只是有个问题，还不确定到底是本菲卡还是萨格罗斯会接受这名球员。”从那时起事态愈发有趣，另外几支球队也对德科产生了兴趣。后来阿尔维卡把这名球员的报价从50万美元提高到了100万美元。阿尔维卡和萨格罗斯还因为德科的纠纷闹到了国际足联。德科本人却进退维谷，他不能踢比赛，也不能和队友们一起训练。重担如今压到了他的经纪人头上，对萨格罗斯的承诺仿佛是一只手扼住了他的喉咙。“我们在12月之前要把球员卖给波尔图才能让萨格罗斯满意。”这是10月份国际足联做出的裁决，根据球员自己的意愿，德科终于在萨格罗斯队旦踢上了球。但不出意外，长期缺少训练导致德科一出场就受了伤，起码要休息两三周，经纪人快绝望了。“我们食言了！”塞尔吉奥做了一个吃手指的动作。在12月，波尔图和萨格罗斯之间有一场比赛，德科登场亮相。“德科凭一己之力盘活了全队。”塞尔吉奥的手指在玩弄凭空想象出来的一颗足球，“他简直是一部机器，一个神话。”那天，门德斯和塞尔吉奥终于拨云见日。“我们不知向多少人夸赞了他，可他们都不信……当他们看完那场对阵波尔图的比赛之后，我知道他们终于相信我们了。”10号魔术师的传奇正式开始。

比贝利还出色

1998年12月，正如门德斯对萨格罗斯保证的那样，波尔图签下了德科。这一赛季只剩12轮比赛，但这名球员的到来让巨龙军团重新焕发生机。接下来他帮助球队赢下了3座联赛冠军的奖杯和3座杯赛冠军的奖杯。2001—2002赛季，他还取得了职业生涯最高的19粒进球。而在何塞·穆里尼奥的麾下，德科变得更为出色。正是穆里尼奥带领波尔图拿下了欧冠奖杯。穆里尼奥如此评价德科："他是我最出色的10号球员。他是球队黄金一代的标志人物。"他在球场上成长的同时，门德斯也在用同样的速度发展着自己的事业。"我1998年来到波尔图，1999年就成了球队中的重要球员。我和门德斯都因此获益，因为拥有一名葡萄牙最重要球队的一名球员，为他的事业增色不少。因为他能力出众，后来又成了队里其他球员的经纪人。"球感、动作、摆脱、步伐和精确的传球，让德科成了波尔图场上的"魔术师"。"我不知道我是不是魔术师，波尔图的人们开始这么叫我，豪尔赫也自称'魔术师门德斯'。"

德科当时正值巅峰期，需要和门德斯谈谈他的想法。每个足球运动员少年时都有一个梦，希望在某座球场身披某色战袍。"巴萨永远是最吸引我的球队。20世纪90年代初，我刚好十三四岁，我特别喜欢斯托伊奇科夫、罗马里奥和劳德鲁普……那是一支我爱的球队，久久徘徊在我的脑海里，我的梦想就是哪一天能在诺坎普为巴萨效力。"这位巴西球星还不知道的是，他的惊艳表现已经和济科、马拉多纳画上了等号。2003年夏天，平托·达·科斯塔拒绝放他离开，所以他在2003年8月29日对阵摩纳哥的比赛中没有认真发挥。

乔安·拉波尔塔和贝吉里斯坦受邀到摩纳哥的路易斯二世体育场观看欧洲超级杯，对阵双方是AC米兰和波尔图。门德斯的目的是想向巴塞罗那引荐德科，但拉波尔塔赛后很惊讶。"德科那一场表现得并不好，我跟门德斯开玩笑说：‘我们就知道有一天会被你骗到。’我觉得那个时候他很绝望。德科肯定是有一些私人问题，他告诉我们说因为某些原因他没有好好踢比赛。我们又开玩笑说：‘继续吧，和我们说了这么多关于德科的事儿……现在看吧！’”德科因为下个赛季不能为巴萨登场而感到斗志全无。“2003年，波尔图告诉我不能离开的时候，我没有生气。但我过得并不开心。在那场超级杯的比赛中，我的注意力非常不集中，踢得很不好。”

数月以后，门德斯又找到了巴萨的总监埃切维里亚，他曾经看过德科的比赛。不过埃切维里亚告诉门德斯说他没办法做决定。2003年11月，巴萨对阵波尔图的一场冠军联赛上，正好是梅西在一线队的处子秀。埃切维里亚说：“我、拉波尔塔和贝吉里斯坦一起跟门德斯吃饭，那个疯子一直在念叨着德科、德科、德科：‘你们想拿欧冠的话就签下德科！’”这预言后来真的应验了。拉波尔塔让门德斯寄一些德科的比赛录像带给他，他们再考虑考虑。但门德斯没有回答也没有寄录像带。后来又有一次在里斯本，他们聚在一起，门德斯又在拉波尔塔的耳边一直念叨着——德科、德科、德科——最后拉波尔塔忍无可忍了。“我们去里斯本踢一场友谊赛，那天晚上受邀去参加晚宴。我还没到餐厅，但在去的路上就听到波尔图的球迷四处高歌赞扬德科，那场景我至今难忘！”那首在拉波尔塔耳畔响起的歌词是这样的：

他是我们的10号，
用他的双脚舞蹈，
跟贝利相比，
我们的德科更好。

看到了门德斯的坚持，和这名巴西球员有说服力的表现，巴萨高层们——拉波尔塔、贝吉里斯坦、费兰、罗塞尔——一起去了波尔图，同平托商议签约事宜。“我那时已经是一名重要的球员了，很多俱乐部都想要我，我是那年的欧洲最佳球员，门德斯说服巴萨也很简单。”德科没有出席谈判，他正关注着征战2004年欧洲杯的葡萄牙国家队，在杯赛期间，德科收到了巴萨的合同。“门德斯开心地打给我说我们实现了梦想。能达成交易，还要感谢平托，一年前他还不肯放我走，如今我想去哪儿他都鼎力支持。”门德斯和德科后来很晚才去巴塞罗那签约。“我还记得门德斯说：‘我们是作为胜利者来的。’而巴萨的高层对我说，我的到来将会为巴萨带来第二座欧冠奖杯。”

德科——伊涅斯塔和哈维的师傅

2004年7月，德科到了巴塞罗那，他的到来为巴萨史上最强阵容的形成奠定了基石。巴塞罗那是一座足球的学校。“德科在巴萨取得了个人的成功，除此之外，他还把他的经验传授给了哈维和伊涅斯塔。他们两个都是天才，但能在德科身边是他们的幸运。”拉波尔塔这样认为。在拉波尔塔的治下，巴萨取得了四座联赛冠军奖杯，一座国王杯，三座西班牙超级杯，两座冠军联赛奖杯，一座欧洲超级杯和一座世俱杯。这一系列荣誉的开端，都始于巴西人德科的到来。“当我来到巴萨时，哈维、伊涅斯塔——好吧，那时他们还很年轻——和普约尔他们都很有进取心。”德科说到他的前队友时充满着敬意，尽管他在来到巴萨之前已经是欧洲冠军了。如果一个球员满载着荣誉到了一支新球队，其他人就会因为他的到来更有信心。“在我看来，他们是西班牙和巴萨的黄金一代。但在我来之前他们还没得到过什么荣誉，他们盼望太久了。我们在一起之后就不断地胜利，这让他们感觉非常棒。”德科的话语中表现了他对伊涅斯塔的特殊感情。“我和安德烈斯之于对方都非常重要，他那时还很年轻，和哈维一样……哈维是个不可思议的球员。”伊涅斯塔对德科的记忆同样深刻，在进入巴萨一线队后，德科教了他很多东西。“我刚到一线队时，能和德科在一间更衣室里实在是太奇妙了！在这位欧洲最伟大球员的身上我学到了很多，正是因为他的到来，让我们开始赢得了一个又一个的冠军。”这是一位世界冠军对德科的评价。他们在一起赢得了两次联赛冠军、两座西班牙超级杯和一座冠军联赛奖杯。

信任的关系

门德斯和德科在这些年中签订了多少协议？一起工作了17年，他们只签约过两次。“我们之间互相信任，我在1997年和门德斯第一次签约，直到2008年我们才第二次签约，还是因为英格兰方面需要我们出示合同。”根据英联邦的法律，德科转会到切尔西前必须出示和门德斯的合约，之前他和门德斯之间一直没签任何合同。2008年，瓜迪奥拉清洗了德科、小罗和埃托奥，不过他本人倒没有什么怨言。“对于皇马、巴萨或者波尔图这种俱乐部来说就是这样，主力球员经常会出现更迭，可能是因为成绩不好了吧。但我总是说，我喜欢留在巴萨，别的球员也很喜欢我。”当德科恢复自由身后，门德斯的桌上又多了很多球队的报价，不过英超球队的报价是最吸引这位巴西人的。“能在英超踢球简直棒极了。如果安切洛蒂不想放我走的话，我可能会在切尔西踢很长时间，三到四年吧。”在离开之前，德科收获了英超的冠军。“但是我最后还是回国了，去了一家巴西的俱乐部。英国足球竞技性更强，那是纯粹的较量，你会享受英式足球的。”

在蓝军的生涯结束后，德科已经不需要门德斯再在欧洲为他圆梦了。他已经获得了一切：在一家他深爱的葡萄牙豪门踢球，接着去了巴萨，后来又在最喜欢的英超联赛中踢球。他和门德斯在这期间都没有签过协议。“我和他的第一份合同是信任。球员们看着成堆的合同都会犯晕，这时候你就需要经纪人来帮你，信任你的经纪人是非常重要的，如果他们得不到你的信任的话就没法工作。”德科这样解释球员和经纪人之间的关系。但是为什么连书面合同都没有，就把职业生涯托付给别人呢？如果你不知道门德斯的工作态度和方式的话，永远也找不到他这样做的原因。他会把每一分的热情都投入到为他的球员谋求一份更好的合同、找到一家更好的俱乐部、带给球员更好的生活中去。“事实上，门德斯做的一切都是出于热情，而不是为了金钱。他会为球员而生，为保护他们而死。他会为球员们赴汤蹈火排除万难，因为他觉得自己就是这些球员。”

德科曾在波尔图闪耀光芒，如今这家俱乐部邀请他回去参加晚宴。德科在下榻的酒店和我们谈起了他的足球生涯：“我在波尔图的那些年和在巴萨的前两年最为开心。我拿到了很多荣誉，更希望留在那个年代。”当我们向德科询问是什么改变了他的生活时，德科一秒钟都没犹豫：“我最欣慰的是门德斯总来看我比赛，陪我出行，因为我如果回到巴西，可能也会成功，但没有了他一切都不一样了。”

永远的魔术师

2014 年 7 月 25 日，巨龙球场挤满了为德科歌唱的球迷。这位足球运动员即将挂靴，他曾在欧冠赛场上两次夺魁：2004 年在波尔图，2006 年在巴塞罗那，如今这位伟大球员的名字铭刻在了两支球队的队史上。豪尔赫·门德斯正在 2014 年的转会市场上呼风唤雨，也于百忙之中来到了这里，对他 16 年前发掘的一位伟大球员表示敬意。在纪念赛开始前几个小时，他和一些朋友在波尔图喜来登酒店相聚，其中有埃托奥、梅西、拜亚、科斯蒂尼亚、费雷拉、安德拉德、马尼切，等等。一位又一位巨星前来庆祝这项盛大的活动。

豪尔赫·安德拉德——大哥哥

“如果门德斯现在在我面前，我一定要亲他一口。”

在踢完德科的告别赛后，曾在阿马多拉、波尔图、拉科鲁尼亚、尤文图斯效力的豪尔赫·安德拉德舒舒服服地冲了个澡。安德拉德如今成了一名教练，正在带领一队足球精英开始一段新的篇章。“当然，我会让门德斯帮我看看能不能进入教练员的市场。”安德拉德在成为教练后还不忘他的老朋友。“我们并不常常联系，因为每个人都有各自的生活，但是我知道如果我需要的话，他是我第一个会寻求帮助的人。我和豪尔赫的关系非常好，他看着我成长，当我还很小的时候他就成了我的经纪人，我们经常在一起玩。如果我有什么问题就会打电话给他，他就像我的大哥哥一样。”

安德拉德之所以辞掉了他之前的经纪人，是因为他看到了门德斯能帮他进入一家更好的俱乐部，之前他在阿马多拉星队踢球。“当时我还在阿马多拉，经纪人是平托·达·科斯塔的儿子，后来是维嘉……他们想让我去本菲卡，不过交易失败了。门德斯帮我争取到了去波尔图的机会，我对他的操作非常满意，于是决定让他当我的经纪人。”

在事实面前

波尔图和拉科鲁尼亚的名字放在球员的面前，门德斯正是凭借这两家俱乐部起家的。他和平托的关系不一般，更是伦多伊罗的教子。在门德斯的策划下，正值黄金期的安德拉德成了拉科鲁尼亚竞技的核心球员，从2002 年起一直踢到 2007 年。“门德斯非常诚实，也总是思维超前。他和我只说实话，如果有些事还没确定，他就不会说，而是保持沉默。他会对俱乐部和球员都说实话。”正像安东尼奥·马查多的诗里所说：“真相一向如是，就算与想象相反，真相依然如是。”门德斯很明白这位中场球员的实力，坚定地认为这位球员还能在西班牙其他俱乐部立足。但是事与愿违，门德斯只好去都灵碰碰运气，因为恰好尤文图斯对安德拉德有兴趣，他们希望能以1500万欧元的价格买下这名球员。这个报价对伦多伊罗主席来说太有吸引力了。“在和尤文图斯会面后门德斯说这是我的一个好机会……我希望继续在西班牙踢球，但是可能没机会了。竞技队也希望我留下，但是球队环境的变化让我选择去了尤文图斯。门德斯提供了很多帮助，他是一个很乐观的人，而且会尊重球员的意愿，他会询问球员是否想要改变。他知道球员们如果点头了，一切都会很轻松，我那时希望做些改变。”

“门德斯的担忧是我在都灵能否过得舒心，还有我的伤势会不会好转。我的左膝当时已经做过两次手术，当我到了尤文图斯之后很担心自己是否还能回到球场上。”这一直是安德拉德心中的一根刺：“我当然希望能在球场上结束职业生涯，而不是因为伤病提前离开。但是我已经实现了我的梦想：离开阿马多拉，帮助我的父母移民到葡萄牙。我相信我的职业生涯会在门德斯的带领下走向成功。”

陪着安德拉德的是德科的忠实粉丝范德尔雷·费尔南德斯，大家总是叫他德尔雷。在2003年，他跟随穆里尼奥打进了欧联杯决赛，在决赛中更是用两粒进球帮助球队战胜了凯尔特人队。德尔雷说道：“我是通过德科认识门德斯的，那时候我在波尔图，我们从那时起就开始了一段忠贞的友谊。”这位来自巴西的伟大射手后来加入了葡萄牙国籍，并被莫斯科迪纳摩队签走。“他是我的经纪人，更是我的好朋友。我们经常一起出去吃饭……最开始我没有经纪人，2002年以前一直是我自己处理这些事。开始我到了波尔图，后来又去了莫斯科。”如今德尔雷想要追随他的导师门德斯的脚步，“现在我决定像门德斯一样为球员做经纪人。事实上我和豪尔赫的关系很好，我们一直不需要签订合同。我认为豪尔赫是一位斗士，更是一名征服者。”

感谢伟大的德科，欧联杯决赛当天变得非常特别，充满回忆。豪尔赫·门德斯在那个夏天把自己的事业提升到了一个新的高度。那几天他没有任何闲暇时间，电话一直响个不停。但是在这个重要的日子，经纪人还是待在“他的”德科身边。从巨龙球场传来的歌声表明，波尔图的球迷是多么喜欢这位正在打包准备回巴西的球星。门德斯又一次骄傲了起来。在此之前，门德斯在德科的身上投入了太多的心血，如今门德斯终于可以改变自己的命运了。

在门德斯身边的是他第一次见德科时的同伴——塞尔吉奥·阿尔维斯，他也是看着德科一步一步走向完美的。塞尔吉奥还记得穆里尼奥治下的波尔图的辉煌岁月，那时他们已经成为阵容中绝大多数球员的经纪人，“那是另一个重要的时刻，感谢德科，我们能与波尔图开始合作。我们签下了数名球员，并为球队输送了几个人，后来他们帮助球队赢得了欧联杯。在这支球队里我们有十三四名球员，比穆里尼奥到来之前多很多，这是一个伟大的进步。”德科、马尼切、安德拉德、赛塔里迪斯、德尔雷、保罗·费雷拉、卡瓦略构成了巨龙军团的门德斯兵团。“穆里尼奥和切尔西签约后，切尔西也签下了几名波尔图的球员。”2004 年的夏天，这些球员中的几人随葡萄牙国家队参加了欧洲杯，并取得了亚军。“这让我们变得举世瞩目，德科、C 罗、卡瓦略，构成了世界上最好的中场阵容，后来其他俱乐部就开始找上门来了。”

七　通往英格兰的大门

“我把他介绍给了林荣福和阿布拉莫维奇……豪尔赫太出众了。”

彼得·肯扬——介绍人

在我们面前的，是门德斯作为足球经纪人生涯中最重要的人彼得·肯扬。彼得·肯扬出生于斯泰利布里奇（柴郡），如今60岁的他可能是足球领域中最为睿智的人，他在商业领域有着过人的先锋思想和成就。肯扬是一个运动天才，他经营的茵宝品牌举世闻名，他还曾在曼联和切尔西做过执行总裁。在C罗还在里斯本竞技踢球时，他就向弗格森建议签下这名年轻球员。因此，说他是C罗在曼联的形象建筑师一点儿也不为过。

“我第一次见到豪尔赫是在C罗转会到曼联的时候。”自从肯扬进入了曼联的管理层，他就用自己商人的眼光去衡量每一个进球和每一场胜利能为球队带来的经济利益。若问：为什么要这么说呢？因为这位曼联的新总裁在商业领域的眼光远比其他俱乐部总裁超前，他不仅仅开拓了线上商店增加了球衣销量，更是能让一切元素商品化。

肯扬是足球界的伟人，他出任茵宝CEO的时候做出了很多的创新，又在担任曼联总裁的时候有过多次亚洲行，吸引了粉丝的关注，让他们有机会和偶像近距离接触。彼得·肯扬和弗格森爵士把首次中国行安排在中国香港和内地，他希望此举能为球队“俘获”更多的球迷。这个全新的做法刚刚被报道出来，曼联的银行户头上就多了一大笔收益。感谢肯扬，曼联的第一次亚洲行就此诞生。

肯扬在门德斯的职业生涯中也是举足轻重，因为这位曼联的执行总裁后来成了切尔西的执行总裁。“自从C罗的交易后，我更深入地了解了豪尔赫这个人。他非常勤奋，对旗下所有球员的服务都非常专业。我们之间的友谊从那时开始诞生，后来他也进入了英国市场。”肯扬后来把一个更为重要的人物介绍给了门德斯，那就是阿布拉莫维奇。俄罗斯人想要在足球上投资，所以想和门德斯谈谈。阿布拉莫维奇说：“后来，当我去切尔西的时候他对我也很重要，我们达成了很多交易，比如他为我们带来了穆里尼奥教练。”你们还记得吗？何塞·穆里尼奥、保罗·费雷拉、里卡多·卡瓦略、蒂亚戈……这些高水平的球员能来到切尔西，都是拜门德斯和肯扬的良好关系所赐。

肯扬曾这样评价他们之间的生意：“在C罗和穆里尼奥之后，他又向我们推荐了很多优秀的球员和教练。能够看着他们成长是非常棒的事。说不定哪一天他们就成了下一个C罗或穆里尼奥。”

在曼联签下C罗后，肯扬和门德斯又一起进行了很多工作。他们有着多年的友谊，正如肯扬所说：“我们一起经历了上百次旅行，最开始我们是职业伙伴，后来就成了好朋友。最近几年我们又成了生意上的搭档。门德斯实在是太出色了，他的专业素养、足球知识、充沛的精力无人能及。”

这些同甘共苦的经历也让肯扬帮助门德斯成了世界上最好的经纪人。“我和豪尔赫经常互为补充，尤其是在足球知识方面。比如说，他所代理的林荣福是我二十多年的好友；抑或是阿布，当我们谈穆里尼奥的生意时我会和他讲一些在切尔西的故事。”英格兰的大门缓缓打开，探险即将开始。

里卡多·卡瓦略——时间的敌人

“豪尔赫知道，我的身体一旦好了，就会尽最大的努力去表现。”

1998年1月25日，在马托西尼奥（波尔图），经纪人事业刚刚起步的门德斯决定去看场比赛，寻找年轻的好苗子。波尔图的冬天很冷，那场比赛对阵的双方分别是来自顶级联赛的雷萨和萨格罗斯。在3000名观众的注视下，主队以3∶0击败了客队，一位身披13号战袍的年轻中场吸引了门德斯的注意力，这位年轻人就是19岁的里卡多·卡瓦略。“我还记得那场球我踢得非常好，赛后门德斯就跑到了我的家里。”门德斯找到了这位年轻人，先做了自我介绍，又和卡瓦略聊了很多。“他向我表示了祝贺，但当时我已经和波尔图签了四五年的合约，所以我对和经纪人签约的事不是很感冒。”这就是他们的第一次接触，双方交换了电话号码。从此以后，门德斯经常与里卡多保持联系。“我们就这样建立了联系，在比赛后他总会打电话恭喜我，虽然他知道我已经是波尔图的球员了，也不会去寻找新的球队。就算这样，他对我还是很有兴趣。”

和雷萨的租约结束后，卡瓦略回到了波尔图，但在这一年他没有获得哪怕一分钟的上场时间，所以他又请求租借。这次是塞图巴尔胜利队想要租借他，为期一个赛季。与此同时，门德斯和他还保持着联系。“2000—2001年是我最后一个租借的赛季，我的最后一站是阿尔维卡。”紧接着他又回到了波尔图的一线队：“最开始我没有想和门德斯签约，因为我和波尔图的合同很稳定。但是我们的关系日渐亲密，每次都会聊很久，顺其自然的我就和他签约了。”对于门德斯来说，口头的承诺其实比签约更有效力，但是和卡瓦略这次他还是签订了协议。“合约为期两年，虽然后来失效了，但我们的关系保持不变，直到后来我去了英国，我们才重新签约。因为在英国需要用合约来确定你的经纪人。不过到现在，我觉得我们之间最有效力的还是那些诺言。我和门德斯的合约失效很久了，但他依旧作为经纪人为我工作。”里卡多・卡瓦略说，他是门德斯代理时间最久的球员。

门德斯和皇家马德里的第一次官方接触

卡瓦略作为门德斯的球员回到了波尔图，在穆里尼奥的治下，他成了巨龙军团“难忘一代”的成员。这支球队拿下了欧联杯冠军（2002—2003）和欧冠联赛的冠军（2003—2004），更是在联赛中连续两个赛季蝉联桂冠。这支球队中有努诺、费雷拉、安德拉德、科斯蒂尼亚、马尼切、德科、卡普乔、德尔雷、波斯蒂加，还有卡瓦略。很多球员都在热斯蒂夫特旗下。后来还有些球员随葡萄牙队一起征战了2004年欧洲杯，并取得了亚军的好成绩。在欧洲杯上，卡瓦略被评为最佳中场。这名年轻的球员成功引起了皇家马德里的注意。“当时皇马的主教练是卡马乔，他在本菲卡任教的时候和我关系就很好，我们见过几次。接到他的电话后我非常高兴，但是最终皇马不想按波尔图的报价付钱。”门德斯说道。这是一场旷日持久的谈判。在球员心中皇马自然是首选，卡瓦略永远不会忘记门德斯带来白衣军团的好消息的那一刻。“我还记得那时我们在一起，他通过电话和皇马的人在谈着什么。波尔图的要价太高了，因为我很年轻又很有潜力。豪尔赫也为皇马鸣不平。后来切尔西拿着大把钞票加入到争夺中时，豪尔赫告诉了弗洛伦蒂诺这件事。”皇马觉得平托的报价有些高，但切尔西后来握着3000万欧元来求购卡瓦略。“看起来我没办法实现梦想了，和皇马的谈判就要结束了。皇马是第一个对我有兴趣的俱乐部，我当时25岁，身体状况非常好，如果能去皇马可能会是足球职业生涯中最重要的一步。”

伦敦一代

里卡多·卡瓦略、保罗·费雷拉和蒂亚戈在2004年登陆切尔西。“三剑客”和主教练穆里尼奥的到来，证明了热斯蒂夫特的国际影响力在逐渐增加。卡瓦略的转会对门德斯意义重大，门德斯说：“卡瓦略是一名天才球员，在切尔西的表现无可挑剔。一年之前，国外球队很难签约一名葡萄牙球员，但我们坚持了下来。不过这也向我们证明了保持联络是必要的，我在这场交易中认识了比较恰当的人……因为我和阿布在穆里尼奥的交易中认识了对方。”在伦敦，这四个人加上门德斯就像家人团圆一样。他们荣辱与共。卡瓦略说：“豪尔赫认为我们在英超联赛上一定能取得成就，就像我们在葡萄牙一样。我们经常一起出去吃晚饭，就像家人一样友好。我们都知道门德斯在我们的背后支持、保护着我们，我们取得了成绩也会对门德斯有所助益。”这就像一个承诺，尽管他们没能在那年取得特别出色的成绩。卡瓦略第一次征战英超，39场全勤，和特里搭档表现突出。“过了两三年，球队决定和我续约，当时我和门德斯还没签合同，因为我们俩的合同到期了。因此门德斯特地跑来我的家里和我签了一份新合同，这样我才得以和球队续约。”卡瓦略在伦敦踢了6个赛季。“切尔西激发了我的很多潜能，我也在试着更快地融入球队。我的妻子和孩子们虽然不在英国，但是我还是要在这儿踢球，帮助球队夺取胜利。”

皇马，常客

毫无疑问，卡瓦略在伦敦度过了他最好的时光，但皇马依然犹如他心中的一根刺。“公平地说，切尔西的一切都很好。英超联赛很特别，不过对我来说可能更适合在西班牙联赛踢球，因为那里和葡萄牙更像。幸运的是，我终于有机会能为皇马踢球了，虽然有一点点儿晚。”在切尔西，还流传着卡瓦略会去皇马的传言。但当机会真正摆在他面前的时候，卡瓦略已经 32 岁了。“我当然想去，或许第一年会很顺利。虽然我还有求胜的欲望，但是我的年龄有些大了。我在切尔西待得很舒服，因为我还有两三年的合同；对于我来说留在这里可能更为轻松，因为我已经赢得了所有人的尊敬。在马德里的话，一切都是崭新的，这是非常重要的一步。”

在门德斯和弗洛伦蒂诺通电话的 6 年后，卡瓦略终于实现了当初的梦想。“那一刻，门德斯完成了我的梦想。当我看到机会时，我就要做出一些改变，我告诉门德斯说我要去皇马，如果错过，就完全没有机会了。我想加盟这家当我在波尔图和国家队时就看中我的球队。”在 2004 年他就有机会和家人一起搬去马德里，但是他和门德斯没有拿下那份合同。“皇马终于在 2010 年想要购入其他的中场球员了。门德斯帮我完成了这份合约。对我来说这简直不可思议，但我也知道自己身上肩负的重担，可能我不会特别享受这段时光，因为我知道我需要付出很多的努力。当时我的年龄已经很大了，人们可能对我有所怀疑，这都是我的压力。不过在第一年里一切顺利，我开始享受在马德里的时光了。”

电池还未耗尽

在皇马的最后几个赛季，卡瓦略看上去已经到了职业生涯的终点。他一共为白衣军团出场 50 次，脚踝和背部的伤病日益严重，而且他的场上位置也被塞尔吉奥・拉莫斯逐渐取代。“我伤停了很久。在我这个年纪，如果伤停很久再复出就很难了，不过我还是认为复出是我的首选。确实很困难，就像刚开始踢球一样。”是时候为明天思考一下了。我们问他，门德斯是否用了一种开玩笑的腔调让他退休享受生活，卡瓦略笑了：“不，不，我知道他很期待我退休，但他也认为我还能踢球。他告诉我说如果身体没问题了，回到球场肯定还能威风八面。那段时间我只考虑如何准备好继续比赛。他非常信任我，知道我非常平静。他的支持是如此重要。”这也支持着卡瓦略离开了马德里。门德斯相信他还能踢球，所以帮他联系了摩纳哥俱乐部。“门德斯对他们说我状态很好，已经克服了伤病的困扰，可以拿出更好的状态踢更多的比赛了。我和门德斯说我不想骗任何人，我之所以会去摩纳哥，是因为我准备好了。”这也是卡瓦略请求门德斯让自己去一个更为轻松的联赛的原因。“或许对于我来说去一支阿拉伯或美国球队更简单，比去摩纳哥简单多了。但是我知道我想在一个更为激烈的联赛中踢球，所以摩纳哥是我的选择，豪尔赫也认为我能驾驭得了，他的支持实在是太重要了。”他们说得没错，36 岁的卡瓦略在过去的一个赛季踢了 37 场比赛。门德斯说：“幸运的是他踢了很多比赛，身体也没出问题，摩纳哥决定再为他提供一份一年的合同。”卡瓦略还要继续踢球，尽管他已经到了职业生涯的暮年，不会去规划长远的目标了，也可能不会像科斯蒂尼亚或努诺一样变成教练员。“事实上，我还在踢球，我不会考虑未来的事。只要我状态还好，我就要踢球。之后的事我一概不想。当我踢球的时候我才觉得自己有用，当教练或其他的职业就不会了。我喜欢我现在的状态，只要能踢球就好。”豪尔赫·门德斯为摩纳哥送去了很多球员，因为门德斯对这支球队的长远规划深信不疑。“事实上摩纳哥有一个雄心勃勃的计划，他们从二级联赛升了上来，去年他们的状态很好。门德斯为球队带来了很多高水平的球员，在过去一年，球队的技战术水平提升了很多。对于我们来说，能有这样的经历非常难得。在我们的努力下，上赛季我们获得了联赛的第二名，可以参加欧冠决赛了，要知道之前我们还在踢二级联赛呢。”卡瓦略说。

一生的经纪人

门德斯和卡瓦略之间的关系很简单，他们之间没有书信、电话，或过多的约会作为媒介，这就像一场仅凭誓言的“坚贞婚姻”。自从 1998 年卡瓦略把他的经纪人换成了门德斯后，他看到门德斯先后接手了那么多的青年才俊：C 罗、迪玛利亚、法尔考……但他还是默默地一如既往地为卡瓦略工作。门德斯就像一位骑士一样守护着自己的诺言。卡瓦略说道：“事实上门德斯就是有那种天赋的人，天生会让别人感到幸福。随着他不断地成长，他发现在足球的世界里生存并不容易。我觉得他最好的品德是他会和球员、俱乐部以及各方面都建立起良好的关系，所有人都为此尊敬他。”

或许这是门德斯最后一次为卡瓦略做交易，但谁知道呢。这名中场球员总是喜欢给人惊喜。“我也不知道我的极限在哪里……如果我还没倒下，我就要在场上拼尽全力。”卡瓦略笑了。门德斯也总觉得他只有 19 岁，还是那个在雷萨踢球的少年。“我成长了太多。能有一个如此信任的人实在是太幸运了。如今我和摩纳哥还有一年的合约，我已经不再年轻了，但是我在摩纳哥很开心，也很感谢豪尔赫能让事情这么顺利。”卡瓦略不想失去习惯的生活。

保罗·费雷拉——从波尔图到切尔西

另一位非常崇拜魔术师德科的球员是保罗·费雷拉，这位波尔图的前中场球员如今将要在切尔西结束他的球员生涯，他准备做一名足球教练。“我们看看到底适不适合吧。我很害羞，当球员的时候我习惯在后面听。现在作为教练的话我得说一堆话了。”他笑着说道。费雷拉在 2004 年波尔图赢得欧洲冠军杯那一年认识了门德斯。“我的第一位经纪人是维嘉，我当时很想去波尔图，但他没有安排，于是我们就终止了合作。对我来说能在一家大俱乐部踢球很重要。后来一名巴西经纪人帮我转会到了波尔图，之后我在那里和豪尔赫确定了工作关系，他当时还拥有莱亚尔这名国家队球员，他对我的评价非常高。”但他第一次是和塞尔吉奥去喝的咖啡。

“和我第一个谈的人是塞尔吉奥·阿尔维斯。我们坐在一起喝了杯咖啡，聊得很少。他告诉我说门德斯想让我成为他的球员，当然，我也想和他签约，因为所有人都说门德斯非常好，会成为我职业生涯中的贵人。我还记得在赢得冠军后，他送给我们一个奖杯，上面刻着每一位他的球员的名字。这是一个你可以向他寻求帮助的人，他总会帮助他的球员。它是我十年职业生涯中最重要的人，我们的友谊长存。”

费雷拉后来花了几个小时讲述了他回到伦敦的故事，那是一座令他目眩神迷的城市，后来他和家人在这里定居。“豪尔赫总来伦敦和我相聚，在我的球员生涯中我很少给他打电话，不想打扰他。但他总打给我，关心我过得怎么样。”

恩里克·希拉里奥——一切由梦开始

2006年的一个夏夜，马德拉，31岁的守门员希拉里奥正和妻子甜蜜地在梦乡徜徉。忽然一阵急促的电话铃声打破了寂静。这声音吵醒了希拉里奥，他近乎本能地从床上一跃而起抓住了电话。那边的声音听起来很遥远，不过他却很熟悉。

“希拉里奥！”门德斯说。

“是我，怎么了？”

经纪人飞快地送出了一个好消息，紧接着快速地挂断了电话。

“我要把你带到切尔西去，你感兴趣吗？你想去吗？你喜欢去吗？”

“当然了！当然了！但是条件是什么呢？”

“好了，我一会儿给你打过去，一会儿……”

“不，不！豪尔赫。你现在告诉我这个消息，结果一会儿再给我打电话？”

电话毫无征兆地被挂断了。希拉里奥放下了电话，闭上眼睛，继续去梦里救球了。他的妻子也醒了，见丈夫对这通神秘的电话没做任何评论，又把他叫醒了。

“又怎么了？发生了什么事？”

守门员看起来还没有完全弄清楚眼前的情况，以为这只是一场梦。

“我不知道，是豪尔赫。我不知道他在想什么。但是他一会儿会再给我打电话……跟我讲讲去切尔西踢球的事……”

希拉里奥是马德拉国民的守门员，后来他给门德斯打电话，确认他那天到底有没有在做梦。

“豪尔赫，你给我打电话了还是我在做梦？”

“啊，是我给你打的电话，是我……”

就这样，希拉里奥一下子完成了他一直以来的三个夙愿：去伦敦生活，加入英超联赛，为他最喜欢的球队之一——切尔西——踢球。“这一切来得太突然了，从马德拉到切尔西的跨度太大了。不过不是做梦……”当他和家人说起的时候，所有人都为他感到自豪。“那天晚上我家没人睡觉。”

从岛到岛

希拉里奥的全家都搬到了不列颠群岛。31 岁的守门员看起来还会续写更多传奇。事实上，每个人的生活都在不断变化。“我还是很相信自己的，总会有一些进步。毫无疑问门德斯就是为此而来。”门德斯陪着希拉里奥去伦敦签了约。希拉里奥发现门德斯搬到了斯坦福桥附近，把这里当作自己的家一样。“门德斯在与人交流方面非常在行，在这里他无人不知，他的名字就等同于成功。”在同一天，舍甫琴科也来签订了自己的合同。“来了两个人，一个世界顶级球员和一个陌生人——就是我。”希拉里奥笑着说。门德斯离开了伦敦，但是和希拉里奥说不必担心，他会照顾好一切。“他把我交给了彼得·肯扬和后来到的路易斯·柯雷亚。我在酒店里住了很久，因为舍甫琴科的交易很复杂，所以我多等了一段时间。”

希拉里奥 39 岁时在切尔西退役，他赢得了一座欧冠奖杯、一座欧联杯、一次西甲冠军、一次英超联赛冠军、四次足总杯和一次社区盾杯。如今他已经做好了当教练的准备，打算继续在伦敦居住。切尔西为他提供了一个俱乐部助理和球探的位置。在此之前，可能这些位置都不适合一个前任门将来做，但如今他不是一个人在战斗。“对我来说，门德斯已经不像是一个活生生的人了，他就像一个球员的港湾……”有意思的是，门德斯打扰了希拉里奥的美梦，却改变了他的生活。

“我还记得荷兰门将范德萨 34 岁的时候才从富勒姆转会到曼联。这个例子很像我，追逐梦想任何时候都不晚。我的故事很神奇也有些艰难，之前很少有人认识我，开始的时候也很难适应。不过我想说的是，能够居住在梦寐以求的地方实在是太棒了。我 30 岁之后才来到英国，但我一直有着在英超联赛踢球的梦想，无论是切尔西也好，富勒姆也罢，在英超联赛就好。我的故事也说明了，白日梦对所有人都有好处。”

蒂亚戈·门德斯——所有人的父亲

“豪尔赫是当之无愧的第一号人物，他和足球界的精英们都不需要书面合约。”

1989年，维亚纳堡。石板街道和天蓝色的墙壁就是四月街区里孩子们的游乐场。在这里，8岁的小蒂亚戈梦想着成为一名伟大的球员。他享受着自由的空气，想象力把他带到了葡萄牙最大的那些足球场里。他和朋友们在学校里踢球。“我做梦的时候能记得每一个进球。”然后他在脑海里一遍又一遍地回放进球的画面。对于蒂亚戈来说，这些画面是生活中最美好的事情。他还不知道，在他童年结束后，他梦想的一切都会迅速成真。

下午的时候，蒂亚戈经常会去看维亚纳人的比赛，这也是他后来开始实现梦想的地方。后来在那支球队踢球的左边卫走进了他的生活。蒂亚戈只能听到队友在要球时喊他“卡巴纳斯”，这就是豪尔赫·门德斯在队里的外号。他们两个的姓氏一样，都是门德斯。但门德斯一点儿也记不起小蒂亚戈了。这并不是他们唯一的交集。蒂亚戈还记得他在门德斯的苏梅音像店租过影碟。然而，命运给两个门德斯安排了一个更为激动人心的相遇。他们的生活轨迹终于在2002年有了重合……

在蒂亚戈开始他的足球生涯很久以前就接触了足球，因为他的父亲曾是一名足球运动员，不过这样的记忆并不全是美好的，“我的朋友们几乎都只玩手球，所以我就只能放弃足球，8岁的我开始和一帮十三四岁的男孩们玩起了手球，而我也成了一名……手球守门员！”这对于一个想要踢足球的孩子是很灰暗的经历，不过这样的遭遇只持续了两年。他后来回到了足球的怀抱，进入了卡米尼亚的安克拉俱乐部的青训营。在一场与布拉加竞技的比赛中，他成功地吸引了球队的注意，接着就被签入了青年队。

1999年，蒂亚戈正式成为布拉加一线队的一名球员。时光飞逝，他也成了一名有才华的球员，也日益变得更有野心。21岁的他迎来了一个转折点：结识了豪尔赫·门德斯，他知道他在布拉加的日子要结束了。“门德斯是一个很普通的人，不过很乐观。他对转会交易很有信心，无论他告诉你什么，你都会相信他的话。”这次见面并没有让两人擦出火花，蒂亚戈紧接着和本菲卡签了约。不过蒂亚戈和门德斯依旧保持着联系，这也为他后来去里斯本打下了基础。“我有一种很奇怪的感觉，就好像这个人向我传达了很多的信息。因此我给他打了电话，告诉他说我很希望他能当我的经纪人。”门德斯从那时起就成了蒂亚戈的经纪人。“他从来不向我保证说能把我带到多么好的球队，他会告诉我一切进展顺利，我只需要保持平静就好了，他会打点一切。只要有信心，你就没有上限。”

穆里尼奥来电

蒂亚戈为本菲卡效力了两个赛季，但他的成长是有目共睹的。他除了能做好防守型中场的本职工作外，还是一名出色的攻击手——26 个进球，虽然后来他没能在其他俱乐部再现辉煌。他在攻守两端的出色表现，为他赢得了第一个冠军——葡萄牙杯。在经历了一个伟大的赛季后，斯科拉里征召他去参加 2004 年的葡萄牙欧洲杯。蒂亚戈又一次提升了自己的上限。“我们整个赛季都在试图和本菲卡续约，可是后来知道不可能了。我们最后也没能得到一纸合约，我和门德斯说，是时候该离开了。”蒂亚戈的国家队队友有米格尔、西芒、戈麦斯、鲁伊科斯塔和波斯蒂加这些大牌球员，可是却没有俱乐部愿意收留他。后来他又和里斯本竞技取得了联系，但也杳无音信。在过了很多天之后，门德斯跟他说他将会接到一个电话。电话铃响了，对面是穆里尼奥。“他问我是否愿意和他一起去切尔西，我毫不犹豫地答应了。就这样，我刚刚还是一无所有，紧接着就追随穆里尼奥去切尔西了。”

乘直升机去里昂

蒂亚戈的英国之旅仅仅持续了一个赛季，尽管在那里他有着非常重要的地位，也是联赛、联赛杯和超级杯的三冠王，但由于埃辛的到来，他的地位愈发尴尬。在蒂亚戈被交易到里昂后，穆里尼奥才意识到他犯了一个大错误。蒂亚戈和门德斯的法国之旅没有结束。“和豪尔赫在一起就意味着可以一直笑到肚子痛。我们之间有太多的故事，唯一让我郁闷的只是被切尔西交易到里昂而已。我们乘飞机飞往尼斯，后来又从那儿去了摩纳哥。我本以为下飞机就要乘出租车，可是忽然发现我们走了相反的方向，那边是直升机停机坪。我问他：‘我们去哪儿呀，豪尔赫？’他告诉我说我们要搭乘直升机，因为只需要 20 分钟。‘天哪，和你在一起什么都是第一次！’我回答道。升空后我就像个孩子一样东张西望。”就在这次旅行中，他们因为取道摩纳哥，所以观看了曼联和泽尼特的欧洲超级杯比赛。“我和豪尔赫去了主席包厢，那里全都是名人。赛后，阿布邀请门德斯去参加一个聚会，我没有去，但是门德斯去了，因为那是为他举办的聚会。和别人聚会也是他的工作之一。门德斯有一个优点，他和任何人都能搞好关系，这是他的天赋。”

告别，又回归国家队

一条新闻震惊了葡萄牙的所有人：“蒂亚戈·门德斯回归国家队了！”2010 年葡萄牙队在南非世界杯被西班牙队淘汰之后，蒂亚戈宣布退出国家队。没有人明白 29 岁的蒂亚戈为何从国家队挂靴，豪尔赫·门德斯也搞不清楚。“当初我离开国家队的时候门德斯就说，他不希望我这么快离开。但我这个人有个毛病，就是非常固执。一旦有了主意，我就会和所有人对抗，对抗我的家人、父亲或妻子。没有人想让我退出国家队，这是我个人的选择，那时候我有些疲倦了。看到国家队运转良好，我也就决定退出了。”除了让自己轻松一些，蒂亚戈也想为年轻球员腾出位置，更重要的是，他想全身而退。但在足球的世界里，一切都瞬息万变。每十秒就有一位教练下课。保罗·本托离任后，费尔南多·桑托斯接过了教鞭。蒂亚戈在 2014 年 10 月，四年后又一次披上了国家队的战袍。这对他来说是一个全新的挑战，也是对他在马德里竞技精彩表现的奖励。

永远的红白衫

在南非世界杯之前，蒂亚戈投身到冬季转会市场，最终为马竞效力到了赛季末。夏窗开启后，蒂亚戈又被挂牌出售。“交易过程中有很多的困难，因为我需要回到意大利去。我和尤文图斯还有两年的复杂合约，尤文不想放我离开，因为这样他们就可以赚取 1300 万欧元。我劝他们放我离开，但尤文方面只能接受转会。我试着用各种方式让马竞不必花大价钱买下我。”在交易期间，蒂亚戈必须在意大利住一个月，他不知道未来会如何。“最后一切都顺利解决，我九月份到的时候正赶上对阵国际米兰的超级杯，由于一切告一段落，我表现得很出色。问题都解决了，我在租借期后就会离开。我和尤文图斯队也谈好了，我们互相都知道了对方的想法。”2010—2011 赛季结束后，蒂亚戈与“老妇人”终止合约，恢复自由身，并得偿所愿转投“恶棍”西蒙尼率领的马德里竞技。

领导者西蒙尼

2014 年欧冠决赛即将在里斯本打响之前，所有的媒体都称西蒙尼为

“奇迹”——一个教练凭一己之力把一支濒临降级的球队带到了欧洲之巅，在18年后重夺西甲冠军。这位“恶棍”组建了一支团结的球队，这支铁血军团可以为他们的指挥官流尽最后一滴血。蒂亚戈就是一名“恶棍崇拜者”，他在接受采访时说：“如果西蒙尼让我们从桥上跳下去，我们就会跳。”几周后，蒂亚戈又更正了这段话：“如果他让我们从桥上跳下去，我们自然会跳，但是需要跟着他跳。没有了他的领导和个人魅力，我们什么都做不了。我们会随着他的意愿一直走下去。”蒂亚戈也解释了这位阿根廷教练的足球哲学：“如果你踢得好，展现出来力量与团结就会让球迷、球员和教练认为这些才是胜利的关键。”不幸的是，他们的团结精神并没有给马竞带来第一座欧冠奖杯。

欧冠决赛的八名球员

光明球场，红白军团被绝望的气氛所笼罩，他们第二次没有品尝到胜利的诱人滋味。门德斯还记得在马竞阵中有那么多他麾下的球员：蒂亚戈、科斯塔、米兰达、阿德里安……他打电话给经常扮演发言人角色的蒂亚戈，就像是其他热斯蒂夫特的马竞球员们的“父亲”。蒂亚戈说道：“门德斯的话语很平和，也有掩饰不住的欣喜。他知道我们输掉决赛后很难过。他想用拥抱宽慰我们，生活还是要继续。”

在采访的时候，迭戈还开起了玩笑：

“他应该还是很高兴吧，毕竟他的儿子在对面（指C罗）。他应该也轻松了！他肯定希望皇马能拿下第十座奖杯。

“哪边赢球豪尔赫都是赢家。”蒂亚戈指出，“他现在很平静了，可是他知道原因……”

“不，开玩笑的。豪尔赫没有倾向谁。但我们知道他很喜欢C罗。

“我们都知道他的儿子是C罗。有门德斯这样一个父亲也不错。他们就是父子关系。

“C罗也很喜欢他……如果我们赢了所有人都会高兴。如果C罗赢了，就成了世界最佳。豪尔赫就不会伤心了。”

科斯塔在决赛前问了门德斯一个令人不舒服的问题。

“我问他：‘你支持谁？’他说：‘对我来说都一样。’”

“为一方喝彩也为另一方悲伤。”蒂亚戈评论道，“太不可思议了，欧冠决赛都是他的球员。”

在这场举世瞩目的比赛中，一共有8名热斯蒂夫特的球员。

蒂亚戈的榜样

当蒂亚戈谈到门德斯的时候，我们可以感到他的钦慕之情。不仅仅是因为他恳切的话语，更是因为他充满尊敬的语气。蒂亚戈搞不懂门德斯如何调和工作与家庭生活之间的矛盾。“他是第一号的经纪人，是不需要进球的足球精英。他不需要主动联系任何俱乐部，也不需要书面合约。他有着撬动足球界格局的巨大能量，一个人能达到这个高度真是令人惊叹。”如何照顾家庭是蒂亚戈的大问题，“你需要有个桑德拉（门德斯妻子）那样的帮手。我需要照顾妻子、家人，还要有自己的生活，但是那样的话，我妻子绝对会离开的。他却找到了桑德拉这样的贤内助。”我们发现蒂亚戈是一个敏感的球员，当问到他的未来时，他流露出对家庭生活的向往。或许他想再次成为切尔西的一员？“我曾经在伦敦生活过，但我不是很喜欢那里。你可以把迭戈带到任何一家俱乐部，但是对于我来说不行，我已经33岁了……我有家庭，有孩子，我需要仔细挑选去哪儿。豪尔赫问过我我妻子的想法：‘她怎么想？’他知道对于我来说家庭很重要，因为我总是咨询我妻子的意见。”他的妻子希望蒂亚戈能够保证一个更好的未来。我们问蒂亚戈在挂靴之后，是否希望门德斯带着他开启教练事业，他回答道：“如果几年后我没有找到我喜欢的事业，可能就去做教练了。但是我和我妻子在我的梦想上花了太多的时间，如今我们要去完成她的梦想了，过她想要的生活。”

永远的债

在蒂亚戈和门德斯的故事中，蒂亚戈对其中一件事记忆犹新，这让他更深刻地认识了门德斯的为人。“当门德斯和我签约的时候，他告诉我会帮我父亲在他的公司谋一个职位。”蒂亚戈的父亲卡洛斯·门德斯，曾经也是一名足球运动员。“这是我永远欠豪尔赫的债。可能豪尔赫觉得不算什么，但我的父亲不这么认为。他让我父亲还能以足球为生，这让我们非常感动。因此，豪尔赫不仅仅是我的经纪人，也是我的好朋友，我们的友谊会永远延续下去。我希望我会永远有豪尔赫这个朋友！”

马尼切——红白的眼泪

“门德斯在我最悲伤的时刻帮助了我，让我有机会去马竞。”

“我要把你打造成伟大的球员，你和你的家庭会拥有一切。”门德斯说，他没有说错。豪尔赫·门德斯在2002年不断重复这句话。他的话是当着努诺·里卡多、奥利维拉·里贝罗、马尼切的面说的，那时他们正在里斯本商业广场的一家餐馆里吃饭。马尼切说：“他会尽一切可能为我争取好的合同，我只需要专心比赛就可以了，因为我的背后是世界上最好的经纪人。”如今的马尼切已经是他的好友科斯蒂尼亚的助理教练，当时还在享受着可口的羊肉米饭，听着他的经纪人为他的合同打着电话。“我的一切都是门德斯赐予的。”他的足球绰号来自于本菲卡的一位 20 世纪 80 年代的丹麦球星。他和经纪人的关系非常好，也有很多好玩的故事，尤其是在莫斯科迪纳摩的那个赛季。“过一会儿我给你讲一件豪尔赫的趣事。”这位前足球运动员在饭桌上还不忘记做个鬼脸。

马尼切是土生土长的里斯本人，在 2012 年结束了自己的职业生涯。他曾随葡萄牙国家队取得了辉煌的成绩，比如 2004 年的欧洲杯亚军，以及 2006 年德国世界杯的第四名。他曾在欧洲的各大俱乐部效力（莫斯科迪纳摩、切尔西、马德里竞技、国际米兰），还有一些国内的豪门（本菲卡、波尔图、里斯本竞技）。“门德斯在我和波尔图解约后向我做了保证。”这位中场球员天赋异禀，身体强壮，性格开朗，紧接着他又和马竞联系在了一起。“如果我在马竞的那一年西蒙尼来了，我永远也不会离开马德里。西蒙尼的个人魅力太强了，我非常认同他的足球理念。”马尼切在马竞时曾说过这句话：“我们要让格兰维亚大街上的巴萨球迷唱不出来。”

回忆起自己的第一份合同，马尼切引用了一段经纪人在 2002 年说过的话：“他对我说：会给我一个美好的未来，因为我有天赋。”但是除了这些话，马尼切同时也被其他事情折服了，“我不怀疑我看到的一切，他确实不会食言。”他们相识于 2001 年，当时门德斯是努诺、科斯蒂尼亚、莱亚尔等的经纪人。“我和他是在阿尔维卡认识的，后来在本菲卡变得熟悉起来。那时我还有经纪人，所以他没有联系我。但我听说他是最好的经纪人之一。或许那时门德斯还没有今日的成就。现在说起这些很简单，但很多人无法想象他起家时是什么样的。他只有一辆菲亚特 1 型轿车，不会说英语或其他语言。但他非常勤奋，而且谦虚，能讲真话。他陪着他的球员们，用实际行动征服了一个又一个客户和困难。”

门德斯为他的新客户谋求的第一笔生意是和波尔图的交易。波尔图认为马尼切是他们需要的球员。一年之后，他离开了本菲卡，开始了新的篇章。“门德斯在我最困难的时候支持了我，那一年我在去波尔图之前没法比赛。豪尔赫相信我，认为我回到场上就能很快找到感觉。”门德斯为他找到了合适的俱乐部，还有个合适的教练——穆里尼奥，这直接让这位球员焕然一新。“他告诉我说穆里尼奥或斯科拉里这样的教练会喜欢我，因为我就像一头公牛。”马尼切补上了波尔图的空缺。这是一支勤奋的球队，斗士们在 2004 年拿到了欧冠冠军。在交易市场上，门德斯把科斯蒂尼亚和马尼切带到了冰冷的俄罗斯。莫斯科迪纳摩成了葡萄牙人的新球队，但是马尼切对气候适应得不是很好，他的表现也变差了。“豪尔赫真的很好，他会在晚上打电话给我，帮我解决任何私人问题。”马尼切境遇凄惨，决定向门德斯求助，他说：“我过得很不好，在迪纳摩很不适应，所以我跟他说了。后来他问我：‘你想去切尔西吗？’我当时就说不出话了，直接哭了出来。豪尔赫永远在我身边。”正是由于门德斯的快速反应，马尼切又有机会展示他的足球天赋了。在英超赛场上，他被租借到了切尔西，直至 2006 年赛季末。他为蓝军奉献了很多精彩的比赛，也凭借着良好的表现随国家队一起征战了德国世界杯。在那届世界杯上，菲戈和马尼切是队中最耀眼的明星。“豪尔赫为我创造了奇迹，如今依旧。”

在世界杯结束后，迪纳摩等待着这位中场球星的回归，可是却再也没有等到。马尼切不喜欢俄罗斯的生活环境，他想待在马德里，于是他转会到了马竞。但当时迪纳摩正在和摩纳哥就他的转会进行谈判。“门德斯不喜欢冲俱乐部发火，但这次他真的生气了。我不想去摩纳哥，我想留在马竞，但是俄罗斯人想和法甲球队签约。门德斯让我稍微有点耐心，他会想到解决办法的。他和我说：‘如果你想去马竞，肯定可以，但是需要点耐心。’这就像马拉松一样。我在富特雷的家中待了几天，后来又去摩纳哥花了四天时间把一切搞定。”

他们在一起度过了很多时光，如今还保持着联系。马尼切知道门德斯最喜欢的是工作。“门德斯把我的生活变得多姿多彩，我不会和他絮叨我每天的生活，因为我给他打电话经常打不通。我们吃饭的时候，他总是拿着三部电话说个不停，回来的时候发现饭菜都凉了。”马尼切和科斯蒂尼亚如今在当教练，他期待着门德斯能在未来取得更大的成功：“他是最棒的，因为他的做法就是最棒的。”

乌戈·维亚纳——英国的橱窗

“我以 1200 万欧元的身价到了纽卡斯尔。”

他是少有的一位在斯坦福桥效力过的球员。33 岁的乌戈·维亚纳如今在阿联酋迪拜最成功的俱乐部阿尔阿里踢球，门德斯和这家俱乐部的关系非常好。维亚纳和家人很享受在不同的文化中生活，他们期待着还能在这儿多生活几年。“在我和布拉格的合同结束后，我请求门德斯把我带到美国或者阿联酋。”维亚纳和热斯蒂夫特的其他客户没什么区别。不过，他是门德斯带到英超的第一位球员。“我是通过库斯托迪奥认识的门德斯。那时我还是维嘉的顾客，但是当我第一次见到豪尔赫后，我就决定要和他一起工作了，和他工作真的很愉快。我们在他卡斯凯什的家里见了面，他给了我很多的信心。那时我只有 18 岁，豪尔赫非常真诚，你见到他只要说‘是’就好了。”

维亚纳年少有为，在 2001 年进入了里斯本竞技的一线队。在那里他获得了一次联赛冠军，也是那年的最佳年轻球员。门德斯用他打开了英国市场，维亚纳自己也作为葡萄牙球员与纽卡斯尔签了一个“肥约”。“他们支付了 1200 万欧元，那真是一大笔钱。他非常年轻，就能在里斯本竞技的一线队踢上比赛，门德斯能和他一起工作真的很幸运。”门德斯和他的侄子柯雷亚到了圣詹姆斯公园球场签订协议，维亚纳面前有着美好的未来。所有的教练都喜欢他的技术，纽卡斯尔的主教练鲍比·罗伯森也想让他加盟球队。在主席考虑的时候，鲍比就和门德斯讨论了很多球员的问题。“那个夏天豪尔赫工作很辛苦，我和他一起度过了很多时间，我们看到了……去纽卡斯尔的交易敲定了。”维亚纳回忆道。后来他们和纽卡斯尔当时的主席弗莱迪·谢普见了一面。参加会面的有鲍比·罗伯森、路易斯·柯雷亚和豪尔赫·门德斯，他们的谈话用英语进行。这是门德斯第一次尝试用英语完成转会。“豪尔赫的英语说得很好，但还没有现在好。我们聚在一起聊天，可能有的时候会有他不懂的单词，但这无关紧要。他的侄子柯雷亚在帮他翻译。纽卡斯尔口音的英语有些难懂，还有些生僻的单词也让他头昏脑涨。”维亚纳笑了笑，“我现在还是一点儿英语也不会，但是我百分百信任他们。”

协议的签订让每个人都很满意，维亚纳回忆道：“我们在签字的大厅里合了张影。”在这个特别的夏天他们签订了一份完美的协议。紧接着他们就去撒丁岛度假了。1200 万欧元在那时是一笔很可观的财富。这是对门德斯的努力工作和年轻球星的上佳表现的奖赏。里斯本竞技也完全接受了报价。“是的，我们去吃晚饭庆祝了一下，但是吃得很快，因为第二天我们就要去纽卡斯尔了。”维亚纳永远不会忘记当年他还是一个刚成年的男孩，门德斯让他开车，“签约的那天，我们去里斯本的路上他跟我说：‘拉开车门，开车去吧。’我还清楚地记得那是一辆保时捷。对于一个 18 岁的男孩来说，能开上保时捷简直太酷了。路上我们整整花了三个小时，因为我开得非常慢。”维亚纳又笑了起来。在旅途中，球员对经纪人动情地说了一句话。“我对他说我非常感激他。我们一起度过了这几周，他为我做了能做的一切，最后我终于能和这么好的球队签约了。”

在纽卡斯尔度过了起起伏伏的两年后，维亚纳回到了里斯本竞技。接着他又到西甲的奥萨苏纳和瓦伦西亚碰了碰运气。之后他去了布拉加竞技。

他征战于世界各地，但在场上只会说一点儿外语。“豪尔赫讲足球的语言，他是一个乐观且专业的人，生来勤奋。他就是那个能引领我运动生涯的人，和他一起工作我一秒钟都不后悔。豪尔赫总是竭尽所能地帮我，永远要为我争取最好的。无论我在好的还是差的俱乐部，他都很看重我。他是一个非常棒的人，如果要用三个词来形容他，就是：勤奋、征服、谦虚。”

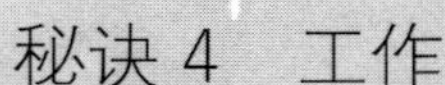

秘诀 4　工作

如果一个人用认真的态度工作，
他成功的概率就会非常高，
这是精神状态的问题。

——豪尔赫·门德斯

Com o troféu Globe Soccer
atribuído ao melhor agente do ano.

八 C 罗——奇迹

“门德斯是我队伍的领袖。”

豪尔赫·门德斯的生活在 2002 年发生了翻天覆地的变化，彼时一个朋友把一位 17 岁的年轻人 C 罗介绍给了他，C 罗那时还在在葡萄牙体育队踢球。在写这本书时，我们特别采访了一下 C 罗，他说：“我在很年轻的时候就认识了门德斯，大概十六七岁吧。有一天我们一起出去吃了顿饭，在那里我们认识了彼此。会面很轻松愉快，门德斯没有在第一次见面时就要签约，只是和我正常聊天。在那天他向我提出了很多建议，比如说为我工作的人其实做得并不好。”那时 C 罗的经纪人还是何塞·维嘉，在那个年代他垄断了绝大多数的葡萄牙明星。

促成和 C 罗会面这件事，还要感谢热斯蒂夫特公司旗下的球员夸雷斯马和乌戈·维亚纳。塞尔吉奥·阿尔维斯回忆起那次晚宴说：“那真的是一次大行动。把 C 罗拉到我们这边真的不容易，但我们也有优势，就是能轻易地接近球员然后说服他们。整场宴会我都只跟 C 罗在聊天，门德斯去和 C 罗的母亲谈了谈。说服多洛雷斯是说服 C 罗的重要一步。当门德斯回来的时候，他跟我说：‘C 罗要来我们这边了！’”豪尔赫·门德斯考虑到了多洛雷斯·阿维罗对 C 罗的重要性，“我和她一直关系不错，这点对我和 C 罗都至关重要。当我们第一次谈起将他招致麾下的想法时，出于对孩子的爱护，多洛雷斯肯定要做最好的打算。这就是母子情深，C 罗也很爱他的母亲，他是个很孝顺的儿子。”

当C罗还是个孩子的时候，他的母亲多洛雷斯就和门德斯结下了深厚的友谊。时至今日，多洛雷斯的意见对C罗还是非常有影响力的。“我开始踢球的时候还很年轻，对足球的世界也没有理解。事实上是门德斯对我鼎力相助。他是个忠诚的伙伴，对我讲了很多实情，让我打开了眼界。现在我的做事风格和他如出一辙，从不说谎或者欺骗。门德斯的脸上就写着‘诚实’二字。他不会强迫我做任何事情，让我随心所欲地做自己的选择。我们开始了合作，门德斯在一些领域内教我如何成功。不仅仅是出于友谊，更是出于他可靠的职业素养。”

在第一份合同中，C罗对于自己面前的新世界有些茫然失措。他把自己限制在了足球场上，从未想象过自己会面对怎样广袤的未来。但是他现在必须暂时忘却一下绿茵场，做出自己的决定了：“我有一种奇怪的感觉，我还太年轻，没办法轻易做决定。但我心里知道门德斯是真正想帮我的人，他想让我在合同中获得更多的利益和信息，所以我让他成了我的代理人。”

C罗的母亲多洛雷斯也对更换代理人有着自己的意见：“自从我认识门德斯起，我就觉得他会是对我儿子大有助益的人。与他结识对我的家庭至关重要。在那些最困难的关头，他总是对我们不离不弃，也从不拒绝且一直帮助我们。我们家从来没有机会表达对他的谢意。豪尔赫·门德斯是一个难以置信的好人，如果有需要，你随时都可以跟他倾诉。我们的谢意太微末了，但愿上帝能够保佑他。门德斯会永远在我心中。”

门德斯回忆了初次见面的感觉：“我和C罗有许多共鸣，我看过他的一些比赛，他也知道我在关注着他。”那时，豪尔赫·门德斯在为三名年轻有为的球员服务：C罗、夸雷斯马和乌戈·维亚纳。把他们三个未来之星卖到任意一家豪门俱乐部都会带来百万欧元的收益。“我开始在头脑中形成一个又一个目标，开始思考该如何不辜负最初的承诺。”维亚纳千挑万选后去了纽卡斯尔。他还有很多的选择，但正如门德斯所说：“永远要有更多的预案。”夸雷斯马也收到了很多报价，他最后去了巴萨，因为“对于他来说巴萨就是动力，他脑子里都是巴萨、巴萨、巴萨”。最后是 C 罗，他是三人之中最年轻的。与其他两人不同的是，他还暂时栖身于葡萄牙体育队。“他在同龄人中无与伦比，在他那个年龄段的球员中，他有着最好的品质和天赋，唯一欠缺的只是一点儿身体素质而已。我的一生中从未见过这样的运动员，也再也见不到另一个 C 罗了。”俱乐部老板如是评价他。在葡萄牙电影《C 罗》中，C 罗透露了他初识门德斯时的感觉：“我的职业生涯起始于 16 岁与门德斯的相遇。我们俩初次见面就感到彼此身上有太多的共同点。时至今日，门德斯向我提出的建议我还铭记于心。他的工作能力是最棒的。他是我的经纪人，我从未怀疑过他。告诉我：‘谁是世界上最好的经纪人？门德斯！’”

在发掘 C 罗这块璞玉的葡萄牙体育队的教练眼中，他们早就发现了培养 C 罗的方式要与常人不同。在门德斯二十年的好友、体育总监卡洛斯·弗雷塔的指导下，C 罗迅速地成长了起来。弗雷塔把他的老朋友比作动漫里那位比自己的影子还快的牛仔：“他就像‘幸运的卢克’玩枪一样摆弄手机，如果你要送他礼物的话，别送手机了，多送他一只耳朵吧。”把半辈子都奉献给足球的弗雷塔，非常善于处理情报，他的“顺风耳”能准确地捕捉流言，甄别球员的优劣。“在 C 罗身上我能看到迥异于十三四岁少年的特质。他不是学院派，但已经养成了规范的训练习惯，比如饮食、练习和就寝。守夜人经常发现晨光熹微的时候 C 罗就开始了力量训练，用杠铃测试自己的力量。”

C 罗十分努力、刻苦，把业余时间都贡献给了球场和健身房。“我从未见过像 C 罗这样的球员，他不会逊色于任何一位从这里走出去的球星。比如去了曼联的纳尼，还有另一位球星穆蒂尼奥，还有维罗索、扬尼克……”弗雷塔如是说。有球练习和健身训练对于 C 罗来说已经是每天训练的末段了，因为他会比青年队里的任何人都来得早。弗雷塔清楚地记得评价 C 罗的话："C 罗是他那个年龄段里的世界第一。" 对于看过 C 罗训练的任何一位教练来说，他早早进入一线队都不是什么怪事。但还是要说服一线队的教练——罗马尼亚人拉迪斯拉乌·博洛尼，他觉得为 C 罗在一线队的阵容里腾出一个前锋的位置不太容易。发觉此事的弗雷塔立刻对博洛尼说："我还记得我和一线队的教练说过我们需要在一线队多安排一名前锋。他问：'是谁？' 我跟他说：'C 罗。' 他回答我说：'现在不行，未来肯定没问题（原文为法语）。' 我跟他说：'如果他是一个来自保加利亚或你的祖国罗马尼亚的叫罗纳尔多夫的十六七岁的小伙子，我们一定会把他签进一线队。但现在的问题是他来自安多里尼亚。'" 现在非常严峻的问题摆在了俱乐部的管理层面前：虽然他还是个孩子，但是他的才能无与伦比，他在成为职业运动员后踢了 11 场比赛，也刚刚换了经纪人。这是个很有预见性的选择，从维嘉的麾下到了豪尔赫·门德斯那里。

2002 年是年轻 C 罗的蜕变之年。不仅仅是换了掌握他未来的经纪人，也是因为他在球场上变得更加出众。当他加入一线队之后，9 月 30 日在布拉格与国际米兰的比赛中帮助球队取得胜利。他的首粒进球也接踵而至，在与摩里伦斯的比赛中他梅开二度。当时媒体评论他为"一颗冉冉升起的明日之星"。"我还记得和摩里伦斯的那场比赛，C 罗进了两个球，一个是左脚，另一个是头球。另一场让我记忆犹新的比赛是和博阿维斯塔那场，那是一场激烈的比赛，C 罗登场后 15 分钟内就攻破了对方的球门，帮助球队 2 ∶ 1 赢下了比赛。" 弗雷塔回忆道。可以肯定的是 C 罗有着无与伦比的天赋，但是应该怎样去指导他呢？主教练博洛尼知道如何去做：把这个年轻人放在队伍的轮换阵容中。随着他的表现越来越抢眼，坐板凳的时间也越来越少了。

在对阵摩洛伦斯、博阿维斯塔和马德拉的比赛后，C 罗已经完全步入了正轨。他的经纪人决定如果能让 C 罗去一个更为信任年轻球员的俱乐部可能会更好。"如果一个教练能先考虑 C 罗的能力，而不是去质疑他太年轻了，这样对他的成长更有利。”那个赛季结束后，C 罗将三项冠军收入囊中：联赛、杯赛和下一赛季伊始的超级杯。年轻的他已经收到了许多豪门的报价。C 罗的名字响彻欧洲足坛，曼联、皇家马德里、巴塞罗那、帕尔马、尤文图斯、阿森纳……欧陆豪门都想签下这颗冉冉升起的新星。

门德斯结识亚历克斯·弗格森爵士

在讲述弗格森爵士和门德斯如何决定 C 罗的未来之前，我们先要披露一段数年前发生的故事。有一系列的因素把这位经纪人带到了曼联的办公室，他的毅力至关重要。里卡多·洛佩兹也起到了关键的作用。有人可能会记得，洛佩兹先后在马竞、瓦拉多利德和奥萨苏纳出任门将，最后在红魔挂靴。在他的交易中，门德斯作为顾问起了很大的作用。2002 年，奎罗兹还在曼联。红魔彼时需要一位门将，门德斯就向他们推荐了洛佩兹。不久，曼联决定签下洛佩兹。会议一切就绪，出席者有弗格森和曼联的几个工作人员，还有球员的经纪人佩德罗·布拉沃，以及门德斯。在会面的几小时前，门德斯正把他的墨西哥朋友恩里克·涅托送往马德里巴拉哈斯机场。“门德斯开着保时捷送我，他的妻子坐在副驾驶席上，车上还有一大堆行李。开了很久以后，我们终于到了巴拉哈斯机场，接着他们又继续前往波尔图了。”这场漫长的旅行在萨拉曼卡省内告一段落，门德斯夫妇在途中遭遇了车祸，后来门德斯回忆说：“太令人难以忘怀了。简直就是一个奇迹，奇迹！我们正在高速上行驶，一辆货车忽然冲到了我们前面。”货车走着弧线超越了他们，但连接两个轮子的车轴突然断裂了，零件散落了一地。门德斯立刻打方向盘把车子开到了旁边的车道，但旁边的车道有其他的车辆逆行而来。当时唯一的办法就是从这堆废铜烂铁上碾过去。“我不得不拼命地抓住方向盘，当我把车停稳钻出来的时候，我发现两个轮子爆胎了。

我当时满脸都是血。”门德斯以为他被卡车的零件砸到了头部。“我当时想30秒内我就要死了。我当时满脸是血，到处都是血，左耳、头顶，我开始向过往车辆求助，但没有人停下来帮我。”伤口流出的血越来越多，但门德斯却冷静了下来，一个念头一闪而过。“我忽然看了看我自己的车子，车窗紧闭且挡风玻璃完好无损。‘怎么会这样？’我想，‘究竟发生什么了，怎么会有这么多血？’”货车的碎片并没有砸到门德斯，而是他车里的安全气囊弹出撞伤了他。“我除了耳朵上被狠狠撞了一下外没受任何伤。”门德斯的车从货车底下钻了过去，毫发无损。就在送恩里克·涅托的路上这辆车还毫发无损呢。救护车赶了过来，给门德斯和桑德拉做了检查之后，要求他们去医院做进一步的检查，不过他们不肯去，说他们还要继续上路。门德斯的心已经飞到了另外一件事上，“我需要去完成交易，我可能要丢掉人生中最重要的机会了。”他想。“我还不是交易里的经纪人，这是我唯一能参与到和曼联交易的机会了。我跟救护人员说：‘就算我的脑子破掉了，我也不会缺席这个会议，我得走了。’”交涉了许久，门德斯终于从医院里跑了出来，耳朵上还带着骇人的伤口。“耳朵上的皮肤都掉了，看着很吓人。我还得到药店去买点儿绷带处理一下伤口，还得拿着三四件行李。”

最终，门德斯赶到了波尔图，和侄子路易斯·柯雷亚搭上了去曼彻斯特的航班。“每30秒我就能感觉到血从耳朵里渗出来。我那一晚过得非常不好，还发起了烧，医生跟我说我需要护理，耳朵这个区域如果不好好治疗的话非常容易感染，继而会引发严重的问题。但我还是固执地出发了。”他就以这副姿态出现在了会议上，带着决绝的气势，不让任何人阻碍他达成目标。门德斯不在乎别人的想法，只是想坐在会议桌前。“整场会议人们都不停地看着我。我感到非常不好意思，我的耳朵就像活过来了一样。每30秒我就得从口袋里拿纱布清理一下耳朵。我当时躲在了一边，全场没有人想帮助我一下。”门德斯笑着回忆那段难忘的经历：“那应该是我第一次见弗格森。曼联的人应该会以为‘这小子太奇怪了’，不过没有人认识我……他们可能以为我是个司机！”

一般情况下，像他这样的患者是不能离开房间的，但是门德斯不仅开了车还乘了两次航班，就是为了能和弗格森以及曼联达成第一个交易。“两三天后，情况急转直下。我耳朵上的皮肤一点儿都不剩了，一点儿都不剩。”涅托在门德斯从英国返回后得知了这件事。墨西哥经纪人笑着回忆起门德斯那一段的工作情况：“最搞笑的是熟悉门德斯的人发现他接下来的几周都没办法用左耳接电话了，它肿得跟花菜一样，只能用右耳，累得他都快绝望了。”弗格森爵士和门德斯自己都没想到，一年后他们会再一次相遇。

卡斯凯什的约定

“我们和 C 罗一起会见了欧陆的各大豪门。”门德斯如是说。是时候挑选新东家了，对于新经纪人来说，为 C 罗的未来做最好的打算是当务之急。不过他没有给任何俱乐部优先权，也没有收取任何订金。“门德斯对 C 罗期望甚高，他那时正在寻找一支能保证 C 罗出场时间的球队，对于他们来说钱不是第一位的，因为他们看重的是能让 C 罗出场，这也是一场豪赌。”这些是卡洛斯・弗雷塔的原话，作为参与了整场交易的人，他对 C 罗转会到曼联的整件事如数家珍。“我和尤文图斯谈过，差不多就要达成协议了。但作为交易的一部分，马塞洛・萨拉斯不肯来里斯本。我还知道门德斯手中有一份来自帕尔马价值 8000 万欧元的报价，其中 4000 万是给门德斯的，在观望了一年后，门德斯拒绝了他们。拉蒙・马丁内斯也代表皇马来里斯本考察了他。阿森纳对他也很有兴趣，因为他们很关心年轻人，大卫・迪恩代表阿森纳来了，但他们的报价非常低。”所有的豪门都对他虎视眈眈，门德斯回忆起和迪恩的谈话时说：“有那么一段时间，我以为 C 罗真的会去阿森纳了，大卫・迪恩是个非常有眼光的人，但他们投资球场花了太多钱，最后导致交易不得不取消了。”

17 岁的 C 罗悄无声息地去了伦敦，参观了阿森纳的基建设施。他当时非常接近加盟这家伦敦俱乐部，门德斯促成了这次秘密之旅。“我们手握很多报价，我们和塞尔吉奥·阿尔维斯一道，取道马德里去了伦敦参观阿森纳的基地。我们乘车前往，门德斯一直在提醒我别被人看见。我们在一个服务区停了下来，我需要洗把脸清醒一下。每 5 分钟门德斯就冲我喊：‘小心！小心这个人！’我感觉他那时跟疯了一样，那是他最疯狂的日子了。塞尔吉奥每五分钟就得确认一下路上没人看到我。”C 罗讲述着当时的情形。

C 罗在采访中对于谈论自己还是不太适应，可一旦讲到门德斯的书他就赞不绝口。他忽然提出了一个建议：“我想把这本书取名为《奇迹师门德斯》，知道吗？他就是那个能为球员创造奇迹的人。他在我身上创造的奇迹就是把我带到了曼联阵中。我那时还只是个在里斯本竞技踢球的毛头小子，他却把我带到了曼彻斯特。”C 罗举了自己的例子，但事实上门德斯把无数普通球员变成了耀眼的明星。C 罗还记得自己的“奇迹”：“我当时让门德斯慢慢来，结果他跟我说让我做好自己的事，不要操心。我就安心地跟着里斯本竞技的一线队训练，觉得他会把一切都安排好的。时至今日，他依旧是我最信任的人之一。”

2003 年夏天，里斯本竞技为了庆祝 2004 年欧洲杯的新球场何塞·阿尔瓦拉德球场竣工，与曼联进行了一场友谊赛。曼联彼时刚刚结束漫长的美国之行，小小罗（C 罗）在这场比赛中让其他所有球员都黯然失色。弗雷塔后来在里斯本的豪华酒店里回忆起这一刻：“和曼联的比赛是为了庆祝我们的新球场竣工，在左路、右路……我还记得在左路的 C 罗‘完爆’了菲尔·内维尔！”C 罗的惊艳表现震惊了红魔的球员，他们在赞美 C 罗，他们在更衣室里就开始“发疯”似的围着老爵爷，让他今年夏天就把 C 罗签下来。这个故事人尽皆知，但没有人知道在同年 C 罗转会曼联的合同就尘埃落定了。在这场比赛之前，豪尔赫·门德斯、他的侄子路易斯·柯雷亚和亚历克斯·弗格森爵士在卡斯凯什的马里尼亚大金塔酒店里进行了一次没有详细记述的私人会面。“掌握这一切的唯一一个人是亚历克斯·弗格森爵士。”门德斯和世界各家俱乐部的很多代表进行了多次会面，但老爵爷是唯一一个用承诺说服门德斯做出决定的人。“弗格森跟我说，在曼联C罗至少能踢50%的比赛，这就是我想听到的承诺，C罗也因此去了曼联。”豪尔赫·门德斯引导的伟大交易正在进行，这种美妙的感觉在门德斯心中是无法比拟的。门德斯说道：“这就像梦中梦一样，第一层梦境里，你将会和弗格森这位足坛的重量级人物合作，第二层梦境里这位天才告诉你C罗会在曼联踢上一半以上的比赛。”

所有的欧陆豪门都想签下C罗，但他还要在里斯本竞技效力一年。C罗的东家也不想错过任何更好的选择，当然，如果能不伤害任何人的利益那是最好不过的。“我当然在为球员着想，但也不想弃俱乐部于不顾。我需要平衡这两方面，首先我要和C罗谈谈，为他的未来寻找出路，不能只顾着眼前的钱财。”门德斯这样表示。曼联是唯一一家一开始就想要C罗出场的球队，他们赌对了。在一家像曼联这样的顶级俱乐部里，初出茅庐的C罗身边满是巨星，球迷们也都想让自己喜爱的球员上场。“弗格森自有他的道理。”门德斯说。弗格森有着足够的勇气和信心把这样一个小伙子派上场。人们对年轻球员总会有偏见，觉得他们还没有褪去“菜鸟”的外衣，不愿让有能力的年轻人早早受打击。其实如果这个年轻人可堪大用的话，这种保护毫无意义。“如果一个年轻球员有位置踢球，而且比其他人有能力的话，管他多大呢，大胆让他上场吧。”这是门德斯的看法。在足球世界里，有很多的悖论，在这支球队里的替补，可能到了另外一支球队就是当家的球星。“在曼联的18岁年轻人中，C罗无疑是最出众的。可他在里斯本竞技再待一年的话可能还是无法出场。足球的世界里没有逻辑可言，足球才能教会你有用的东西，教练只是在一个或另一个球员身上下注而已。”

上一次让门德斯有着无比信心的球员是科斯蒂尼亚，他对摩纳哥说这名球员有着无与伦比的才华，这次门德斯的信心更足。“我们总是说哪名球员是最好的，但我说C罗就是一名现象级球员。我从未在同龄人中见过比他更出众的球员。他在所有的年龄段中都算得上世界顶尖。人们或许觉得这么多顶尖的俱乐部争抢他言过其实，可是对我来说这不算什么。他是一名才华横溢的球员。”

在卡斯凯什的那一天，门德斯所保证的话如今全部兑现了。“我对豪尔赫的工作丝毫不怀疑，曼联和弗格森也不怀疑他。后来一切发展得太快了，门德斯的话都成真了。当他告诉我说曼联对我有兴趣时，我还不敢相信。之前我只是在电视上看他们踢球：科尔、费迪南德、约克、范尼……这家俱乐部是我的梦想，当门德斯告诉我说能去曼联时，我感觉……”C罗深吸了一口气，“好吧，这就是我梦寐以求的球队。十七岁的我说：‘我们去！’”

没有时间庆祝

把C罗带到弗格森麾下的曼联对于门德斯来说“是独一无二的幸福时刻，所有人都非常开心”。但完成了这个目标后，门德斯还有下一个目标要完成。这就是他的工作哲学。当C罗确定会去曼联后，在曼彻斯特的酒店里，球员开始庆祝，可是经纪人又拿起电话谈别的项目去了，似乎他对这个欢乐的时刻无动于衷。“你想象一下，我当时只是一个18岁的少年，我被曼联签下来了！我回到酒店跟他说：‘豪尔赫！我们要庆祝一下！’不过没有成功，门德斯还是去忙自己的事情去了，我只能自己庆祝。”C罗展颜一笑说道，“门德斯已经去忙自己的事情了。看起来就是这么简单，我拿着一篮子吃的，他拿着手机忙自己的事。后来我就独自回去睡了。”不过在门德斯看来，事情是另外一个样子：“这可能是我的错，不应该在那个时候打电话扫他的兴。像我这样的人总得全神贯注去处理这样那样的问题，而且还要又快又好地处理掉。如果一件事情尘埃落定，我就得着眼于下一件事了。在一个目标完成后，我不会庆祝或蒙头大睡。我要想着C罗的未来，当他进了第一个球时，我就会想着他进了第二个球，我不会去庆祝他已经取得的成就，而是向着未来的目标努力。我不能休息，休息也只是为接下来的工作做准备。”

C罗来到了英国，正式接过了传奇巨星大卫·贝克汉姆的红魔7号球衣。里斯本竞技最终在这场交易中赚了1800万欧元，还拥有这位球星的优先回购权……“那时候我们可没有财力和影响力来买回这位未来的巨星了。”在曼联得到C罗以后，弗雷塔很现实地说。在那场阿尔瓦拉德球场的揭幕战中，曼联终于得到了这枚珍珠。在C罗看来，他和俱乐部很合得来，门德斯也认为只有弗格森这样的教练才能重视C罗。这对C罗接下来几年的成长弥足珍贵。“我认为这对他来说真的是天赐的缘分，弗格森就像慈父一样把他缺失的足球教育都补了回来，让C罗更上一层楼。”里斯本竞技的体育总监弗雷塔在传记中这样回忆那场他参与的谈判：“和曼联的谈判水到渠成，如果再让C罗在里斯本竞技履行完最后一年的合同并且不接受任何一家俱乐部的报价简直是天方夜谭。我们本来给他的估价是1500万欧元，但后来他的身价又涨了。”在足球界，大家都称弗雷塔为“竞价的野兽”，对于C罗，他给出的评价一点儿也不低：“里斯本竞技非常自豪地推出C罗这一‘产品’，他是公认的球场天才。能进球、富有想象力……”这些天赋也成为门德斯挑拣报价的筹码，他在寻找最佳的报价。“门德斯培养C罗的方式非常像家长带孩子，他们之间也都视彼此为亲人。”

亲情的培养需要十年以上，因此所有人才认为这种关系很特殊。门德斯的其他客户也知道，门德斯和C罗之间的关系已经不仅仅是职业关系那么简单。C罗在自己的书中这样说道：“我认为豪尔赫是我在足球世界中认识的最忠实的人，这实在是不容易。足球的世界里错综复杂，每个人都在寻找自己的利益，而豪尔赫正相反，他认为球员的利益才是最重要的，他会誓死捍卫。对我来说，豪尔赫就像我足球生活中的父亲，他帮助了我太多。他是我儿子的教父，我也是他儿子的教父。我们之间的关系非常、非常好，我把他视作我的家人一样。他在我心中不是一个足球经纪人，而是一位朋友、一位父亲、一位兄长，就是我的家人。”更难能可贵的是，门德斯对 C 罗非常严格，尤其是当他没有奉献出一场精彩的比赛时。“我也知道一旦我把事情搞砸了，不需要别人来说我，豪尔赫就会过来给我建议。他是个非常、非常完美主义的人。他总是想让我更好。”有一次 C 罗在一场皇马的比赛中表现差强人意，门德斯回忆了赛后的情形：“我和 C 罗的几个朋友在泳池里游泳。其他七个人异口同声地对 C 罗说：‘你踢得不错！’我反对说：‘不不不，你没表现好。’所有人都在反对我。两三天后 C 罗跟我说他认为我是正确的，对于一个运动员来说，能有人指出他的缺点非常重要。比如说他的体型、性格、改掉坏毛病的决心，等等。如果他这场没发挥好，他就会伤心，下一场会努力好好表现。这就是他需要去学习的，也是职业运动员的必要素质。一次比一次好，越来越好，这太重要了。这是他前进的动力，而不能只靠着天赋踢球。”

从曼彻斯特到马德里

克里斯蒂亚诺·罗纳尔多刚到曼彻斯特，伯纳乌球场的办公室里就总提起他的名字。何塞·安赫尔·桑切斯在 2005 年夏天得知此事，向门德斯询问这名球员。“我能清楚地记得那次谈话，就在车里，我问门德斯：‘我们什么时候把 C 罗带来？’他说：‘不可能！’我说：‘好吧，但我总有一天要把他带到马德里。’我们之后也总提起 C 罗。”银河战舰为了得偿所愿花了四年的时间。在皇马，主席要签下谁总是充满着争议。皇家马德里买人的一贯步骤是：皇马放风有意签下哪名球员；球员本人表示愿意加盟皇马；旷日持久的谈判；弗洛伦蒂诺决定签约；俱乐部宣称工作困难，还需要时间。

C 罗签约的关键是他离开曼联的条件。由于他对曼联至关重要，曼联方面报价 9600 万欧元。这是皇马有史以来收到的最高球员报价。这个处境很复杂，因为在英格兰想要终止一个条款需要和俱乐部方面沟通，合同如果更新还需要最终确定，如果想要 C 罗还差一点儿细节。

皇马总经理何塞·桑切斯披露细节道："每个人都想得到 C 罗，他自己也想来这里。'你必须来'这种话听起来很傻，但是最终很有效。你三年前得到了口头的承诺，很幸运球员最终信守了承诺。"皇家马德里知道罗纳尔多在为一家伟大的俱乐部效力，但双方的谈判都没耍手段。西班牙首都是一个有着温和地中海气候的大都市，身为葡萄牙人的 C 罗更喜欢这里的气候、日照和人们。桑切斯说："C 罗自小喜欢马德里，他能来这儿绝不是偶然。他与他母亲和马德里之间有着冥冥之中的缘分。很多年前他们就打给豪尔赫说如果能来到马德里，就一定要争取一下。"

2007—2008 赛季结束之后，C 罗认为是离开曼彻斯特加盟皇马的时候了。他曾想在那时就离开曼联，但没能成功。C 罗跟球队说想要离开，但是被极力挽留了一个夏天。在与弗格森会面后，C 罗决定再在曼联踢一年，如果之后执意要走，球队不会继续强留。何塞·安赫尔·桑切斯认为球员要求的口头承诺基本是牢不可破的，"足球世界里，球员们的口头承诺很坚定。如果一个球员跟我说他想走，我跟他说：'现在是一月我不可能放你走，如果六月拿到了更好的报价才会放你走。'但之后你就不能拒绝他了。这就像刻在石头上的铭文一样牢靠，又像在教堂里的谈话一样神圣。"

当曼联拒绝了 C 罗后，球队也知道他还想着离开，他们知道这赛季 C 罗如果有上佳表现的话该做点儿什么挽留这位球员。第二年，也就是 2009

年的夏天，曼联没办法让C罗回心转意。转会开放后如果有人掏钱，曼联就得放人。桑切斯得知门德斯那时身陷囹圄，“在与曼联的谈话中豪尔赫处境艰难，但更主要的是真正的客户是C罗。球员是最关键的，如果他们想离开，球队很难留住人。但如果球员不高兴，就要分散他的注意力，以免他们打定主意走人。曼联对报价表示很满意，决定放人。同门德斯和C罗的会谈很简单，豪尔赫过来敲定了去马德里的事情。”门德斯是曼联、皇马和C罗三方的中间人，这是一个吃力不讨好的角色。桑切斯对他那几天的工作评价道：“除了捍卫球员的利益，经纪人还要顾及球队之间的利益冲突。如果球员想赚得更多而球队说不行，经纪人就处在非常困难的境地。你的球员可能会提一些要求，但如果你认为球队是正确的话，就得说服球员认识到他的想法是错的。经纪人对处理球队和球员关系这方面贡献非常大。”

当C罗第一次踏进伯纳乌时，一切都已谈妥，只需要他几天后在新合同上签字并和大家见个面就可以了。何塞·安吉尔·桑切斯描述了C罗第一次来时的场景：“就在这间办公室里——达米安神父街上这间——我第一次见到他真人，我们一起聊天，就好像数十年的老友一样。”C罗的到来是一段复杂且漫长的过程，在一切尘埃落定后，皇马送给门德斯一件球衣作为谢礼，球衣的背面印着“imposible”（西语“不可能”）。这个单词对于门德斯来说有着特殊的意义，正如他一直所说的那样：“没有不可能。”

皇马和曼联之间的纠葛让两家俱乐部之间产生了裂痕。门德斯把C罗带到了马德里，不过对于曼联来说并不公平，他们觉得C罗的卖价有些低。门德斯想要在双方能接受的价格区间找一个平衡点，让皇马觉得钱花得值，也让曼联觉得从交易中小赚了一笔补偿金。幸运的是，各方都没有出现任何突发情况。很有可能是由于门德斯在C罗第一次转会中的上佳表现带来的威名。卡洛斯·弗雷塔评价说：“如今所有和门德斯共事的俱乐部都可以优先享受到最优质的服务，冲击转会纪录；甚至来自亚洲或东欧的投资人想要进军足球圈的话，都会先和门德斯谈谈。他是毫无疑问的头号人物。”这位足球和财务的头号人物清楚地意识到，C 罗无论从水平还是受欢迎程度上来说，都会是载入史册的那类运动员，他会成为足球运动的表率。“人们可能在他还踢球的时候意识不到他有多么的出众，当他退役后，人们才会发现他是多么伟大的一名球员。”门德斯如是评价 C 罗。

在门德斯麾下的球员中，C 罗第一个拿到了金球奖。门德斯经常提起那段往事：“2008 年 C 罗拿到金球奖，对我来说意义非凡。这个荣耀配得上他的一切付出。太美妙了，那也是我最开心的日子。这个奖杯的到来，证明了我们一切的努力和敬业都有了价值。这只是第一步，我还梦想着 C 罗能成为有史以来的最佳球员。对于我来说，他已经是毋庸置疑的第一了……没人能与他比肩。接下来他在什么球队踢球至关重要。C 罗还没有在世界上最棒的球队里，但他已经是世界最佳球员了。有很多人意识到了这一点，C 罗在技战术、敬业程度和性格方面，都已经冠绝群雄。他有多少次被提名金球奖了？几乎每次都被提名吧。他的高度无人能及，在他挂靴之后，人们会发现他们见证了多么伟大的一段历史。”

我们问门德斯在 C 罗还未出现的时候，谁是达到如此高度的球员？谁能接过 C 罗的旗帜？“下一个 C 罗还是 C 罗自己，他还能踢很多年呢。”

一提到 C 罗，门德斯总是赞不绝口。最好的例子就是电影《C 罗》中门德斯对他的赞美。在桌旁坐着很多人：热斯蒂夫特的雇员、C 罗的母亲多洛雷斯、乌戈以及其他一些人。门德斯在跟所有人说这话，但看到他的“儿子”进门后，他的语气立刻变得慈爱且轻柔。

“这是我最特殊的儿子，我也无须讲那些华丽的辞藻了。这些天我们都为他操心，但这一切都很值得。这些天以来，我一直在为你努力，能为你奋斗是我的自豪，你值得我为你这么做。你现在要做的，是去珍惜你现在拥有的。不要自满，不过能达到你这种竞技水平的运动员都是怪物。现在，所有人都听我说，C 罗是全世界最好的，最好的球员，最好的运动员，不要有怀疑。我保证他会成为有史以来最好的运动员，能在他的身边工作我非常自豪。他给我的印象太深刻了，如果你还不知道他的话，我给你一份他的自传。”门德斯笑着结束了这段对话，桌边的所有人都想给他颁一个“奥斯卡”奖。

采访亚历克斯·弗格森爵士——荣耀之人

“在我四十年的职业生涯中，门德斯是我所知的最好的经纪人。”

“您是在什么时候第一次听说C罗的？”

“可能是在和他签约的一到两年前。我们当时正在和里斯本竞技的教练组分享经验，我的一个助手跟我说有个年轻人棒极了，那就是在里斯本竞技青年队踢球的C罗。我们开始密切注意这名年轻球员，卡洛斯·奎罗兹（弗格森在曼联的助手）和里斯本竞技队取得了联系，表明了对这个年轻人的兴趣。两年以后，当我们去新何塞·阿尔瓦拉德球场比赛之前，我在卡斯凯什结识了门德斯。他通过奎罗兹得知了我们对C罗的兴趣，这是我第一次与门德斯交谈，在赛前我们坐在一起畅谈C罗的未来。”

“您是在什么时候第一次遇见门德斯的？在哪里？”

“我记得是在签下C罗很多年前，在曼彻斯特。但我们私下没有任何联系，直到在卡斯凯什，那是我们第一次重聚。”

“您能讲讲卡斯凯什会面的具体细节吗？尤其是有关门德斯的那些？”

“我们主要的话题是C罗。门德斯提醒我们说很多球队都在关注他，比如说皇马和阿森纳。我跟他说我们很善于培养年轻球员，纵观曼联的历史，年轻球员从来都是我们的主要力量。门德斯对此非常高兴。”

“弗格森爵士，我们希望您能更详细地讲一下这个故事。那时很多球员请您签下C罗，具体是哪些球员呢？”

“C 罗在场上的表现非常棒。我的一些助手请我去和曼联的执行总监彼得·肯扬谈谈，就是有关签下 C 罗的事。我和肯扬说，我们得不到这个孩子就不离开球场了。我们等着他的回复。里斯本竞技和曼联的赛后，我、门德斯还有 C 罗在体育场的一个小房间里，我希望他们能允许 C 罗跟我们一起回去，门德斯说当下不可能……不过第二天我就和门德斯、C 罗、他的母亲和姐姐一起飞往曼彻斯特了，他们对 C 罗的未来充满期待。在和 C 罗的比赛之后，有些球员，比如里奥·费迪南德和吉格斯对我说：“快签下这个年轻人，他太棒了。”我回答他们说：“别担心，我们正在努力。”第二天，当 C 罗和他的母亲、姐姐还有门德斯一起来到曼彻斯特时，我知道最重要的就是向他的母亲保证 C 罗在这里会很幸福，我们会好好照顾他。”

“所有人都知道，在 C 罗确定去曼联的幸福时刻里，门德斯去谈了别的生意，让您一个人照顾 C 罗……”

“我认为那是门德斯对我的信任，知道我能照顾好那个小伙子。他走的时候对我说：‘我相信你，照顾好那孩子。’他需要照顾那个孩子，确保他能在新的俱乐部里踢球，也需要信任新的主教练。门德斯相信我能照顾好 C 罗，甚至 C 罗的母亲也觉得我能胜任。”

“数年之后，您和皇马做了一个痛苦的交易。是谁向门德斯提出的？皇马的官员说门德斯觉得把 C 罗送走是件非常棘手的事情。”

“在 C 罗去皇马的前一年，你肯定记得，在英格兰队和葡萄牙队的那场比赛中鲁尼因为和 C 罗起了冲突导致被罚出场，回到英格兰后，球迷们把怒火撒在了 C 罗身上。他在那个夏天选择去皇马是正确的。我飞往葡萄牙，到门德斯家里见了他、C 罗和奎罗兹，想要说服他们别让 C 罗离开。我的身份是 C 罗的教练，我希望他能再为曼联效力一年。门德斯跟我说他可以满足我这个要求，但一年之后就由不得我了。我们习惯了那个年轻人在老特拉福德茁壮成长，也试着不去想某一天 C 罗会披上皇马战袍。门德斯那时还在劝说 C 罗不要离开曼联。但球员的决定无法更改，C 罗还是去了皇马。”

“您怎么评价门德斯？”

“我不得不说，在我四十年的职业生涯中见过无数的经纪人，门德斯是我见过最好的一位，因为他最优先考虑的是球员的利益。他不会在乎经济利益，他在乎的是球员之后的境遇，能否适应新环境，能否得到照顾，能否进步，在新的俱乐部是否开心；这个优点让门德斯卓尔不群，他不用公事公办的态度考虑问题，他会站在朋友的立场上去考虑。”

“您对门德斯的印象如何？”

“当我第一次和他握手的时候我就相信了他，这点非常重要，他谨守了在卡斯凯什许下的诺言、荣誉和一切。这点让我很动容。”

“您和门德斯一起吃过很多次早餐、午餐和晚餐……您在他身上看到的令您最惊讶的是什么？能不能给我们讲些特别的故事？”

“用巴卡维拉红酒佐餐的晚餐才是最棒的。有一件事我记忆犹新，是门德斯和一些球队的代表一起出席晚宴。所有人对他都非常满意，他就好像是他们的亲人一样。好像他是球队的主席，或者家庭成员、生死之交……无论他在不在各位的全家福上，大家都对他超级满意，聊他的话题也是最多的。”

“或许人就像酒一样，您能说说门德斯身上的那些优点吗？”

“在足球的世界里他拥有很多最好、最重要的球员。他把C罗变成了名人、世界巨星。经纪人的建议一般错不了，跟着他们走就能开心。豪尔赫·门德斯，正如我之前说过的，是最好的经纪人。”

结识豪尔赫·门德斯多年以后，我不得不说他是行业中的翘楚。我初次与他交流，是在曼联签下C罗的时候。令我印象最为深刻的是，他一点儿都不为经济利益所动，甚至只字未提有关钱的事。与之相反，他最关心的是我们怎样照顾、培养C罗，C罗是否有机会在曼联踢上球。他还担心球员的家庭问题，说母亲对于C罗非常重要。这些足以让我把他和绝大多数经纪人区分开。对于他的所作所为我很敬佩。当我们组织门德斯、C 罗和他母亲到曼彻斯特完成转会时，他们在前一晚的比赛前才知道这个重要的消息，这也说明了曼联对于签下 C 罗是如此的迫切。对于我来说，签下 C 罗很简单。这些年来，C 罗已经成长为世界上最优秀的运动员之一。我相信这也是门德斯希望的。时至今日，我们还保持着良好的关系。我至今还对他以球员利益为先的想法敬佩不已。

——亚历克斯·弗格森爵士

金色的泪水

2014 年 1 月 13 日，瑞士，FIFA 的金球奖颁奖典礼在苏黎世市政厅举行。会场里一片窃窃私语，因为今年是有史以来最热闹的一年。先是 FIFA 主席、C 罗的拥趸布拉特开了个不合时宜的玩笑，后来又因为有一位落后的候选人的紧张表现让媒体兴奋不已……每一秒钟都会有不同的电话铃声响起，数百家来自世界各地的媒体都在寻找着自己独家的视角，通过电视或广播把观众带到现场，摄影师们为了抢占最好的位置大打出手。在度过了慌乱的半个小时后，闪光灯才开始闪烁着欢迎主角们登场。年度最佳教练的候选人有：海因克斯（率领拜仁慕尼黑获得了欧冠冠军和德甲冠军）、多特蒙德的教练克洛普、曼联的亚历克斯·弗格森爵士，还有几位没能出席典礼的候选人。最受关注的金球奖候选人中，里贝里、梅西和 C 罗呼声最高。

舞台侧面的黑幕缓缓拉开，陪着葡萄牙人走进来的是 C 罗的兄弟乌戈和门德斯，门德斯今天穿着黑西装、白衬衫，打着天蓝色的领带。这名“超级经纪人”悄悄地走进了新闻发布会现场，就像走进黑暗中的电影院一样。过了几秒钟，记者们才反应过来，想要围着他采访，门德斯却已经和熟悉的面孔们打招呼去了。门德斯带着略显紧张的微笑快速地和朋友们亲吻、拥抱，紧接着就找了一个地方站在那里。他的鞋跟一刻不停地敲打着地板。C 罗离他大概有十米远，他们俩用手势互相交流。后来入座的时候，他也没有环顾四周，只是陪在 C 罗身边。C 罗回答媒体的第一个问题是有关他和布拉特的关系："这个问题很难回避。我们曾互通过电话，清者自清。" 在 C 罗回答问题的时候，门德斯都没有抬头，他双眼紧闭，听着 C 罗回答的每一个字。门德斯希望他的回答不要招致麻烦，之前他就和 C 罗讲过应该用怎样的方式回答问题，好在 C 罗的回答很完美。与此同时，皇马巨星继续说到今天的特殊感觉："我一直在努力成为最好的球员。如果能拿到金球奖，那就太棒了，但拿不到的话我会继续努力。" 门德斯在他们问到了别的候选人时才停止了假寐，不断地摆弄着两部手机来表达他对 C 罗的信心。当他从自己的内心世界走出来时，发现 C 罗已经在回答另外一个新问题了，门德斯眼眉低垂，仔细地听着。"能和梅西、里贝里这样伟大的运动员一起竞争是我的荣幸。我是个非常好胜的人，喜欢和高手过招。能在球场上和他们比拼是我的荣耀。" 新闻发布会告一段落，这位经纪人的血压也降了下来，伟大的一天的第一幕已经落下，他和 C 罗一起回到了酒店等待 FIFA（国际足联）的官方采访。

四个小时以前，C 罗乘坐主办方的一辆客车离开了市政厅。其实他只是为了去同在贝多芬大街上几十米开外的凯悦酒店。汽车围着街区绕了一圈，停在了戒备森严的豪华宾馆门前。数百名保安时刻戒备着，防止那些不速之客威胁到这些参加金球奖颁奖典礼的球员、教练、经纪人的安全。

大厅里传来了一阵欢呼。C 罗一下车，观众们就叫喊着他的名字为他助威。尽管距离贝利宣布获奖者还有一段时间，但人们已经喊出了获奖者的名字。在 16 点 50 分，未来的金球奖得主 C 罗到达了颁奖典礼现场。C 罗穿过酒店大堂经电梯来到了二楼，参加官方在金色大厅安排的采访。C 罗一如平日，非常轻松地和大家打着招呼。门德斯却非常紧张，尤其是在还没揭晓结果的最后几分钟。面色苍白的他在最后几分钟甚至消失了一会儿。C 罗独自进了电梯，门德斯还在和官方协调。当弗洛伦蒂诺·佩雷斯一出现，他就立刻去打了招呼。“豪尔赫，你需要什么吗？”门德斯有些头晕，他正担心奖项的归属呢，见到皇马的主席更让他忧心忡忡。不过他的侄子柯雷亚站在他的右手边，将他安抚了下来。过了几分钟后，他们也上了电梯，在大门关闭的最后一刻进入了会场。在电梯里，门德斯见到了多洛雷斯·阿维罗，她带着 C 罗的儿子。小男孩对门德斯笑了笑。“你看到你父亲了吗？我带你去看他好不好？”门德斯拉着小 C 罗的手，来到了二楼。人们看到门德斯拉着一个 3 岁男孩儿温馨地步入会场。后来一个工作人员说 C 罗正在接受采访，“请保持安静”。但门德斯没有理他，带着小 C 罗走进了采访厅。门德斯答应过他要带他去见父亲，就一定要做到。

激动人心的时刻就要到了。18 点 30 分，大厅的实况开始向全世界直播。门外的球迷甚至爬到了路灯上，希望能看得清楚一点儿。豪车不断地在红地毯前停下。现在唯一冰冷的就只有运动员的情绪了。里贝里、梅西和 C 罗，他们三人中只有一个人能加冕今年的金球奖。这是一场进球、精神、市场影响，甚至是个人形象的较量。三位候选人引爆了全场。颁奖嘉宾贝利、足坛传奇贝肯鲍尔、罗纳尔多、齐达内，古利特带着名模费尔南达·利马依次从红毯走过。

这还不算什么，后面出场的阵容更加星光熠熠。最佳中场候选人哈维·埃尔南德兹，他的队友达尼·阿尔维斯和内马尔，皇马球员塞尔吉奥·拉莫斯，最佳进球奖得主瑞典人伊布拉希莫维奇，他们都到了现场。C 罗身上的香水味道很重，但这种香味总让人不安心。门德斯紧张得胃都有些不舒服了，他在努力地不让自己的紧张情绪表现出来。C 罗这一年的表现非常有说服力，足以让他获得胜利。但门德斯总是在说：“还没宣布……”这仿佛是 2008 年第一次被提名金球奖时的场景再现。但这次对于 C 罗来说完全不同了。如今在颁奖典礼上他的表现更加得体，今年他也刻意减少了球场外的商业活动。这都表明C罗是多么渴望再为自己增添一份荣誉。这一整年C罗都非常勤奋，希望能达到一个新的高度。C罗和门德斯专心地看着宣传片，又看到了60岁的巴西传奇球星贝利出现了。贝利接过话筒，讲述了他当年的故事，和大家客套一番，并为2014年巴西世界杯做宣传。当他把自己年轻时的经历讲给台下的观众时，包括C罗在内的所有人都笑了出来。不出大家的意料，贝利紧接着回忆起第一次举起金球奖奖杯时的故事。他说他的家人要求他别哭出来。紧接着他又讲起了三次世界冠军的经历（1958年、1962年和1970年）。他是个不喜欢哭的人，但当年捧起奖杯的那一刻，幸福的眼泪还是夺眶而出。听到这里，全场观众都起立为他鼓掌，掌声经久不息。在公布今年的世界足球先生之前，只剩下一个女子奖项了。谁将是2013年的金球先生？瑞士时间晚8点，即将揭晓谁是上一年度最佳足球运动员。每个人的眼睛都失去了焦点，就连隔壁的记者们都屏住了呼吸。有些人交叉手指祈求好运。贝利手持信封，里贝里、梅西和C罗怀着忐忑不安的心情坐在台下。摄像机对着这三个位置，电视屏幕上同时放映着他们三人的神态。决定胜负的一刻到了，贝利拆开了信封，里贝里看向了自己的左手边，梅西和C罗正襟危坐。贝利平静地拿出名单，全场鸦雀无声，他宣布道："名字是……C罗！"C罗不断地眨着眼，又闭上了眼睛，自己静静地享受了1秒。门德斯和我们分享了他听到C罗名字时的感受："你想象一下，我都失去意识了。我那时觉得自己非常高兴，简直是狂喜，全身都在发光，仿佛拥有了全世界……"此时C罗放下了所有对FIFA的不满和酸楚，起身为自己鼓掌。他口中念念有词地走向舞台，这个夜晚终于属于他了。布拉特向他致意，他也向布拉特挥了挥手。贝利和C罗重重地拥抱了一下，C罗开始进行演讲。他本来想要表达感谢，但此情此景他临时改变了计划。C罗忽然发现了他的儿子在台下，于是抱起了儿子，用手帕替他擦去泪水。他从西装口袋里掏出的手帕是他母亲多洛雷斯亲手缝制的。C罗拿起话筒："晚上好……我完全不知道该用什么词语来形容这个时刻。感谢我皇马的队友、国家队的……”C 罗抽噎着没法讲话。此刻他的情感完全冲垮了自己的理智，皇马主席在台下用慈爱的眼光看着他麾下的明星球员。C 罗颤抖着重新组织了语言：“感谢我的经纪人（门德斯），谢谢我的球迷、我的母亲、我的儿子，他是第一次出席这种场合……”他也没有忘记刚刚过世的葡萄牙球星。“还要提一下尤西比奥这个名字……”当听到这个名字时，市政厅里的掌声久久不息。我们又一次看到了 C 罗擦去他的泪水……这泪水，是为他第二座金球奖杯所流。

进球荒

经历了一场泪水的洗礼后，C 罗才想起来还有那么多人在等待着。不仅仅在等着他，也在等着他的对手。21 点，大门终于打开了，记者和球迷们终于可以和球星们进行近距离的接触。大门甫一打开，镜头就开始记录这一历史性的时刻。数千张照片记录下了今晚的获胜者：C 罗。他尽情地表达着自己的喜悦之情，像从未拿过金球奖一样展示着奖杯。为了拿到这个奖杯，他今年经历了太多的苦难。皇马新闻团队的一名官员把他带到了指定的位置接受媒体的采访。门德斯的目光一直没有离开他的客户，不过他也羞涩地举起了一杯香槟，这杯酒是他应得的，如今他终于能安心享用了。在混合采访区，C 罗侃侃而谈。足坛名宿贝肯鲍尔和善地回答了我们的问题。

“您怎么评价豪尔赫·门德斯？”

“我和他没有私交，不过作为 C 罗、穆里尼奥、法尔考的经纪人……我觉得他在足球世界里找到了最完美的位置。”

这就是一位足球大满贯——世界冠军、欧洲冠军、两届金球奖得主——对门德斯的评价。贝肯鲍尔如是评价门德斯后就离开了，他不知道这位天才的商人在幼年和朋友踢球时，就喜欢扮演贝肯鲍尔的角色。

在红地毯上，C 罗还在不断地说着话，他一直没有放下奖杯。C 罗耐心地回答着所有媒体的问题，尽管他看上去累极了，但还是迫切地想要回答。豪尔赫·门德斯站在他几米开外，看起来还能继续庆祝 24 小时。门德斯也变成了麦克风们寻找的对象，他对着一个又一个的话筒一遍又一遍地夸奖他的朋友兼客户："真实的 C 罗、我所认识的 C 罗，就是今晚在颁奖典礼上的这个年轻人。他也是人，敏感、谦虚又才华横溢……成为 C 罗可不是简单的事，想要追上他的成就也绝非易事。"门德斯对于强调葡萄牙前锋并非普通球员这一点乐此不疲："像他这么有商业价值的人完全可以更好地享受生活。但 C 罗绝大多数的时候不想出去吃饭，他对职业生涯的重视程度超乎你的想象，也有可能是更喜欢待在家里。C 罗不是一个普通人。他还会帮助那些最需要帮助的人。除了是运动员的榜样，他更是所有人的榜样。"C 罗那边还没有结束采访，他还在挨个儿回答记者的问题，西班牙媒体、葡萄牙媒体、天空体育、环球体育……门德斯也注意到了 C 罗的进球荒。他走过来对媒体说，如果 C 罗在巴萨的体系下，每个赛季能进 120 球。不过在伯纳乌他们非常开心。后来 C 罗和门德斯又参加了一个 FIFA 组织的特殊聚会，欢乐的气氛一直在马德里球员们身上延续，甚至上了回马德里的飞机时他们还在狂欢，他们的心里只有一个念头："C 罗会是有史以来的最佳球员。"门德斯也这么想。

金色的呐喊

一年以后，同样的一幕在等着 C 罗。苏黎世也做好了准备，为世界奉上足球界的年度盛典。这一次，金球奖早早就确定了归属。C 罗带着冠军联赛奖杯来到了苏黎世，他是 UEFA（欧足联）的最有价值球员，第三次荣膺金靴奖。他本赛季的荣耀远远超过了两位竞争对手：莱奥·梅西和曼努埃尔·诺伊尔。世界杯冠、亚军的当家球星都把自己的一票投给了 C 罗。

“我想向我的儿子、家人和母亲问好。我要感谢所有在我的成长中帮助过我的人。感谢先生（安切洛蒂），感谢我的队友，感谢主席，感谢皇家马德里对我的支持。无论是对于我们队伍还是我个人来说，这都是难忘的一年。能得到这个奖杯的感觉实在是太棒了。此刻我觉得过去一年的努力都是幸福的。我们球队和我个人还要拿更多的冠军。谢谢我的母亲、我的儿子、我的哥哥，和在天上看着我的父亲。是你们激励着我，让我日复一日地超越自己。感谢葡萄牙国家队和所有葡萄牙人。这是我职业生涯中不可思议的一刻，我从未想到能第三次捧起金球奖。但我不会止步不前，我要赶上梅西。我现在知道了我不是在做梦，而是梦想让我更为优秀。我想要在足球的历史上留下自己的名字，也想成为最好的那一个。如今我每天都在努力，想要为个人和球队赢下更多的奖杯。感谢在座的所有人，我们一起度过了一个美妙的夜晚……”

C 罗停顿了一下，欲言又止，忽然喊了起来，声音响彻整座大厅。“啊！！！”感觉他是在庆祝进球一样。整座大厅里的人都开始为他鼓掌，小 C 罗则张开双臂想要拥抱父亲。在拍完全家福后，C 罗和门德斯一起在红地毯上接受了媒体的采访。与此同时，许多宾客过来和他握手，其中有 J 罗、迪玛利亚和意大利人德尔·皮耶罗。晚上在市政厅还会举行一场宴会，但是主角们却已经在一个小房间里吃过晚饭准备前往机场了。在不到 70 平方米的小房间里，汇集了 C 罗、梅西、拉莫斯、安切洛蒂、皮耶罗和所有他们的同伴们。每个人都在交谈，但却都心不在焉。金球奖杯在人们手中传递，每个人都可以再摸一次，紧接着它就要被放到保险箱里运往马德里了。在沙发上，小 C 罗正在书中寻找他父亲的身影。每次有人看向他时，这个小男孩都会回复一个鬼脸。他用他小小的手指触摸着父亲的故事，忽然发现有一张 C 罗站在弗格森旁边的照片："父亲在曼彻斯特！" 这让他更开心了。他的手指指着另外一张在这本书里出现的照片，那时的 C 罗还不知道他为这本书奉献了多少精彩的故事。

秘诀 5　雄心壮志

在工作中你应该始终充满野心，
渴求得到更多。
当你踢了一场好的比赛，感觉不错的时候，
更应坚定自己的信仰，
相信能收获更多，变得更好，
确信你能超越，
坚信你还能取得更多成就。

——豪尔赫·门德斯

Com o troféu Globe Soccer
atribuído ao melhor agente do ano.

九 谈判家——完美的经纪人

“他没被业务忙得不可开交。”

门德斯在波尔图有他自己的工作基地。从他在办公楼七楼的办公室，能静观城市的天际线。另一端的办公桌上，堆积着文件、信件、书籍和其他一些已经被遗忘的东西，比如，一些老旧的手机电池。还放有装着他妻子、孩子们照片的相框，和一张对他来说很特殊的照片。这张照片是黑白的，上面的豪尔赫看起来 5 岁左右，耳朵上戴着老式唱片机的耳机。坐在他的大手扶椅上，门德斯可以在办公室里静赏他周围的“足球博物馆”。在其背后，是一个欧冠奖杯的复制品，上面刻着他获得过欧冠奖杯球员的名字。墙上贴着一张张照片，满是过去的回忆：C 罗在曼联的第一天，他和穆里尼奥、弗洛伦蒂诺、米格尔·安赫尔·吉尔，以及伦多伊罗一起合影，他当时站在弗格森的旁边。还有一幕非常有意思的场景，他和马拉多纳、拉波尔塔在飞机机舱里。在一些悬而未决的新闻里，这位代理人是主角：一些是重大的球员转会，另一些总是触及世界上最佳经纪人的生活。柜子的一角被弗格森爵士的自传所占据，书中这样形容门德斯：“克里斯蒂亚诺的经纪人可以说是世界上最好的，毫无疑问。他非常有责任心，总是为球员排忧解难，而且也总为俱乐部着想。”在扉页上，前曼联主帅为门德斯这样题词道：“致门德斯。多谢你这些年来的帮助，你为所有你的球员做了最伟大的工作。奉上我最好的祝福，亚历克斯·弗格森。”

他珍视的不仅仅是这些照片，也视球员们的球衣为瑰宝。五颜六色的球衣装点了他的办公室。法尔考的红白色马竞球衣挂在那里。在背上，用哥伦比亚方言写着："献给那位让我知道没有不可能的人。"

还有一件很特别的球衣，是C罗的第一件曼联球衣。葡萄牙巨星在后颈处签下了"CRonaldo7"，还有这些话："献给我的朋友兼经纪人豪尔赫·门德斯，感谢你把我带到曼联。"

另外一件C罗的球衣是2009年7月6日的，这件是白色的，从7号变成了9号。这是他在马德里的首秀，他把这件球衣送给了他的经纪人。球衣上写着："这是我一生中最快乐的一天。现场有9万人观看了比赛，太难忘了。"

后卫佩佩在"博物馆"里也占据了一席之地。他的一件葡萄牙国家队的球衣上面写着："送给我最伟大的朋友、经纪人和兄长，希望你永远在我身边。一个热情的拥抱，佩佩。"

仅仅数平方米的空间里，汇聚着门德斯所创建的足球世界。他所有代表球员的照片、球衣、纪念品，都摆放在这里。这就是他自己的圣坛，里面还有他自己的圣经，那是一本被白手套盖着的书。书的内容？那是由热斯蒂夫特之眼——豪尔赫·蒙特罗记录的C罗成长轨迹。豪尔赫在不出门远行的时候，会在这里待很久，这里的精神食粮伴着他走过了漫漫长路，这就是门德斯的家。

对于不了解门德斯的人来说，可能仅仅知道他的工作哲学是信心和尊敬。不过在媒体和俱乐部的眼中，经纪人的形象通常是追逐利益最大化的那群人。最终，球迷们也会觉得经纪人就是通过俱乐部买卖球员来获利的人。可能经纪人的队伍中会有害群之马，但门德斯并不属于这种情况。他作为世界上最著名的经纪人，当然也少不了遭遇这方面的批评。然而，真相只有一个，门德斯的诚信有口皆碑。他用同一种模式把成功一遍又一遍地复制：他和俱乐部的良好关系让他在交易中无往不利。这也解释了一些经纪工作中的重要元素。豪尔赫认为在四五月份，70% 的转会已经被设计好了，球员们早就想好了要去哪里。一般转会在七八月发生，但他在 10 月甚至 11 月还在工作，为之前的工作收尾，为今后的工作打基础。他一刻不停地工作，也对市场有着充分的了解。如果门德斯这些年不如此认真投入工作的话，可能如今就没有这么多人认识他了，他也不会和这些俱乐部建立起良好的关系。门德斯想要为他的球员谋求最好的待遇，所以他会早早地做准备。

无法模仿

说到足球，人们就会想到马拉多纳、贝利、C 罗、梅西等球员。球星们在 20 岁时非常有冲劲，30 岁时非常有经验。那什么时候会重新出现一个门德斯呢？来自热斯蒂夫特的同伴塞尔吉奥·阿尔维斯说：“我怀疑不会出现下一个门德斯了，他是一个现象级的人物。我和他一起度过了 18 年，所以非常了解他。单是他的工作能力和口才，我就认为没有人能赶得上他，更不用说能有一个和他一样的人了。能达到他的高度的人不常有。能达到固然困难，保持则更加复杂。他让我觉得这种态势会永远保持下去。我想象不到他会用别的方式生活。”阿尔维斯又用运动员 C 罗作为例子进行对比：“能拥有 C 罗这样的球员是我们的荣耀。他也是和门德斯一样可遇不可求的人物。他到达了巅峰，而且保持得很好。他们两人之间有很多相似之处。”但是，在 C 罗挂靴之后门德斯会怎么样呢？“当 C 罗退役后，门德斯还照旧是门德斯，因为在之前的 25 年里他也没有 C 罗，能够得到这样的球员是非常困难的。可能会再出现别的天才。哈梅斯现在正蜕变成一位世界级球星。他不会是 C 罗，但他也有可能拿金球奖。豪尔赫在 C 罗退役后可能还会是那时世界最好球员的经纪人。他是世界上最好的经纪人，所以那时最好的球员肯定也会来找他。”塞尔吉奥·阿尔维斯说道。

对于C罗来说，一切都在他经纪人的脑海里。C罗说：“他是一位异于常人的人，是个天才，专业领域的天才。他喜欢把事情做到极致，每天都是这样。他对球员们和雇员们的照顾无微不至。他是一位楷模。”仅凭他的工作方式，我们可能要称门德斯为FIFA经纪人、球员代表、中间人等。对于他工作更准确的定义是他是一名全球层面的足球总监。我们可以好好解释一下这个定义。一名经纪人的主要工作是为他的球员争取权益，和俱乐部谈判，商定合同条款，在买方球队和卖方球队之间斡旋，让双方都满意。然而豪尔赫·门德斯是新一代的经纪人，他的工作对象既有球员又有球队。这就让他变成了球员的中间人，而他此时不代表任何一方的利益，这就完美了。为什么称之为完美呢？市场上那些最好的球员会受到豪门的关注，那些豪门又有着强有力的投资方。门德斯的实力可以让那些豪门放心。这样那些想要购买球员的豪门就会向门德斯寻求帮助。门德斯不是经纪人，也不是球队的官员，但是他认识那些可以说得上话的人。紧接着他们会促成这笔交易。在这样的交易中门德斯赚的不是钱，而是信心。

伯纳乌办公室里的一位官员解释说：“豪尔赫对这样的帮助分文不取。我认为他帮助球队求购那些不属于他的球员是出于和球队的良好关系。这样的交易给他带不来任何收益。他是一个好人，那些对他批评的声音都是源自无知。他非常诚信，经常会尽可能地帮我们带来我们想要的球员。”因此，球队们对他都很信任，因为寻求他的帮助不需要耗费一个子儿。在皇家马德里有句话流传甚广：“如果门德斯的哪位球员来办公室里要求加薪，球队不想付钱的话，就给门德斯打电话。如果门德斯认为球队有理，他就会劝球员放弃。”他不像其他经纪人那样，为了点儿钱就和球队闹得天翻地覆。“他也可以另择良木，但为什么马德里、切尔西和曼联都对他如此信任呢？因为他从来不做缺德的事。他会为我们带来好处，就算是损害了我们的利益，也一定是公平的。”埃斯皮纳说。

门德斯现在和皇马联系更为紧密，但在之前他也有数名球员同在巴萨阵中的时候。不过这从未导致西班牙两个最大竞争对手和他的关系恶化。乔安·拉波尔塔对他的工作高度评价道："如今他的确拥有多名皇马球员，白衣军团拥有了门德斯的天才们。但是所有的球队都希望能和好球员合作。豪尔赫的工作非常出色，他非常注意保护球员的利益。如果你想去哪家俱乐部踢球，他会帮你想办法。"在这个过程中形式非常重要。你需要和球员、主席和家人产生共鸣。拉波尔塔曾有幸看过几次他的工作，"我曾经目睹过豪尔赫工作的方式，他知道该怎么做。这工作需要你放弃冲动，把一切的紧张情绪抛到脑后。这是明智的做法。"

伦多伊罗也证明了一切，他是门德斯工作的推动者，更是为门德斯奠定了方向："豪尔赫凭借本能和天性工作，他看事物很透彻。如果有一笔能赚大钱的买卖，他一旦看到问题就会立刻放弃。他喜欢把一名球员带到特定的俱乐部去，这样他就为未来拓宽了路。如果他需要放弃或在某场生意中失败，他会立刻重整旗鼓在其他生意上获胜。他知道如何去拿捏分寸。"

门德斯的工作多数凭借的是天性。蒂亚戈爆料说，门德斯有时候甚至会在吃饭的时候就开始谈判："你能想象得到正吃饭的时候，他抓着你说：'我们谈一谈迭戈·科斯塔吧！要几千万？'接着他会把球员们的照片在手机上一个个展示出来，这样他就能完成一次签约。"

自从门德斯去拉科鲁尼亚取经后，他就变得更加优秀且坚韧。伦多伊罗发现他已经不再是简单的一个经纪人后非常骄傲："他首先会支持球员的个人决定，然后询问俱乐部是否有收购的意愿，接着他会衡量投资的回报和球员的未来。他已经拓宽了视野，不仅仅限于推荐球员，更是把自己涉足的领域推到了整个足球运动中——他为林荣福收购俱乐部的举动出谋划策和帮助肯扬签约国际球员，都超过了经纪人的范畴。他有着无与伦比的商业头脑，不再局限于传统的足球经纪人的领域了，他走得更远，推动了这项产业的革命。"

门德斯和俱乐部的良好关系让他可以在市场上施加一些积极的影响。现在有大把的经纪人在向皇家马德里推荐18岁的年轻球员，之前可从来没有这样过。因为球队现在会尊重像门德斯这样的经纪人，并听取他们的意见。“你知道他不会骗你。他的球员在整个欧洲都很抢手，如果你不相信他的话，你会后悔的。”自从和门德斯签了第一笔合同后，皇马内部这么多年来对门德斯都持这样的意见。

第一次同皇马接触

门德斯第一次去皇马不是为了商议任何球员的签约问题。在21世纪最开始的十年，门德斯几乎不认识皇马的主席或任何一名官员。大多数周末门德斯都会去马德里，但仅仅是作为一名球探而去。因此，用皇马球探帕科·德·加西亚的话来说：“门德斯不做任何经纪人的业务，他过来仅仅是为了看球，他不会成为任何一位没有被考察过的球员的经纪人。所以他会取得成功。绝大多数经纪人不懂足球，甚至连球场都不涉足半步，很少有经纪人像门德斯这样懂球。”现在可能有些少了，但以前门德斯曾在赫塔菲、莱加内斯、巴列卡斯或皇马、马竞的主场看球，从青年队一直看到专业队。在萨拉戈萨，门德斯在做着同样的工作时结识了他今日的好友——佩德罗·埃雷拉，他是曼联球员安德尔·埃雷拉的父亲，当时在朋友的俱乐部工作。“我认识他的时候，他还是个善良的小伙子，跟我一样。”埃雷拉说。门德斯会给佩德罗打电话，请他一起看比赛。“豪尔赫在球员身上很留心，他是看着我儿子成长起来的。安德尔还很年轻，正在二级联赛踢球，但是门德斯告诉我说他会把我儿子带向成功。”佩德罗笑着说，“尽管门德斯总是在打主意，但他一直没能成为我儿子的经纪人。”“卡巴纳斯说要和我断交（笑了笑）。”佩德罗·埃雷拉开玩笑说，不过他本人一直没办法左右儿子的足球生涯。“最近一次和豪尔赫通话时，他们正在代表迪玛利亚谈判，他跟我说：‘你个老浑蛋！’”后来佩德罗开始为塞尔塔工作，经常和门德斯一起在葡萄牙看比赛，其中就有C罗和夸雷斯马的。“他一直有着一些特质，能在球员年轻的时候就看出点儿什么。”

门德斯不是寻常的经纪人，他经常要去做球探。他有着非常渊博的足球知识，有能力挑选出好的球员。他经常和球队的球探们联系，交换关于一些球员的意见。“他想要获得一切的信息，会问你很多问题，会记录并学习一切知识。我们也会经常跟着他的脚步走。”皇马的球探皮里这样评论道，如今他已经是皇马的体育总监了。加西亚说门德斯的眼光很出众：“我和门德斯看了一场比赛，他一眼就能说出哪些是最好的球员。”球探们甚至在辨别球员上还比不上这位经纪人。“他在挑选年轻球员的时候一眼就能挑到精英。他想要那些最好的球员。”和其他的经纪人相比，门德斯的足球知识更为丰富，更为重要的是：他的嗅觉更为灵敏。

2004年春天，伯纳乌的办公室里，一部电话响了起来。有人在另一边说：“你好，上午好，我是豪尔赫·门德斯。”接电话的是何塞·安吉尔·桑切斯，皇家马德里后台的男人。这样的豪门里总有些阴影中的人。公众面前的过度曝光对球队的经营造成了一定的影响，因此他们需要一些能帮他们处理公关危机的人。这样对球队的长远发展也有好处。在2000年弗洛伦蒂诺赢得选举后，为了适应市场，他创立了一个组织，以便在危急时刻拯救俱乐部。所以他们有一位从未涉足台前工作的人，就是何塞·安吉尔·桑切斯，他也是一位在商业体育中有天赋的人。

作为一名守护者，桑切斯早就对年轻的足球经纪人豪尔赫·门德斯了若指掌，知道他和伦多伊罗交往甚密。这是门德斯和皇马的第一次接触，原因是白衣军团对波尔图的后卫卡瓦略产生了兴趣。这次通话让门德斯第一次涉足了马德里人的领域。他们紧接着开始了谈判。球员想和皇马签约，但是切尔西拿着3000万欧元虎视眈眈。豪尔赫和卡瓦略还是想和皇马签约，但是切尔西的经纪人提出了3000万的报价后，皇马觉得有些贵。他们刚刚斥资6000万欧元买下了世界前三的菲戈。伯纳乌的办公室里都很喜欢这位年轻的防守球员，他们认为卡瓦略“速度非常快，球技也非常好”。后来卡瓦略还是去了切尔西效力，切尔西飞速地签下了他。而皇马以差不多3000万欧元的价格签下了阿根廷后卫沃尔特·萨穆埃尔。

伯纳乌的工作人员说，“本来是应该签下卡瓦略，结果一年后签了佩佩。”2007年，一名优秀的中场大概价值2500万到3000万欧元之间。事实上皇马用2700万欧元签下了拉莫斯。和佩佩的交易是皇马和门德斯之间的第二次接触，非常成功。皇马知道波尔图的主席平托从来不会以低于3000万欧元的价格出售球员。巨龙军团的经济策略是签巴西球员，由于国籍问题巴西球员比较便宜，紧接着再对他们进行估值，高价售出。平托重复得最多的话就是“2999万欧元，不能再少了。”那年夏天，除了佩佩，门德斯的公司还分别以3150万和2550万欧元的价格把安德森和纳尼送到了曼联。在佩佩的交易上，皇马要抓紧了，因为尤文图斯也对他很有兴趣。

弗洛伦蒂诺·佩雷斯和另一位“高人”

“很多传言和报道都是不正确的，豪尔赫·门德斯尊重皇马。”

一被选举为皇马俱乐部主席，弗洛伦蒂诺就拿起了电话，他要联系一位球员的经纪人：门德斯。“我在赢得2009年主席选举时认识了门德斯。我做的第一件事就是打了通电话给他，商谈C罗的合同。之后我们因为合同终止条款支付给了曼联8000万英镑。”那时弗洛伦蒂诺已经能想象到那不是一次普通的交易。他们在创造皇马历史。而C罗也证实了这一点，他成了皇马获得第十座欧冠奖杯的关键。“门德斯见证着他的球员们的胜利，尤其是C罗的胜利。我们的球员、球迷，我们大家一起举起了那第十座欧冠奖杯。”

然而C罗的重要性不仅体现在使白衣军团重新占据了欧洲的统治地位，还体现在，随着他的到来，这支队伍重新拥有了一位被视为世界最佳的球星。“21世纪皇马取胜的关键之一就是C罗。全世界最好的球员在全世界最强的球队里。门德斯提供了重要的帮助，使得C罗能够来到皇马，还续签了合同，并且完美地融入了这个俱乐部。”

近五年来，经纪人和俱乐部主席之间的交流一直十分紧密。很多时候他们一起在办公室数小时，拟定正式协议和签订转会合同。而正是这些烦琐的工作，将他们联系在一起。“我们之间私人关系很好，尽管也会有分歧。门德斯是个很棒的专家，不知疲倦，一天能工作24小时。而这一点，你得相信，使一切都变得更加容易。”因为这就是豪尔赫的工作：方便那些俱乐部与球员们联系。在一次为本书而做的独家专访中，弗洛伦蒂诺明确提到了这一点：“很多传言和报道都是不正确的。人们对于门德斯有赞扬，也有诋毁。关于他，从讨论、争辩、激烈言辞，到和解、平静，已经有一段时间了。他为自己的球员谋求最好的合同，这理所当然，当他与俱乐部看法不一致时，他尊重对方。在皇马没有其他办法。”

那么门德斯和这个白衣军团主席的关系如何呢？“我和弗洛伦蒂诺，我们一直都相互理解得很好……从来没有过什么问题。而问题是经常会冒出一些与事实不符的消息，但你得习惯，学着生活在这个环境里。”

在足球界拥有多年经历的弗洛伦蒂诺，和诸多俱乐部主席、领导以及球员经纪人都打过交道。他在门德斯身上看到了一些特殊的东西：“门德斯有着聪明的谈判头脑，并且有出众的工作能力，使得他战无不胜。毫无疑问，他是体育史上最伟大的足球经纪人之一。”这是弗洛伦蒂诺，20世纪世界上最强的俱乐部的主席的原话。他成功地将C罗、迪玛利亚、科恩特朗、卡瓦略以及最后一个到达伯纳乌球场的哈梅斯·罗德里格斯等一众球星，还有教练穆里尼奥带到了皇家马德里。弗洛伦蒂诺——最伟大的足球俱乐部主席之一——认为将来门德斯并不会放弃球员经纪人的职业而去当一个俱乐部的主席。“作为球员经纪人，门德斯是个厉害的专家。我不认为他会去做他当前职业之外的事，他在这一领域已然成了最好的之一。”弗洛伦蒂诺（埃米利奥·布特拉圭尼奥称之为“一位高人”）与另一位“高人”门德斯的交情可见一斑。

乔安·拉波尔塔——“经纪人中的克鲁伊夫”

“门德斯为打造史上最强巴萨做出了贡献。”

2003 年夏天，蒙特卡洛（摩纳哥）。高温席卷了半个欧洲，对人们来说最好是待在家里。那一天马克斯正是这样，随摩纳哥足球俱乐部赢得了那一届法国杯之后在家休息。门铃响了，马克斯开了门，见到了他的经纪人门德斯。后者以他一贯加快的语速说道：“拉法，家里有东西吗？全都装箱子里，我们要去巴塞罗那。”门德斯又开始了一个特殊计划。但是我们要想看明白这件事，还得从当初乔安·拉波尔塔赢得选举，坐上巴萨俱乐部主席的位置说起。

那时拉波尔塔刚满 40 岁，而且由于获得了他全身心热爱的俱乐部的主席职位，这位来自加泰罗尼亚的律师意气风发，踌躇满志。那不仅是一个俱乐部，更是一种生命。然而他和他的得力助手，技术总监贝吉里斯坦，遇到了一个棘手的问题。作为欧洲豪门之一，俱乐部的经济状况非常糟糕。“贝吉里斯坦——这个被我看作与里杰卡尔德、瓜迪奥拉以及那些优秀球员一同创造了巴萨辉煌的人，就我们当时的需要提出了计划。那个时候，我们需要一名中场球员。”巴萨一直在关注那些优秀的球员，而当时最好的中场球员——阿根廷人阿亚拉——在瓦伦西亚俱乐部踢球。贝吉里斯坦有一些关于他的详细资料，但关键在于对方报价1200万欧元。瓦伦西亚想要利用这个机会向他们打包出售三名球员，即所谓的“三个A”：阿亚拉、阿尔贝尔达和艾马尔。“他们都是很棒的球员，但我们财务吃紧。所有的信用单都用完了，账上一分钱也没有，我们不得不申请提前拿到贷款。那时情况很复杂，我们在签新球员时必须谨慎，而且要仔细考虑交易金额。”拉波尔塔说道。

交易马克斯

那个时候门德斯敲响了乔安·拉波尔塔办公室的门，他介绍自己是足球经纪人，胳膊下夹着一本能够让这位巴萨新任主席感兴趣的青年优秀运动员名单。豪尔赫的目的是来认识这位新的巴萨掌门人，而且他做到了。“豪尔赫一直有着非同一般的才能。不过那时候他比现在年轻，怀揣梦想，就和我们一样。我们有着属于同一时代的特征，有着属于那个年龄的梦想，也有着同样的伟大责任。”拉波尔塔说道。在这一点上，门德斯给各行各业的新人上了宝贵的一课：“有些交易我什么人都不用找就做成了。人们不会信的。所有的事都不是一天就办成的，而是一天天做出来的。”

几天后门德斯回到了巴塞罗那，而在他大脑中存着一个名字：拉法·马克斯。墨西哥人的签约都是计划好的，无论何时，巴萨的第一选择都是阿亚拉。事实上，马克斯的合同已经差不多定下来了。“我得用些办法来说服他们。这有点儿困难，但生活中没有不可能。”门德斯说道。此前，这位经纪人已经和摩纳哥俱乐部谈过，对方报价1300万欧元，然后随便他把那位已被看作冠军杯最优秀的防守球员带到哪支球队。“我坚信马克斯就是巴萨需要的球员。但是我需要一个渠道，而这种情况下几乎是不可能的，我什么都没有。”门德斯知道以这个价格交易很难达成，但他回到了巴塞罗那，并同拉波尔塔商谈。“他来到办公室，说：‘我们都别犹豫了，你愿意出多少钱买下马克斯？’”这位经纪人孤注一掷，因为他知道，在蒙特卡洛，对方已经定下报价，最低1300万欧元。不过拉波尔塔还不知道这个数字。“我想他们会要我们付1300万欧元左右。那是摩纳哥俱乐部的球员，我们知道他是个不错的墨西哥球员，而且贝吉里斯坦告诉过我，他的技术很好。”阿亚拉是当时最炙手可热的球星，但是巴塞罗那的技术经理明白，为了签下他要付出的努力会是巨大的，而且如果签下了这个阿根廷人，那么第一个赛季再能签约的球员就屈指可数了。“我和豪尔赫聊了下，告诉他我们愿意出500万欧元，虽然我们也清楚以这个价格得到马克斯是不可能的。他对我说：‘你确定？’我回答他：‘是的。如果你能用500万欧元把他带过来，我们一定签下他。’”拉波尔塔、贝吉里斯坦以及那时同属领导层的桑德罗·罗塞尔都对此事持积极态度，因为他们也有了第二次机会来减少签下阿亚拉的费用。但现在一切都掌握在这位经纪人手中。“他们终于给了我一条渠道，这在之前对他们来说是不可能的，摩纳哥要价1300万欧元，而巴萨跟我说那得是500万欧元，但至少我从他们那里得到了积极的回应。他们有机会向瓦伦西亚施压。那个时候你几乎要死了，但所谓不可能的渠道已经不存在了。它是几乎不可能的，但不是完全不可能。”

在这个交易中，摩纳哥俱乐部主席的更换起到了至关重要的作用。豪尔赫是当时唯一一个知道让·路易·坎波拉辞去主席职务的人，从那时起，决定权已不在他手中，而是在新任主席的手上。而谁是那第一个和新主席会面的人呢？是门德斯。他和新主席闭门商谈了六个小时，直到拿到一份同意以500万欧元转让马克斯的合同。“你以为我当时给巴萨打了电话？没有。我打给了马克斯，告诉他：‘拉法，家里有东西吗？全都装箱子里，我们要去巴塞罗那。’”在巴塞罗那，所有人都认为用500万欧元签来马克斯是不可能的。这对门德斯来说有很大的风险，但他们从巴塞罗那的蒙特卡洛大道坐着一辆小货车就出发了，没有通知巴萨的任何人。货车里坐着马克斯、门德斯以及恩里克·涅托——马克斯在墨西哥的经纪人。涅托会在这本书后面讲述他的故事，他永远也忘不了那“六个小时没有空调的旅途”。

交易还没有完成，因为签约前一切都未定，在这之前门德斯就有过看似已经完全结束的签约在最后一刻失败的经历。“我把车停在俱乐部办公室门口，然后打电话给拉波尔塔和桑德罗。“我在这里。”“这里是哪里？”“在俱乐部门口，和马克斯一起……”“和马克斯？”“是的，因为我昨天问了你二十遍是不是报价 500 万欧元就可以买下他，你回答是。”“你真做到了？”“我手上有摩纳哥俱乐部的合同。”那给巴萨整个办公室带来了地震。激动，碰撞，过道上的奔跑，这位球员的到来制造了一阵慌乱。马克斯终究同巴萨签了约。“如果我从摩纳哥给他们打电话，他们会让我别来了。”门德斯肯定地说。拉波尔塔当时惊讶不已，而现在笑了，回想着那个年轻的经纪人如此快速解决转会的策略。“他和拉法一同出现在办公室里，来结束转会的事情。门德斯很会处理问题，他跟我说：‘我用 500 万欧元把他带来了，如果你方便的话我们今天签约。’我没有食言。那时我们相知甚少，但他知道，如果我给了承诺就不会违背。我可能会因为某个更重要的原因改变一些，但那些情况豪尔赫是掌控着的。”

同一天晚上，所有人都聚集在巴塞罗那三塔区一家餐厅庆祝这次签约。“我认识了拉法并同他吃了顿愉快的晚餐。”拉波尔塔在那一年签下了许多球员，其中两个最重要的便是马克斯和小罗。如果那时签下阿亚拉，引援小罗必将花费更多，而且这个高乔人有可能不会来到孔达尔城。“小罗花了我们 2750 万欧元，分四年付清。那一年我们需要为小罗支付 700 万欧元，为马克斯支付 500 万欧元，而这一共可能只是我们买下阿亚拉的花费，如果我们能谈个好价钱。”夸雷斯马是另一个来到巴塞罗那的豪尔赫旗下的球员，不过那是一次有特殊担保的签约。那次交易以500万欧元成交，虽然门德斯向拉波尔塔承诺如果效果不好，他可以以600万欧元的价格将夸雷斯马卖出去。“结果确实是这样，令人惋惜。但他也确实履行了那份担保。”

最强巴萨的雏形……和C罗

墨西哥后卫拉法·马克斯是门德斯旗下第一个穿上巴萨球衣的球员，而那个赛季还有关于更多球员的商谈。“豪尔赫来时带着球员画册，我们当时很满意能够签下那位中场球员马克斯。贝吉里斯坦很高兴。然而我们告诉他我们那年不能再签下任何一名球员了。在签下小罗之后，我们已经没钱了。”拉波尔塔说。他们得好好应对当时的情况。隐藏在巴萨战略性交易计划之内的目标是在第一年实现零亏损并有信心在后一年实现盈利。之后那个赛季他们要签下更多球员，因为那位技术经理并不满足于此。“豪尔赫总有办法吸引你，比如用C罗。由于我们达成了马克斯的那笔交易，他希望我们能把签约C罗变得简单些。但是我们实话告诉了他，我们没办法签下C罗。”那年C罗没去巴萨是因为巴萨缺乏资金来引进这位葡萄牙人。谁能想象现在C罗和梅西同在巴萨会是什么样？在马德拉国民队的上一笔交易中获得成功后，门德斯开始和他们商谈另一位球员。“他也不停地跟我们提到德科，后一年我们有能力的时候签下了他。”在那次协商中，拉波尔塔有机会认识了波尔图足球俱乐部主席，拉波尔塔对平托印象深刻，也从他那儿学习了不少经验，对他之后在巴萨的工作影响颇深。“我有机会认识了一些在足球界多年依然活跃并有着丰富阅历的人。平托就是一个，他在波尔图待了很多年，将这个俱乐部经营到了很高水平。他们是经历了所有过去的时代的一群人，那时我们还是婴儿，而他们已是领导各大俱乐部的专家。就像格罗多纳[①]那样，他的桌子上有一个图案，上面写着‘一切都会过去’。一切，但除了他，因为多年来他一直处在高峰。他们是让我敬重并且有丰富经验的一群人。他们能够跟你说一些你当时并不同意的事情，但随后他们说的就会应验。”

穆里尼奥还是瓜迪奥拉?

当门德斯拥有一众球员在巴萨的时候，巴萨对他的信任便是完全的了。“我们有了‘同谋’，因为他知道我们怎么运作。他接受这一点，虽然和其他俱乐部他会有别的工作方式。我们根据球员每年的合同定期给那些经纪人支付酬劳。我们希望那些经纪人努力工作，而在豪尔赫身上我们永远能看到这一点。”这种信任正是他们能够完全自然地讨论穆里尼奥执教巴萨可能性的关键。2008—2009 赛季将要拉开帷幕，巴萨在寻找一个新的指挥官来让里杰卡尔德留下的这艘辉煌的战舰驶向新征程。一些高层想要签下穆里尼奥，而另一些则倾向于白拉波尔塔提名的瓜迪奥拉。

“那些想要穆里尼奥的人同豪尔赫联系，给了他希望。然而一些人说可以，而另一些人又说不行。”拉波尔塔有十足的把握相信最后教练会是那个桑特佩多人：“会是瓜迪奥拉，因为他有大多数支持者，并且能够说服那些仍犹豫不决的人。”有一天门德斯满怀信心地给拉波尔塔打了通电话。拉波尔塔回忆道：“他对我说：‘别让我抱着疑问了。你知道的，何塞会来的，因为他了解这个俱乐部。’我告诉他，穆里尼奥是个很棒的专家，我对他们两位教练也都很敬重，但我决定要瓜迪奥拉。‘所以你想都别想了。’我对他说。”如此一来豪尔赫相信此事是没有可能了，他也不再听取剩下的那些告

---

① 胡里奥·格罗多纳于 2014 年 7 月逝世，享年 82 岁。那时他掌管着阿根廷足联。

诉他还有可能的建议。“我们决定这么做是因为我们有信心。穆里尼奥是个很好的教练，但是我们想用一次自信会赢的下注——比如这次是瓜迪奥拉——来获得出其不意的效果。事实也确实超过了所有预期。”

拉波尔塔重掌帅印

门德斯是巴萨看台常客的时光一去不复返，但谁知道，足球界兜转循环，或许那个辉煌时代将会重演。拉波尔塔说道：“豪尔赫在巴萨始终是受欢迎的，至少我是欢迎他的。门德斯同样为创造史上最强巴萨做了贡献。巴萨自2003年以来就一直在成长，而豪尔赫在当前一切的创建过程中凭个人抱负扮演着决定性的角色。”门德斯是乔安·拉波尔塔最信任的人之一。“如果我决定再次参加选举并成为主席，我还是会信任他。40岁的他有着伟大的梦想，同样也无所畏惧。在经历许多之后，我现在满怀激情，如果再次举行选举我必定会很愿意参加，但我已不是40岁时那个无畏的人。”拉波尔塔把门德斯当作能让他回到足球俱乐部办公室的几个关键人物之一。“有些像门德斯一样的人，我知道我可以相信他们的看法，我确定他会把他的激情传递给我，因为他的激情会吸引你，我也确定他会帮助我评估那个决定。”拉波尔塔为本书讲述了一次不为人知的聚会——一次在里斯本的塔霍河河岸边一家餐馆里的足球界友人间的晚餐。离拉波尔塔仅几米远坐着门德斯。只有他们知道自己在面向未来时会创造什么样的激情与梦想，而我们将在某一天见证。

“门德斯，”拉波尔塔说道，“是经纪人中的克鲁伊夫。他有着崇高的敬业精神，他喜欢自己的工作，满足于拥有最优秀的球员以及那些尚未成名的年轻球员。他从不抛弃他们，并为他们劳心劳力。门德斯是个天才，因为他拥有聪明才智。”

米格尔·安吉尔·吉尔——友情无价

“门德斯永远不会在俱乐部不愿意的情况下带走一个球员。”

2014 年 9 月 1 日，马德里。交易市场在这一天关闭，一分一秒都在考验着那些俱乐部的运作，而在卡尔德隆足球场的办公室里能感觉到这一天的紧张气氛。对那些在办公室里工作的人来说，这一天十分忙碌，而对那些球迷来说，它无比美好。市场在不停运转，体育场里回荡着电话铃声，球员们几乎在分秒间就换了号码和球衣，就这样一直到零点钟声响起。马德里竞技俱乐部的办公室里一切看起来尽在掌握之中，他们已经完成了一些签约，尽管仍在为处理一些细枝末节的事情而头疼。在被一场接一场的会议中那难以忍受的窒息气氛压抑许久后，红白军团的财务主管兼首席执行官米格尔·安吉尔·吉尔接待了我们，他掌管着马德里竞技所有的账目，并且每年都在寻找最有价值且回报最大的办法尽可能地使这支队伍更加强大。快要到下午 1 点了，米格尔·安吉尔·吉尔从他紧密安排的日程中抽出时间来跟我们讲述他“伟大的朋友门德斯”的故事，揭开关于他世界各地奔波的一些秘密，以及至今无人知晓的关于足球界，关于迭戈·科斯塔、法尔考、C 罗等人的一些逸闻的独家细节。是的，也有关于 C 罗的，后面我们会看到马德里竞技与 C 罗之间更接近哪种关系。米格尔·安吉尔·吉尔在他办公室旁边的一间小会议室里坐了下来，里面全是印着俱乐部徽章的物件，其中的重点是一幅他父亲赫苏斯·吉尔的画像，而旁边的是现任西班牙国王费利佩六世。这位领导者大声喘着气，与此同时他那拿下了手表的手腕总算是停止了提醒他时间。

距离马德里竞技与门德斯的第一场交易已经过了很久，吉尔几乎快忘了乌戈·莱亚尔是第一个去曼萨纳雷斯的热斯蒂夫特公司下属球员。就像那些马德里竞技的球迷一样，他也几乎不记得在那之后，马竞签下了门德斯公司旗下如此多的球员，比如科斯蒂尼亚、马尼切、赛塔里迪斯、西芒。他们都在一段为了让莱亚尔最终穿上马竞球衣而所有人都要抛弃其他的艰难时期，在一场史无前例的法庭诉讼中渐渐被埋没了。所有人，和得到球员父亲爱德华多支持的、坚忍的门德斯一起，坚持认为这笔交易会令人满意地完成。“马德里竞技向门德斯要了一些关于莱亚尔的信息。豪尔赫在一个麻烦时期来到了马德里竞技，因为莱亚尔是在俱乐部官司缠身的时候加入进来的，不过门德斯在这场官司中提供了很大帮助。而在乌戈的情况中，他的父亲帮了忙，把同本菲卡的这笔交易从困局中解脱出来。”

“我的父亲尊重那些努力工作的人，而门德斯工作十分卖力。”

那是 1999 年夏天，门德斯和吉尔在谈生意。而吉尔的父亲私下也认识这位经纪人中新的佼佼者。“总的来说，我的父亲，尊重那些努力工作的人，而豪尔赫工作十分卖力。但是一开始和他有联系的是我，因为当豪尔赫来到马德里竞技的时候，我父亲更喜欢待在马贝拉，他把俱乐部的许多职务都委任于我，几乎与马竞的人没多少联系，但他们俩是认识的。他们是与普通人不同的两种人。”自门德斯在曼萨纳雷斯河附近最初的几次试探以来，什么也没改变。他停留在卡尔德隆球场的办公室，同吉尔商讨他的球员，签订大量转会协议并一致协商出准确的、基本的平衡点，从而以相互尊重为基础，让时间打造出一段永久的关系——一种在维嘉和巴博萨控制葡萄牙市场的情况下取得的联系。那时，36 岁的米格尔・安吉尔・吉尔，已隐约看出这个穿着西装、用热情感染那些办公室里的高层的男人做人和做事的手段。“我记得同门德斯的第一次对话。他用和现在一样的方式开口说话，因为他属于那种最坚忍、最顽强，将一天最多的时间放在工作上的人。”

在这二十年里，自从莱亚尔签约马竞身披红白球衣以来，吉尔和门德斯之间的关系已不仅仅是在工作上。“豪尔赫是我的朋友，而且我为他感到骄傲。”他们一起近距离感受着球员交易市场的潮起潮落。他们一起逐渐建立了根深蒂固的情谊，这份情谊以信任、职业素养以及这位领导者最为强调的个人品质为基础。“我看重他具有的特点，因为那都是些优秀的品质。如果俱乐部不让球员离开，他绝不会将球员带走，他永远会尊重那些俱乐部的立场，在拟定合同的时候他也绝不会有什么诡计，而有的经纪人确实会耍手段。他是提升球员价值的第一人，因为他一直在和别的俱乐部那些掌权者们打交道。有门德斯这样的经纪人存在，对足球运动是十分有益的。他使大量资金在足球市场流动，使那些队伍获得了如果没有他就得不到的收益，而最重要的是，使许多球员在有了他的帮助后过得更好。”

听到这位首席执行官的话，任何一个马竞的球迷都会问为什么这两个人的关系会这么好，而根据那些媒体报道，门德斯给了皇马更多的帮助，同皇马的工作也更活跃些。在卡尔德隆球场的办公室里则有一种完全相反的看法。那里的人认为，一方面，门德斯对各方态度都一样；另一方面，交易市场每年都在变化。这么说吧，比如，C 罗去了同在一城的另一家俱乐部，而其他世界顶级球星如法尔考或迭戈·科斯塔，我们则会在后面说到他们是如何实现转会、签约马德里竞技的，也会说到帮助红白军团取得近年来优秀战绩的其他重要球员，如米兰达、蒂亚戈、库尔图瓦和阿尔达·图兰，以及他们那些有门德斯参与的转会交易。对那些一直认为门德斯与皇马关系更为密切的球迷，吉尔的回答是：“我们和豪尔赫的关系很好，但这不是说我们要签下多少他的球员。我们双方紧密合作计划未来，而各赛季形势都不同。我很看重的是他从来不做不利于俱乐部的事，即使那可能会让球员获益。他自觉地尊重别人。并不是所有经纪人都是这样，而且大部分都不是。因为他们知道让球员获利，同时把自己钱包装满就可以了。即使那会损害球队的利益他们也照样会做。”与许多球迷的想法相反的是，门德斯在球员解约的事务上对俱乐部的帮助也很大。“今年夏天门德斯帮助我们找到了最佳的办法来解决阿德里安和费利佩·路易斯的解约问题。”这位经纪人让俱乐部受到的负面影响最小化。

那么球迷们又会问了：那迭戈·科斯塔呢？这位来自拉加尔图的球员的情况类似于法尔考，但在一些细节方面有差异。“科斯塔的那笔交易与其他人的不同，那是我们唯一一次没有齐头并进的交易。在其他的交易中我们可能会犯错，也可能会走运，但我们俩会有着同样的想法。”

迭戈·科斯塔决定去切尔西，而一年前法尔考去了摩纳哥。他们都是由门德斯代理的射手。无数马竞球迷曾高声呼喊，请求两位“杀手”，两位如尖刀般的、市场上再难找到的球员，能够留在马德里竞技。我们问米格尔·安吉尔·吉尔：“之前阻止不了法尔考，现在也留不住迭戈·科斯塔？”“不是所有你想要的都能得到。法尔考和科斯塔的离开都是这个道理，马德里竞技提供不了摩纳哥和切尔西开出的高薪。那是一次能让各方都满意的交易。”

交易科斯塔

通过米格尔·安吉尔·吉尔本人的讲述、独家的细节以及关于这位令球迷呼喊让其留下的重要球员离开俱乐部的一些事件，我们深入探讨科斯塔这笔交易并将其写在本书中。这位首席执行官的讲述是最可靠的信息来源，为我们提供了一些至今未在媒体上公布过的、关于迭戈·科斯塔转会去切尔西的内容。一切要从这位巴西人来到马德里竞技时说起……

“迭戈·科斯塔转来那会儿，我们和布拉加俱乐部主席安东尼奥·萨尔瓦多开了会，一开始我们在讨论一项贷款。两场会议过后我们就这次转会操作 50% 的内容达成了一致，而这些全靠豪尔赫。我们决定买下一半。两年之后，尽管俱乐部资金不多，由于豪尔赫一再坚持，我们买下了另外一半。最终皆大欢喜！”就这样，迭戈·科斯塔从布拉加来到了马德里竞技。后来，他以 3800 万欧元的身价离开了马德里竞技。

“科斯塔这笔交易是我和豪尔赫所有的交易中唯一一笔特殊的，因为他已经与切尔西签了一份无论是豪尔赫还是我或是其他任何人都不能改变的协议。”然而豪尔赫已经事先做了些对马竞有利的工作。“在上个赛季续约时，科斯塔在交易市场最后一周拿到了利物浦的一份报价，但我们成功延长了合同，而豪尔赫在这件事上既帮了球员，也帮了我们。他把条约从 2400 万欧元改为 3800 万欧元，然而球员要求不把该条款上报足联，而是只要找来能支付全部金额的第三方俱乐部，这甚至改变了原先分三期的支付方式，就为了让马德里竞技不得不放他离开。那时我们也别无他法。我们把 2400 万欧元提高到 3800 万欧元，并且能再拥有迭戈·科斯塔一年。这是一笔对俱乐部和球员都合适的交易。之前我们让他薪水翻倍，而现在又加了一倍。我觉得，一个像迭戈这样进步如此大的球员，会自然地做出这些选择。他最终证明了自己巨大的潜力，而那能够让他得到可列在世界足球市场前几位的高薪。

交易法尔考

法尔考来到马德里竞技的那场交易经历了一番法式桌球般的碰撞和米格尔·安吉尔·吉尔不断的坚持。当那位哥伦比亚人还是波尔图的 9 号射手时他就有了不俗的表现，于是这位马竞高层有了让他穿上本俱乐部球衣的想法。但恐怕他自己也没想到接下来的交易会是如此艰难复杂。“我向豪尔赫提了一些在当时几乎是幻想的计划，我问他我们能不能把法尔考带到马德里竞技。豪尔赫告诉我那是不可能的，因为他知道我们的条件。我们开始寻找一个能提供 50% 的资金支持的基金，我负责谈判让一个基金组织加入，但最终并没有成功。”但那件事不止于此，米格尔·安吉尔·吉尔遇到了另一个阻碍，一个来自波尔图的新问题——他们不允许法尔考去踢冠军杯第一轮。“那位主席平托帮我们解决了联赛第一轮的问题。我那时还没能让资金完全到位，波尔图没把转会权交给马竞，因为我没能在第一个分期内支付钱款。但那也巩固了我和豪尔赫以及平托的关系。那几乎就是一场不可能的交易——4000万欧元，而我们还是一家经历法庭诉讼后逐渐从破产危机中走出来的俱乐部。最终我们完成了那笔交易，结果圆满。一开始公众怀疑法尔考的性价比，看台上有阵阵嘘声，但是之后他证明了自己是世界上最好的球员之一……”

上赛季能留住法尔考也不容易，俄罗斯富豪雷波耶诺夫的摩纳哥俱乐部豪掷6000万欧元想要签下“老虎”，并且附带了一些马德里竞技无法提供的薪资条件。但在和这家俱乐部签约前，法尔考的名字在多家媒体上与皇家马德里联系在了一起，而皇马那时像一艘在大海的汹涌波涛中抛锚的船，涣散的队伍正在寻找一个像这位哥伦比亚人一样的前锋。这是此次愉快的会面中米格尔·安吉尔·吉尔回答的另一个问题，以此来说明那个著名的皇家马德里与马德里竞技之间的互不侵犯条约。“真的有那个互不侵犯条约吗？马德里竞技的球员，比如科斯塔或者法尔考，不可以去皇家马德里？”我们问他。“当然没有，如果一切处理得当他当然可以去。同样，皇家马德里的球员也可以来马德里竞技。关键是两家俱乐部要在交易中达成一致然后才可以进行。事情没有处理好球员是不能走的。如果细枝末节能按时敲定，并能够说明为什么这会对各方都有好处就可以，反之则不可以。首先和球员们沟通，然后和经纪人，然后通知媒体……这样不行。如果交易没有‘孕育’好，也不行，因为这样会导致‘流产’。不会出现那样的情况。我们十分尊重皇家马德里，他们也不会与我们为敌，我们是友队，但得把所有事情做好，同等对待我们两家俱乐部，才能达成交易。”

最终法尔考的这笔交易在体育和经济两方面对马德里竞技来说都是有

利的。这位首席执行官承认，当他为法尔考孤注一掷并签下协议的时候，并不知道这场花费了马德里竞技 4000 万欧元的冒险赌局的结果将是如何，他“感到害怕”。现在吉尔坐在俱乐部的办公室里春风得意，并开始讲述和门德斯一起的另一种旅行经历。这次与生意无关。在讲述他们和两位朋友——彼得·肯扬和林荣福——的“一千零一次冒险旅程”之前，吉尔用一句话概括了门德斯作为代表球员同各足球俱乐部沟通的经纪人所做的工作：“门德斯掌控着一盘棋，从而和各个俱乐部谈合同。他忠实于所有人，从不对你耍什么诡计，而这正是他成功的关键。”

环球旅行

在他们那场“八十天”的旅程中，米格尔·安吉尔·吉尔和门德斯——就像我们说到的那样——到达并探索了世界上那些最为神奇独特的角落。美国、中东、新加坡……他们带着家人一起旅行，这使得今天他们的关系十分牢固，而一年后他们在迪拜过了圣诞节，并一同参加了 12 月底的世界最佳球员颁奖礼。“他是我亲密的朋友，我们之间，甚至我们的家人之间，关系都很好，我们和肯扬还有林一起去了很多地方旅行……”几位“探险家”，肯扬、门德斯、林荣福以及吉尔，在越南的一次旅途中经历了一件奇妙的事，吉尔一边兴奋地讲述一边在说到发生的事情时笑个不停。

“我们和肯扬还有门德斯去了趟越南，在那里我们想沿着一条河往上走，到下龙湾。我们以为会是坐一艘阿布拉莫维奇式的大游艇去那里，然而一切都与我们预想的不一样，我们乘坐的是一艘简陋的木船，没有装饰，没有服务。之后我们在河内和下龙湾之间游玩了一遍……那可是 150 公里！花了我们五个小时！不是因为车开不快，而是因为交通，令人难以置信的交通。”他善意地笑了下，“我们遇到一个人骑着摩托车，后座上竟然有头300公斤的牛！那个可怜的家伙被绑着，随着坑洼颠簸不停地蹭到路上的沥青！还有一辆箱子里装着鸡蛋的摩托车，你不可以超过它，因为你刚开始超车就会发现面前有三辆卡车或者一群牛！我们该怎么办呢？只能一笑置之，因为那些情景很有趣。你得不时停下，因为我们开了太久了，而且有人想下车拍照，然后一头牛就会探进你的车窗里。"

虽然个性不同，但在旅途中他们都不谈工作。很多次旅行吉尔都是和瓦伦西亚俱乐部的老板林荣福一起，这个人之前和马德里竞技有过联系。"林本来可以成为马德里竞技的一名股东，但最终我们没能达成一致，而现在他是我的对手。他不是敌人，而是朋友，但确实，我们相互竞争。"吉尔不止一次地替别的球队说话，表现出了高尚的体育精神。

C罗要去马德里竞技?

聊完旅行经历之后，是时候谈谈当年马德里竞技与C罗之间的关系了。尽管听起来令人惊讶，但确实，当年C罗本可以穿上那件红白球衣的。仍未披露的一点是：赫苏斯·吉尔拿到过一份签了名的协议，而那时门德斯还没成为C罗的经纪人。"我父亲和一个中间人签了份将夸雷斯马和C罗带到马竞的协议，也有两位球员的签名。一开始是走法律程序，14年前，我们讨论了这笔交易……现在C罗多少岁？29岁？那么那时候他大概十五六岁。那是和一个中间人签署的协议，他负责此事，而且在里斯本竞技内部也有足够的实力把球员带到马德里竞技。"就这样那成了一笔停留在草稿上的交易，而当时还是个孩子的C罗，差一点儿就穿上了马竞的球衣。

在签约市场的最后一天，为写本书而进行的会面到这里就结束了。吉尔的同事来敲门通知他参加当天接下来的会议。他还有很多关于门德斯的故事没有讲，但作为朋友，他在告辞之前说了这段话："希望他一直如此，为他人做榜样，但从个人角度，我希望他降低工作强度，因为那会使他无法与朋友相聚，与家人相伴，也会影响他的健康。在这交易期末尾，马竞收获了满意的结果，他肯定会发短信或者打电话给我。门德斯勤奋而又聪明，他很了解生意场，并充分利用那些条件。他懂得人情世故，主动结交那些同样想要认识他的新投资人，而这也有利于他的球员。门德斯为人正直，从不做损人利己的事。我没把他招来马竞是因为很明显他不属于任何一家俱乐部。门德斯属于所有他旗下球员踢球和旗下教练执教的队伍，所以每个周末，门德斯亦是赢了球，亦是输了球。”

恩里克·塞雷佐——“持有经纪人执照的007”

“如果我们这些俱乐部主席也需要经纪人的话，门德斯会做得很棒。”

三，二，一！开始！勇敢，机智，积极，高效，从容，谨慎。这些弗莱明电影中主角詹姆斯·邦德的优点谁都想拥有，而这一动作电影中的角色已经在门德斯的现实世界里被复制了出来。不过在这里，“007”的体育执照不是用来杀人的，而是用来签约。“从门德斯做的事来看，他不只是聪明，甚至可以说是神机妙算。这个世界上靠聪明行事的人三两天就被埋没了。”这是塞雷佐的评价，他是众多俱乐部主席中唯一一个能够将一部制作精良、关于有史以来最优秀的经纪人的电影搬上全球大荧幕的人。他和门德斯于2006年在马德里相识，两人在谈论当时马德里竞技的三名球员——科斯蒂尼亚、赛塔里迪斯和马尼切。在第一次的会面中，这位不知名却有着出众管理才能的经纪人就给他留下了深刻印象。“记住我说的：如果我们这些俱乐部主席也需要经纪人，门德斯会是很棒的一个，因为他在工作上可谓出类拔萃。”

他们为了足球上的事务一起去过很多地方，而在马德里竞技的主场，门德斯总是很受欢迎。主席台上的塞雷佐，看着眼前在电影中凝聚了27年的场景，相信“演员”门德斯会在镜头中表现得很好。“他有种汤姆·克鲁斯的气质，工作之外，门德斯是个很有趣的人，脸上总是挂着微笑。”正是这种才华掩盖下的温和性情，让门德斯和马竞友谊长存，马竞在他心里一直深受崇敬。塞雷佐说过一句话：“卖出容易买进难。”指的是那些球员经纪人的工作不容易，而这意在说明，从莱亚尔到迭戈·科斯塔，门德斯在同马竞的合作中都表现出了完美的谈判能力。这是由衷的赞扬，因为从最初关于科斯蒂尼亚、马尼切和赛塔里迪斯的谈判以来，已经有许多门德斯代理的球员在曼萨纳雷斯河畔踢球。同马竞的合作都很圆满，因为这位葡萄牙商人从不弄虚作假，“只做实事”。

拍摄电影

八年来的转会运作让马竞成果颇丰，在此期间他们“利用”门德斯的两个“秘密武器”激发了球迷们的热情，在连续失去纳瓦雷斯、巴耶斯塔、托雷斯、弗兰和阿圭罗等人后，他们力捧热斯蒂夫特的两位大牌球星法尔考和迭戈·科斯塔。在哥伦比亚人转投摩纳哥之后，迭戈·科斯塔成了“西蒙尼化”的马竞队伍中的核心。有个性，有手段，脾气暴躁。“无论表面上还是私下里，他们的付出都超过了迭戈的回报。他们希望他能有飞跃。”不过他把任务完成得很理想：打架，进球。那时迭戈·科斯塔是新马竞的旗帜，行事简单明了。这位主席有许多工作要做，而且关键是两点：信心和好运。当同一座城市的对手皇家马德里试着去签下曼联球星C罗的时候，马德里竞技将赌注押在了“另一个罗纳尔多”身上。2007年他们加快了步伐。迭戈还在葡萄牙布拉加体育俱乐部踢球的时候，马竞就已经在关注他。他们对这个在西甲完全不知名的西班牙裔巴西人做了很多调查。不过塞雷佐表示："迭戈·科斯荅那时在葡萄牙是个重量级球员，只不过在西班牙你得做出成就人们才会谈论到你。"针对科斯塔命运的挑战带走了马德里竞技的球场上的最后一点儿喜悦，尽管"最好的办法是在它即将到来时放弃"，这位领导者说道。塞尔塔、阿尔瓦塞特、瓦拉多利德以及拉约，都成了这个来自拉加尔图的球员热身的战场。随着日子一天天过去，他已成为一名闪耀的战士。"我们的罗纳尔多（指迭戈·科斯塔），他真正大放异彩是在对阵奥萨苏纳的一场比赛中，他在那场比赛中进了三个球。那时我们已能从他巨大的进步中预见其今日的成就。"塞雷佐激动地说着，并回想着他和时任皇马主席卡尔德隆说的一些关于"另一个罗纳尔多"这个别称的玩笑话。

法尔考——另一个成就

前面说到了迭戈·科斯塔的那笔交易，而门德斯与塞雷佐之间另一笔成功的交易，毫无疑问是法尔考。这位球员在波尔图俱乐部踢球时就展现出了领导力，而马德里竞技更是不惜一切代价签下了他。他们知道，被签下的世界顶级的 9 号球员将帮助马竞建立起一支强大的队伍。"当有机会签下法尔考的时候，说实话，一切进展得都很顺利。交易进度很快。"塞雷佐说道。那次愉快的谈判是在门德斯、波尔图俱乐部主席平托，还有代表马德里竞技的吉尔和卡米内罗三方之间进行的。谈到他的葡萄牙对手，塞雷佐是这么说的："平托他确实是个很好的技术经理。他几乎每笔生意都做得很好，很懂市场。他的球探遍布多支队伍，并且在巴西有一处重要的训练场。"通过与平托执着的谈判他最终为"老虎"拿到了一份满意的合同，但过程并不像迭戈·科斯塔那笔交易那样冒险地赌了一把，这位哥伦比亚前锋在葡萄牙和欧洲联赛上的高进球数为他做了担保。“要说冒险，买来18岁的阿圭罗才是，之前追求他的拜仁以及其他球队都没敢签下他。然后就是弗兰：我们要签下这么一个9岁的孩子。他父亲当时很高兴他能来马竞……但是你看，我们得在弗兰和巴耶斯塔中选一个。我们当时留下了巴耶斯塔，后来弗兰也过来了。”塞雷佐说。他的职业出身和门德斯差不多，都是开音像店起家。塞雷佐是当时马德里首家音像店的老板，那家店就叫“马德里音像”，开在豪尔赫·胡安大街，而且那时候有一大批球员是他的顾客。出于职业习惯，恩里克·塞雷佐肯定地把门德斯比作一部优秀动作片的主角，“因为他的步伐，他的行为举止，还有他散发出的强大魅力”。

如果我们想象自己在那个音像店，并且要推荐一部作品来体现门德斯和他的球员们的形象，我们会从货架上拿出这部奥利弗·斯通执导，阿尔帕西诺和卡梅隆·迪亚兹主演的体育电影——《挑战星期天》。为什么会推荐它？因为，就像塞雷佐说的，门德斯已为自己赢得了球员们的敬爱。他们对他像电影里对阿尔帕西诺扮演的教练托尼·达马托一样敬重。他和球员们之间有深厚的感情。“我想起了科斯蒂尼亚和我们比赛的时候，说到豪尔赫和所有人关系都很牢固。”像电影里那样，门德斯被球员们铭记也是他又一个成功之处。这里要提到阿尔帕西诺在电影里的形象。在一次美式足球决赛前，他在更衣室里向迈阿密大鲨鱼队的球员们做了一段神话般的、振奋人心的演讲：

一切只在今天。我们现在要么像一个团队一样拯救自己，要么各自作为个体而死去。我们现在身处地狱中……一击接一击，一英寸接一英寸……当我们完成了所有的每一英寸，它将会成为胜者和败者的区别，生与死的区别。

一连串激励的话语指向了最后的胜利。塞雷佐说：“打个不太恰当的比方，西蒙尼就像他那个位置上的门德斯。他把每一个人的优点都发挥到了极致。”不过，与达马托不同，门德斯把他的球员当作家人。他甚至和他们一同度假，“而这在足球界是很少见的，即使是那些影视经纪人也不会和演员们一起出去玩几天”。这让经纪人和球员有更多机会聚在一起，让他们互相更加了解，“而这样的关系也是不常见的”。这就是豪尔赫的优点：视球员如家人。我们也问了这位主席，在涉及重要球员交易时，皇家马德里和马德里竞技之间那个著名的互不侵犯条约。“为什么阿奎罗和法尔考没能去皇家马德里？真有这么一个条约？”塞雷佐回答道：“我们有各自的制度体系，那不是一个互不侵犯条约，而是绅士之间的约定。我们双方相互尊重，也尊重那些球迷。不过众所周知，球员在哪儿踢球是他们自己的决定。”

我们向他提了一个出其不意的问题：“那么，需要制订一个‘反门德斯条例’吗？”他笑着回答：“不，不用做任何事来反对门德斯。他知道自己在什么位置上。”

这位马竞主席的话意在表明不用担心门德斯，因为他是个可靠的人，完全值得信任，而且凭借完美的工作让自己成了最优秀的经纪人。“他帮了马竞很多忙，结果也都很好，我们这里所有人对他都非常满意。”这也难怪，毕竟门德斯给他们带来了一众高质量球员：科斯蒂尼亚、马尼切、赛塔里迪斯、莱亚尔、蒂亚戈、阿德里安、米兰达、法尔考、迭戈·科斯塔等。对于这些或得利或失利的签约，公众也有话要说，有观点要表达，因为球迷们也有自己的看法——“请给我哈布哥，而不是塞拉诺。”（两者同为西班牙火腿产地，前者质量上乘，后者质量普通，此处指代球员。）相比之下美味佳肴更容易下咽，而门德斯的“工厂”正是生产这些的。塞雷佐用食物做比喻来说明弥补优秀球员缺口的方式。“一位经纪人，可以被看作兄长、父亲或其他形象，但他要有职业的一面。门德斯是个严谨的人……他能够凝聚起一群年轻人，这样的人我认为并不多。”他以真诚慷慨的语气留下了一句话，再次赞扬了门德斯的工作：“如今他已经有迭戈·科斯塔、

C 罗及其他许多优秀球员……这意味着在他 50 岁的时候他能够代理斯蒂凡诺、库巴拉、科帕，甚至所有球员……”这句话很适合用在纪录片里，或许他的制片公司会考虑一下。

平托 · 达 · 科斯塔——“不低于 3000 万欧元”

“门德斯的信誉可不是在药店里买来的。”

2013 年 3 月 2 日，里斯本。时间的流逝在屋外留下了印记，不过屋内还是老样子。他是个双重性格的人——是诗人，但也爱打冰球；是银行家，但也爱作画、追求艺术，而除了这些他还有很多特点。他有着 75 年的生活智慧，而其中一半都是为了让一支球队能签下好球员、做成好买卖。平托 · 达 · 科斯塔——波尔图足球俱乐部主席，因其在葡萄牙足球界的影响力，亦被称为“葡萄牙教父”，如今他可以骄傲地说自己是世界足坛获得荣誉最多的体育领导者。“同主席相处是妙不可言的。在足球界他是资历最高，也是获得荣誉最多的主席。他的大脑始终在高效运转，他要求知晓每天发生的事情。事实上那是种很好的关系，但也得看是什么时候——球队获胜还是落败。”波尔图技术经理这样谈到他们的主席。

个人形象的背后是他执掌波尔图三十多年来的光辉业绩。他在波尔图市一处有名的地方见了门德斯，那时门德斯还没拿到国际足联的经纪人执照。门德斯面前便是这位葡萄牙足坛最有影响力的人——平托。“我认识他那会儿他还没有经纪人执照，但他想要拿到。他努力工作，最终将它拿到手了。我看着他成为经纪人并逐渐成长。他现在的成功令我很骄傲。他有征服的欲望。他当时没有现在的那些球员，但他想要拥有。能够认识像他这样的年轻人并看着他们成功是我的荣幸。我从不怀疑他会成功，因为他既有聪明才智，又有很强的工作能力。他对这项事业充满热情。如果他对音乐有这样的热情，他肯定也能成为一位优秀的音乐家。”

平托和门德斯保持着深厚的友谊，在为本书而做的一次独家访谈中，平托提到：“我们在一起的时候，95% 的时间都被我们用来谈论足球。”他用顽皮的语气笑着说。他在一间酒店的大厅里热情地接待了我们（那间酒店位于里斯本著名的解放大道以北的两个街道处，波尔图的队伍在参加对里斯本竞技的比赛之前都住在这里）。他看起来轻松而从容，并在二楼为我们提供了舒适的沙发来进行这次采访。“从一开始我就感觉到他会成为一个优秀的中间人。”他毫不倦怠，一遍遍重复着“精神饱满”“为人正直”这样的词语，而由于其“工作中表现出的严谨”，他把门德斯放在比其他人都要高的位置上。

“他只知道工作，永远在打电话，到处奔波，买下球员，卖出球员，和球员签约。这就是他的激情。”这位主席同那位经纪人达成过多笔千百万级别的转会交易。有些是现在波尔图已经签约的球员，比如科斯蒂尼亚、卡普乔和努诺。然而，门德斯和平托·达·科斯塔之间的大部分合作也都是转会交易。波尔图俱乐部因其在出售球员时的天价交易和重新赋予球员价值，以及在每个交易期的大手笔而闻名世界。门德斯一直都在参与那些大手笔的生意。他分别以 3000 万欧元的价格让佩佩去了皇马，然后让德科去了巴萨，安德拉德去了拉科鲁尼亚，卡瓦略、希拉里奥和保罗·费雷拉去了切尔西，布鲁诺·阿尔维斯去了俄罗斯的泽尼特。此外还得加上让法尔考去马竞的 4000 万欧元，以及与皇马签约一年前摩纳哥为得到 J 罗支付的 4500 万欧元。

保罗·费雷拉，2004 年跟随平托·达·科斯塔执掌的波尔图获得欧洲杯冠军，也是在俄罗斯人阿布拉莫维奇去了伦敦之后不久被打包送往切尔西的几人之一，他这样谈到领导层的决策：“如果你想要一名球员，就得为他付钱，但他之后会去别的俱乐部，不管你还想不想继续付钱。主席很懂足球，他领导了波尔图30年，而那些之前离开的球员现在也很成功。比如皇马想要卡瓦略，但他们没付钱，于是卡瓦略去了切尔西，后来是佩佩……还有德科、法尔考、穆蒂尼奥、哈梅斯……有些别的俱乐部想要高价出售球员却做不到，但平托·达·科斯塔就能做到。”门德斯也是这么谈到这位主席的名气：“所有人都知道同他谈判永远是很艰难的，因为他坚持维护自己的俱乐部并把生意做得很好，他所获得的那些荣誉也证明了这一点。”平托·达·科斯塔做过许许多多次生意，然而他在每桩生意中都留有一张和经纪人的合影，而照片上的他都是全神贯注地在做一件事：谈判。“他坐到桌边，打了许多电话，然后我们就金额达成一致。很多时候，他跟我提到一些球员，然后我会去调查他们。如果我们俩谈好了，我们会握个手，什么都不用写。生意就这么成了。”门德斯说道。

热情……而且他永远不会骗你

和门德斯相处很简单，而且他永远不会欺骗你，他的成功之处便在于此。“豪尔赫的特别之处在于他对自己、对他的梦想、对他所说的话充满信心。因为如果他办砸了任何一份合同，他都会失去信誉，而信誉可不是药店里就能买来的。”这些话是这位主席仔细思考后说出的，在谈到门德斯这个人时，他语气中满带欣赏。“不管是作为一个商人，还是一名主席，信心都不可或缺，生活中也必不可少。那些年轻人要明白，在生活中，信心是从严谨踏实和善于表达中获得的。只要你在工作中有一次失败，就会名誉扫地。而信誉是一天天积累出来的。”访问的中途，他从口袋里掏出手机，从联系人中找出门德斯并打给了他：“喂，豪尔赫，你好啊！你去看比赛了吗？”皇马和巴萨刚踢完一场比赛。电话那头的门德斯答道：“我正在球员更衣室里。”这次通话不到5分钟，但他们发出了好几次笑声。平托问门德斯，他们在波尔图做的第一笔生意是哪个球员，“是从布伦内斯买来还是送去来着？萨拉曼卡应该有参与，因为我们曾和伊达尔戈联系过。你记得吗？”这是他们第一笔交易的一处准确的细节。这让平托思索了好一会儿，不过到通话最后他也没能解开疑惑，因为门德斯也不记得了……那笔交易已经过去太久了。

平托·达·科斯塔挂电话时只简单地对门德斯说了句“再见，朋友”，然后他跟我们解释刚才笑了好几次的原因：“豪尔赫是个很有意思的人，他会讲笑话，而且是讲故事的好手，他能跟你连续讲上一个小时。不过是在一通又一通的电话之间。”这位主席用愉快的语气发自内心地说道：“门德斯成功的秘诀和每个成功者所拥有的都一样。不管你是记者、主席还是教练员，你都要有热情。我有着最大的热情，豪尔赫也是如此。”在说了一连串溢美之词后，他话锋一转，嘲笑起门德斯曾经送给他的一些礼物：“2004年波尔图（穆里尼奥执教）获得欧洲杯冠军时，他送了我一个奖杯的复制品，上面刻着他旗下在波尔图踢球的球员的名字。只有他的球员！（他笑着）难道其他人没踢比赛吗？！”同样他又说道：“之后，在我任职满20周年的时候，他送了我一件训练营球衣，上面有他那些球员的签名。还是只有他的球员！”此次会面以这句话作为了结尾，我们的受访者有着和蔼的面容和智慧的大脑，他用赞美的口吻和我们谈论了那位足坛最优秀的商人，那个他某一天在波尔图认识的能说会道、品德优良的年轻人……

从葡萄牙到西班牙要经过萨拉曼卡

门德斯在西班牙最早接触的几个人中有一个就是萨拉曼卡俱乐部主席——佩佩·伊达尔戈。“我认识门德斯是因为他那时给我们带来了几个球员，比如罗格里奥，还有马库库拉，他那笔交易是最大的。他27岁时来到这里，然后转会去了奈梅斯。”萨拉曼卡在他那笔转会交易中赚了不少。“门德斯是个聪明人，很能干，他在那些球员身上投入了很多。”随着时间的推移，伊达尔戈看到了那个来到萨拉曼卡的年轻人身上的进步。“我想对豪尔赫说他是个能人。他心怀美好的愿望掌握着足球的世界，我感到很骄傲。”对伊达尔戈来说，门德斯是最特殊的一个人。“他很有计谋，懂得和人很好地相处，把他的每一位球员、同事、亲人还有他的父母都照顾得很好。而且他手下有优秀的球探。”

路易斯·费利佩·维埃拉——“本菲卡的推动力”

尤西比奥说：“豪尔赫·门德斯会有多次成为世界最佳的机会。”

我很多年前就认识了豪尔赫·门德斯，那时他还很年轻，事业刚起步，正在试图挤进这个竞争已然十分激烈的市场。我那时已经在商界打下了基础，开始在体育生意上迈出第一步，你永远不会想到生活会让我成为葡萄牙最大的足球俱乐部的领导者。豪尔赫·门德斯白手起家，小心地爬上每一级台阶，直到有一份成功的、建立在全心投入和发奋工作基础上的事业。他收到的每一份赞誉都是靠努力工作和他那独有的、能够在别人常常失败的地方找到出路的实力得来的。门德斯让一种在他涉足前还十分业余的商业模式变得专业化。

他从没有掩盖他的过去和出身。正相反，他承认那些，并总能在他过去的经历中找到作为商人、作为男人继续成长的动力。年少时经历的困苦，对出生所在街区的记忆，以及青春期面对的那些挫折，让他珍惜生命中获得的一切。

他为这个市场带来了创新，但我们所寻找的他的成功秘诀，其实在于他长久地坚持。只要他有了一个目标，不达目的他绝不罢休。他没有固定的时间表，而他的“家”多数时候是最近的机场。他的手机一直在响，铃声是段激昂刺耳的交响乐，而他已经习以为常。我跟他说过许多次他该停下来休息了，并多陪陪家人。他不会忽视细节，因为他明白很多时候一切都在于细节，而且最重要的是，他总是比对手先行一步。他总能找到最佳的方式来利用那些条件，他总是先于所有人发现那些天才球员并给他们带来最大限度的利益。

时光流逝，很多时候，我在他身上看到了自己的影子。同样坚韧的性格、敏锐的洞察力、低微的出身，还有我们在不同领域建立的、一些将来可作为我们生命的徽章的留给子孙后人的傲人业绩。我同他，或者说我们互相之间，有一种在很多方面都超出了职业关系的情谊。豪尔赫·门德斯把我当朋友，而我也把他当作知己，我们的友情已经历过多次检验。

在我和豪尔赫·门德斯建立的、多年的信任关系中，认真踏实和信守诺言是最根本的因素。同他之间不需要签署什么协议，几句话就够了。在这个越来越复杂且自私自利的世界，遇到他这样的人不容易。豪尔赫·门德斯让时代记住了他，他将要在这个竞争激烈的领域中竖起一座丰碑，让认识他的人交口称赞。在这个领域，做生意的基本要求是认真，而这是很多人不具备的。豪尔赫·门德斯具备这一点，并一直以此作为事业发展的根本，而这让他脱颖而出并站到了比其他人高的位置上。”

我记得尤西比奥用嘲弄的语气但不失赞赏地说过，豪尔赫·门德斯作为经纪人，他多次有机会成为世界最佳。我是他们亲密关系的见证，而门德斯收到尤西比奥去世消息时的悲伤令人十分动容。

豪尔赫·门德斯在生意上冷酷严肃，但在私人交往中是情绪化的，常会做出让我们惊讶的事。我意在给出我的理由来证明他作为业内模范的价值，也希望这本书可以给读到它的人们以激励，让他们在自己身上看到和豪尔赫·门德斯一样的品质——有主见、有情义和敬业精神，这些品质赋予人尊严。

路易斯·费利佩·维埃拉
里斯本与本菲卡体育俱乐部主席

瓦蒂姆·瓦西里耶夫——凤凰

“多亏有豪尔赫·门德斯，摩纳哥才站在了欧冠赛场上。”

2011 年，雷波诺列夫接管了摩纳哥足球俱乐部，这支法国联赛中的老牌队伍处在一段困难时期。在甲级联赛踢了 35 年后，它被降到了乙级。这位俄罗斯巨头的目标是在冠军杯上挑战那些欧洲强队，将这一高水平俱乐部带回到它应在的位置。然而，第一次尝试以失败告终。2011—2012 赛季摩纳哥没能获得晋级资格，从而要在乙级联赛中再受一年屈辱。也就是在那个时候，一月份，后来在同年夏天成为俱乐部副主席的瓦蒂姆·瓦西里耶夫，开始担任主席顾问，他是将球队建设为强队并使其回到甲级联赛的关键人物。但他还做了些更重要的事：筹划“凤凰”摩纳哥的复苏，使其重现往日的辉煌。

这一切都是靠一位贵人，一位足球经纪人，用这位副主席的话来说，没有门德斯，就不会有现在的摩纳哥。“当然，没有门德斯我们根本没办法起步，而现在我们已经站稳了脚跟。现在我们有能力靠自己来继续复兴计划。但有很多事会让我们怀念。显然，没有门德斯，我们无法让摩纳哥如此迅速地崛起，而这是因为我们的五位重要球员——法尔考、哈梅斯、穆蒂尼奥、卡瓦略和法比尼奥——都来自他那里。门德斯带来的帮助是至关重要的，多亏了他，我们才获得了欧冠资格。”

一切始于苏黎世

金球奖颁奖礼上聚集了世界足坛众多名人，他们在那里各抒己见，畅谈中讨论着当今和未来那些大牌球星的发展前景，以及当时垄断各项赛事的各家俱乐部。2013 年 1 月，和往常一样，门德斯是受邀嘉宾之一，而瓦蒂姆·瓦西里耶夫很想认识一下他，尽管门德斯连他是谁都不太清楚。“我 2013 年进入足坛时，他在足球事业上已声名卓著，而我只粗略听说过他的一些事迹。我当时只知道他在业内很有地位。”瓦西里耶夫说道。

许许多多嘉宾从红毯上走过，而瓦西里耶夫在仔细端详人群中的一张脸。“那天人很多，我们没聊多少。但我们约好，只要他有时间就会尽快在摩纳哥见面，但我记得他一直没时间。先是说‘明天上午’，然后变成‘下午’，然后又是‘明天’。到后面变成‘周四’‘周五’‘周六’……不过最终他还是来了摩纳哥。”瓦西里耶夫的主要目的就是和这个能够帮他实现目标的人建立联系。“摩纳哥是家老牌俱乐部。我们在 2004 年踢进过欧冠决赛，我们当时希望能再来一次，让我们再次成为一支强队。”而在这件事情上，理想的人选就是门德斯。“显然我们需要最优秀的专家的帮助，于是我们联系了门德斯。我们告诉他我们的计划，问他是否愿意同我们合作来帮助我们变得更强。他毫不犹豫地说了‘愿意’。门德斯始终对我们的计划有信心，并从头到尾都在帮我们。”

第一个目标——法尔考

瓦西里耶夫不是想要建立一支普通的队伍，他的雄心壮志是回到甲级联赛，并在同年取得欧冠资格。这位经济学学士知道，实现这一目标只有一个办法：让一名世界顶级球员加盟摩纳哥。因为两人的友谊，门德斯给他推荐了一些人。“一开始我们想到的是 C 罗，但那有些痴心妄想。后来我明白，那些看起来不可能的事在门德斯那里是可以实现的。”下一秒钟出现的名字便是法尔考。“我们知道，多亏了法尔考，很多其他球员也知道了我们的想法，而这可能会鼓舞一些人来到这里。随后我们也签来了穆蒂尼奥和哈梅斯。当时其他球员并不相信法尔考会来摩纳哥，但当他们知道的时候，他们开始对我们的计划产生了兴趣。于是，不可能变成了可能。”

为哈梅斯在马德里聚首

2014 年 7 月 22 日，瓦蒂姆·瓦西里耶夫在哈梅斯比赛时出现在了伯纳乌球场，这让很多人惊讶不已。在一位球员出场时，看到将要交易他的俱乐部的领导人，这种情况是很少见的。但那里确实坐着瓦西里耶夫，旁边是他的朋友门德斯，两人都面带微笑。“那是两家俱乐部之间一次很好的交流机会。我们和弗洛伦蒂诺还有何塞·安吉尔·桑切斯关系都很好。为了完成哈梅斯那笔转会交易，我们和双方的人有过多次会面。我们为一个合适的价格谈了很多次，而门德斯一直没有倦怠。我相信，没有门德斯，没有他的努力工作和坚韧个性，那笔交易无论如何都是不可能完成的。为了解决转会的一些细节问题我们讨论了不下 20 次。”他们一起走到了伯纳乌球场的草坪上，并用手机拍下了这永恒的一刻。毫无疑问，他们是在庆祝这次让各方满意的成功交易。

我们摩纳哥俱乐部要非常感谢门德斯，因为一开始我们认为那是不可能做到的。但门德斯最好的一点就是能够让所有那些人们认为不可能的事变成可能。正是这一点让他出类拔萃。门德斯做生意时，对他的工作始终有十分的信心，比如法尔考那笔交易。这不只因为他见多识广，还因为他亲近球员，同时又与俱乐部保持着良好的关系。他十分关心同他一起工作的人。

他简简单单地就做成了，而你会疑惑：他是怎么做到的？这是他的秘诀，也是他如此成功的原因，我刚开始跟他合作那会儿，因为他的影响力，很多人在评论他。很多人在不停地批评他的工作，但毫无疑问，他就是最好的。很多人跟我说："你要小心，要十分小心。门德斯在摩纳哥势力很大。"但现在我和他的关系是绝对的信任。我相信他。今年我们并不想出售哈梅斯和法尔考，但球员自己打定主意要离开，于是门德斯解决了这个问题，将他们分别送去了皇马和曼联。

有一个例子便是那个很年轻的巴西人：法比尼奥，之前在皇马预备队（即皇马B队，西班牙乙级联赛队伍）踢球。我向门德斯问起过这位球员，他觉得很不错。我所知的最新消息是他被招进了巴西国家队。然而之前人们对这名球员一无所知，没人认识他。另一个类似的例子是那个门将奥布拉克。我向我的球探们问起他，他们跟我说："不，他不怎么样，尽管还年轻。"但这个夏天他想离开本菲卡，而他也已经被本菲卡以1600万欧元的价格出售给了马德里竞技。门德斯是第一个跟我推荐这位球员的人。他跟我说："相信我，买下这个守门员。"但那时我听信了我那些球探和同事们的话，门德斯对我说："好吧，但我是对的。"

蒂姆·瓦西里耶夫

摩纳哥俱乐部副主席

办公室内外的门德斯

一年不到，瓦西里耶夫和门德斯之间的关系已变得稳固而紧密，尽管门德斯不会说俄语。"不，他不会说俄语。我也只会一点儿葡语，我得好好学学葡语了。"他们一起去了世界上很多地方，这使得这位副主席能够扩大市场，并且认识更多足球界的人，比如林荣福和肯扬。"在我看来门德斯是最优秀的，而且我得说，我很感谢他同我的那些联系，也感谢他帮我和其他经纪人建立了个人关系。我也从他身上，从他当时帮助我们处理困难局面的方法上学到了很多专业知识。”门德斯带着瓦西里耶夫一起去世界各地参加了许多次晚宴和会议，其中一些是和欧洲一些主要俱乐部的主席和经理们，比如弗洛伦蒂诺和贝吉里斯坦。“那时我对足球根本什么都不懂，但门德斯是个很开朗的人，总愿意把我介绍给其他人，一点儿也不担心。限制他的是时间，是没有足够的时间。他也很热情好客，会把你请到他在葡萄牙、马德里、里斯本的家里。他把自己的时间用来陪你。甚至只要他在家——他在葡萄牙和马德里都有房子，家里总是有许多客人。他永远不会停下。有时候我告诉他：‘你该歇一歇了。’他会回答我：‘是该歇了，但或许以后再歇吧。’他享受自己做的事，享受自己的工作，而这就是他永不停歇的动力，因为他热爱这份事业。”

在瓦西里耶夫看来，那正是门德斯在有很少人能与之看齐的生意场上获得成功的秘诀。“他确实是个专家，一个不可思议的专家，他站在最高一级台阶上。而最重要的是他的热情。对他的工作、对足球、对自己的事业展现出的热情。他以足球为生，而我也认为他不会谈论与足球无关的事。我不记得和他有过什么与足球无关的对话。我也不可能记得。他热衷于自己做的事，并充满信心，这就是他传递给别人的东西。他传递出能量和积极思想。他把‘不可能’在生意场上变成现实，即使没人相信他。”同摩纳哥的交易大部分都是在这两位之间谈成的，尽管门德斯和主席雷波诺列夫的关系也很好。“他们有不寻常的交情，事实上主席有时会邀请门德斯和他的妻子桑德拉，同他一起去蒙特卡洛。雷波诺列夫对门德斯的印象很好。”

作为优秀的经济学家，瓦蒂姆·瓦西里耶夫把一切都带到了他的特长上。当然，门德斯的工作同财经紧密联系。这位副主席是这么想的：“足球是一种需要专家和领导者的产业。门德斯便是足球产业的一名领导者。他是足球世界的领军人物。产业内的人要专业、真诚、正直、热情，而这些门德斯都具备。这不仅是足球的问题。你可以成为你想成为的人。世界上有很多在医学、教育方面的伟大专家，有很有学识、很专业的人。领导者就是这样的，而门德斯就是这一行业的领导者。"

瓦西里耶夫恰是在交易期截止日答应接受这次采访的，而那时门德斯正在享受他短短几天的假期。交易期的最后几天是疯狂的，不过瓦西里耶夫有些怀念和那位对工作充满激情的经纪人一起合作的日子。因此他借这次机会和不见踪影的门德斯说了几句话："我们有段时间没见了，我挺想他的，不过我想念他的时候我们会打电话。他一直都和我有联系。今年夏天我们在一起待了很久，现在我很想念他。回来吧，朋友！我想见见你。"

安东尼奥·萨尔瓦多——布拉加的欧元大佬

"当C罗和穆里尼奥这代人落幕的时候，门德斯会创造出另一批世界最佳。"

2003年，波尔图队还在那老旧的球场踢球。那座球场曾是门德斯经常出现的地方之一。那时他的生意已结出了硕果，但他一直会去看比赛，从而了解足球界的新动向，并继续寻找有希望的天赋球员。门德斯跟随所有人，也关注所有人。敏锐的洞察力和提前进行谈判使他可以近距离看到球场上的新星崭露头角。而这次在办公室里我们要谈到重新当选布拉加体育俱乐部主席的安东尼奥·萨尔瓦多，他是门德斯的一位挚友，在门德斯组织的晚宴上经常能看到他的身影。那是在2003年2月，在当上主席之后，他决定登门拜访门德斯，想和他一同制订一份可以在欧洲与人一争高下的发展方案。"当我当选为主席的时候，我知道我得打个电话给他，然后告诉他我想和他见个面。那次见面，我请求他帮我将布拉加建设成国内乃至国际一流的俱乐部。布拉加曾一度面临降级威胁，不断挣扎，而从那天开始，我们之间建立了友谊，而且近年来我们为布拉加做了很多贡献。"

十年后，在一场朋友聚会上，他们谈笑间回忆起了那天："门德斯坐在那里，永远衣着整洁，打着领带，那时他还没成为一位伟大的经纪人。"一个是主席，一个是商人，两人相互拥抱时都带着微笑。安东尼奥·萨尔瓦多为本书讲述了同门德斯第一次会面时的情形："我们十年前就认识了，那时我 32 岁，当选为布拉加俱乐部的主席。门德斯常去波尔图的老球场看比赛，我也会去。我总是在那里碰见他。他那时事业刚起步，已经帮他的第一个球员努诺完成了转会，也做了其他一些生意。我看得出他是个很聪明的人。他一直仔细观察着球场上所发生的一切。"

"他将会是个大人物"

门德斯和布拉加做的影响最大的一笔生意是把迭戈·科斯塔送到马德里竞技。那是个被很少人看好的球员。2006 年，年轻却胖胖的科斯塔第一次从巴西来到了欧洲。当萨尔瓦多看到科斯塔的时候，他对门德斯说："那个球员太年轻了，成不了大器。"那么门德斯给出的令人惊讶的回答是什么？时间证明他是对的了吗？他的回答是："这个迭戈·科斯塔将会成为大人物。"当时这位主席紧张不安，毫不相信门德斯的话，但门德斯用有力的保证再次强调了自己的观点。"放心吧主席先生，这个人会是个大人物的。"迭戈·科斯塔在佩纳菲耶尔待了一年。"我们给了这个球员机会，让他到葡萄牙一支乙级联赛队伍里。后来他回来了，和我们一起踢了一个赛季，然后在十二月，门德斯把他出售给了马德里竞技。他继续在布拉加踢了几场球，并在欧洲联赛中初次登场，甚至还进了一球。之后他便去了马德里。"主席的话中带着对门德斯好眼光的赞赏，而那位巴西前锋在红白军团里成为球星之后，现在已随切尔西征战英超联赛。

2013 年以 85% 比 15% 的压倒性优势打败对手努诺·卡瓦略，再次当选主席的安东尼奥·萨尔瓦多，从竞选到组建由体育界和政界名人（如球星C罗和乌戈·维亚纳）组成的荣誉委员会，都从他的朋友门德斯那里获得了许多支持。

一起工作了十年，做了十年好友之后，这位领导者对门德斯的成功的评价很简单:“门德斯有特殊的才能。不过他的成功靠的是认真严谨和信守诺言。当他让你去看或给你带来一名球员的时候，他不会欺骗你。就是因为这个球员不错，有头脑，适合这个俱乐部，没有其他。这就是门德斯一直在他的生意中追求的。在我们过去的所有谈话中，他都最大限度地为俱乐部和球员着想，所以他会成功。”这句话我们在本书中已读到过，并会继续听到它从别的重要的体育界领导者口中说出来。他们在习以为常的工作中携手并进。“我几乎每天都会和门德斯聊会儿。以前很艰难，我们那时不分昼夜地工作只为签下一名球员。现在容易些了，我们很有默契，不管是卖出还是买入球员。现在如果我们需要某一位置的球员，我做的第一件事就是打电话给他。他会给我许多推荐，然后我们做出选择。通常一切都很顺利。”众所周知，门德斯和那些俱乐部主席有着很亲近的关系，但他仍会投身到工作的前线。主席们知道，门德斯会为他们办好一切，但他们得理解门德斯对所有客户都一视同仁，即便是他们的对手。安东尼奥·萨尔瓦多对此表示理解，因此他一直对门德斯颇为赞赏。“多年来门德斯和我建立了超越工作的、牢固的友谊，我们甚至互相认识对方的家人。我们一起经历了很多事。门德斯还是像你们见到的那样。我们在一起的时候他总是开些跟足球有关的玩笑，说些有趣的事情，一直是这样。他的一大嗜好就是打电话。最初那几年他总是在晚上甚至凌晨一两点打电话给我。我会叫醒我的妻子让她去听门德斯说了什么。现在我会关机，然后告诉他谈话只限白天。”

这是一位主席与一位商人之间信任的一部分。现代足球，如果没有这个介于俱乐部和球员之间的经纪人角色，会毫无看点。在这位布拉加俱乐部主席看来，对于一支每年为提高竞争力而奋斗的球队来说，为了达到教练、主席和俱乐部的那些目标，经纪人这一角色是不可或缺的。“如今那些俱乐部没有这些商人是无法生存的，他们是足球运动的活力因素之一。越来越多的经纪人，尤其是像门德斯这样的，在扮演着重要的角色。

当有人请求我说一说我眼中的门德斯时，我的脑海中冒出了两个想法：专业和人性。门德斯的专业性体现在他不知疲倦的工作方式和对事业的热爱，因此备受尊敬。我们之所以认为他伟大，是因为他的成功以及面对困难和交易时的方式。门德斯是一位与众不同的人物。他和我们的交集让我们感到非常幸福。但是只有一小部分人能接触到他的生活、真诚、忠诚和善意。向着未来大胆奔跑吧，你——豪尔赫·门德斯——是所有人想要遇见的那个人。

豪尔赫，延续你的工作方式吧。这样你就会一直是最棒的，你也会继续拥有那些最好的球员。就算是C罗和穆里尼奥的时代结束了，你还有能力创造出世界最佳。

安东尼奥·萨尔瓦多

布拉加主席

阿马德奥·萨尔沃——瓦伦西亚，浴火重生

“我从没见过门德斯说过报酬的事。”

“因为林荣福的到来，我们正面对着一个全新的、有潜力的瓦伦西亚……其中也有豪尔赫的功劳，他是个很特别的合作伙伴，在俱乐部买卖球员的过程中帮助了我们。”萨尔沃说道。新加坡富豪成了瓦伦西亚的“救

世主”，这位西装革履的商人的出现，为瓦伦西亚带来了新的希望。美利通控股（林荣福的公司）最终和班基亚银行达成了协议，重组瓦伦西亚需要偿还的债务上升到了 2.3 亿欧元（另外还有 VCF 基金会的 9000 万欧元），这些债务让俱乐部现在的主席勒紧了裤腰带，几夜不能合眼……时至今日，我们也不想去讨论林荣福的那一笔糊涂账。简而言之，投资人八月份要从亚洲赶来，为球队正在衰落的项目注入新的能量。这样才能解决瓦伦西亚当前面临的问题。阿马德奥与门德斯站在了统一战线上，林荣福的资金能否到位决定着他们的生死，也标志着瓦伦西亚能否摆脱债务危机正常运营。很难用语言表述他们那几个月所受的煎熬。最终危机还是到来了，如同被磁铁吸引一般一个接着一个到来。危机还在加速，所有的人都在期盼着那个有着亚洲头脑并且如德国人一样可靠的投资商。“没有林荣福的注资，瓦伦西亚可能还会苟延残喘般地存在着，但我们的股东会因为财务状况不佳给我们施加巨大的压力。现在球队欠班基亚银行一笔无力偿还的巨额债务，在最大的股东撤资的情况下，林荣福一旦离开，我们就成债务人了。”这些话反映出了那年夏天林荣福和班基亚银行进行交易带来的严重后果。“林荣福的美利通公司与班基亚银行的交易还带来了其他的问题，我们可能会卷入有关国有资产和一些超出足球范围的纷争中。”一些人对阿马德奥暴露了这些经济问题感到很生气。但是正如他所说：“最后我们控制了公众的感觉。”所以……

先谈工作再谈钱

萨尔沃回忆他第一次见到门德斯时是在何时何地：“一年前，在豪尔赫·门德斯家里，我见到了他。当时我和瓦伦西亚前任体育总监布劳略一起去波尔多，就是为了认识他。我们了解到，在足球界豪尔赫是个重要人物，而瓦伦西亚俱乐部在世界足坛中也颇有分量。我们打电话给他，在他家里共进晚餐，那时起我们就互相认识了。”2013年6月，萨尔沃获得了俱乐部大多数的支持，被推选为瓦伦西亚新一任的主席。萨尔沃认为门德斯值得信任而且影响力巨大，他能够帮助瓦伦西亚实现新一轮的计划。“我们开启了合作的篇章。在林荣福和其他所有的事情发生之前我就认识他。这个世界就是这样，生意就是王道，但是豪尔赫从来不把金钱凌驾于职业之上，也就是说，对他来说，他最关注的事情并不是金钱，而是俱乐部和他的客户们是否感到满意。我从没听他谈论自己的名誉或者报酬。从来不，这是千真万确的。首先我们会完成工作，然后再来谈价钱，而不是相反的过程。也许这就是他获得成功的原因。”

门德斯的成功之处在于什么？

现在，门德斯和瓦伦西亚往来密切，他跟林荣福之间更是有着深厚的友谊。“林荣福是他的朋友，他一直在尝试帮助瓦伦西亚和林荣福获得成功。”

采访阿马德奥·萨尔沃的时候，他一次又一次重申，除了不知疲倦地打电话和24小时都在工作外，门德斯依然独一无二，与众不同。他认为豪尔赫的工作方式跟其他的经纪人不同，他遵循自己专属的成功公式，尊重他人，不强求，解决问题的方式非常优雅而且真诚。“豪尔赫很守信用，他不会欺骗你。他很职业，而且，我从来没有听他说过报酬的事。当你开始跟一个经纪人谈生意时，他就会开始谈论金钱，但是跟豪尔赫合作就完全是另一回事。他很聪明，对自己很自信。豪尔赫还比任何人都更努力。他不眠不休，这使得他能够鹤立鸡群。在某些工作领域中，一个人会有天赋或者能力，但是当你比你的竞争对手更努力，坚持不懈，并且十年如一日，那么从理论上来讲，你就会获得成功。他总是为工作做好充分的准备。

他很外向、开放，这些品质帮劫他解决了很多麻烦。他喜欢和和气气的，喜欢互相分享，有人陪伴。他最喜欢的就是身边总是围绕着一群跟足球相关的人。”

林荣福——从渔民到富豪

门德斯的身边总是围绕着一些足球界的人士，比如他的朋友林荣福。林荣福是个体育爱好者，现在他拥有瓦伦西亚 70% 的股份。林荣福是一个很有商业远见的人，他出生在一个渔夫家庭，但他很快被数字世界所吸引，开始研究会计学，直到有一天摇身一变成了股票经纪人。他获得了巨大的成功，同时他也在别的领域获得了巨大的财富，他甚至成了 F1 方程式迈凯伦车队的拥有者。但是远不只如此，这个时代的巨轮滚滚向前，社会发展日新月异，到处充满机会和竞争，林荣福也拥有其他的生意，他有自己的饭店、不动产、医药产业，并在这些领域中都取得了成功。门德斯说：“林荣福是我的朋友，我可能是在马德里或曼彻斯特这两座足球城市之一与他相识的，他曾和曼联有过生意上的往来，我通过皮特·肯扬的介绍认识了他。”

瓦伦西亚是林荣福全新的挑战，一段时间以来他已经充分了解了他的新家，同时他也没有忽略制订远期的计划。阿马德奥·萨尔沃跟我们说：“林荣福最关注的是球队的竞技实力。他想要打造一支有竞争力的球队，一支能在欧冠赛场上取得成绩的球队，也就是说，这支球队要有在一些大赛上争冠的实力。他知道这个计划是奔着中远期去的，我们也可以参考阿森纳、巴黎圣日耳曼、摩纳哥这些例子。一支球队不可能在一年之内就从第十爬到第五。我们首先要做的就是巩固这项计划。”

萨尔沃又提了一次在波尔多的那次晚餐。他笑着说：“当我们在他家相聚时，就餐期间有个人在讲笑话，他正在喝酒，笑话讲完，他就开始大笑起来，洒了我们一身酒。”他松了松领带，说了一些他跟门德斯相识这些年来的趣事。这两个生意人见面时彼此备感亲切，他们的性格是一样的，只是发挥了不一样的作用。“那次晚餐，最让我吃惊的是门德斯的饭量。”他说着又笑了起来，“我从没见过哪个跟豪尔赫一样能吃的人。我记得有一次在我家里吃晚饭，他比任何人吃得都多，我这辈子都没见过吃那么多东西的人！我们做了烧烤、羊排、香肠、布丁，他一扫而光！”晚餐时，他们会谈很多跟足球相关的事情，当然还有很多让人发笑的事。这些时刻，他们会互相说一些生活中的趣事，这样让他们可以更好地互相了解……“他总会说他是怎么把德科还有马克斯卖到巴塞罗那的，拉波尔塔已经告诉过你们了，他还说给瓦伦西亚推荐了迭戈·科斯塔，当时报价超过了 200 万欧元。迭戈·科斯塔……当时还是个无名小卒。豪尔赫说：‘买吧，买下那名球员，他会成为一匹黑马，以后我会以 4000 万、5000 万甚至是 6000 万欧元的价格卖掉他。’他的这些话大部分情况下都会实现。这就是豪尔赫的成功之处。”

最后迭戈·科斯塔没能披上瓦伦西亚的队服，因为转会的价格没有谈拢。可以想象一下，这个现居伦敦的射手在梅斯塔利亚球场与瓦伦西亚双子星罗德里格和帕科·阿尔卡塞尔一起踢球的场景是多么美妙。

我们握手时，萨尔沃示意我们记录下一些还没说完的话，不过这些话被写进了这本书里：“记下来，我还没跟你说过这些话：豪尔赫的成功之处就在于他对待所有事情都非常慎重。你不会找到另外一个比他更严谨的人了。”

另外我们还记下了林荣福的几段话……

我的朋友，豪尔赫·门德斯……

他是一个超级经纪人，他的麾下有世界上最顶尖的球员，他从来不会把三个电话放在一边，总是戴着耳机不停地在打电话。跟豪尔赫共度一日，你会觉得窒息，他从来不休息。到了晚上，豪尔赫就是一只猫头鹰。

说来也奇怪，刚开始认识他时，我并不喜欢他，但是现在我更了解他了，我知道他是一个很奇妙的人，有时候他说“再说五分钟”，毫无疑问不止五分钟，而是更长时间。

一次有一个朋友问他：“豪尔赫，你的一个小时有几分钟？”豪尔赫想要做所有事情，要紧的或者不相关的；他总是处于一种压力很大的状态。他总是在绕圈，但是他总是坚持自己的工作方式，让自己进步。但是这样的做法，会给一个人带来很多失意和压力。可怜的桑德拉……

那些无数个夜晚，他会面过无数客人，去变幻莫测的目的地，接过接连不断的电话，他的生活是我想要的样子，所以我很喜欢他。我敬佩他的开朗、幽默、诚实和牢不可破的忠诚。他是一个无价的朋友。

林荣福

贝吉里斯坦——角斗士乔治

“豪尔赫是一台机器。”

“我的名字是马克西莫斯，北方军队指挥官，统御着可以扫平国家的军队，真正的国王马可·奥雷利奥忠实的奴仆。”这是在雷德利·斯科特执导的电影《角斗士》中，罗素·克劳扮演的马克西莫斯的台词，这部电影获得了五个奥斯卡奖项。这个跟门德斯和贝吉里斯坦有什么关系？答案就藏在这个经纪人的日常工作当中。贝吉里斯坦觉得门德斯就是一个角斗士，一个战士，一个英雄，他每天都不知疲倦地在球员、主席之间博弈，他总是努力在竞技场上创造积极的影响。“我觉得这本书应该叫作角斗士乔治，因为对我来说豪尔赫·门德斯就是角斗士。”乔治是这个技术顾问称呼豪尔赫·门德斯的方式，他和门德斯的关系很好，两人在工作中的合作也很密切。

在谈话过程中，他们只需要通过几个眼神就能互相理解。贝吉里斯坦和豪尔赫·门德斯聚在一起的时候，他们会根据俱乐部的需要，为他们选择最适合的球员。“他和巴塞罗那的主席拉波尔塔的关系很好。”现任曼城体育总监贝吉里斯坦认为那些合约并不是偶然所得，所有的这些成功都是在一次又一次严谨的会议后得到的。他们的目的就是，当球员对某个俱乐部感兴趣时，就能顺利进行转会操作。“他来曼彻斯特的时候，我们就会见个面。如果我有什么需要，我们会在很多地方碰面，波尔多、里斯本或者伦敦。”2013—2014 赛季期间，贝吉里斯坦和门德斯在很多地方碰了面（这对于他们来说是习以为常的事情），夏季转会窗口中，他们成功地让波尔图的法国后卫埃利亚奎姆·曼加拉转会到曼城，这支英超球队支付了 4500 万欧元的转会费。“在曼加拉这样的转会过程中，豪尔赫的作用总是至关重要的。和波尔图谈判时，我们在他家中跟波尔图的主席和总经理一起用餐，有时候我会和费兰一起，有时候就只有我一个人。你还得了解你的球员，知道他的愿望，并且告诉他有很多选择。我的工作就是保证他（曼加拉）能来曼城，也就是我的俱乐部。实际上对于球员们来说这是个不错的主意，因为他们也盼望能为曼城效力。每年的 12 月我们就努力引进球员，三四月份我们会继续这项工作。我们会再和波尔图进行谈判，世界杯结束时，我们要争取实现曼加拉的这次转会。”

豪尔赫·门德斯和西班牙人费兰·索里亚诺和贝吉里斯坦最近的一次转会交易就是埃利亚奎姆·曼加拉。从 2012 年开始，他们将方向从巴塞罗那转向曼彻斯特，索里亚诺成了曼城的主席，贝吉里斯坦当上了曼城的总经理。贝吉里斯坦曾经在皇家社会和巴塞罗那都取得了巨大的成功，在西班牙国家队的一场国际友谊赛之后他选择了挂靴，但是他依然活跃在足球界，依然关注着各个赛场和球员，还和媒体进行了合作。在 2003 年巴塞罗那新一任主席的竞选中，他曾一度与拉波尔塔抗衡。那时候他在技术顾问部门没日没夜地工作。他和豪尔赫·门德斯谈论了很多球员，一开始他们对夸雷斯马和C罗很感兴趣，尽管豪尔赫坚持要把德科推荐给他们，接下来的一个赛季，德科就转会到了巴塞罗那。“2003年的时候我就认识他了，我们的第一笔交易就是夸雷斯马。我们很希望签下C罗，但是那不可能，因为他依然归曼联所有。就是我们签下夸雷斯马的那个夏天，曼联前往里斯本签下了C罗。”

夸雷斯马、马克斯、德科……还有佩佩?

在贝吉里斯坦到巴萨之前，球探部门是由何塞·拉蒙·亚历桑科负责的。“我到巴塞罗那时，他们就挖掘出了很多人才，那一届葡萄牙国家队非常棒……我们签下了夸雷斯马，而且那个夏天，我们还希望能跟瓦伦西亚进行一些合作。我们开始了购买阿亚拉的谈判，同时也为马克斯提供了机会，豪尔赫帮助我们实现了马克斯的转会。”在和门德斯共事了11年后，贝吉里斯坦回忆道：“我看到他现在仍然跟以前一样，唯一的不同就是比我刚认识他时多了一部手机。那会儿他有两部电话，现在居然有三部了！他是一台机器，总是无处不在。他不仅和很多伟大的俱乐部保持着良好的关系，而且跟所有人的关系都非常好。”

前文已经提过豪尔赫·门德斯是如何说服霍安·拉波尔塔签下德科的了。人们对德科的能力存在质疑，门德斯用了一年的时间才把他送进了巴塞罗那，之后，全世界共同见证了德科的价值。那时候巴萨的体育总监就是贝吉里斯坦，他说：“一开始，我们不完全相信他，我们等了一年才签下德科。他真是太棒了，他是一个非常全面的球员，有拯救球队的能力。我们想要找到一个跟罗纳尔迪尼奥一样的球员，德科跟他一样很有天赋，而且非常努力。”

你在网上查询贝吉里斯坦的资料时，经常会看到一些说“巴塞罗那对佩佩很感兴趣”的新闻，然而这个技术顾问澄清了在他担任巴塞罗那体育总监时期巴萨并没有这样的意向：“2003年到2010年我们都没有这个打算。当他效力波尔图的时候，是有可能引进他的，但是我们签下了皮克……如果你想知道什么，只要问豪尔赫·门德斯就行了。我每天都会问豪尔赫·门德斯所有关于C罗的事情。他怎么样？最近好吗？事业顺利吗？那时候，他旗下有佩佩、布鲁诺·阿尔维斯、卡瓦略，豪尔赫拥有最优秀的几个中卫，而我们有普约尔，之后我们从曼彻斯特召回了皮克。”

贝吉里斯坦是一名和门德斯说同样语言的体育界人士。他发现门德斯的公司能为球员们提供良好的指导，并让球员们和公司建立良好的关系。“球员不会独自成长，他们会被很好地引领着。他们的架构让球员们感到很舒服，他也会为球员们提供良好的服务。他们知道球员们适合哪些等级的球队，门德斯会为球员们找到合适的位置。”球员和球队的水平必须对等，如果不合适的话签约就不能完成。贝吉里斯坦和门德斯在一起度过了很多时光，晚宴、聚会、旅行，任何时候都能看到门德斯在通向成功的大路上飞速前行。“他每天都工作到很晚，训练一般在中午12点结束，接着他就会和教练们、体育总监们训练，一般他会一直工作到夜里11点，有的时候可能到凌晨两三点才能吃上饭。从中午到晚上，他的工作强度不可思议。如果他出差，也会用电话一直聊到凌晨两点……这就是他成功的秘诀，每天利用好20个小时。另外一个秘诀是工作；最后一个则是保持乐观，他在吃饭的时候你会发现他一直在开玩笑，就算到了夜里两点，他还面带笑容。”

讲述了和球员这么多年的谈判，也讲了经历的无数“紧张时刻”，贝吉里斯坦忽然想到最近的一场球赛，是本菲卡在里斯本对阵尤文图斯的比赛，那一夜他很兴奋。“因为门德斯就是这样，勤奋、谦虚、有趣。”他接着说，“我和他在一起的时候非常开心，我们一起看了本菲卡对尤文的比赛，赛后我们将近 30 个人一起吃了饭，有人唱歌，有人讲笑话。门德斯让整场晚宴变得特别有趣。”

阿尔·赫莱菲——酋长门德斯

“他的体内流淌着足球之血。”

正如巴黎是世界经济中心一样，近几年来，纳萨尔·阿尔·赫莱菲已成为足球界经济的推动力之一。赫莱菲是巴黎圣日耳曼的主席，41 年前出生于多哈（卡塔尔），他是世界上最富有的人之一。2011 年通过卡塔尔投资机构（QIA）他开始涉足足球，并成了巴黎圣日耳曼的主席，随后他开展了一个中长期计划，目的是取得未曾在王子公园球场获得的成绩：赢得一次欧冠。这是一项艰巨的挑战，每一年巴黎圣日耳曼都取得进步，越来越靠近自己的目标。世界上最好的经纪人也跟俱乐部建立了联系，尽自己所能帮助球队。“豪尔赫·门德斯很长一段时间内，包括现在，在足球界都具有很大的影响力。他通过自己的努力取得了今天的位置，他为球员争取最佳合同的能力让人惊叹。”阿尔·赫莱菲评论道，他认为门德斯是这项运动中最优秀的经纪人之一。

阿尔·赫莱菲是巴黎圣日耳曼队史上第一个非法国籍主席。我们经常会看到他身穿传统的卡塔尔礼服的样子。自从入主巴黎圣日耳曼，他就投入了大量的资金，买进了大卫·贝克汉姆，还有拉维奇、帕斯托雷、卡巴耶和卢卡斯·莫拉，还有蒂亚戈·席尔瓦和兹拉坦·伊布拉希莫维奇，这些巨星的名字都曾经出现在埃菲尔铁塔上。他花费了 6200 万欧元，在贝卢斯科尼的操作下，从 AC 米兰买来了蒂亚戈·库尔瓦和伊布拉希莫维奇。阿尔·赫莱菲还有另一些爱好，他和豪尔赫·门德斯共同分享这些爱好，他也是一个田径爱好者、游泳爱好者和网球爱好者。阿尔·赫莱菲曾是个职业网球运动员，虽然他还没有达到拉法尔·纳达尔、德约科维奇和费德勒的水平，但是在卡塔尔他也很有名气，他是这个国家最优秀的网球运动员。现在他是卡塔尔网球协会主席、亚洲网球协会副主席，他经常出现在一些大型网球赛事的赛场上。

这个赛季，巴黎圣日耳曼的主席取得了入主王子公园球场以来的伟大胜利。他获得了“直到现在最为美妙的胜利”。在 2014—2015 赛季欧冠第二轮小组赛中 3 ： 2 击败巴塞罗那后，赫莱菲如此感慨。

纳萨尔·阿尔·赫莱菲不仅在商业、足球和网球领域颇有建树，在电视领域也占据了半壁江山。赫莱菲是阿拉伯语频道半岛电视台体育频道的主持人，这是中东地区最受欢迎的体育频道。这个频道旨在把体育传播到全世界，比如会转播欧洲杯或者世界杯，门德斯旗下的很多球员都会在这些比赛中登场。

除了商业上的合作，赫莱菲和门德斯之间的私人友谊也坚不可摧。之前巴黎圣日耳曼阵中并没有豪尔赫·门德斯旗下的球员。迪玛利亚是最接近这座“爱之城”的球员，然而这个转会最后没能实现。在会议中，这位巴黎圣日耳曼俱乐部的主席说：“我和门德斯见过很多次面，私人的或者公事上的，每次会面我们都会取得一些积极的成果。”2014 年欧冠决赛，上演了马德里德比，皇家马德里对阵马德里竞技，门德斯和赫莱菲一起出现在了一家卡斯卡伊斯很有名气的餐馆里，门德斯还邀请了一些足球界的巨头。“我们在各自的领域中都非常具有竞争力，这也让我们能够很好地了解对方。”赫莱菲现在决定和门德斯携手完善巴黎圣日耳曼，门德斯也知道赫莱菲不仅仅是一个俱乐部的主席，也是他的朋友。赫莱菲用阿拉伯语诠释了门德斯的职业生涯——他是一个酋长，他是商业界和足球界中的一个酋长、一个智者、一个领导、一个领袖，“他的体内流淌着足球之血，这也是他获得如此巨大成功的原因”。

秘诀6　贡献

如果没有努力和付出，我只会默默无闻，更不可能跟俱乐部维持良好的关系。

——豪尔赫·门德斯

Com o troféu Globe Soccer
atribuído ao melhor agente do ano.

十 门德斯旗下独一无二的教练们

热斯蒂夫特认为：和教练的合作，公司需要承担更大的风险，所以公司只会签下少数几个教练员。毕竟很多时候一个教练是否优秀只取决于结果，一旦他的成绩不理想，经纪公司就只能自食其果。有些人会说，经纪人签下一名教练是出于战略上的考虑，主要是觊觎他们麾下的球员。豪尔赫·门德斯不需要采用这样的伎俩，他已经拥有了最好的球员。除此之外，他几乎跟整个足球界交好，他的生意无往不利。

有些教练员则是在球员时期就已经成了热斯蒂夫特的客户。比如科斯蒂尼亚或者努诺·埃斯皮里图·桑托。他们已经挂靴了，坐上了教练席，但他们仍然是门德斯的客户。公司虽然更希望跟球员签约，但是对于足球经纪人来说，签约教练员是一种打破常规的新尝试。对于门德斯来说，跟一些优秀的教练员合作是很特别的经历。那些教练也都牢记着与世界上最好的经纪人之间的点点滴滴。主帅们的职业生涯跌宕起伏，用足球的行话说：他们知道有机会赢球，也可能在圣诞节前吞下苦果。不过他们都确信，门德斯总会在他们坠入深渊时施以援手，帮他们重整旗鼓。

何塞·穆里尼奥

门德斯不踢比赛，但他很好胜。

夏末将至，幸运的是，今天的伦敦阳光灿烂。切尔西在上一轮联赛的表现无与伦比，他们打进四球战胜了斯旺西，一举稳固了自己英超榜首的位置。那是一个值得铭记的下午。很多球迷流连在斯坦福桥周围，想要拍些照片或者视频留作纪念。体育馆一侧的门缓缓打开，穆里尼奥从门里走了出来，一群小朋友涌到门口去索要签名。我们和穆里尼奥打了招呼，并且约好隔天早上在切尔西的科巴姆训练基地碰头。

门一扇接着一扇打开，英国人以他们特有的守时和热情迎接我们。切尔西的主教练安静地生活在这里，远离英超或者其他联赛媒体的闪光灯，这本书给了我们一个机会，让我们能进入这个由穆里尼奥一手搭建的圣地。他是一个教练，更是球员们的朋友、同事们的兄弟。我们跟在他身后，穿过了一条又一条走廊，走廊的墙壁上挂着照片，记载着切尔西曾获得的成就，这些照片都是这个葡萄牙人亲自挂上去的。我们来到了办公室，里面宽敞而简朴，一个写字台被布置得井然有序，桌上摆放着很多文件、笔筒，还有一张全家福，它对面的墙上挂着这个为足球付出一切的男人的肖像。在波尔图和国际米兰时期的光荣时刻则挂在了最显眼的位置。我们靠窗围着一张桌子坐下，桌子上摆满了各种语言的书籍，且都是关于同一个主题的，那就是——穆里尼奥。不过，这回这个绅士坐在我们面前可不是为了谈论他自己，而是为这本书接受一个专访，内容则是关于他的经纪人——豪尔赫·门德斯。

经纪人的来信

2004 年 4 月，穆里尼奥率领波尔图打进了欧冠决赛，他们再一次创造了历史。一年前，他们在半决赛中力克拉科鲁尼亚，并且在德国的盖尔森基兴奥夫球场夺得了最后的欧冠冠军。也就是从那时起，穆里尼奥开始和切尔西传出“绯闻”。时任波尔图主帅的穆里尼奥还没有经纪人，有三个经纪人为他提供了英格兰球队奉上的合约，一切昭然若揭。穆里尼奥坦言：“我想离开了，但是我不想引起任何麻烦。如果有这么多俱乐部想要我，我愿意去英格兰。另外，我一直对切尔西很感兴趣。”就在那时出现了第四个经纪人，带来了一份新的合同。“第四个经纪人就是豪尔赫·门德斯。我跟四个经纪人都说了同样的话：想要成为我的经纪人，请带我去见阿布拉莫维奇，或者安排一下，让我自己去见他。”

尽管还有另外两家英格兰俱乐部想签下穆里尼奥，但是他一直没有签订合同，他还在观望切尔西的动向。“由于球队有着长远的规划，切尔西当时很希望我能加入他们。好些年前，阿布买下了切尔西，我明白他想要投入更多使球队壮大，让球队走向辉煌。我也很想加入切尔西，这样我的家人就可以去伦敦生活了。但是当时我并不知道在四个经纪人中谁手上有真的合同。我告诉他们四个：‘我要看到实实在在的东西……’”

普利亚会议

两天后，豪尔赫·门德斯致电穆里尼奥说：“阿布已经到了葡萄牙，他想见你。”

“那天上午我有训练课，训练结束时，有辆车在门口等我，然后把我载到了葡萄牙北部边境，阿布似乎是乘坐私人飞机降落在了西班牙的维哥，也可能是拉科鲁尼亚机场。”

穆里尼奥的车停在了普利亚，这是一个与加利西亚接壤的边境渔村。我们在已经打烊了的卡梅罗餐厅见了面。这个地方有鱼，还有刚从海里捕捞出来的美味海鲜，餐馆的主人鲁伊·卡梅罗（长得跟保罗·福特雷像极了）打开了店里所有的门，因为他接到一个紧急消息：切尔西的老板——

俄罗斯人罗曼·阿布拉莫维奇将在这里进行一次私人会面。穆里尼奥提到那次会面时说：“我跟他们阐述了我的野心和离开波尔图的原因。当时除了阿布，在场的切尔西的律师皮特·肯扬和其他人都希望我立刻签下协议。不过豪尔赫让我放宽心。”

穆里尼奥的电话突然响了起来。

“那是另外三个经纪人中的一个，我接了电话，他说他正跟阿布在巴黎……‘嘿，何塞，我现在跟阿布在巴黎呢，我正在尽最大的努力，现在有眉目了。’然而当时阿布就坐在我面前。”

正是因为这件事，穆里尼奥看到了门德斯的诚信，所以选择了他。

“确实，当时我对一些人失去了信任，也开始相信另外一些人，不过从那时起，我就不再犹豫了。”两个精英间的合作就此达成。穆里尼奥成了门德斯的客户，他也会成为世界上最优秀的教练之一。

“十几年前，穆里尼奥在波尔图做翻译的时候我们就认识了。所有人都知道他很特别。执教波尔图时，他说下个赛季波尔图将会获得冠军，他没有说胡话，也确实做到了。也许他的形象就是一个成功者，一个独一无二的人，一个准备着完成目标的人。他取得的成绩和荣誉就是最好的证明。”说到穆里尼奥过去取得的丰功伟绩，门德斯满是敬意，“他取得的成就无与伦比，你看看，他率领波尔图获得了欧冠冠军和联赛冠军。在国际米兰，他的成绩同样让人难以置信。国米的球迷们知道，要是没有穆里尼奥，他们是不可能夺得欧冠冠军的。那些年，没有哪个教练能够与之比肩。他是最优秀的！”

一个经纪人朋友和一个独立的主教练

何塞·穆里尼奥不会给门德斯带来额外的麻烦，一般情况下，他会在一个俱乐部执教很久，不会经历太多转会。

“在每一家俱乐部我都起码会待三年，我不是那种在一个俱乐部待六个月就拍屁股走人的教练。我的执教生涯很稳定，切尔西时期、国际米兰时期和皇马时期，我都待满了三年。”穆里尼奥如此定义他的经纪人的工作：“这个工作需要自信也需要互信，要把法律武器投入到对教练员的服务当中，他们的律师要为教练员提供合同、税单，和其他所有的支持。我也不想他们天天上门来找我要活干……”穆里尼奥一直保持着独立，每次与一家俱乐部签约之后，他跟门德斯之间的关系就会发生变化。

“一旦我接手一家俱乐部，豪尔赫就不再担任我的经纪人。比如，当我担任切尔西主帅时，总能跟俱乐部每个部门维持好关系，所有的事情我都亲力亲为。豪尔赫则会成为球员的经纪人，那些球员有的是我感兴趣的，有些是我不感兴趣的。”

有些媒体会借教练员和经纪人的关系编造不实消息，暗示读者他们拿阵中的球员进行交易。对于如此严重的指控，切尔西主帅言辞犀利：“在我的职业生涯中，这是唯一无法接受的事，如果有人在我面前，言之凿凿地说这事，我一定会跟他对簿公堂。那些键盘侠的质疑对我来说毫无价值，他们说我很糟糕，说我是垃圾，说我没为足球做过任何事情，我都无所谓。但是现在，如果有人在公开场合说那些污蔑我的话，我会直接将他告上法庭。”穆里尼奥给了我们一个很重要的信息，关于俱乐部对待门德斯的态度：“有趣的是，我们所在的俱乐部，态度跟媒体完全相反。我们对球员采取的行动，俱乐部都感到很满意。拥有迪玛利亚的皇马只会偷笑。它用3000万欧元买到了迪玛利亚，却以7000万欧元卖出，期间还获得了很多冠军。就说科恩特朗，他不能说是皇马的一次成功交易，但是像他这样的球员都会获得主帅的喜爱。如果皇马明天就要把他卖掉，那明天就会有其他俱乐部接手，不会有任何问题。”

穆里尼奥掌管一支球队时，跟门德斯的关系会变得更密切，他们都很幽默，是非常要好的朋友。

“豪尔赫一直都会是我的好朋友。如果明天我们产生了一些职业上的分歧，那我们会马上停止相互间的合作，但是我们的友谊仍会继续。我们私交甚笃，也有好长一段时间了，我们一起工作，互相信任，维持友谊，这些都远远超出了职业关系的范畴。”穆里尼奥谈到他在伦敦的生活，表示他现在很快乐：“另外，我现在正处于一个很稳定的时期，不想改变什么，我没有在寻求能挣更多钱的途径，也不想去其他的俱乐部。我现在非常稳定。我想对于很多球员来说，门德斯就是个经纪人，对我来说呢，他有六成是好朋友，四成是经纪人。”

对他工作的尊重

对于一个教练来说，经纪人的支持很重要，他需要通过经纪人来保持球队的稳定。穆里尼奥高度赞扬了门德斯的工作，他说门德斯不会用合同来影响球员的状态。

“豪尔赫·门德斯为他的球员寻求稳定，他不是那种喜欢把球员挪来挪去的经纪人。只有在有合适报价的时候，他才会转移球员。他寻找着平衡，为球员创造稳定。

“如果我是C罗、梅西、伊布的经纪人，我就掌握了主动权！因为他们要转会，签订新合同，找到条件更好的球队是很容易的事情。要卖掉我最好的球员也绝非难事。我只要站在那里说：我要把阿扎尔、迭戈·科斯塔、马蒂奇卖掉。好，那只管卖掉就是，不怕没人要！”

穆里尼奥强调，门德斯的能力更多体现在他能够帮助那些俱乐部处理冗余的球员。

“有时候你得把那些你不喜爱的球员卖掉。这是个很大的难题。基本上每个球员跟俱乐部都会签订一份合同，是由他们的经纪人提供给俱乐部的，经纪人从中获得自己的一部分佣金。之后如果你不想要那名球员了，可能他表现不好，被排斥在外，可能你发现他不是你们想要的球员，那你也只能留着他，因为你们签的是四年的合同。‘如果你想卖掉他，那你就得自己想办法，跟我没有关系了。’”穆里尼奥说每个经纪人到这个关头都会这么说。

“但是豪尔赫不会这样，他会对俱乐部做出承诺：我卖给你这个球员，如果哪天你不想要他了，你觉得他不适合你们球队，我就会出现，帮你们把他卖出去。豪尔赫总是在寻找办法，来帮助处于这种境地的球员。他给了俱乐部保障。”

一个完美的经纪人

“什么东西可以用来衡量门德斯是否是世界上最好的经纪人呢？”何塞·穆里尼奥是个很客观的人，他总偏爱用数据说话。“对教练员来说是数字，对于经纪人来说也是数字。”他一边说一边用拇指搓着食指跟中指，那是当我们谈到钱的时候经常比划的动作，“你去瞧瞧每个转会窗口，门德斯的数据可都位居榜首，而且那些都是相当关键的数据。他总是能有所收获，虽然有些并不是实实在在的，而是无形的。没人能想象门德斯可以突破 3000 万、4000 万、5000 万欧元关卡，现在他可能已经到达了 7000 万或者 8000 万欧元……或许明天他就会拿出个 1 亿欧元的大单子。豪尔赫·门德斯总是会出现在那些大型转会的幕后。”操作转会就像是一项运动一样，穆里尼奥从竞技的角度来诠释这个经纪人的行为：“他爱竞争，天性使然。他不像我们，要在足球场上拼杀，但是他的工作依然具有竞争性，他喜欢获得胜利，想要成为最优秀的，想要完成最好的转会，希望他的球员能够得到最好的待遇。他是个竞争者，这点不管是在他的职业当中，还是在现今这个充满竞争的世界中都非常重要。”

穆里尼奥认为门德斯对他的帮助更多是间接的，而不是直接体现在他的转会中：“对我来说，门德斯为俱乐部提供的帮助，要比他为我做的事重要得多。因为，他跟我的工作是私人的，而且不用每年都做。我们一共进行了四次转会：从波尔图到切尔西，后来去了国际米兰签约，然后从意大利去了皇家马德里，最后又回到切尔西。这些年间，我手下有很多门德斯的球员，他是个完美的经纪人，是个理想的合作伙伴。”不过，当然了，门德斯也是穆里尼奥的经纪人，他也要在客户需要的时候为他寻找合约。

穆里尼奥是自己命运的主人，尽管如此，这些年间门德斯依然会向他提供很多建议，不过最后，他都会跟穆里尼奥说同样的一句话：“一切由你自己决定。”

“我今年 50 岁，有三十个年头是属于足球的，很显然，我会自己做出决定。但是他总会让我知道所有事情。你可以想象一下，比如现在有个第三级别的俱乐部对我报价，豪尔赫仍然会让我知道这件事。事无巨细，哪怕是俄罗斯、卡塔尔、阿拉伯开出的合同，他还是会告诉我，尽管他知道我绝对不可能去那些地方。之前我只是跟他说我想去意大利，但是从来没说我想去国际米兰。皇马先后两次向我抛出橄榄枝，但当时我不想去，因为时机还不成熟。但是当我执教国际米兰时，门德斯提到了皇马，我回答说，好的，我还没征服过西班牙，皇马是个观模很大的俱乐部，可以去试试。这个机会你没有把握住，有一天会后悔：‘我当初为什么没去？’得先去了，再决定是不是喜欢。好，我们要去马德里。在皇马的第一个赛季，我就收到了切尔西的邀请，但是我并不想去，所以我说了不。之后切尔西又一次对我提出了邀约，我说好的，现在我想去切尔西。我给出信号，掌握自己的方向，门德斯始终对我的决定保持完完全全的尊重，我们总是保持着非常好的关系。”穆里尼奥说。

采访过程中，鲁伊·法利亚坐在穆里尼奥左手边，他看了看表，告诉穆帅，该到训练场去了，摄影师正在那儿等着他们。他们将在那儿拍摄切尔西全家福。我们跟他们一起去了球场，也看到了穆里尼奥的凝聚力，他让整个球队团结在一起，他跟训练团队的所有人侃侃而谈，并不是只有球员，他还邀请了一些比较害羞的工作人员，甚至是来探望的家属一起合照。拍完照之后，他要求前几天在与斯旺西的比赛中上场的球员进行了恢复性训练，没有上场的则进行了强度较大的练习。他让得力助手法利亚去安排训练，自己则回到“司令部”开始准备欧冠对阵沙尔克 04 的比赛。同往常一样，太阳发出的光芒渐渐被伦敦的乌云遮住，球场上回荡着球员们的声音，有英语、葡萄牙语还有流利的西班牙语。1 小时 15 分钟之后，分析完下场欧冠比赛的形势后，穆帅回到办公室，结束一天的工作并邀请我们跟他的球队共进晚餐。

我们走在从球场通往办公室的路上，斯坦福桥的另一个西班牙人——俱乐部的首席医生——帕科·比奥斯卡，用西班牙语跟我们说了几句话，比如“昨天的比赛很精彩”之类的，他出生在莱里达，被认为是目前世界上最好的运动药学医生。我们走过几个拐角，上了楼梯，推开几扇门才来到餐厅，餐厅里弥漫着诱人的香气。正是开饭时间。

鲁伊·法利亚跟卡洛斯·拉林在讨论训练的相关事宜，拉林是球队的体能恢复师，委内瑞拉裔，被加利西亚人收养。他在拉科鲁尼亚工作了 10 年，之后又在皇马待了 6 年。从稚嫩的青训营到领头羊一线队，他同俱乐部的大部分部门共事过，满脑子的体育知识。正是在皇马执业时期，他结识了穆里尼奥的训练团队。拉林结束了同白衣军团的合约，穆里尼奥明白这个体能恢复师对一支球队能有不菲的贡献，因此将其招至麾下。拉林是穆里尼奥一次成功的签约。

球员跟其他工作人员，包括穆里尼奥都在餐厅里。我们看到了高挑的库尔图瓦，他戴着手套，手上捧着一盘吃的，看起来饮食很健康。他跟他的队友们一起穿过走廊，其中有前床单军团（马德里竞技）的球员迭戈・科斯塔，还有同样来自西班牙甲级联赛的法布雷加斯。

他们正要走，此时是进来跟教练组道个别。与此同时，一个经验丰富的守门员训练师——希尔维诺，他找了一张桌子就座，欢迎我们入座，随后便开始接受访谈，我们将要谈谈他在马德里的冒险故事。我们谈话的主要内容是他在球队的工作经验，也谈了一些巴尔德贝巴斯附近的好地方，在那些地方还可以吃到由墨西哥大厨烹制的鳕鱼。在科巴姆训练基地他们过得毫无压力，十分平静。

何塞・穆里尼奥第二个入座，他还穿着切尔西的制服，衣服右侧绣着他名字的首字母“JM”。他把椅子挪开说道：“我们继续之前的问题吧。”他跟我们说今天的菜很好吃：“今天的鱼很棒。”他微笑着，就好像在自己家里一样轻松自在，这和他在媒体面前表现出来的一本正经的样子截然不同，实在是 180 度大转弯。他的同事们都很开心。希尔维诺说：“有时候，穆里尼奥是世界上最有趣的人；工作的时候，又是最投入的一个。”

记录员把东西摆上桌面，专心致志地看着穆里尼奥准备开始第二阶段的采访。采访中我们提及了法尔考和迪玛利亚，他们最近加入了英超并且成了曼联的球员。穆里尼奥显出了少许的无可奈何，也略带讥讽地谈论起这事儿。他们是门德斯旗下的球员，都是曾经阻止曼联夺冠的球星。跟每个教练一样，穆里尼奥也想得到他们，不过财政公平竞争原则并不允许。“切尔西不想签下他们，因为不能签下他们。我记得上一次我跟门德斯谈话就是关于迪玛利亚和法尔考的，他们可要代表曼联，跟我的球队作对。我跟豪尔赫说了什么？我跟他说，经纪人的价值取决于球员的功绩，这次，他可是养肥了我的对手。”穆帅这么说也是为了维护自己的球队，但是他在道德和逻辑层面上，理解门德斯做出的决定，毕竟一个经纪人就是要为他的球员寻求最佳方案。

“门德斯说迪玛利亚跟法尔考都是他的球员，要为他们找到最好的解决方案。如果由于财政公平竞争原则，切尔西没有足够的经济实力来支付他们每年 800 万、900 万或者 1000 万欧元的工资的话，门德斯理所应当为球员的未来着想。”穆里尼奥完全理解，门德斯可不只是他的经纪人，他还是法尔考和迪玛利亚的经纪人。

财政公平竞争原则

穆里尼奥言简意赅地解释了财政公平竞争原则：这项原则是为了防止一些俱乐部因为经济原因，耗尽自己的健康和活力。财政公平竞争原则对于想成为豪门的中小型俱乐部来说是一种限制，这也是切尔西不能买进法尔考或迪玛利亚这样的球星的原因。穆里尼奥从自身和俱乐部的角度进行了评论：“我们没有引进法尔考和迪玛利亚，因为我也不想签下他们。我不能签下一个年薪 1000 万欧元的球员，其他人却只能拿到三四百万。最可怕的是，如果有一天我要跟这些球员续约，那会要了我们的命。财政公平竞争原则限制了阿布，他不能再投入更多的资金。俱乐部不能再用他的钱了，我们能用的钱只能是俱乐部盈利所得。财政公平竞争原则旨在让市场有序化，不过它却是不公平的。它给那些传统的豪门，比如皇家马德里、巴塞罗那、拜仁慕尼黑、曼联等提供了机会。他们拥有最好的组织结构，取得过如此多的辉煌成绩，有专门的财政部门，能够自己盈利。而我们办不到，我们不得不被牵着鼻子走。财政公平竞争原则限制了一些小俱乐部，阻止他们朝豪门俱乐部发展。”穆里尼奥举了瓦伦西亚的例子：“没有这个原则的话，林荣福会在两年之内打造一支足够争夺欧冠的球队，但是现在他办不到了。他不得不放缓步伐，第一年买进了内格雷多以及一个名不见经传的球员，第二年又来了另外一个……要是没有这个原则，林荣福可以一口气买十个巨星，就跟曼城、巴黎现在做的一样，切尔西以前也这么做过。但是，现在他没有任何办法。”

穆里尼奥的语气不冷不热很是平缓，解释得非常详细。他的助手法利亚，对他提出的观点频频点头。他们是完美的搭档，彼此间默契十足。法利亚善于观察分析，冷静而智慧，穆帅则善于决策，果断坚决。

曾经，门德斯的一个提议倒是令穆里尼奥犹豫了。那是一份来自英格兰国家队的邀请，是个很有野心的计划。但是当国家队的主教练跟执教俱乐部可是截然不同的两回事。当需要做出决定时，门德斯做好了一切准备，穆里尼奥似乎也跃跃欲试。不过他需要另一个意见，一个更冷静的人来提醒他三思而后行，然后做出决定，且不会因此而后悔。豪尔赫不耐烦地等待着他的客户做出最后的决定：接受或者拒绝。

“我记得很清楚，我们准备跟英格兰国家队签约，万事俱备，就差签下我的名字，就在签字前，我说‘我不想成为英格兰的主教练’。尽管时间紧迫，我还是冷静地思考了那种模式的生活。所有的文件都准备妥当，不过我仍然在犹豫……‘如果今天我说我不喜欢这份工作……那到 2007 年，我只会更不喜欢它。’然后我说：‘请忘了它，我不想接受这份合同。’”

他就这么做出了决定。“那些否定了你的直觉的想法，往往是最重要的。”这句话一直引导着善于自我反省的穆里尼奥。对于世界上每个教练员来说，这都是个千载难逢的机会，可是穆帅并没有这方面的职业规划。考虑到以前的种种，我们甚是好奇门德斯的反应。穆帅展现了他开玩笑的本领，他把餐桌摆好，化身为一个电影演员，模仿门德斯的样子，挥着手臂，脸挤成一团：“你不能那么做！不能啊！……你这是要杀了我！你千万别那么做！你这是要杀了我啊！你会杀了我的！”

穆里尼奥又抬起头，恢复了往常的样子。他忍着笑意，上嘴唇蠢蠢欲动，接着跟我们分享了他在波尔图时的一些趣事，还回忆了在国际米兰取得联赛冠军后，他和主席莫拉蒂之间互相交换了一些信物。穆里尼奥参与快速问答，说出了他生活中最有趣的事情，这些事情在他当教练的时候可从未提起，我们把这些都记录了下来。问题包括：在阿布的游艇上是不是有过会议？职业生涯中最美好的一刻是什么时候？在他看来，谁最有可能是他的继任者？和皇马签约要通过怎样的程序？

阿布的游艇

每个人都想问穆里尼奥很多问题，不过这是没必要的，有些问题他自己都不晓得答案，所以最好是让他自己说。随着谈话的深入，我们可能在任何意想不到的时刻听到足以登上报纸头条的消息。穆里尼奥按下录音机的开关，开始在脑海里回想，他更深入详细地回忆了前面一个章节中提到的一些事，其中有一个很特别的场景。那是一次远离交通要道，一次不在办公室里进行的会议。穆里尼奥将首次跨越到英超联赛。前一个章节中，我们提过穆帅第一次关键的会议是在葡萄牙一个餐馆里，这是第二次关键会议，是在海上。

“我和豪尔赫在阿布的游艇上，准备签合同。”那时候他们正在谈穆里尼奥与切尔西的第一份合同：“我们在欧冠半决赛前会面，不过我更愿意打完决赛再来说这些事。”他们不用卫星导航系统，所以没法在雷达图上找到阿布游艇的坐标。俄罗斯巨头的游艇行驶在摩纳哥湛蓝的海面上，一个秘密会议在这个世界第二大的游艇上展开，参与会议的有穆里尼奥、豪尔赫·门德斯，还有主席罗曼·阿布拉莫维奇。海浪拍打着游艇，在海浪的嘶吼声中，他们签订了合同。阿布的这艘游艇有 560 英尺长，差不多有 170 多米，它有一个很响亮的名字——“日食号”。

穆里尼奥继续透露了很多细节：“我们和阿布在游艇上见面，当我们要签合同的时候，客厅外面的门德斯给我打电话：‘国米不停地给我打电话，他们会付给你更多的钱，不过你最好还是待在这里。’我回答道：‘意大利太远了，我们没法游过去。’”穆里尼奥开怀大笑：“这里才有我想要的，我只想来英超联赛。豪尔赫回答说：‘我为你感到开心，时隔十五年，切尔西将会再次获得冠军。’”

随着谈话的深入，穆帅的肢体动作越来越多。他的手臂快速地挥舞着，做出游泳的动作，他想象自己没有签那份合同，被阿布丢到海里，然后游泳回去。穆帅用他标志性的口气说道：“你想想，在俄罗斯人的船上！你敢想吗？豪尔赫，鲨鱼游过来了，鲨鱼游过来了！”他又一次大笑起来。

欢声笑语中，穆帅也跟我说了在他职业生涯中的一些插曲，他告诉我们，在国际米兰获得了第二座“大耳朵杯”，这是多么意义非凡。那是他在球场上最美好的记忆，最完美的经历，最甜蜜的时刻。当时拜仁是世界上水平最高的球队，在比赛结束的那一刻，穆帅的泪水夺眶而出，他回忆道：“我身边人山人海，我的孩子们又一次来到了欧冠决赛赛场，那时候他们还很小，我的儿子才 11 岁，我的女儿十四五岁。国际米兰是我最热爱的球队，那里的团队、主席，整个国米大家庭，激发了我工作的激情。他们从五十年前就是一支一直想要获得胜利的球队，所以我跟他们赢得了各种比赛。获胜之后，离开显得尤为痛苦。”穆帅回忆起那些瞬间，仿佛还站在领奖台上准备举起奖杯。

那个时候，他还是国际米兰的主教练。有一些媒体放出消息说穆里尼奥跟皇家马德里达成了协议，还谣传穆里尼奥的欢迎仪式将在伯纳乌举办。这些消息把穆里尼奥推到了风口浪尖，他的合同成了热门话题。皇家马德里和穆里尼奥的一次重要会议在几个月后召开，当然了，门德斯作为见证人也出席了。这次会议的地点是一个非常隐蔽的地方，穆里尼奥身在葡萄牙，也不便到很远的地方开会，在那儿可以避免有人偷拍，或向媒体发布他们谈话的过程。那里完全满足此次会议的保密需要。

“我跟皇马的第一次谈判是在我家里展开的，在一个没有比赛的周末，各方都到了我家里，我跟他们说：‘最好的地方就是我家，半山腰上，那儿有一段山路，除非你开车，不然不可能到得了。’”门德斯和皇马的代表的车陆续到达，穆里尼奥依然很平静地坐在桌边："巴尔达诺怎么不在？我问他们：'巴尔达诺不走了吗？'他们说：'不是的，但是他还会留一阵子。''那他为什么不在这儿？'参与这次会议中的某个人说：'他对这次会议并没有影响，他不知道这件事。'他们告诉我体育总监是一个最具社会性、最具媒体关注度的角色，然而对于重要决定，他没有决定权。现在这个重要的决定是要更换教练。'我们想要你，只想跟你谈，他没有必要知晓这次会议。'我确实觉得有些奇怪，门德斯跟我说明了情况，我才开始跟他们谈判。"

这个谈判直到国米获得了欧冠冠军之后才结束，而不是像别人说的，在那之前就已经结束。穆里尼奥坚持不能在关键的比赛前跟皇马签任何文件。他明白皇马迫切地想要跟他签合同，俱乐部想要确切的结果，他们担心穆里尼奥过后会改变主意或者拒绝签字。"在马德里举办的欧冠决赛前夜，球队下榻在米拉西耶拉酒店，有一个皇马的工作人员过来找我，这个人我之前从未见过。他过来拿着我的合同跟我说：'我是来跟你签合同的，因为弗洛伦蒂诺怕你拿了欧冠冠军之后，国米的主席莫拉蒂不肯放你走。'我告诉他：'听好，现在给我滚出去。让我踢完决赛再说。我说话算话！'"比赛之后我就签了字……就在当晚，获得冠军，我跟我的家人共进晚餐，之后就签了字。我问弗洛伦蒂诺是否愿意跟我共进晚餐，弗洛伦蒂诺说：'你还是安安静静地跟家人共享天伦吧，我就不打扰了。'"

接下来发生的……

有一个人从2001年开始就在穆里尼奥的球队中工作，他参与每一次日常训练，每一次集训，每一次的胜利、平局或者失败，他是训练师，是心理医生，是助手，承担你能想象得到的所有工作。他参与过跟穆里尼奥相同甚至更多的比赛，他会庆祝进球，也会跟裁判理论。这就是鲁伊·法利亚，一个完美的工作伙伴，拥有成为一名杰出教练的潜质，辅佐着他认为的可能是最优秀的教练员。“思想就是一切，万事万物只是为了创造它而存在。”这句话一直被鲁伊·法利亚奉为信条，这也是他在工作中应用的理论。鲁伊是何塞·穆里尼奥的首席助手，他与门德斯、穆里尼奥共同经历了波尔图、切尔西、国际米兰、皇家马德里到现在再次回到切尔西的旅程。当穆里尼奥准备别的事情时，法利亚就接过教鞭，承担教练的职责。他现在已经可以独立担任教练工作。但是另一方面他又对独立执教不感兴趣。在他执教的比赛中，中场展现了强有力的水平，这正是他想要的。他在穆里尼奥身边十年，吸取了十分可贵的经验。他们是密不可分的好朋友，没人知道什么时候，也许就只有在下辈子，他们才会为了谁当主教练而竞争吧。但这并不意味着鲁伊·法利亚就永远是个首席助理，就如同爱因斯坦对于永远的描述：“这世界上只有宇宙和人类的愚蠢是永恒的……而且我还不确定宇宙是不是永恒的。”时间、实际和规划会让一个人的生活发生改变。鲁伊·法利亚会是“穆里尼奥第二”吗？穆里尼奥祝福他，并说道：“鲁伊·法利亚跟我在很多方面都有相似之处。现在到了他可以随心所欲的时候了。有一个问题我也问了自己很多次，为什么一个如此天赋异禀的人，到现在还不是主教练呢？现在我知道如何回答这个问题了。鲁伊已经是个教练员了。就像我过去一样。我没有刻意加快自己成为主教练的步伐，所以我现在成功了。如果之前范加尔没有从巴萨下课，我还会在他身边待几年，因为当时我只觉得自己是个纯粹的助理教练。范加尔是我的上司，就好像我是鲁伊·法利亚的上司一样。范加尔离开了巴萨，成了荷兰国家队的主帅，荷兰国家队里当然只接受荷兰人，那我怎么办？我从没想过成为另一个人的助手，现在该轮到我了。我想鲁伊也是一样，他现在开始不必再做任何人的助理，他已经可以做主帅了。”

甜心先生

你们知道汤姆·克鲁斯主演的《甜心先生》吗？这部电影讲述的是一个体育经纪人突然意识到了人的价值高于金钱的价值，之后开始收获成功。在穆里尼奥的访谈中，我们一度谈起了这部电影。穆里尼奥就门德斯和汤姆·克鲁斯扮演的角色进行了对比，霍安·拉波尔塔和恩里克·赛雷佐也做过这样的比较。

“豪尔赫·门德斯是经纪人。电影《甜心先生》中汤姆·克鲁斯扮演了一位美国一些运动项目中顶尖运动员的经纪人，豪尔赫·门德斯就是这个人物的原型。如果你问谁是教练呢？教练有很多人，有四个、五个或者六个是最优秀的。但是说到经纪人，就只有门德斯一个。”

访谈已经进入了尾声，部分参与的人已经换了衣服，打算休息一会儿，下一周就要开始紧张的欧冠赛程了。穆里尼奥站起来，他微笑着结束了这次谈话：“我可以再跟你们多说一点，不过这不是我的书，这书是门德斯的。”离开时我们又一次体会到了伦敦人的热情，全体教练团队、工作人员都跟我们道别。这六个小时令人难以置信，我们在这个大家庭里看到了、学到了很多东西，尤其是能倾听像穆里尼奥这样的一位天才谈论门德斯那样的天才。就像《甜心先生》中的一句台词一样：“每个地方都有天才，只不过要达到职业的地步，就像爆米花一样，有些炸开了，有些则没有。”显然，这两个人是炸开了的爆米花。

豪尔赫·赫苏斯——一对好朋友

豪尔赫就是为了当经纪人而生的。

本菲卡的主教练豪尔赫·赫苏斯，在35岁的时候差点就离开了足球界。他曾在葡萄牙法罗地区的一支名为奥曼希尔人的第三级别球队效力。1989年的一个周末，在里斯本的一个迪厅里他结识了门德斯。

“开始的时候我们没有怎么接触，不过这几年下来我们慢慢地互相熟悉了。”跟其他的经纪人案例不一样，现在本菲卡的主教练跟门德斯之间的关系不是工作上的，而是这些年来他们积累的友谊。“作为经纪人，他是世界上最优秀的；从做人的角度，他是一个好朋友。他很敬业，很优秀，工作努力。不管是作为一家之主、经纪人还是作为我的好朋友，我都很尊敬他。”

豪尔赫·赫苏斯在离葡萄牙很远的地方开始了他的事业，他向最优秀的人学习。他在约翰·克鲁伊夫的指导下进行培训，直到开始他自己的职业生涯。

“每个人都有自己的天赋。门德斯天生就是个生意人，克里斯蒂亚诺天生是个球员，其他人，我不想说自己，不过我天生就是当教练的料。门德斯有自己的天赋，他为成为体育经纪人而生。”不过在门德斯成为他的经纪人之前，豪尔赫·赫苏斯还在为给一家葡萄牙普通的俱乐部带来胜利而发愁。他执教的第一家俱乐部是阿莫拉，一支第三级别的队伍，排名在塞图巴尔后面，他带领阿莫拉获得了联赛冠军。之后他去了北边，在那儿获得了提升。他来到了费尔盖拉斯，一支葡甲“升班马”。他在执教塞图巴尔维多利亚和吉马良斯之后，获得了巨大的成功，得到了进入葡萄牙精英球队的通行证。2006—2007赛季，他执教的比兰伦斯获得了联赛第五，从而取得了欧联杯参赛权，并且夺得了葡萄牙杯的冠军。

与此同时，豪尔赫·赫苏斯也在成长，他保持着和门德斯的友谊，这两个同名的人当时只是单纯的朋友，没有别的东西。“第一次见面时，我们彼此都感到很亲切，这种亲切感一直保持着。门德斯住在北边的维亚纳，他一步一步走进了体育世界，后来成了世界上最好的球员和教练的经纪人。”但是 2008 年的时候，门德斯还不是他的经纪人，赫苏斯跟布拉加竞技签约了，他朝梦想成真又迈出了一大步。他在布拉加的第一个也是唯一一个赛季，球队排名联赛第五，欧联杯进入八强。豪尔赫·赫苏斯占据葡萄牙每日新闻的头条，在里斯本他的名字如雷贯耳，传闻他将会替代弗洛雷斯成为本菲卡的主教练。从那时起，门德斯虽然没有成为他的经纪人，也给他提供了最好的建议。“我记得还没去本菲卡的时候，手上有几份合同让我犹豫不决。门德斯建议我去本菲卡。那时候我们只是单纯的朋友，他不是我的经纪人，直到五年前我们才开始合作。不过到现在，我都没有请求过门德斯的帮助，以后有没有机会呢，走着瞧吧。”

门德斯不是胡乱做出的决定。通常来说，他会了解球员或者教练的个性，观察他更适合哪支球队，能在哪支球队获得最大的成功。那并不是任性妄为，而是深思熟虑之后做出的选择。

“作为经纪人，门德斯能够针对你运动生涯即将发生的事给予你指引和建议。门德斯跟球员和教练工作总是十分认真，他总能知道最适合他们性格的是哪一支球队。要是有一天我离开本菲卡了，门德斯会马上为我找好下家的。一旦我们有所行动，就是万无一失的。”赫苏斯说。

2009 年夏天，赫苏斯开始收获他教练生涯的巨大成功。直到现在已经经历了五个赛季，夺得两次联赛冠军、四次联赛杯冠军、一次葡萄牙杯冠军并且两次打进欧联杯决赛。恰好在半决赛前，他邀请了门德斯共进晚餐。

“我们整日畅谈，一直到凌晨两三点。门德斯从不休息。他也不是每天给我打电话，而是每周 3 到 4 次。当你没有获得胜利时，他会给你一些安慰，让你安心。当你取胜时，他会赞美你的工作。”当然了，有时候门德斯会在重要会议前给他打电话，赫苏斯说：“昨天门德斯给我打电话告诉我说：‘你必须淘汰尤文图斯，你得战胜他。’我告诉他：‘我们走着瞧。’门德斯非常乐观，他是个赢家。我们说了很多与我职业生涯相关的事，讨论了本菲卡的计划，还有其他的事情，门德斯不仅是我的经纪人，还是我的朋友。”

两个“充满激情的人”

两个豪尔赫有一些共同点：他们的工作方式。豪尔赫·赫苏斯是一个很倔强的人，他在比赛中关注的东西在技术层面以上，这也是他为人熟知的一面，他能在心理上凝聚他的球队。“这是他的特别之处，但是我们对待事情的方式是一致的，我们都有同样的责任感。门德斯的不同在于他总是非常认真，从来不把今天的事拖到明天。”豪尔赫·赫苏斯对待工作也有一样的激情，有时候很难找到合适的话语来形容这份激情。一次新闻发布会上，他举了画画的例子：“教练员就像画家。有一次我去参观宝拉·雷哥的画展，他告诉我他的一幅画里有一个哭泣的玛利亚的肖像。我什么都没看到，但是宝拉·雷哥看到了。这跟当教练是一样的。你们无法看清很多事情，因为这些不是肉眼可见的。这里面包含了长时间的训练。我的工作包含所有的东西，招到一两个优秀的球员，并不能定义我工作的好坏。教练员每周做的是很复杂的工作，需要投入激情，需要很多的知识。”

经纪人的工作也一样，基本都是幕后不为人知的，有时候甚至连参与者都不清楚。“门德斯是天生的工作狂。他现在在葡萄牙，如果他不得不去中国的话，在两个或三个小时内他就会从这儿出发去中国。门德斯就是如此，没有日程安排，工作不分国界。因此，他在他的领域内获得了成功。”豪尔赫·赫苏斯满怀敬意地说。对于教练来说，经纪人的性格，做事的条理、方法、计划性都很重要。选择豪尔赫当经纪人有很多的优势。他会及时给你提供建议，来完善你的球队。

“门德斯工作非常负责也非常专业。不管是在波尔图、皇马还是巴塞罗那，俱乐部主席认为门德斯是来帮助他们的，而不是来谋利的。他和世界上所有的球队都有合作，跟每个俱乐部主席都私交甚好。”因此他能够更好地帮助他的客户，比如豪尔赫·赫苏斯，当他带领球队准备下个赛季时，门德斯就会帮助他做出最合适的决定。

“除了经纪人的基本素质，他还有别的秘诀：对市场了如指掌。他会帮助你，指引你，给你建议，让你能够做出正确的决定。这个决定的实现，需要你买入一些新的球员，那个时候，门德斯就是至关重要的！”

没有界限，没有极限

门德斯不是那种随便做决定的人，所以他喜欢那些专业人才。

“对于我来说，门德斯独一无二。我确信那些愿意冒险的人，能够在各自的人生中登上更大的舞台。但是他还是原来那个他，那个我们所熟悉的朋友，那个顾家的好男人，那个优秀的经纪人。不是随随便便就能成为最好的经纪人的，你必须得有一些别人没有的东西。这些年间，虽然也有不少优秀的经纪人，但是门德斯从来不原地踏步，他的品质和对工作的激情，让他能不断获得进步。”

直到现在，门德斯都没有干涉过赫苏斯的职业生涯，但是因为门德斯，这个葡萄牙教练的未来有了保障。

赫苏斯告诉我们，门德斯签下他的时候问了他一个问题：“你想执教哪支球队？”豪尔赫·赫苏斯回答道：“我只想执教一些豪门，比如皇马、巴萨或者曼联。有时候我跟他开玩笑：‘为什么不让我去一支像巴萨或者皇马那样的球队呢？’”他野心勃勃，确信教练这项职业没有国籍之分。“一个教练，在世界上任何地方都能执教。”是这样的，不过他还没成为葡萄牙国家队的主教练。“我没有成为国家队教练，不过十年后就有可能了。现在我不是，因为国家队主教练的工作更侧重于挑选球员。我偏爱日常的训练和比赛，我很享受每个周末让人肾上腺素上升的比赛。”

努诺·埃斯皮里图·桑托

“豪尔赫是我的朋友，我们情同手足。”

在豪尔赫的帮助下，努诺转会到瓦伦西亚。林荣福接手俱乐部前，为了实现瓦伦西亚的新一轮计划，努诺一直是萨尔沃的第一选择。2014 年 7 月 5 日，努诺在图里亚接受采访，那也是他第一次在媒体面前公开他跟豪尔赫的关系：“这不是什么秘密，我跟豪尔赫有 20 年的交情了。20 年前我们就是很好的朋友。对我来说，他是个很重要的人，是个伟大的朋友，也是世界上最好的经纪人。也是因为这些，他为我的工作提供了很多便利。不过，最重要的是我和他的友谊。”

努诺刚实现一个伟大的梦想：他得以和豪门签约。之前的两个赛季，他效力于葡萄牙一支普通的俱乐部——里奥阿维。在他的执教生涯中，有一场关键的比赛，这场比赛让他获得了“新穆里尼奥”的称号。预言未来是不可能的，但是如果有人拿着一个魔力水晶球，他一样能窥探到：在未来，门德斯会成为足球经纪人，会看到努诺·埃斯皮里图·桑托和穆里尼奥会成为教练。我们并不是强行提及穆里尼奥，因为对于努诺来说，“穆里尼奥是最优秀的。没错，因为对于我们这些葡萄牙教练员，是他的名气，为我们提供了在其他国家工作的机会。他是最好的教练”。

通过努诺身上展现出来的品质和其他人对他的评价，你不需要成为一个能够预言的先知就能猜想到他的未来。从他整天沉浸在战术板前研究战术这一点，我们就可以看到这个教练是如何成长的，就好像那些天赋极高的球员，依然每天努力提升自己。好运气总是伴随着他们，也许是天使带来的，也许就是他们自己的姓氏带来的，所以，看到埃斯皮里图·桑托的未来并不困难。

“你会看到这个教练有多优秀，他是最好的教练员之一。”在和里奥阿维签约的时候，门德斯如此评价努诺，从此开启了他在那儿的执教生涯。他在里奥阿维的第一年，取得了令人难以置信的成绩。他执教一支普通的球队，在半决赛中 1 ：0 淘汰布拉加，两度与本菲卡会师杯赛决赛，令人瞠目结舌。门德斯在一次采访中，在许许多多相机的注视下说：“你在看着我吗？是哪个镜头？你在看着我？这因你而起，我也是为你而做的。我敬佩你！”

第二次决赛遇到红衣军团是在联赛杯，虽然 0 ：2 落败，但是获得亚军的里奥阿维是一个值得尊敬的对手！

努诺·埃斯皮里图·桑托从来都不是随便赢得比赛的，他是个有方法的教练。是的，运气也是足球的一部分，但是在他身上，每场比赛的背后都付出了很多心血：研究战术，观看录像带，做分析，不断地演练，当然，还有球队日常的训练，这些让球队获得了最高的训练效率并且得以在场上顺利地执行战术。努诺执教的第一支球队——里奥阿维是葡萄牙北部公爵村的一支普通的球队，没有拿得出手的球员更别谈巨星了，可是这是一支有信念的球队。

“国内一系列的杯赛——葡萄牙杯和联赛杯——结束之后，我明白，我不会继续执教这支球队了。我跟门德斯还有林荣福的关系很好，离开是件很容易的事情。林荣福可能成为瓦伦西亚的新任主席，他告诉我，如果这事确定了，我将会成为瓦伦西亚的主帅。”

努诺开始操心他跟瓦伦西亚签约的事情，当时瓦伦西亚正在跟班基亚银行处理一些非常复杂的商业问题。之后就确定了林荣福入主瓦伦西亚。努诺告诉我们得知这个消息时的场景：“当时我和门德斯正在等待最后的投票结果。当我们知道了林荣福取得绝对优势时，门德斯告诉我：“‘你要去瓦伦西亚，现在可是板上钉钉了！’”

瓦伦西亚的工作人员都觉得努诺是个“很聪明”的教练，成熟稳重，对足球有着深刻的理解，富有幽默感，这是指挥球队的关键。林荣福和门德斯在努诺与瓦伦西亚的合约中起了很大的作用，但是他与瓦伦西亚前任主席萨尔沃之间的密切关系也影响深远，因为做出最终决定的就是萨尔沃。

“自从林荣福被选举为主席后，我就一直等待着，尽管还未完全确定。最后还是萨尔沃出面决定，我将会成为瓦伦西亚的主帅。”努诺说。萨尔沃相信努诺能够帮助瓦伦西亚重整旗鼓。一切或早或晚都会来的，就像之后发生的事情一样，新加坡富豪掌管了俱乐部。“尽管面临着严峻的挑战、很高的训练标准和繁杂的工作任务，我都不会改变自己的足球哲学。要获得成功，只能不断地努力，辛勤工作，付出时间。这也是我想做的，努力让一切有序运作。”

第一个夏天，除了教练工作，努诺和萨尔沃还要跟林荣福做好交接工作，他要做出一些新的改变，特别是跟瓦伦西亚球队有关的一切。他们都在努力，甚至林荣福还没有正式成为球队最大的股东时，他们已尽量让他知道一切细枝末节。“萨尔沃和我都跟林荣福保持着密切的联系，我们相信这对瓦伦西亚来说是好事一桩，我们将会变得更加强大，林荣福对球队的未来也充满信心。”这是努诺在接受我们采访时说的，当时还没有正式确定瓦伦西亚的所有者。努诺还要参加一场训练，早些时候他接待了一个来通知赛制规则变动的裁判。

“我在瓦伦西亚很开心，充满动力，总想着让自己的工作更加完美。是的，这看起来有点苛刻，我没法看到未来，我要做的就是坚定我的信念，这是一支有很多新球员的球队，我要做的就是让它一天一天变得更加稳定。”努诺说。尽管努诺执教生涯短暂，但他也获得了葡萄牙国内几家重要俱乐部的垂青，例如布拉加竞技和本菲卡，他们都试图把努诺招到自己麾下。自2010年起，他跟随费雷拉开始了自己的教练生涯。不管是在马拉加还是在帕纳辛纳科斯，他的职责都是守门员教练。可别忘了，努诺曾是个门将，他也是门德斯签下的第一个球员。

他在40岁的时候，职业生涯获得了关键性的飞跃，与图里亚俱乐部完成了签约。过了如此长的时间，他终于踏进了欧冠的大门。他在 40 年的时光中有一半与门德斯共事，这段友谊贯穿他的生命。“你们明白的，豪尔赫是我生命中的一部分，他是个了不起的朋友。他特别欣赏那些有办事能力的人，会给予他们帮助，但是同时也对他们有很高的要求。我的职业生涯将会一直与他在一起。他是我人生中的一部分。”努诺说。

胡伦·洛佩特吉

“豪尔赫是一股‘正能量’。”

当很多人觉得胡伦·洛佩特吉是西班牙国家队主帅博斯克的接班人时，一则令人震惊的新闻出现在了葡萄牙各大媒体的版面上，他成了波尔图队的新教练。有很多国外的球队都对洛佩特吉感兴趣，不过没有哪一家像波尔图这样确切，他们提供了这么多的保证金，还有很有前途的计划。门德斯摆出了化难为易的姿态介入这笔生意，在洛佩特吉眼中，门德斯是一股“正能量”。在马德里，豪尔赫和洛佩特吉一起吃了很多次饭，讨论一些来自英格兰和法国的邀请，一直到平托·达·科斯塔拿着波尔图的合约出现。达·科斯塔希望洛佩特吉能够建立一种新的秩序，在萨格雷斯联赛中改变这个被本菲卡统治的葡萄牙。为了避免节外生枝，2014 年 5 月 6 日，波尔图主场官方宣布了西班牙 U21 国家队教练的到来。5 月 6 日之后，他们还有充足的时间，可以在季前做好准备，可以做好计划并且实现它。

平托·达·科斯塔说：“我们给予门德斯最大的信任，因此同他签了一份 3 年的合同，我们想要建立一支稳定的球队，保证未来几年能夺回原来的位置。”

直到一年前，门德斯跟洛佩特吉还不认识，更并不会坐在一起侃侃而谈。

“我们是在一次晚宴上认识的，通过卡洛斯·布塞罗，他是豪尔赫的好友。我们谈论了自己的担忧，谈论足球，谈自己所想，谈关于教练的一切。”洛佩特吉刚刚结束训练，从满是波尔图海报的大厅走过来，他说：“是有过一些足以让我离开的邀请，但是我没有离开。我希望能专注于每天的工作。要拿出一个新的计划，我也不是很有把握，因为那不是件容易的事。我指的是我们要负责任地制订出一个计划，有改变事物的可能性，也有良好的动机和可能来表达我们的观点。”

从长远考虑，他希望建立一支稳定的球队，注入新鲜血液。球队中有一些球员过去很辉煌，比如哥伦比亚人杰克逊·马丁内斯；有些球员很有潜力，比如年轻的鲁本·内维斯；还有些新面孔，比如马德里人卡塞米罗；还有些是参加过巴西世界杯的球员，比如加纳人丹尼尔·奥巴雷和荷兰人马丁斯·因迪。但是“洛佩特吉工厂”还有6个西班牙人将要到来，6个带着西班牙口音、技术超群、前途无限又渴望展现自己的球员，他们是：奥利弗·托雷斯、阿德里安、特里略、何塞·安赫尔、马卡诺和守门员安德雷斯·费尔南德斯。这是6个西班牙新星，有1人在U21队中已经小有名气，在国字号球队里踢球本身就是件很有压力的事，球队的哲学还要求他们付出更多的努力。

“我告诉这些孩子，很多人说‘我们要赢下所有比赛’，那当然很好，不过说说是很轻松的事情，事实上，唯一有价值的东西，就是你的努力。”胡伦说也许就是这些想法说服了门德斯。“我们分享了一些想法，豪尔赫很喜欢我的计划。在波尔图确定和我签约之前，我一直都有其他的选择，包括去一些豪门。不过对我来说，波尔图是家完美的俱乐部。”

这个选择十分吸引这个吉普斯夸人，在一个充满变量的职业中，洛佩特吉面临着一个新的挑战：执教过巴列卡诺和卡斯蒂利亚之后，根据自己的经验，他明白要留在这个俱乐部的艰难性，毕竟这不像马德里的拉斯罗萨斯，在这儿他每天要面对的是国家队未来的哈维和伊涅斯塔们。所以他不想谈论未来，而是谈谈当下："这都是些老生常谈的东西，不过我是不会跟你说未来会怎么样的，我也没法知道。我对现状感到满意，也在积极准备训练和比赛。我知道波尔图是支有历史底蕴的球队，但是我们不会让历史阻碍我们，而是让它推动我们前进。"

门德斯和洛佩特吉认识之后，他们之间的关系一直是很简单透明的。最开始的时候，洛佩特吉曾坦白真诚地说："豪尔赫非常优雅、诚实，这是我的感觉。一开始，我俩的关系就很简单。毫无疑问，他非常重要。他是一个特别的、与众不同的人，从你初次认识他开始就给你带来能量。他是一个伟大的工作者，这也是让我最为吃惊的。他无时无刻不在工作，每分每秒都有工作的动力。他总能带来希望。"

追寻波尔图主帅的人生足迹，在足球世界中，他是个十足的幸运儿，敢于冒险，并获得了很多胜利，其中包括 U19 和 U21 欧冠冠军；球员时期，作为门将，他也在各个俱乐部积累了自己对足球的认知（这些俱乐部有圣塞巴斯蒂安、卡斯蒂利亚、拉斯帕尔马斯、皇家马德里、巴塞罗那、巴列卡诺）。他在皇家马德里专注于国际足球方面的工作，在那里他建立并发展了和卡洛斯·布塞罗的关系。"谁是卡洛斯·布塞罗？""他是我在皇马工作时认识的，布塞罗是佩贾·米贾托维奇的左右手。我和他的关系就像他跟佩贾一样。他非常专业，我非常信任他。"洛佩特吉回答道。

2004 年，穆里尼奥执教的波尔图成为一匹黑马，展现出了欧冠冠军的实力。我们问洛佩特吉是不是想成为"第二个穆里尼奥"，尝试着获得一次欧冠冠军。

"我们的工作跟牛奶工的工作一样，每天都要踏踏实实的。必须日复一日好好工作，把事情处理好，给自己希望。虽然总会有困难出现，但是我们要坚持一开始走的道路。"洛佩特吉回答道。

洛佩特吉和门德斯都对足球满腔热忱。"豪尔赫连吃饭的时候都在工作，你在能够接触到足球的地方吃饭，就会认识很多很多人，有来自西班牙的、欧洲的、世界的。”洛佩特吉笑着说道。这次的访谈就要接近尾声了，他最后评价了我们的超级经纪人：“从来没有人给予豪尔赫什么，这个日新月异的世界充满了竞争，他所获得的尊重和地位，都是通过他自己的努力和诚信获得的。诚信是一天一天累积起来的。豪尔赫是个很坦诚的人，总能给人亲近的感觉。”

秘诀 7　奉献的灵魂

一个工作者，保持大脑的运作，坚持自己的目标，这才是一个健康的人。人们总是跟我说："你得平静些。"我想闲下来的时候会有别的东西让我烦恼，我会因为无所事事而感到郁闷，会觉得人生失去了希望。

——豪尔赫·门德斯

Com o troféu Globe Soccer atribuído ao melhor agente do ano.

十一 门德斯的球星们

当你走进热斯蒂夫特在里斯本总部的大门（另一个分部在波尔图）时，首先看到的是一幅巨型海报，上面写着“这里有最闪耀的巨星”。这是世界上最成功的足球经纪公司的欢迎标语。你只要看看门德斯旗下的球员，就知道这不是一句骗人的话。当你走进公司内部，首先来到的是足球名人堂，在球星的海报前面都会放着一颗足球。穿过名人堂，你会看到很多的办公室和办公桌，每张桌子上都贴着标语，这些标语都是这里的工作人员自己做的。其中一条是拳击手穆罕默德·阿里的一句名言：“冠军不是诞生在健身房里的，而是诞生于他们内在的东西——一种欲望，一种梦想，一种远见。”我们可以说，这就是这个公司的真实写照。

门德斯旗下的球员数量日益增加。时光流转，足球在改变，球员们也在改变，他的球星们会慢慢地失去巨星的光芒，不得不开始另外一段职业道路，他们会显现出全新的天赋，来为热斯蒂夫特服务。门德斯的球员大部分是葡萄牙人，事实上，葡萄牙国家队中很大一部分参加过巴西世界杯的球员都是门德斯的客户。布鲁诺·阿尔维斯、佩佩、米格尔·维罗索、科恩特朗、威廉·卡瓦略、若奥·穆蒂尼奥、阿尔梅达、里卡尔多·科斯塔、梅雷莱斯、若奥·佩雷拉、波斯蒂加，当然还有C罗。但是门德斯的事业还在葡萄牙之外的国家发展，在巴西——一个跟葡萄牙颇有渊源的国家也有一些巨星属于他，比如迭戈·科斯塔、米兰达、费利佩·路易斯和法比尼奥。在阿根廷他发现了迪玛利亚，在哥伦比亚发现了法尔考和哈梅斯·罗德里格斯。在西班牙，他签下了德赫亚、阿德里安、桑迪米娜和萨乌尔·尼格斯。在法国则有近期和曼城签约的埃利亚奎姆·曼加拉。这些人都是转会市场上炙手可热的人，不过门德斯的影响力远不止于此，他还能让经纪人事业远离世俗权利的干扰，比如阿尔达·图兰和库尔图瓦，这两名球员都不是热斯蒂夫特的客户，但是他们能顺利转会到马德里竞技，门德斯可有不小的功劳。同样的事情还发生在斯洛文尼亚门将扬·奥布拉克、罗德里格·莫雷诺和安德雷斯·戈麦斯身上，后面两人均是瓦伦西亚的球员，都由林荣福出资支持。

安德雷斯·戈麦斯是西甲冉冉升起的新星，他是最受瞩目的球员之一，他正在崛起，前途无量。

“豪尔赫会为球员担心，为他们投入很多的精力。他总在为他的球员追求最好的东西，他能获得今天的位置当之无愧。”戈麦斯说。当时旁边还有另外一名门德斯旗下的球员，他跟我们分享了自己的看法：“他很有亲和力，是和球员最亲近的人，他帮助满足球员的所有需求。他很专业，同时又很谦逊，能得到今天的一切，都源自于他自己的努力。”

塞尔吉奥·阿尔维斯刚从通道里出来，他这么评价热斯蒂夫特的工作：“现在有人说我们有很多的球员效力于皇马，以前则是在巴萨，这是一种循环。你压根儿不要去理睬这些东西。”现在所有的球员都想得到门德斯的帮助，但这是不可能的了。有些人，比如卢秋·冈萨雷斯，他就很后悔没能加入热斯蒂夫特，这个即将加入切尔西的阿根廷人在接受《踢球报》杂志采访时说道：“我的职业生涯中唯一一件让我遗憾的事情，就是没能跟豪尔赫·门德斯签约。”决定签约对象对于热斯蒂夫特是一件很慎重的事，他们从来不想因为球员而影响生意。最开始，他们进行了很多球员运作，都是些没有什么市场的球员，公司没有赚到多少钱。不过金杯银杯不如球员们的口碑。正是那些球员，让人们看到了他们的经纪人的工作激情。他们的故事就是门德斯功绩的最好见证。

哈梅斯·罗德里格斯

“我当时在一家餐馆吃饭，门德斯跟我说：你要去皇马了。我不由得尖叫起来。”

2014年7月22日，马德里的一个凌晨。还剩几个小时，哈梅斯·罗德里格斯就要实现他的梦想了。凌晨时分，我们在门德斯家中见面，哈梅斯很平静，坐在蓬松的沙发上玩着手机，等着梦想的光芒降临。他的妻子在楼上休息，过去的24小时发生的事情，一直让他肾上腺素飙升，久久不能平静。还有不到8个小时，他就要接受新俱乐部的体检，不过他并不感到焦虑。“现在我一点儿也不紧张，也许现在让我睡觉，我会想更多事情，那就更睡不着了。或者到了早上的时候我会紧张，但是现在一点儿也不。”哈梅斯说。他微笑着站起来欢迎我们，感觉很有教养。这是他以皇马球员的身份第一次接受访问，这次访问是关于那个帮助他实现梦想的人——豪尔赫·门德斯。

哈梅斯是近几个小时里最热门的人，几天前，他还在飞往马德里的飞机上被一个小朋友拍了下来。“我印象很深刻，因为我记得很清楚当时我在他衣服上签了字，后来我在电视上看到了他。”哈梅斯说。之后，哈梅斯在巴哈拉斯四号停机楼下了飞机，之后就失去了踪迹。有人说他还躲在马德里，有些人则说他没有离开机场，而是搭了另一架飞机回摩纳哥去了。各种围绕着哈梅斯合约的谣言和猜测充斥着媒体、广播和电视节目。所以第一个问题是必须的，哈梅斯究竟去了哪里?

“真实的情况是，我当时上了前往波尔图的飞机，我跟门德斯在那儿会合，我在他家清净了几天，看到媒体这么炒作，我也挺意外的，他们是怎么想到这些的！昨天我才从波尔图到马德里，现在就跟你们在一块儿了。”故事从2011年开始，“我当时在波尔图，我知道门德斯是世界顶尖的经纪人，我很清楚要结束合同，然后和门德斯一起工作。”哈梅斯说，随后他也和其他的哥伦比亚同胞分享了这个观点，其中就有法尔考，这个前锋跟哈梅斯说了很多门德斯的好话，使得哈梅斯十分渴望与这个经纪人合作。“我知道跟谁一起工作才是最好的选择。”随后，他们在波尔图会合，哈梅斯告诉他的经纪人他最想去的球队。“他问我哪支球队是我梦寐以求的，我不假思索地说我想去皇马。他告诉我要保持冷静，在合适的时间，这个梦想会实现的。当时我还很年轻，不过很幸运，现在我的梦想实现了，我非常幸福。”

命途多舛的孩子

哈梅斯的足球道路从托利马青训学校开始，他在 12 岁的时候就确定了自己要走职业球员的道路。“我想成为职业球员，从托利马开始，后来这似乎是上帝的旨意。”小哈梅斯说。现在他已经穿上了 10 号球衣。“为什么是 10 号？”孩童时期的他没有什么偶像，仅仅是出于对这个号码的喜爱。“我一直想穿这个号码，身穿 10 号的人总能通过射门、助攻、传球改变场上的形势。”他从小就如此专注于足球，当时他的经纪人是他的母亲——皮拉尔・卢比奥・戈麦斯。“是的，我的母亲还有我的继父，他们都很支持我，他们为我寻找球队，我永远不会忘记这些，因为他们帮助我成长了许多。”哈梅斯说。也正是多亏了他的父母，他才能进入恩威哈多，那是一家高级别俱乐部，在那儿他实现了更高的目标。“8 岁的时候，我就明白自己会走职业道路，也会在像皇家马德里那样的俱乐部踢球，我一步一步地实现这个梦想，在这个过程中我付出了很多时间也做出了很大的牺牲。好事坏事都已成过往云烟，我希望能在那儿待很长的一段时间。”对于哈梅斯来说，去皇家马德里并不是随便说说，因为除此之外他不想去任何其他球队。“当我最开始有点儿想法的时候，我就想去皇马。在这里踢球是我唯一的梦想，因为自从罗纳尔多、齐达内、贝克汉姆在这儿踢球起，我就再也没办法抹去这个梦想。当时我 11 岁，现在，我终于来到了这里，这简直是个梦，不过我内心很平静，希望明天会是个美妙的日子。”

2008 年，哈梅斯离开哥伦比亚。当他离开他的国家在班菲尔德踢球时，他被叫作“哥伦比亚人”。他开始了在阿根廷俱乐部的征程，在那里他开始崭露头角。他在那里两个赛季的表现引起了波尔图的兴趣，前往欧洲踢球的梦想越来越近。波尔图以 500 万欧元的价格买走了哈梅斯。2010 年，哈梅斯抵达波尔图，开始了他的葡萄牙足球之旅。也许那时候他的同胞法尔考的光芒太过耀眼，哈梅斯并不受媒体宠爱，不过他已经在足球界颇有名气。他在波尔图 3 个赛季，打进了超过 30 个进球，赢得了 1 次欧联杯冠军、3 个联赛冠军、1 个葡萄牙杯冠军和 3 个超级杯冠军。对于一个年轻球员来说，这样的成功是无与伦比的，几乎不可能被超越。

“在波尔图的时候，我一般踢右边锋的位置，有时也会调到左边，负责左路的进攻任务；我也踢 9 号影锋的位置，在中场随时准备插上。”哈梅斯说。

2013 年的夏天，摩纳哥开启转会计划，他们重新回到法甲，急需扩充自己的阵容。很多球员都出现在了引援名单上：穆蒂尼奥、卡瓦略、法尔考和哈梅斯・罗德里格斯。

“离开波尔图不是件简单的事情，因为他们要价很高。不过摩纳哥还是签下了我，给了我很可观的薪水，其他俱乐部可不会付给我这么多钱。”哈梅斯说。摩纳哥花了 4500 万欧元转会费，“不过最吸引我的是一个全新的更有野心的计划，其中包括了法尔考、穆蒂尼奥、阿比达尔、卡瓦略这样的球员。如果他们能够拥有这些优秀球员，那一定能做一番大事。”

大新闻

在巴西世界杯上崭露头角之后，哈梅斯又回到了哥伦比亚，他跟几个朋友去了麦德林的餐馆吃东西。在世界杯之前，皇马已经跟紧了脚步，哈梅斯对此也有所耳闻。在巴西世界杯对阵乌拉圭的比赛中他独中两元。在这场比赛之前，门德斯都没有向他传达白衣军团的邀请。“我以前就知道这事，尽管我知道马德里正在追逐我，但是当时我只能安心待在国家队，我要表现得成熟些，全身心地准备世界杯的比赛，不容分心。”那次晚餐中大家谈论了世界杯金球奖。“只有罗本、穆勒、克罗斯这样的球员才能获得这个奖项，我还差得远呢。不过那确实很让人向往。”很快，这位世界杯金靴奖得主接到了来自门德斯的电话，当你正在期待着某个消息的时候，那种电话会让你瞬间绷紧神经。“两天前，我们晚饭才吃到一半，他打给我说：‘你过来吧，我们已经完成转会操作了。’我做的第一件事情就是打电话给我的妻子，告诉她一切都搞定了，她激动得说不出话来，只能不断地尖叫。”哈梅斯回到饭桌旁，他的朋友们都不知道发生了什么。“我激动得说不出话来，过了 5 分钟才缓过神来。”餐厅里都是人，哈梅斯很小心很害羞，努力保持着自己的仪态。“那儿有很多人，我发自内心地欢呼了一下，”哈梅斯握紧拳头做出一个庆祝动作，“后来我离开了餐馆，跟我的朋友一起去庆祝了。”那是下午的 5 点，当天晚上 10 点哈梅斯就坐上了前往马德里的航班。

回到现在，几个小时前，哈梅斯的名字出现在伯纳乌球场，不过他没有因为紧张而失去自己的笑容。每个人在三王节前都会高兴得像个孩子，不过他没有。他很淡定：“你明天看到我，我还是一样的平静，可能以后我开始踢球了，在上场比赛前我会感到紧张，但是一上场这些感觉就消失了。”正如他所预言，他第一次代表皇马登场是在加迪夫，对阵塞维利亚。那场比赛他为皇马带来了欧洲超级杯冠军。哈梅斯明白祖国人民都在关注着他在皇马的表现：“我想现场会有很多哥伦比亚人，马德里就住着很多哥伦比亚人。我的祖国对我有很高的期望。毫无疑问，我在这里的话，哥伦比亚跟皇马的关系会更亲近。”

我们问他是不是已经准备好了明天欢迎仪式的讲话内容，他回答道：

“啊？还要准备什么吗？我原本以为只有新闻发布会才需要准备。”我们大笑起来，房间里充满了笑声，不过哈梅斯很快就恢复了平静：“豪尔赫准备了，他比较有经验。”哈梅斯知道明天将会是难忘的一天：“我心里明白，那会是我人生中独一无二的时刻。”

最期待的日子

这个时刻终于到了。哈梅斯的车驶向伯纳乌，这座球场被当作皇马的圣地，周边的街上挤满了皇马的球迷。跟哈梅斯昨天晚上想的一样，街上还有很多哥伦比亚国旗。就连传奇球星瓦德拉玛和阿斯普里拉都认为哈梅斯是他们的继承人。“他们是我十分崇拜和尊敬的球员，他们创造了历史，能获得这样的称赞，我感到很高兴。我曾跟他们交流过，他们都是很好的人。在那个时代他们创造了历史，现在轮到我们创造属于我们的历史了。”哈梅斯说。当他从停车场的舷梯下来的时候，紧张感从胃蔓延到他的全身。哈梅斯想起不久之前的欧冠半决赛，他在观众席上为皇马加油助威的场景。

“我买了拜仁对阵皇马的门票，去现场支持皇马。我看到了很多球员，当然也看到了 C 罗，他是个伟大的球员。我还跟他拍了几张照片。”当说到 C 罗的时候，你还能从哈梅斯的眼神里看到一个孩子对于自己偶像的崇拜，他也发现跟这个葡萄牙人成为队友，享受同一个球场是一件很幸福的事情。“我们的经纪人是同一个人，这真是太棒了。罗纳尔多是个很伟大的人，我非常崇拜他。他获得了金球奖，真是实至名归。”但是今天，哈梅斯才是主角。过了一会儿，弗洛伦蒂诺出来迎接他，热情地跟他打招呼，他们走向玻璃门，进入球场，整个过程中弗洛伦蒂诺都陪在哈梅斯左右。

“弗洛伦蒂诺告诉我，胜利是皇马永恒的目标，这一点正好与我的观念契合。我时刻准备着为此努力，因为我也热爱胜利。”哈梅斯说。他刚刚出现，就听到数以万计的球迷呼喊他的名字，他微笑着向他们打招呼。走下楼梯，往一侧看去，他看到了他的妻子丹妮拉·奥斯皮纳，门德斯则站在离她很近的地方，正激动地看着哈梅斯。此刻哈梅斯脑海里浮现出经纪人告诉他的话："豪尔赫告诉我这支球队以往是怎么样的，他们是一支永远想要获胜的球队，在这儿踢球会有很大的压力。但是我说我已经准备好迎接挑战了。当初我在波尔图，那也是个充满压力的地方，那也是一支向往胜利、渴望前进的球队。我已经做好面对一切的打算了。"轮到哈梅斯致辞了，他回忆了一下昨天准备的演讲稿，走上讲台："下午好，我很高兴能够来到这里，美梦成真了。我希望能够为你们带来喜悦，也希望为球队带来胜利！前进！马德里！"

以上就是哈梅斯对欢迎他的马德里球迷的致谢。哈梅斯也私下表示了对于他的经纪人的感谢："我感激他，因为他总陪伴在我左右。他不仅仅与我一同工作，还是一个良师益友。感谢他一直指引我。"对于哈梅斯来说，豪尔赫在他的工作和日常生活中都非常重要："他是一个特别的人，我觉得豪尔赫是最好的，他总是出现在合适的时候，做合适的事情。"哈梅斯不仅赞赏门德斯的专业，也非常赞赏他们间建立的亲密关系。"当你一帆风顺时，他会告诫你要多加努力，不要松懈。当你表现不尽如人意，他会为你加油让你进步，也会提醒你必须做得更好。他是一个伟大的导师，会给你很多建议。因为他跟很多伟大的球员共事过，而我还非常年轻，能够倾听他的智慧是一件非常有益的事情。"

哈梅斯第一次披上皇家马德里球衣时，门德斯远远地看着他，他很高兴，因为他又一次让球员得到了理想的归宿。门德斯跟摩纳哥的副主席瓦季姆·瓦西里耶夫在一块儿，他微笑着用手机记录下这个难忘的时刻。对门德斯来说那也是特别的一天。

丹妮拉就在旁边不远的地方，跟自己的女儿在一块儿，哈梅斯的母亲和继父还没有来到西班牙。哈梅斯的家人非常信任门德斯。"他们知道门德斯是最好的经纪人，他们一直支持我，好让我每天都有所进步。他们信任门德斯。”哈梅斯获得了伯纳乌的荣耀，一切也如期而至，有好的也有不好的。甚至在他落地前就有人说，他能够来到皇马只是因为他在世界杯上的表现。对于这些言论，哈梅斯有自己的回答：“我们一直很清楚，总会有这些言论，但是当条件成熟，能够在这里获得成功，那么这些压力就不复存在了，我有这个信心。在这里你会感到压力，但是我已经准备好迎接一切，展现出自己最高的水平，为球队做出贡献。”

哈梅斯很谨慎，他从不仅仅沉溺于溢美之词，而是个谦逊的孩子。他知道在皇马不会受到他人眷顾，那些跟他一起比赛的巨星们也是一样的。“当你在那些巨星身边踢球，会简单很多。但是如果我不想踢得更多更好，那就完全是个错误。首先我得好好训练，在球队里赢得自己的位置。”

特别的贡献

哈梅斯·罗德里格斯的梦想已经实现了，他终于穿上了皇马的球衣，但是，当他最远大的目标已经实现时，未来还剩下什么呢？现在，门德斯对他有什么要求？

“没别的，他做的就是支持我，让我获得进步。但是首先我得取得一些成绩。比如第十一冠！为什么不呢！我已经为它做好了准备，我会帮助球队实现这个目标。我希望能够跟皇马一起获得更多的胜利！”哈梅斯说。

“你请求门德斯让你加入皇马已经过去那么多年了，当初你们之间有什么约定是你必须实现的吗？”

“这个倒没有，我没跟他约定什么。我只是说我想在这家伟大的俱乐部里踢球。”罗德里格斯说，他不太喜欢这样的假设，但是我们还是从他嘴里套出了一个小小的约定，我们还可以把它写进书里。“好吧，我说我在皇马打进的第一个进球将会献给豪尔赫。但是我是一个虔诚的信徒，所以在西班牙超级杯对阵马德里竞技的比赛中，我打进的第一个球，那是献给上帝的。但是之后的第二个进球就是献给门德斯的。”第二个进球是在皇马对阵巴塞尔的比赛中打进的，那场比赛皇马 5 ：1 取得胜利。

我们问门德斯如何看待哈梅斯在皇马的未来，他说：“他是个令人难以置信的球员，他的素质能够让他获得胜利，他会在皇马踢很多年，在他的位置上没有人能够与之媲美。”

拉达梅尔 · 法尔考——目标进球！

“法尔考会找回原来的自己。”

你可曾听说过一个状态起伏不定的前锋？

过去，法尔考曾经打进过很多球；未来，在斯坦福桥还会有很多得分，当然还有在哥伦比亚国家队的数据也一定会增长。但是他与进球的缘分总是非常短暂。伤愈复出，在英超的新征程中，他的数据逐步下滑。我们不能忽视这些数据，毕竟数字不会说谎。但是也没有人会质疑这个杰出、虔诚、善于合作的哥伦比亚人的承诺和体育精神。他的这些品质让他成了一个好队友。不仅是他的队友对他赞赏有加，极端防守主义者穆里尼奥也称赞法尔考有着过人的寻找机会的能力。最近，有很多人在推测他的未来，几乎每天狗仔队都会给他准备一个不同的女友。在那些媒体看来，法尔考每天都会提着行李去不同的地方。这些事情只可能发生在那些花花公子身上。媒体总是说他会回到曾效力过的西班牙豪门，或者是回北美，但是法尔考对切尔西情有独钟，他血管里流淌着蓝色的血液。法尔考在老特拉福德受伤，成为曼联的弃将，切尔西则是那个愿意为他付出赌注的俱乐部。

2015年7月3日，切尔西官方宣布了法尔考的加盟，一个月后他上场比赛，将和另一个禁区杀手——迭戈·科斯塔展开竞争。

哥伦比亚人身披9号球衣，实际上起到了10号的作用。他技术全面，拥有良好的射门技术和强大的心理素质。这些条件让他在一次严重的膝盖伤势之后，还能够找回原来的状态。在经历了哥伦比亚枪骑兵、阿根廷河床、葡萄牙的波尔图、西班牙的马德里竞技和法国的摩纳哥之后，2014年门德斯关闭了他的夏季转会市场，宣布法尔考加入曼联。

门德斯说："法尔考现在是曼联的队员，这个已经盖棺定论了。这次转会不会特别困难，只是最近几天我们一直在跟时间赛跑。结果是最重要的。法尔考会找回他自己，会成为一个伟大的球员。对于足球大家只拥有短时的记忆，如果一个球员六七个月没有上场踢球，那他就会被遗忘，但是法尔考依然是法尔考。他是一个顶尖的球员，有望成为一个时代的标志。"他的未来仍然存在很多未知，只有他跟他的经纪人知道。

法尔考梦寐以求的俱乐部究竟是哪家？

法尔考就是法尔考

法尔考是传统型中锋，他的目标就是用最完美的方式把球送进球门，他有强大的滞空能力，所以很多进球都是头球。不过他的进球各式各样：右脚、左脚，禁区外的一脚弧线爆射，甚至是倒钩射门，比如马德里竞技在哥伦比亚对阵卡利美洲俱乐部的表演赛中，法尔考打进的那个进球。不过相比进球的精彩程度，我们更应该关注这些进球对于比赛的决定性意义。法尔考总是为大型比赛准备着，不管是联赛还是2018年的世界杯，如果情况允许，32岁的法尔考依然希望退役前能为球队贡献自己的力量。

一次晚餐中，我们感到很好奇，向门德斯咨询了近来有关法尔考转会到曼联的传言。“我们一直庆祝到了凌晨 1 点，可能还要晚，那会儿我们都饿得不行了。法尔考已经知道我在想什么了，他就是他，所有人都知道他是谁。人们只关注还在场上踢球的球员。他曾经是世界顶尖，不幸的是伤病令他被世人遗忘。但是所有人都知道谁是法尔考。”门德斯强调了他的名字——拉达梅尔·法尔考，“无数次的训练赋予了他在禁区内独特的威慑力。”

他们是什么时候认识的?

2011 年，对于这个咖啡色皮肤的巨星来说是传奇的一年，他在波尔图的一个赛季获得了所有可以获得的成就：在欧联杯中打进 16 球，创造了当年的进球纪录，半决赛对比利亚雷亚尔的比赛中上演大四喜，在都柏林球场与布拉加竞技的决赛中打进比赛唯一进球，帮助球队最后 1 ：0 获得了比赛的胜利，为这一年画上完美的句号。但是那一年的魔力没有就此消失，因为在他的橱窗中将出现一座新的奖杯：他认识了新的经纪人——豪尔赫·门德斯。法尔考在接受本书的独家采访时说：“当时我正好结束了之前那份合同，在波尔图的赛季结束了。我们获得了欧联杯以及其他所有的奖项。当时豪尔赫得知我还没有经纪人，就通过一个朋友跟我见了面。”那个朋友一直不愿意透露姓名，他给了门德斯认识法尔考的机会，不过对于法尔考来说，他也认识了一位超级经纪人。“我听人说过门德斯，知道他旗下有很多球员：德科、C 罗还有很多优秀的球员。一开始我还不是很信任他，不过之后我就发现他从不说谎。”

法尔考和门德斯有过一次关于法尔考未来的谈话。法尔考告诉他的经纪人，一直有一股坚定的信念推动他前进。“老虎”（法尔考的绰号）说：“他很肯定我能够做到，而且他信任我的能力。”他换经纪人的决定也得到了他父亲的支持。法尔考的父亲曾是名职业球员，叫作拉达梅尔·加尔西亚，他刚认识门德斯不久就为他儿子的职业生涯做好了打算，他完全相信门德斯，认为门德斯是一个“非常了解足球的人”。法尔考的父亲斩钉截铁地说：“我从一开始就相信他，他说了很多旗下球员的事还有他付出的心血。”

不过，人们肯定都会猜测门德斯一开始问了法尔考什么问题。豪尔赫从来都是目标明确，说话直接，不喜欢绕圈子，他问这个哥伦比亚人的第一个问题就是：“拉达梅尔，你想去哪儿踢球？”又是这个问题，门德斯用它诱惑了很多球员。那时候法尔考并没有告诉门德斯他想去的地方，尽管通过他小时候的录像，我们知道这个哥伦比亚前锋梦寐以求的地方是西班牙或英格兰。

豪尔赫·门德斯又一次与平托·达·科斯塔完成了交易，实现了这个艰难的转会，转会金额不低于3000万欧元。法尔考离开了波尔图，到西班牙开始实施全新的生涯计划。马德里竞技4000万欧元签下了“老虎”。“没几个月时间，我跟马竞的合同就谈妥了，门德斯认为那是个不错的计划，对大家都有利。”法尔考说。这是一个风险投资，马竞的CEO米盖尔·安赫尔·吉尔希望所有的支出，不管用尽何种办法，都能得到回报。但是，这是值得冒险的，身披马竞球衣的法尔考为球队带来了胜利。他在联赛中打进了很多球，也在一些关键的比赛中展现出了一锤定音的能力，以至于引起了隔壁球队——皇家马德里的注意。一时间谣言四起，大家都认为2014年的故事要重演了。总有人说法尔考是白衣军团的目标，面对这些流言，法尔考选择视而不见，以期蒙混过关。一个有职业素养的球员应该对其效力的球队有责任心，需要尊重球队。他只回答了一个关于C罗的问题：“和他一起踢球会是一种骄傲。他是一个传奇，作为世界上最好的球员之一，他会被永远铭记。”

法尔考为什么去摩纳哥？

是什么促使门德斯和法尔考做出了如此重要的决定，一时间引起了各界的关注和质疑。当媒体都给法尔考披上皇马球衣的时候，2013 年 5 月末法尔考正式宣布转会至摩纳哥，以 6000 万欧元的转会费转投雷波诺列夫的球队。摩纳哥正在进行改革，他们跟法尔考签了一份 5 年的合同。但是就在他即将要实现人生最大的梦想之前，为什么要突然做出这样的决定？为什么是摩纳哥而不是另外一支下赛季能够参加欧冠的豪门球队？法尔考的回答是这样的："那是一个新的计划，摩纳哥会组建一支更强大的队伍，这也能够帮助我成长。那是一个非常重要的年份，那是世界杯年。"

世界杯谁都不愿意错过，但是法尔考运气不佳。本来在对抗不那么激烈的法甲踢球，影响到球员的身体状态的可能性不大，球员有足够的时间调整自己，以最佳状态迎接巴西世界杯，但是在法国杯十六强决赛中，突然发生的一次意外使得哥伦比亚人受了重伤。那是 2014 年 1 月 22 日，第四级别联赛的沙斯利队的后卫索内・爱尔特克一次粗暴的犯规动作，让法尔考在禁区内倒地不起，无法动弹。他不得不被担架抬出场外，令人崩溃的是，他的伤可能是左腿膝盖十字韧带撕裂，这种伤病对于球员来说是巨大的打击，这引起了哥伦比亚国内的骚动。"我摔倒的那一瞬间，首先想到的是巴西世界杯。"法尔考回忆道。在法尔考出现伤情之后，门德斯采取了一贯的行为模式，以最快的速度找到问题的根源，并且用最好的方式解决它。"受伤之后，有一天晚上我跟他谈话，除了门德斯我不想跟任何人交谈。他告诉我：'你要到波尔图来，我们要尽一切所能，首先要诊断你的伤情；其次，让你尽快恢复。'"豪尔赫・门德斯尝试让他的球员冷静下来。他想要告诉法尔考，他会安排一次恢复手术，希望法尔考保持冷静，他会想尽一切可能的办法，帮助法尔考加快恢复速度，让其能够参加极度渴望的世界杯。在葡萄牙，门德斯有一个声望很高的朋友——何塞・卡洛斯医生，他将前往波尔图治疗法尔考的膝盖。当时，法尔考听从了他经纪人的建议，二话不说就搭上了第一班前往波尔图的航班。这个知名外科医生对法尔考的膝盖进行了手术，手术很成功。之后就需要一段长达 6 个月的恢复期。“豪尔赫总是向他传达乐观的精神，告诉他还有希望。”法尔考的妻子罗蕾拉说。在哥伦比亚前锋和他的家庭最困难的时候，豪尔赫总是待在他们身边。“豪尔赫·门德斯是唯一跟我们通电话的人，他让我们安心，这让我很开心，他也经常和法尔考交谈，所以法尔考才能一直很平静。”罗蕾拉的语气有点儿激动。

手术之后，法尔考和门德斯见了几次面。有一次，他们在门德斯家中吃饭。受邀的人有法尔考、他的妻子罗蕾拉和他们 6 个月大的宝宝。在第一道菜和第二道菜之间，门德斯打了个电话。电话的另一头是一个巴西人——路易斯·费利佩·斯科拉里。那不是一通谈生意的电话，那通电话打得很平静，斯科拉里了解法尔考这种伤情的严重性，因为退役的巴西巨星罗纳尔多就曾经受过这种伤。打这个电话的原因没有别的，豪尔赫就是为了让他的客户能够平静下来，给他一些安慰，让他对巴西世界杯重燃希望。所以他把电话拿给法尔考，法尔考很振奋地和斯科拉里聊了几分钟，聊的都是伤病的情况。门德斯打这样的电话来安抚“老虎”焦虑的心情，已经不是第一次了。

拉波尔塔的电话半夜响起，电话那头是门德斯。门德斯把电话拿给了法尔考。

“豪尔赫跟所有人都保持着联系。他可以在伦敦的一次晚宴中和我们这些热爱足球的人待到凌晨 1 点。他可以直接打电话到一个豪门的教练、主席、球员的经纪人或者是球员家里。他有一种特殊的本领，让他的球员受到保护。我想在他的潜意识里，我们都是他的客户。”拉波尔塔说。在门德斯这样的思想中，拉波尔塔的名字就像是救命稻草一样出现了。“他往我家里打电话，然后告诉我：‘我让拉达梅尔接电话，他最近刚走出伤病，让他看看有经验的人士是怎么看待这种伤病的，给他打打气。’我跟法尔考说：‘这是职业生涯中常常发生的情况，我保证你会恢复的。’豪尔赫总是能把跟足球相关的人联系起来。”

最后……无缘世界杯

自从那场糟糕的比赛之后，法尔考开始了艰难的恢复过程，完全恢复似乎是一个奇迹，但不管是否疼痛，他都坚持训练，只为了能够在巴西世界杯登场。医生们仔细观察着他的伤势，每个人都很难过，整个哥伦比亚都在为他们的巨星祈祷。日子一天天过去，他出现在世界杯赛场的呼声日益高涨，经过一次外科治疗之后他开始了触球训练。他慢慢尝试，一切似乎都在好转。这是一个很大的进步，他凭借自己的毅力，从触球到开始练习射门，由走动到开始可以慢跑。法尔考正在接近巴西，这是他内心的渴望。不过他很清楚自己的情况，他的膝盖还没有百分之百恢复，还不能像其他同胞一样迎战世界杯。现在，除了对他的国家、对他的主帅何塞·佩克尔曼坦白，别无他法。他为他的伤病寻求最后的治疗之后，做出了一个很坦诚的举动，尽管这很痛苦，他还是与国家队主教练达成共识，将不会在巴西世界杯出场。对于球员来说这是巨大的损失，然而这是个对他的膝盖有利的选择。过于草率地参加世界杯也有很高的风险，法尔考可能再次受伤。考虑到这些后果，这个前锋决定继续他艰苦的恢复训练。新闻发布会上，佩克尔曼公布了哥伦比亚迎战世界杯的最终 23 人大名单，法尔考也做出了澄清：“我希望把我的位置让给身体状态更好的球员。”有时候一些决定可能是错误的，但是这次的决定是综合考虑了所有因素的结果。2018 年，法尔考的膝盖不会再出现问题，他在世界杯舞台上的进球也不会“缺席”。

回到豪尔赫·门德斯家中的晚餐，他们聊了很多，还讨论了本书的主题。萝蕾拉选择了比较积极的题目——“豪尔赫：一切皆有可能”；法尔考的父亲则是从经营方面来看，认为应该叫“生意人的眼光”。拉达梅尔·法尔考还拄着拐杖，仍在恢复期的他，左腿还会隐隐作痛，他心中回响着一个声音：“梦想实现家。”他重复道：“豪尔赫·门德斯是一个敢于实践梦想的人，怎么说来着？梦想实现家。”接着法尔考这段话，我们问他：“那么，门德斯实现你的梦想了吗？”大家都笑了起来，只有法尔考沉默不语。他很慎重，不被现实所迷惑，不断努力，他会实现自己的梦想。让法尔考遗憾的是，他没能通过在世界杯上进球来报答豪尔赫为他所做的一切。时间会解答很多人的疑惑，这个有着战斗灵魂的哥伦比亚人，要把他的过去抛至脑后，为了新的梦想而奋斗；迈出他职业生涯新的步伐，开启新的计划，瞄准未来，努力把球送入球网。

天使迪玛利亚——创造纪录的男人

“门德斯是个天使，他所做的事情令人难以置信。”

2015 年 8 月 6 日，曼联官方宣布：迪玛利亚以 6300 万欧元的转会费正式转投巴黎圣日耳曼。不仅如此，他还创造了一项纪录：他从曼联转会到巴黎，期间运作的金额是历史上最高的，约 1.8 亿欧元。所有这些都是由他的经纪人——豪尔赫·门德斯操作完成的。

“感谢豪尔赫为我做的一切，从我到本菲卡开始他就为我做了很多。从那时起我们就一直维持着良好的关系，让我在这条路上能够一直成长。”迪玛利亚表达了对门德斯的感谢。离开皇马和曼联之后，迪玛利亚成了巴黎的新星，由于他的巨星队友卡瓦尼和伊布的存在，他的工作要轻松很多。

“我对巴黎圣日耳曼的了解就是，在法国，它几乎获得了所有可以获得的奖项。”这正是迪玛利亚追求的：成为法甲第一，然后为什么不试试在欧冠上有所突破呢？阿根廷人跟巴黎签约至2019年，在这里他依然快如闪电，健步如飞，身体灵活，背对着你时跟面对着你时一样充满威胁。2007年U20世界杯上，凭借迪玛利亚的亮眼表现，阿根廷获得了冠军，这使他名声大噪。

一个球员可能很优秀，但是也有可能不适应教练的战术体系，或者不理解队友踢球的方式。迪玛利亚在巴黎则完美地适应了布兰科的战术安排，相较于在曼联他有更多的机会作为主力登场。他的适应能力，球队的系统，还有愉悦的训练过程，都让他能够充分地享受球场上的时间。身披巴黎球衣，他需要做的只是在球场上翱翔，创造自己的价值，打进漂亮的进球或者助攻他的巨星队友，比如在对阵特鲁瓦的比赛中从禁区外用外脚背助攻卡瓦尼射门。

巴黎圣日耳曼的主席阿尔·赫莱菲是豪尔赫·门德斯的朋友，他认为迪玛利亚是“一个极具天赋的球员，有很强的突破能力，速度惊人”。在一次欧冠的比赛中，迪玛利亚重回伯纳乌，这是他离开皇马后首次回到白衣军团的主场，引发了不小的争议。“我没想过还会回到这里，我不曾因为金钱离开这里，我从未希望离开马德里。”迪玛利亚在伯纳乌综合区接受采访时说，这句话遭到了很多人的质疑，不过他也很谦虚地澄清了这句话的意图：“我在马德里获得了所有能获得的东西，现在在巴黎我有同样的野心。如果我在比赛中进球，我将不会庆祝，因为我始终忘不了赢得第十冠时的场景。”最后他说的情况没有发生，巴黎0：1被皇马击败，打进唯一进球的是纳乔。2015年11月3日，迪玛利亚说了一番让人颇为惊讶的话，从淋浴室出来的时候，他公开表示：“自从我离开之后，皇马很久没有赢得胜利了。所以我觉得离开正是时候，而且离开也是最好的方式。我是皇马的球迷，但是巴黎让我觉得更亲切。”

曼联时期

英国的新闻媒体和体育频道都把迪玛利亚视作老特拉福德 7 号的继承者：一个新的坎通纳、新的贝克汉姆和新的 C 罗。他跟红魔的合约震惊了整个英超。在梦剧场的首次登场，他就以一次精彩绝伦的表演进入了公众的视野。在比赛中他贡献了一个进球一个助攻，为范加尔的球队带来一场 4 ∶ 0 大胜。

"我如同往常一样努力，我就是做了一直在做的事情。在老特拉福德的第一场比赛，能贡献一次精彩的进球和助攻，最后 4 ∶ 0 战胜了对手，我感到很满意。我们的球队近况不佳，急需一场胜利。一切进展顺利，球迷们对我很满意，这永远是最重要的。"迪玛利亚说。不久之后，曼联 7 号在英超赛场上打进了最漂亮的进球。英超联赛第十五轮，曼联对阵莱斯特城。迪玛利亚在半场拦截成功，带球从对方两名球员中间穿过，鲁尼上前接应，同时他朝对方禁区跑去，鲁尼又把球传回到迪玛利亚脚下，禁区线上，他用左脚兜出了一记完美的过顶弧线。这个艺术般的进球扫除了人们对于这次合约的质疑，提高了门德斯在转会市场上的地位。迪玛利亚的转会总金额是 8400 万欧元，他的经纪人倾尽所能满足双方的要求，这也是皇马未曾有过的巨额交易。这创造了英超的一次交易纪录，当时也是曼联历史上最高金额的转会。

必须要不断想着胜利，为了赢得冠军和赢得一切。

转会纪录

一直到最后，只剩下几天的时间转会市场就要关闭，迪玛利亚是否离开皇马还不得而知。尽管谣言四起，压力巨大，但是所有人都认为，迪玛利亚仍然会在皇马待一年的时间。自从贝尔加入皇马，竞争变得更加激烈，迪玛利亚很难继续留在马德里了。威尔士人的加入加剧了迪玛利亚心中的担忧，上场时间、获得的荣誉甚至能否留在球队都是问题。然而他的朋友C 罗明白，迪玛利亚是一个天赋过人且与众不同的球员。迪玛利亚初到西班牙首都的那些日子里，C 罗给了他很多帮助。他们一直保持着友谊，尽管如今相距甚远。迪玛利亚在大赛中表现亮眼，伯纳乌的球迷们慢慢地重新认识了这名球员。他花费了很大的精力来适应这里，尤其是第一个赛季，球迷对他不够耐心，他甚至觉得加入白衣军团是一个错误的决定，所以当机会来临的时候，他总是因为缺乏自信而无法抓住，无法展现出自己应有的价值。这样的压力在两年间持续不断，是两年，而不是两天，类似的事情还发生在哈梅斯·罗德里格斯身上，但是就如同他承诺的一样，他已经把自己的一切都献给了皇马。在里斯本的欧冠决赛之后，皇马获得了它的第十座奖杯，伯纳乌球场又有了新的陈列，就在这时，迪玛利亚庄严地宣布了自己的离开。

整个夏天，当然之前的每个赛季都一样，他的经纪人豪尔赫·门德斯不断地接到很多欧洲俱乐部的电话。皇马的主席弗洛伦蒂诺·佩雷斯并不想卖掉迪玛利亚，5 个月前还没有卖掉他的计划，一直到巴黎圣日耳曼提出了报价。迪玛利亚说：“当时我有很多选择，巴黎是其中之一，他们一直在争取买下我，摩纳哥也开出了合同，但是当曼联向我抛出了橄榄枝时，我就明白了内心真正的渴求。这是我从小就向往的球队，我从小就在电视上看吉格斯、鲁尼踢球，当曼联出现的时候，它就成了我唯一想去的俱乐部，最后感谢豪尔赫帮我实现了梦想。”

从罗萨里奥中心开往王子公园球场

迪玛利亚出生于阿根廷的罗萨里奥，他的家在城市北部的塞拉米卡区，他的父亲米盖尔·迪玛利亚在煤厂工作，他从小就常帮父亲干活。这个阿根廷男孩的命运是如何发生改变的呢?

“从小我就想去罗萨里奥中心踢球，不仅是我的母亲，家里所有人都是罗萨里奥中心的球迷。正是我母亲带我去的那里，然后我就开始了在罗萨里奥中心的职业生涯。”这个阿根廷男孩在加拿大参加比赛的时候，被热斯蒂夫特的工作人员安东尼奥·阿尔贝托发掘，庆幸的是欧亨尼奥当时也在，门德斯非常信任他。“那年 U20 世界杯，欧亨尼奥看了我的比赛，便作为我的代表去和门德斯谈判。从此，我跟他就保持着很好的关系。自从认识他，一切都变得更好了，多亏了他，我才能够见到豪尔赫·门德斯。”迪玛利亚说从那时起，他便不再为生计的问题烦恼。另外一个对他来说很特别的人是路易斯·米盖尔·桑托斯，他是热斯蒂夫特的员工，从里斯本开始，他就一直在迪玛利亚身边。

2007 年加拿大 U20 世界杯是迪玛利亚的人生拐点。当他谈到一开始跟他的经纪人的交涉细节的时候说:“我觉得在加拿大的 U20 世界杯之后，本菲卡开始关注我，从那时起我觉得自己在一天天逐渐地成长。我在不断进步，他知道我不会说葡萄牙语，所以给了我更多的帮助。”迪玛利亚不是每场比赛都会出场，但是阿根廷国家队还是获得了冠军，他打进三球，优异的表现引起了大洋彼岸俱乐部的关注。时任葡萄牙本菲卡俱乐部主席——路易斯·菲利佩·维拉决定以 600 万欧元签下迪玛利亚。

“2007 年，在加拿大 U2C 世界杯期间，豪尔赫帮助我实现了到本菲卡的转会，我到里斯本的时候才第一次见到了他。”甚至迪玛利亚自己都不认识豪尔赫·门德斯，在阿根廷，大家都还不知道门德斯是世界上最好的经纪人。“我从没听人说过豪尔赫·门德斯，那时我还很小，只有十六七岁，一直待在阿根廷的我是不可能认识他的，也不知道他旗下有什么球员。”迪玛利亚说。

作为本菲卡的球员，迪玛利亚用了两年时间才在首发阵容里站稳脚跟，轮到他出场时，他就变得不可或缺了，拥有迪玛利亚的十一人团队踢出了葡萄牙最好的足球。这么说毫不夸张，最好的证据就是他获得了当年联赛最佳球员提名。这也是后来他能够去穆里尼奥执教的皇马踢球的有力保证。

“我知道穆里尼奥想要我去他们球队。豪尔赫是最先告诉我说我有机会去皇家马德里踢球的人，穆里尼奥也一直在努力签下我，能够去皇马踢球是我的梦想。”迪玛利亚说。穆里尼奥和豪尔赫·何塞是对迪玛利亚影响最大的两个人，他们在他的职业生涯中占据着独一无二的位置。“首先是本菲卡的主帅——豪尔赫·何塞，他很信任我，一开始我有两年时间没怎么踢球，第三年开始我进步很大，成了葡萄牙联赛最优秀的球员。然后是何塞·穆里尼奥，因为他说我有在皇马踢球的能力，他帮我到皇马踢球。还有我的队友们，比如C罗。我在各个俱乐部认识了很多同伴，这些年我跟他们保持着良好的关系，拥有他们的友谊。”

对迪玛利亚来说，他的经纪人不仅是个经纪人。“他是一个伟大的商人，是一个优秀的人。”迪玛利亚说。他经手了足球界最著名的几次转会，甚至当迪玛利亚在私人事务上遇到困难的时侯，他也会伸出援手。比如迪玛利亚的女儿米娅出生时，他的妻子难产，豪尔赫帮助了他们，现在他们一家三口过着幸福的生活。“豪尔赫帮助了我，他总是在我需要帮助的时候出现在我身边。我很高兴，在危难时刻他就是及时雨。”我们问迪玛利亚，觉不觉得豪尔赫·门德斯像自己的名字一样，在经纪人的世界里是个天使呢？“是的，我想是的。他拥有很多优秀的球员，他做的事令人难以置信。”

迭戈·科斯塔——赌注赢家

“他是经纪人的上帝，能让他们的生意重焕光彩。”

迭戈·科斯塔是那种把每场比赛作为自己人生中最后一场比赛看待，全身心投入的球员。迭戈从他父亲身上感受到了对足球的热情，他也热爱足球。他是近几年突飞猛进的球员之一，能用最不舒服、最困难的姿势进球。他是球场上的斗士，不过他确实也是一个坏小子、一个挑衅者。他是那种会要求观众席安静的球员，不过最重要的是他能在任何一家大俱乐部踢上首发，就像他曾经在马竞，以及在穆里尼奥的切尔西一样。1988 年，在拉加尔多，一个距离最近海岸 70 公里的小村庄里，若泽·席尔瓦和若西蕾达爱情的结晶诞生了，那就是迭戈·科斯塔，他是个有着阿根廷名字、为西班牙国家队踢球的非典型巴西人。他叫迭戈不是偶然，他父亲是个职业生涯不太顺利的球员，非常欣赏马拉多纳，所以给自己的小儿子取名迭戈。同样的事情也发生在了他的大儿子身上，出于对 1970 年世界杯上雅伊尔津霍的欣赏，迭戈的哥哥就叫雅伊尔。

迭戈·科斯塔本来可能去他父亲任职的商贸中心工作，去种玉米和菜豆，或者去养牛。但是他并没有去，迭戈想要跟拉加尔多十多万居民走不一样的路，他在拉加尔多的街头踢球，现在他成了这个地方的骄傲，也可能是唯一一个从这条街走向足球精英圣坛的人。“要是我不踢球，我都不知道会干什么，”迭戈笑着说，“我非常小的时候就离开了巴西。但是我知道我会为了一切而奋斗。我清楚一件事情，那就是我会变成一个不错的人，因为我的父母就是这么教育我的。当时我不知道会是现在这样，但是我也很开心，因为我是个斗士，通过汗水获得一切。”

跟所有的男孩一样，小时候足球是他的困扰，也是他激情的来源。迭戈为了足球而辍学，他离开了他祖母居住的小区里的学校，转战到了另一所学校——街头。他天天在街上踢球，在那里学会了射门、跑位以及如何利用自己的身体和其他城市的大孩子对抗，就跟他现在一样。迭戈在生活当中获得了历练，但是他一直到长大之后才有机会接触到专业的足球训练。“我在拉加尔多长大，我祖母住在那儿。那段时间是我人生中最美好的阶段。凭借热忱去做所有事情，毫无压力，永远随身携带一个足球，想怎么踢就怎么踢。今天的足球不同往日。一次凶狠的抢断并不意味着要把一个人的腿踢断，在球场上人们总是大惊小怪、过分夸张，他们想要制造麻烦。所以童年时期的足球是最好的。”迭戈·科斯塔说道。

从拉加尔多到圣保罗

迭戈·科斯塔的足球道路不同寻常，他跟任何小孩走的路都不一样，所以几乎看不到他在俱乐部青少年足球队踢球的照片，他几乎到了16岁才开始正规的足球训练。14岁的时候他违背父母的意愿，决心追求足球这条道路前往圣保罗。那是一个冒险的决定，好在有他的叔叔爱德森照顾他，还帮他进入巴塞罗那青年队踢球，不过是圣保罗的巴塞罗那。

14岁时，迭戈也会想跟他哥哥一样多参加派对，那个年纪所有的年轻人都喜欢这样，所以他开始想办法讨生活。就像他在一次采访中说到的那样，他想要赚钱，和女孩子吃饭让人家掏钱让他感到耻辱，所以他那么小的时候就去巴拉圭边境买一些假货，然后在贸易中心倒卖出去。迭戈就是这么赚得一些外快，同时他也继续在足球上努力着——在真的草皮上。他就是一个想要获胜的男孩，如果他输了他会愤怒，为没有赢得比赛而愤怒，为自己不够强大而愤怒。

豪尔赫·门德斯和迭戈·科斯塔是什么时候认识的？他们能结识要感谢阿尔玛多·席尔瓦，在巴西，他是一个很有名望的经纪人。迭戈·科斯塔跟我们解释他是如何引起门德斯的注意的：“阿尔玛多·席尔瓦在比赛中看到了我，他为门德斯工作，席尔瓦热爱他的工作，当我最需要他的时候他总会出现。他打电话给门德斯，然后门德斯感觉我还不错，表示会带我去布拉加竞技。不过门德斯第一次来看我的比赛时，我们输了个0∶4，我离场时心里就想着：完了！如果门德斯来看我，他该怎么想！不过还好，我做好了自己的本职工作。”

虽然在那场比赛中毫无建树，但是门德斯依旧对这个巴西前锋展现了自己的信任，即便后来很多人质疑这个巴西裔西班牙人的天赋，门德斯依然非常信任他。因为迭戈如今的成就不是轻易得到的，他经历了很多的波折。他在每个驻足的俱乐部都非常小心，一直在努力成为最优秀的球员。

“经纪人必须对自己的球员有信心，一个球员不可能适合所有俱乐部，但是我相信一年会比一年好。他的信任让我感到安心，这样我就可以继续努力，因为我知道只要踢好球，他就会更多地帮助我。我认识门德斯那天，跟他握了手，他告诉我：‘好好努力，如果你好好踢，你会成为一名伟大的球员。’”科斯塔说。后来门德斯让科斯塔去了他的第一家职业俱乐部，是安东尼奥·萨尔瓦多的布拉加竞技队。他很小的时候就去了那家俱乐部，带着实现梦想的期盼，这也是他父亲的梦想：成为职业足球运动员。第一年他就被卖到了葡萄牙第二级别联赛的佩纳菲耶尔俱乐部。

“那时候，豪尔赫为我做了一件大事，他把我带到了马竞。豪尔赫给我打电话，告诉我得启程前往马德里了。我什么都不知道，当我落地的时候他告诉我，我要跟马竞签约了。当时我们在加西亚家里，我甚至都不知道他是谁。”科斯塔说。

2007 年跟马德里竞技队签约，对于这个前锋来说是莫大的惊喜。他相信豪尔赫是个与众不同的人，能达到别人无法企及的高度。“人们在他面前要脱帽致意，他从来不曾不劳而获，得到的一切都源于他的专注和不断地工作、工作、工作。”科斯塔说。这一点经纪人和球员是一样的，因为对于科斯塔来说，没有人给予他什么，他拥有的一切都来自于他的努力。他流的汗比别人多得多。从马竞，他又被租借到塞尔塔和阿尔瓦塞特，后来被卖到巴拉多利德；马竞启动回购条款，又将科斯塔回购，效力于曼萨诺执教的球队。当时，迭戈并不是今天这个星光闪耀的球员，但是他有一个星光熠熠的经纪人。门德斯认定科斯塔会有一番作为，比谁都相信他拥有无限的可能性。我们问门德斯为什么这么维护迭戈·科斯塔，时间是不是给了他答案。“迭戈·科斯塔在成为马竞的首发前，一直努力了好多年。感谢上帝，终于等来了时来运转的时候，上帝给了他机会，让他能够向世人展示自己是个伟大的球员。”门德斯说。

浴火重生

迭戈·科斯塔的队友蒂亚戈接受了我们的采访，通过他我们了解了更多关于科斯塔的故事。科斯塔回到卡尔德隆球场的时候，蒂亚戈叫他“巨星科斯塔”。他当时正面临着两个问题：首先，是球队内非欧盟球员超标的问题，后来通过法律途径解决了；其次，是他必须跟弗兰和阿奎罗竞争前锋的位置。“我很喜欢和阿坤①这样的球员一起踢球、训练，他踢的球妙不可言。弗兰射门和触球的方式让我印象深刻。还有法尔考，他有一颗终结比赛的灵魂，他像一个战士，永远都在努力让自己变得更好。”科斯塔说。不过坏消息接踵而来，这让这个来自拉加尔多的球星在2011赛季停下了脚步。赛季之初，一次很严重的伤病摧毁了科斯塔的计划，当然还有他的经纪人的计划。像往常一样，他们立即着手寻找最佳的解决办法，但是十字韧带撕裂加上半月板破损，使得俱乐部没法续签这名球员。那可能是科斯塔职业生涯中最艰难的时候，他所做的一切努力可能都要化作过眼云烟，他可能要再一次看着机会从眼前溜走。但是门德斯把他生活中的乌云一扫而光。迭戈·科斯塔对发生的一切充满感激，他跟我们讲了他的经纪人所做的事情——仿佛是一个奇迹。“当我2011年7月受伤的时候，马上就获

① 坤·阿奎罗（Kun Aguerro）

得了俱乐部的续约，尽管是十字韧带撕裂这种伤病。我做了手术，然后他跟我说：‘等你恢复了，你回家待一周吧，我们会安排好一切事情，等你回来后你的合同就会得到解决。’他向我保证了我的未来，好让我平静下来跟我的家人待在一起。他说：‘忘了发生的所有事情，我会解决一切问题。相信我。’之后我有 6 个月时间没有踢球，然后跟马竞续了约。受伤的我竟然跟马竞续了约！那对我来说真是最强有力的支持了，难道不是吗？当我处在人生最低谷时，豪尔赫给了我需要的信任。如果你掉入深渊，他会将你拉起。他是一个普通人，一个充满人性的人。当你陷入泥沼，他会试图给你帮助，有些人就不会这么做。”科斯塔说。

门德斯向迭戈·科斯塔展现出来的信任让他坚信不疑。现在我们的前锋必须要回报他的经纪人了，不能辜负了门德斯。他重新开始训练，6 个多月的恢复期结束后，他从零开始，最后他收获了一个新的奖励。迭戈重回赛场，像以前一样甚至要比以前更好。他恢复良好，转会市场冬季窗口一开放，他就被租借到了巴列卡诺。没有比巴列卡诺更好的地方了，在这里来自拉加尔多的少年化身公牛，在禁区内锐不可当。他重新找回了进球的感觉，16 场比赛中打进了 10 球，结束了这个完美的赛季。之后迭戈·科斯塔第三次回到了马德里，回到了曼萨纳雷斯河畔，但是这次他不是为了在岸边安家，而是为胜利而来。不到两年的时间，科斯塔进步巨大，这也要归功于一个教练。“在这里，西蒙尼就是马竞的上帝，人们尊敬他、爱戴他。球迷们对他甚是尊重。要是一个教练把一个巨星从球队里除名，人们会杀了他，但是如果是西蒙尼大家就不这么想了。在赛场上，他希望你把生活中的事情放在一边，全神贯注于你自己的表现。如果你奋斗了，你把生命交给他，他也会把生命交给你。他不跟你保证什么，也不会给你什么东西。我内心深处有一种感觉，如果我努力就会有收获。我知道那是个创造奇迹的时刻，是我在马竞获得成功的时刻，是因为我有一个受人敬仰的教练。”

就是这样。迭戈变得更加努力，他变成了锋线上最闪耀的明星，让大家都忘记了弗兰、阿圭罗和法尔考。他是卡尔德隆球场一颗冉冉升起的新星。迭戈·科斯塔性格直率，有无限的潜能和爆发力，打进了很多关键进球。比如在国王杯马竞对阵皇马的比赛中，还有在西甲联赛中他也体现出了更大的价值，帮助球队获得了2013—2014赛季的联赛冠军。蒂亚尔这么形容他的队友“巨星科斯塔”的重要性：“他对马竞来说太重要了，我们不能没有他。要说有一个球员对我们获得联赛冠军贡献最大，那就是迭戈。对我来说能够跟他一起获得这些荣誉，是莫大的喜悦。他从未放下过自己的武器。他现在拥有的一切都是他应得的。他从未停止战斗，也从未放弃胜利。”因为他总是相信自己，他获得了最大的奖励：2014年巴西世界杯的征召。

庄严宣誓

2013年7月5日，马德里竞技官网上有这么一条新闻：“迭戈·科斯塔已经在普拉迪略大街的公民注册处对西班牙宪法宣誓，现在他已经拥有了双重国籍。按照要求，每支球队的非欧盟人员人数不得超过3人，这个出生在巴西的前锋，用这样的方式逃过了国际足联对马竞非欧盟人员超标的处罚。”对于迭戈·科斯塔来说那是令人高兴的一天，因为他还面临着一个历史上从未有球员面临过的问题：他会选择为西班牙踢球还是为巴西踢球？这是一个难题，可能会引发一系列的问题。当五星巴西把科斯塔招进国家队的时候，他身披巴西国家队队服，在日内瓦与俄罗斯和意大利进行了比赛，其中他出场20分钟。西班牙国家队得知此事之后，立刻竭尽所能说服这个前锋，让他明白在巴西世界杯的时候跟西班牙国家队一起比赛是最好的选择。这是个至关重要的选择。两个选择都有一个相同的目的。

“在拉加尔多我有两件队服，一件是西班牙的，一件是巴西的。我一半是西班牙人，另一半是巴西人。我和西班牙一起踢球，但是我也希望巴西能够走得更远。”科斯塔说。

很多人都会因为压力而感到糟糕，但是迭戈一直保持冷静。你们想知道门德斯给了他什么建议吗？在如此重要的时刻，他跟迭戈·科斯塔说了什么？

“豪尔赫给了我完全的自由，他所做的事情就是问你想怎么做，给你建议但是不强迫你。他不希望你按照他的意愿做事，他希望你自己做决定。如果你错了，那就从失败中汲取教训，但是那完全是你自己的责任。不论发生什么，他告诉我他唯一能确定的就是会一直在我左右。我也很清楚，我一直希望为西班牙踢球。”科斯塔说。

这个时候蒂亚戈·门德斯耐不住性子了，他说科斯塔这么做真有胆量。科斯塔回答他：“我想要做好所有的事情，但是我从没想过国家队的事。我有我的工作，可以让我过上更好的日子，让我和我的家人平静地生活，我没有别的要求了。我的生活方式非常简单，我对待生活的方式很好。博斯克告诉我，他对我感兴趣，对球队来说我会变得很重要，但是他不能给我什么保证。他给我信任，我对他感觉很好，他和蔼可亲很有亲和力。”

虽然迭戈·科斯塔在球场上看起来如此火爆，但是在接受采访的时候，他的平静还是让我们有点儿惊讶，跟我们想的完全相反。他说话的时候非常冷静，回答一些重要问题的时候展现了他的成熟和沉着，他的回答甚至很有哲学的味道。在巴西世界杯之前我们问了他以下的问题：

“迭戈，你想要赢得世界杯和欧冠吗？”

“我想要拥有自己的生活，但愿能赢得世界杯。人得有野心，但是野心不能改变你生活的方式。人要先利己，我不能整日忧心忡忡，我没什么好担心的，还有人比我活得更糟糕。在生活中我们是幸运儿，我每天都为此充满感激。”

迭戈・科斯塔不忘向那个信任他的人——豪尔赫・门德斯致以谢意。在足球领域里很多人都对他非常重要，从阿尔玛多・席尔瓦到巴利亚多利德。不过当他遭遇伤病时还帮助他完成了续约的人，对他来说是最为关键的："我想要感谢门德斯。希望他健康。对于我来说，他是个非常重要的人。我们相互信任。这些年，他一直鼓励我，告诉我相信自己能够成为世界顶尖的球员。"迭戈・科斯塔和豪尔赫・门德斯是很好的朋友，他们还会在一块儿吃饭，开玩笑。他大部分时间在马德里，这个巴西裔西班牙人很爱这座城市，非常喜欢这里的气候。他觉得这里是世界上最好的地方，不过后来他不得不去一个不同的城市了。

伦敦，新的冒险

然后，迭戈离开了他心爱的马德里，来到英国的首都开始新的旅程。何塞・穆里尼奥来敲他的门，来自拉加尔多的少年毫不犹豫地答应了，他正值状态巅峰期。2014 年 7 月 1 日，切尔西官方宣布，迭戈・科斯塔以 3800 万欧元的转会费加盟，就像这个前锋在卡尔德隆球场听到的蓝军球迷唱的歌一样："迭戈・科斯塔，你来的时候，我们再见。"迭戈在巴西世界杯前几周离开了马竞。"我下个赛季将去切尔西踢球，我想在英超踢球。切尔西是世界上最大的俱乐部之一，我会做出这样的决定，其实是有很多原因的。"迭戈毫不掩饰他对这个挑战的不确定："每年都不一样，生活无难事，我需要花很多工夫去适应英超的节奏。"他会习惯英国的生活吗？我们问他的经纪人。"迭戈・科斯塔是个很伟大的球员，他会努力帮助切尔西。有了科斯塔的切尔西将会变得更加强大。现在他确实已经准备好了。科斯塔与众不同，这也正是切尔西需要的。他会帮助切尔西赢得更多的积分，让球队更有竞争力。他会成为切尔西历史上最优秀的得分手。"

科斯塔离开了马竞，不过他赢得了所有人的尊敬，他从来不是不劳而获，他现在能够去英超踢球完全是因为他自身的努力。豪尔赫·门德斯在科斯塔职业生涯之初说的话已经成真："好好努力，你会成为一个伟大的球员。"这正是这名前锋在伦敦所做的事情。他努力赢得每一天的比赛，被誉为世界最佳射手之一。赛季之初他进的一些球，仅仅是他蓝军生涯中的一部分，射门已经融入了他的血液。他在切尔西的前 4 场比赛就创造了一个进球纪录：4 场 7 球。这个成绩已经把切尔西历史上的一些传奇巨星甩在了身后，比如德罗巴，他用了 18 场比赛才拿到这个数据，还有舍甫琴科和费尔南多·托雷斯，他们 40 场比赛中都没能打进 7 个球。然而科斯塔很谦虚，他没有沉浸在赞美声中："谢谢，但是这只是个开始，并不是结束。"

在结束我们的采访前，迭戈·科斯塔说，他把所有的决定权都交给了他的经纪人，因为他相信门德斯："豪尔赫是球员的上帝，也是经纪人的上帝，他是金球奖最佳经纪人。"

"那么，迭戈，你觉得门德斯早餐得吃点儿什么才能一直保持他的节奏呢？"

"我觉得应该是马胎盘。"

大家都大笑起来。

科佩勒·拉维兰·费雷拉·佩佩

"前 3 年你在一家小俱乐部踢球，然后去葡萄牙的大俱乐部，最后我会把你带到欧洲的豪门。"

足球世界就像大自然，强者才能生存。这也是巴西马赛伊奥球场上的规则。10 岁的小科佩勒每天中午都会跟他的朋友们来这儿踢球。他很勇敢，敢于面对年龄、体型两倍于他的人。这个竞技场是他的学校，在这里他不断地冲撞，被冲撞，他逐渐变得成熟，似乎每个巴西人的身体里都有足球基因，所以他也学会了怎样踢球。他出生在一个普通家庭，父亲是他的第一个教练，不仅仅是足球上的，还是生活上的。生活要比足球更加困难，生活中的困难会让你迷失自己。这就是他的父亲，那个把佩佩这个战士的名字赋予他的人，不过他父亲总是亲昵地叫他“佩尼奥”。他的童年生活很快乐，不过这个普通的家庭并不能帮助他走出去，所以他不得不待在家里。他要帮助母亲买食物和日常用品，他在家里养鱼、养鸟、养母鸡，然后卖掉赚点儿钱。那些鱼也可以拿来换点儿东西。他就是用这些钱买到了他的第一件皇马球衣，也开始了他追寻偶像费尔南多·耶罗的梦想道路。

三个愿望

每个人都有梦想，差别就是有的人实现了，有的人没有。毫无疑问，那些不懈追求它的人更有优势，他们不会等着机会从身边溜走。佩佩朝着他的梦想前行，他背井离乡，穿过大西洋追寻梦想。2001 年，他的飞机降落在马德拉。马尔蒂莫是他的第一支欧洲球队。那个赛季，他在那儿的预备队踢了 10 场比赛，甚至还打进了一个球。这就是佩佩寻找他的“阿拉丁神灯”的方式。很快这个身强体健的中卫获得了关注，门德斯的手下塞尔吉奥·阿尔维斯专程来这儿见他。

“他告诉我说他们要签我，但是我说不是因为我不喜欢经纪人，而是我的合同一直都是由我父亲操办的，我只相信他。而且我还太小了，没法做这些决定。”佩佩说。要说服佩佩可不容易，不过豪尔赫马上采取了行动，他打电话给佩佩。

“豪尔赫给我打电话说他不想跟我签任何文件或者合同，他只是想跟我聊聊，看看是不是能帮我找到我最感兴趣的俱乐部。我们就这样开始了合作。我们之间有一些合同，比如葡萄牙的里斯本竞技对我感兴趣，我在那儿认识了C罗。但是到最后我也没跟那些俱乐部达成协议，然后我就回了马尔蒂莫。从此，豪尔赫就正式开始接管我的事情。把我父亲手中的权利转移给豪尔赫是很重要的一步，我们给了他全部的信任。”佩佩说。

就像佩佩赞美门德斯时所说的，他是个天才，也是帮助佩佩实现梦想的“神灯”，所以才有了佩佩说的这些话：“他告诉我：‘听着，你要先在一家小俱乐部踢3年球（马尔蒂莫），然后在葡超踢3年（波尔图），最后3年你会在欧洲的一个豪门踢球（皇家马德里）。就是这样，你需要保持你现在的水平。’”年仅20岁的佩佩完全相信这个他刚认识不久的经纪人。“他让我产生了幻觉，我当时以为他疯了！没有人能预知未来，但是他说对了！”

在他的经纪人说这些神奇的话之前，佩佩已经推翻了自己之前的论断：“豪尔赫是个非常友好的人，他能给你传递正能量。一开始我很惊讶，因为我没有想到他会那么有亲和力，如此包容，讲话如此直接。他给我的感觉很好，所以我从2002年就开始跟他合作。现在我们之间已经不仅仅是工作关系了，而是深厚的友谊。我已经习惯把他称作我的足球教父。我给他取了个外号叫奥古斯丁，只有我这么叫他。他则叫我佩宝。”

门德斯不只关注球员在球场上的事情，他总是事无巨细。“豪尔赫很清楚他要为我做的事，那也是我喜欢他的原因，他对我很好，尤其是他把我当作普通人看待，而不只是足球运动员。每当我需要的时候，他就会出现在那里。我总会说门德斯的能力没有极限。如果你打破了家里的什么东西，你需要一个水管工来维修，打电话给豪尔赫，两分钟后就会有一个人来你家里，他会给你安排好一切。就算他在巴西我在马德里都没有关系。他对球员就像家人一样，为了让我们过得开心他愿意做任何事情。”佩佩说。

抱歉，皇家马德里是不可能的

一步一步，那些愿望一个接着一个实现。豪尔赫·门德斯的好友——波尔图的主席平托·达·科斯塔见过佩佩之后对这个中卫很感兴趣，他对佩佩说："你一定要来我的球队。"

谁能料到，这个点石成金的男人最后却成了佩佩在欧洲豪门踢球的最大阻碍。

"豪尔赫为我做的很多事情都很困难，从波尔图转会到皇马就是其中之一。豪尔赫说那非常困难，很复杂。但是他也告诉我：我们有选择的余地。如果波尔图不让我去皇马，我还有别的选择。但是我告诉他：我只想去皇马。我随队前往荷兰参加季前赛，同时他在葡萄牙紧急地筹划这件事。"佩佩说。那是2007年7月，门德斯一直工作到凌晨，佩佩随巨龙军团（波尔图）在荷兰训练，远离那些复杂烦琐的转会程序。

当时卡洛斯·布塞罗和佩贾·米贾托维奇治下的皇家马德里想要引进这个中卫，打造一个后防线更加稳固的白衣军团。平托·达·科斯塔要求皇马支付3000万欧元的转会费，但是皇马并不想花这么多钱，这次转会几乎就要失败了。一旦交易达成，支付方式又是另一个问题。他们想要分6期付款，在今天这是很普遍的支付方式，但是这个葡萄牙巨头坚持要皇马一次性付清。双方一直到凌晨都没有找到解决办法，马德里和波尔图两边的办公室都停止了协商，各回各家去了。交易就这样失败了。与此同时，门德斯正在前往都灵的飞机上，与他同行的是豪尔赫·安德拉德——一个将要和尤文图斯签约的球员。

"我正要跟尤文图斯签约。对佩佩来说能去马德里当然是好事。豪尔赫能很好地把不同的事情分开，当时在飞机上，我完全看不出他有丝毫的焦虑。"这名后卫见证了这次复杂转会的过程和细节，他看着门德斯在飞机上，穿梭在云层之间解决了这个难题。“我非常专注，因为要去尤文图斯踢球了。我问门德斯佩佩的事情，疑惑为什么不让佩佩知道这件事的细节。我了解佩佩的能力，他有出色的身体天赋，他配得上那样的合同。”安德拉德说。

飞机刚一落地，通过电话会议，双方重新回到办公室，就转会事宜进行了新一轮的谈判。几个小时后，门德斯和双方俱乐部成功达成了协议，这次签约成为可能。

“有一天下午 3 点，门德斯给我打电话，他说明天他会告诉我最终的结果，今天都不会再给我打电话了。但是当天晚上 10 点，我的电话又响了，是门德斯打来的，他说：‘听着，佩佩，已经不可能了，你可以把这个消息告诉你的家人，你不可能去皇马踢球了。’我跟他说：‘豪尔赫！你说的不是真的吧，我不想听到这样的话！’我非常失望，心里非常难受。”不过过了一小会儿，我的电话又响了。

“是开玩笑的！你可以跟你的家人说，你已经跟皇家马德里签约啦！”我气急败坏又喜出望外：“浑蛋！你差点儿把我吓出心脏病来！”就这样，豪尔赫·门德斯告诉我，我实现了自己的梦想。

打破魔咒

刚刚得知好消息，麻烦就降临了。皇马以如此高的价格签下了一个并不出名的后卫，让所有人都大吃一惊。

2007 年 7 月 11 日，这个消息登上了各大媒体的头条，谣言都指向当时效力于罗马的齐沃。没人会相信，以 3000 万欧元的价格签下的竟然是佩佩，此前皇马可从未在一个防守球员身上花过这么多钱。就连皇马内部都开始有人议论这次金额高昂的转会。“佩佩要在这儿待 10 年了，这次的转会其实意味着以每年 300 万欧元的价格买断他。问题就是，如果他不是皇马想要的，这可就花了冤枉钱了。其他的俱乐部看到皇马这么做，觉得这是个好机会，他们开始抬高球员的价格，不过他们的那些球员并不是皇马想要的。比如，皇马就不会为了一个已经跟比利亚雷亚尔签约的球员多付 400 万欧元。”

皇马引进佩佩作为中卫，是为了弥补耶罗离开之后的后防漏洞，希望佩佩能够接替传奇的位置。在佩佩之前有很多传奇中卫：卡兰卡、萨穆埃尔、伍德盖特、梅策尔德、卡纳瓦罗。他们都陷入了皇马中卫的魔咒之中。“我们知道皇马中卫们的故事，卡纳瓦罗就在皇马踢过中卫，他刚获得金球奖，尽管如此，人们还是一直批评他。豪尔赫告诉我：‘听着佩佩，我相信你，你是唯一能打破魔咒的人。但是一定要冷静，专注于工作。你为皇马做的贡献要跟你为波尔图做的一样甚至要更多才行，在这家俱乐部待得越久，就越需要你全身心地投入。’”

24 岁，佩佩开始了全新的职业生涯。很快他就发现，他将要在一个大城市踢球，效力于一家很特别的俱乐部。有意思的是，佩佩的马德里之行竟是从一张前往意大利的机票开始的。“我当时跟波尔图去荷兰进行季前赛的训练，搭飞机从阿姆斯特丹飞去都灵，因为门德斯和安德拉德在那儿，安德拉德就要跟尤文图斯签约了。我随身带的行李特别少，只有一个小箱子。豪尔赫跟我说：‘你会被巴拉哈斯的记者吓到的，实在是太多了。’我说：‘豪尔赫，没人认识我，我不担心。’当机场的大门打开的时候，外头挤满了记者。我呆呆地站着，豪尔赫笑着跟我说：‘来吧，过来，上前一点儿，你现在已经没有退路了。’”佩佩后来才注意到，原来全世界都在关注他的转会。一个记者凑上来，指着他的箱子问：“佩佩，这箱子里装着那 3000 万欧元吗？”佩佩一边回忆，一边放声大笑。他跟门德斯一起坐出租车从机场去旅馆，出租车里的广播正好在播报佩佩转会的新闻。开车的师傅并不知道乘客中就有佩佩，他听着广播一直摇头，感慨皇马这么多钱就要打水漂了。可怜的佩佩，他从车后座听到这些话，尴尬得直想挖个洞钻进去。

佩佩第一次如此接近皇马。他回忆着马赛伊奥的街头，还有用鱼换来的球衣。现在他即将拥有自己第一件真正的皇马球衣，号码是 3 号，写着他的名字。佩佩刚到马德里，俱乐部就要求他尽快开始训练，以免体型走样。他做的第一件事是挑选几双球鞋，然后问问在哪里他可以做做热身。

但是佩佩要适应西班牙首都的生活可不容易。那段时间，在皇家马德里，他是唯一一个豪尔赫·门德斯的客户。不过他也并不孤单。他的经纪人倾其所能，让他尽快了解并且融入了这家俱乐部。

“他帮了我很多，让我能够更快地融入这家西班牙豪门俱乐部。尤其是最开始的几个月，我非常依赖他。我本打算找一处房子，但是他让我继续住在酒店里，他说会帮我找到一个足够安静和理想的地方。所以，我一直在酒店里住了 7 个月。这些都是生活中的小事，但是也确实会对你场上的表现产生影响。”佩佩说。

球员的发挥受到很多事情的影响。艰苦的训练是基础，但是也有其他的因素，比如教练的激励、心理状态，还有球迷的态度，或者是俱乐部对球员的照顾。但是也有一项工作是足球界的人和球迷们看不到的，那就是经纪人做的事。在这方面，豪尔赫·门德斯很清楚当他的球员受到的干扰越少，就越能够专注于自己的本职工作——踢球。佩佩跟我们说了一个他的经纪人帮助他的办法：“当你进入一家俱乐部时，豪尔赫会给你一些俱乐部的信息，包括俱乐部的历史，让你明白这家俱乐部是怎么运作的。他告诉你人们会喜欢你有怎样的表现。他不仅仅是对球员无微不至，也对俱乐部尽心尽力。他希望皇马、波尔图、摩纳哥等俱乐部都能赢得胜利。他跟俱乐部和各位主席们关系都很好。”

喜忧参半

裁判吹响比赛开始的哨音，球员们从球员通道分成两拨走上球场，这段漫长的路上他们会回顾以往比赛中自己犯过的错误，并且提醒自己不要重蹈覆辙。对于佩佩来说，有一场比赛一直在他的黑名单上，他做了不该做的事情。在与赫塔菲的比赛中，他一个粗暴的犯规让卡斯特罗受了重伤。我们没有必要挑起这个话题，而是接受我们采访的这名球员，他自己回忆起了这件事情，比赛之后他的经纪人给他打了个电话。

“我踢了一场很糟糕的比赛，豪尔赫是最早给我打电话的人，他告诉我我做了些什么。他说：‘你必须学会区分加强防守强度和暴力防守。’是的，这尤其是指跟赫塔菲的那场比赛，那是我第一次犯错，很多人一直批评我，直到今天都还有人拿那件事来评论。那天豪尔赫给我打电话，挂电话前他跟我说：‘你做错了，你不应该那么做。我们都会犯错，但是你必须做第一个意识到自己错误的人。我了解你，我知道你不是那样的人，你必须找回你自己，这样就够了。你做错了事，就要承认它，并且永远不要再犯。’”佩佩说。

门德斯对佩佩很苛刻。作为一个值得信任的经纪人，他不仅注重球员的心理，也会替他的客户分担一切烦恼。“他告诉我对待媒体的言论要保持淡定。那会儿媒体都在说我会离开皇马。”有很多球队给门德斯打电话，表明了对佩佩的兴趣，不过门德斯跟他们说，佩佩会继续留在皇马，没有商量的余地，说他会离开只是媒体的谣言。“他告诉那些俱乐部我跟皇马签了合同，而且我喜欢马德里，我的家人在这里过得很好。另外，豪尔赫一直告诉我要保持冷静，如果皇马不要我，也会有别的俱乐部要我的。当你处于一个很艰难的时期，有很多人在落井下石，却有一个人对你伸出了援手，这让我备感温暖。不过，还好，幸运的是那些都已经是过眼云烟了。”

天才门德斯

经过了这么多年后，门德斯和佩佩自然而然成了很好的朋友。“豪尔赫？不，不，我叫他奥古斯丁。（豪尔赫·保罗·奥古斯丁·门德斯是他的全名）有时候我会看到他在公司里踢球，尽管我跟他说踢得不错，其实他踢得很烂。”佩佩说到门德斯的时候总是笑声不断。当说到门德斯跟他的手机“如胶似漆的关系”时，佩佩更是笑得乐不可支：“豪尔赫真是个外星人，他睡得非常少，然后又花很多的时间在打电话上，他绝对不是个正常人。我记得有一次，我们一起从波尔图出发去里斯本，要把我的一些葡萄牙国籍的档案送过去，车程很长。”佩佩曾经为了国籍的事情操碎了心，拿到葡萄牙国籍对他来说实在太重要了。“我们一路上就说了差不多半分钟的话，其他时间他都在打电话，你能想象吗？我们一起走了 300 公里，几乎一句话都没说。除了电话，豪尔赫最关心的就是他的车，他爱它们的程度令人难以置信。如果你跟豪尔赫说，别管你的车了，他会说：‘啊，你疯了吗？你是怎么想的？让我别管我的车？’他跟个小孩子一样。”

佩佩是个魔术爱好者，我们问他觉得这本书应该怎么命名，他给我们提了个建议：魔术师门德斯。佩佩稍微想了一会儿，不过很快他就有了另外一个主意：“我觉得这本书可以有好多个名字，不过我推荐‘天才门德斯’。豪尔赫除了是个优秀的经纪人，也是一个伟大的人。他帮助了很多球员，甚至会帮助你解决你的家庭问题。所有人跟他的伴侣或者家人都会有小摩擦，豪尔赫也会帮助他们解决这些问题。”这时，佩佩突然变得很严肃，甚至有些激动。“在这方面，豪尔赫给了我很多建议，他告诉我：‘你有一个了不起的妻子，你必须保护她。你要照顾好你的孩子们，要成为一个好父亲。’奥古斯丁是个很好的长辈。抛开足球不谈，他依然是个天才。”

法比奥·科恩特朗——忠实的水手

“要不是豪尔赫·门德斯，我现在会是在海上工作的渔夫。”

卡西纳斯是葡萄牙海岸线上的一个小镇，这里的街道，每一间房子里，都弥漫着海的味道。孩子们有时候会在街角踢球。科恩特朗跟他的父亲度过了很多个这样的下午，那个时候他的父亲贝纳迪诺还在葡萄牙。科恩特朗的同胞们天天都在海上工作，他们游弋在大西洋的海面上，前往加拿大捕捞鳕鱼。他的母亲何塞菲娜，也是从事这个行当的，但她是在一家罐头公司工作。由于家庭的原因，科恩特朗从来没想过他会在足球领域取得成绩。那就是他的生活。2004 年，由于经济原因，科恩特朗的父母都移民到了法国，他一个人在阿姨家住了两年时间，这时候他只有 16 岁。他随后开始在葡萄牙北部最著名的俱乐部——里奥阿维——踢球。年轻的科恩特朗正处在人生的拐点，不仅是他的职业生涯，他的性格也发生了改变。他不再是一个孩子，他变成了一个男人。“那时候我从没想过会去皇马踢球，我还是个小孩儿，希望能够达到一个比较高的水平，但是我没想过会有今天的成绩。感谢上帝，让我能够认识门德斯。他是一个非常有趣的人。”科恩特朗说。

科恩特朗的第一个也是唯一一个经纪人就是豪尔赫，之前他从没想过自己会有个经纪人。一般来说，那个年纪的孩子都由他们的父母安排一切。但是科恩特朗的父亲远在法国，也就只能通过电话给他一点儿建议。他父亲最近去世了，到今天他都还记得父亲说的话。“我父亲总跟我说：‘你要听豪尔赫的，我相信他，因为他是足球界最有影响力的人之一。我感觉得到他很喜欢你，如果他喜欢你就会帮助你。所以你得好好听他的。’当然，我听了他的话。豪尔赫是个商人，但是没有球员会拒绝他，我一直把这些记在脑子里。”科恩特朗说。贝纳迪诺和何塞菲娜很看好这个经纪人。“那会儿我的父母并不认识他，因为他们住在法国。但是他们并不傻，他们知道豪尔赫做过的事情，所以从来不怀疑他。”

在里奥阿维的比赛中，豪尔赫·门德斯的球探卡洛斯总会出现在看台上，他在观察科恩特朗的过人之处。卡洛斯记下他的名字然后转交给豪尔赫，豪尔赫想要私下认识他。当这个消息传到科恩特朗那里的时候，他生平第一次紧张得双腿颤抖。“要见他的时候我很紧张，我还是个小孩儿，对于足球还什么都不懂，那时候豪尔赫已经非常有权势了。我知道的唯一一件事是，他是足球界的‘怪物’，但是我并不知道他长什么样，或者好不好相处。跟他碰面之后我才发现，他是个很有亲和力的人，很有意思，他唯一的目的就是希望球员们能够过得开心。”科恩特朗说。很快科恩特朗不再继续禁锢在自己的小世界当中，他的世界越来越大。他想从里奥阿维向葡萄牙更大的俱乐部迈进：本菲卡、波尔图或者是里斯本竞技，甚至有一天穿上皇家马德里的队服。

“认识豪尔赫之后，我开始有了梦想，虽然我从没觉得会实现。一天又一天，豪尔赫让我相信那些都是有可能的，我有这个能力，能够去本菲卡踢球，我能够去任何想去的俱乐部。”科恩特朗说。

2007年，豪尔赫帮助18岁的科恩特朗实现了梦想。“我加盟本菲卡的时候还是个小孩儿。你觉得来到这里就完事了吗？不是的，困难的事情才刚来，最难的不是加入这家俱乐部，而是留下。很不幸，我被租借去了国民体育会、里奥阿维、萨拉戈萨，在那些地方事情并没有好转。”科恩特朗说。在萨拉戈萨他没能获得主帅马赛利诺·加西亚·图拉尔的信任，整个赛季他甚至一场比赛都没踢过。“当时我想，我的足球生涯就是如此了，一切都结束了。但是豪尔赫从来不举旗投降：‘你会实现你的目标，你能够走得更远，你会回到本菲卡，你会上场踢球的，我坚信！’”门德斯的激励起到了作用，这名球员回到了里斯本，但是距离他成为一个巨星还有很长的一段路要走。

世界最佳

2009年的夏天，本菲卡正在修整准备迎接新赛季。之前就任于布拉加竞技的主教练豪尔赫·赫苏斯加盟了本菲卡，并且签了一份4年的长约。科恩特朗是球队重要的组成部分，他必须说服这个新教练。他是那种租借回来的球员，通常来说没有什么选择的余地，甚至可能得不到续约。比如那时候的萨维奥拉、哈维·加尔西亚、拉米雷斯。

“回到本菲卡的时候，我听说会被继续租借出去，我就打电话给门德斯。他的回答很干脆：‘不会的，你会留在那里，好好做好赛季前的准备，你会留下的。’”科恩特朗说。多亏了经纪人的信任和鼓励，科恩特朗在季前赛中的表现堪称完美。这使得俱乐部对他的态度大为改观，并且最后决定将他留下。然而要在球队里站稳脚跟，科恩特朗还需要付出更多的努力。

联赛第八轮，他们面对的对手是葡萄牙国民足球俱乐部。塞萨尔·肖托缺席比赛，豪尔赫·赫苏斯决定让法比奥上场，填补他们左路的空缺。“我本来踢的是左边锋的位置，但是那场比赛，教练让我补左边卫的空档。我当时想他是不是疯了。比赛一结束，门德斯就给我打电话：‘你踢得很好，你可以成为世界上最好的边卫。’”科恩特朗说。他的教练豪尔赫·赫苏斯之后对媒体说的话更是让法比奥忍不住笑了起来。“教练一定是疯了，那完全不是我踢球的风格。他跟我说：‘你会成为世界上最好的边卫，而且你可以跟葡萄牙国家队一起参加南非世界杯，当然，是踢边卫的位置。’”

赫苏斯曾说：“我把科恩特朗放在边卫的位置，第一次是在本菲卡，后来他到皇马也是踢那个位置。他以前的踢法证明他有能力踢好边卫。我坚信这一点，门德斯也一样。”因为门德斯的引荐，当时的国家队主帅卡洛斯·奎罗斯第一次将科恩特朗招入国家队，他在世界杯预选赛葡萄牙对阵波斯尼亚的比赛中首次亮相。

“我一直很相信门德斯跟我说的每一句话，所以我开始踢边卫并且非常自信。这一点充分证明了门德斯有发掘人才的眼光，我不认为这个世界上还有另外一个人能做到。”科恩特朗说。那个赛季本菲卡征服了葡超，时隔 4 年，由科恩特朗和迪玛利亚组成的边路组合统治了整个联赛。之后科恩特朗成了葡萄牙征战南非世界杯的一员。葡萄牙在八分之一决赛中被淘汰，但是法比奥・科恩特朗已被视为国家队最佳球员。法国《队报》甚至称赞他为“世界杯最佳左后卫”，这些话，科恩特朗之前已经听他的经纪人说过很多遍了。

游向大洋

2010 年世界杯让全世界都开始关注这个被称为“卡西纳斯・菲戈”的年轻人，这个称号是里奥阿维时期人们对他的爱称。很久以前，他还只是个想跟父母一样成为渔民的小孩，现在他已经成了本菲卡的球星，还成了利物浦、拜仁和尤文图斯竞相追逐的对象。2011 年夏天，科恩特朗选择了皇家马德里。

“我有两个选择：在本菲卡多待一年，或者去皇马。我拿不定主意，因为转会金额实在太高了。我跟妻子商量，她说这事很复杂，因为本菲卡要价 3000 万欧元。不过我告诉她说豪尔赫会搞定一切。所以我觉得不管怎么样，我都会跟皇马签约。”科恩特朗说。现在想起跟皇马签约的那段日子，他还是觉得难以置信。毫无疑问，那个夏天，他是媒体的焦点。各大新闻媒体都很好奇他究竟会不会离开里斯本而选择马德里。但是他把一切都托付给了他的经纪人。法比奥一直相信他会跟皇马签约，最后在伯纳乌，他在合同上签下了自己的名字。“要皇马花 3000 万欧元买一个本菲卡的左边卫可不容易。我很惊讶，但是也有其他的一些大俱乐部愿意出这个钱。不过我的梦想就是为皇马踢球。有一天，豪尔赫给我打电话跟我说万事俱备，只欠东风。”他们相处了这么多年，根据科恩特朗对门德斯的了解，他简单的几句话对这个边卫来说就已经足够了，他毫无保留地信任着门德斯。

“我从门德斯身上学到的一样东西就是，在他的字典里没有‘谎言’这个词。如果他告诉你你要去哪个俱乐部，那就是真的。如果他跟你说那很困难，那也是真的。他很真诚，这是一项优良的品质。”科恩特朗说。卡西纳斯的小鱼将要从他的小海洋，游向更为广阔的蓝色海洋。

止痛药

对于科恩特朗来说，在马德里的生活从第一天起就非常不易。皇马支付了高昂的转会金额，所以他也经历了佩佩之前经历的事情，受到了来自各方的压力，这导致他在球场上无法发挥出自己的正常水平。科恩特朗还缺少一个很重要的东西。

“足球运动员，要想踢好球，自信是前提条件。如果你不够自信，你就没法踢好球。”科恩特朗说。他的身价成了他在皇马的禁锢，有些人不明白为什么要花这么多钱买下科恩特朗，他的表现根本配不上这样的身价。在这样艰难的日子里，门德斯一直提醒科恩特朗，他唯一需要关心的事情就是如何踢好球，其他的都是经纪人的事情。糟糕的比赛之后，门德斯总是第一个给科恩特朗打电话的人，他会给他建议、给他打气。

“有些时候，我在皇马过得并不好。豪尔赫跟我说：‘你不要想别的，而是去想怎么留在这里，怎么踢球，怎么获得上场机会。’”如果在皇马进展不顺利，科恩特朗知道解决这些问题不会太困难，因为豪尔赫会帮助他寻找一条出路——对他、对俱乐部都没有坏处的出路。就比如 2015 年的夏天发生的事，科恩特朗被租借去了摩纳哥，寻找一些出场机会。

“豪尔赫会给我建议：你有很多选择，可以留在这儿或者离开，你先在这儿待着然后两年后离开，或者你就安安心心留在这儿。有时候豪尔赫也会说一些空话，但是他跟我说的都是好的东西，是为了让我能够渡过艰难时期。他是一个在足球界混迹多年经验丰富的人，他知道我需要改变什么，他的建议我一直牢记在心。”科恩特朗把所有事情的决定权都交给了门德斯，他知道如果经纪人让他留下，那留下就是最好的选择。“值得高兴的是，我还能一直踢球。”科恩特朗说。

所以科恩特朗无法想象，如果没有门德斯的帮忙，他在皇马的那段日子会是多么的艰难。“要不是豪尔赫，我现在一定会过得很糟糕。在那些艰难的日子里，豪尔赫总是很信任我，当人们都在批评我的时候，他总会告诉我：你能够实现自己的目标。现在虽不能说已经达到自己理想的程度了，但是我确实有所进步。人们慢慢地以不同的眼光看我，这一切都要感谢豪尔赫。”科恩特朗说。法比奥的职业生涯让他学到了很多东西，其中之一就是要用辩证的眼光去看待生活中的问题，而且只要你努力就能克服一切困难。

“生活中会有很多变化。我 20 岁的时候在萨拉戈萨觉得职业生涯走到了尽头，6 个月后我的人生发生了改变，从萨拉戈萨的板凳坐穿到本菲卡的星光闪耀，全凭我自己的努力和门德斯的帮助，我成了本菲卡最好的球员。生活发生了改变，我身边的人都很信任我，豪尔赫相信我的价值。我也会表现给他看，在将来的 3 年或者 4 年内，我会成为最好的球员。”科恩特朗说。豪尔赫·门德斯相信法比奥·科恩特朗会成为世界上最优秀的左边后卫，所以当这个被租借去摩纳哥的皇马球员身负债务时，他也伸出了援手。“我知道他不是冠冕堂皇，他了解我的能力也知道我能够做到。如果有一天我要向谁证明我是最好的，那他就会是第一个人。我会告诉他我值得信任。”

我们从与法比奥的谈话中发现，门德斯不仅仅是在职业中对他们无微不至，“他对待他的球员就像对待自己的孩子一样”。科恩特朗很感谢他的经纪人，除了足球之外，他还为球员们提供了很多帮助，让球员们可以专心踢球，不受外界的影响。“一般来说，一个经纪人会想利用他的球员赚钱，但对于豪尔赫来说，他注重的则是友谊。”3 月 19 日，皇马在 2013—2014 赛季的欧冠比赛中对阵沙尔克 04，这也是科恩特朗的父亲去世后的第一个父亲节，赛后门德斯一直陪在科恩特朗身边。“我感谢门德斯为我做的一切，有很多球员都对他心怀感激。他所做的一切都是些了不起的奇迹。他为一些球员争取到了不可能的事情。”科恩特朗说。他慢慢地找回了自信，这使得他在球场内外都获得了成功。在德国世界杯和科特迪瓦的比赛前，他曾说过：“我从来不惧怕对手，我知道自己的实力。”我们问他在球场上最艰难的时刻，他说：“不管面对什么对手，我都没有问题，因为我曾经面对过巴萨的梅西和巴黎的伊布，但是我不记得他们让我有多难堪。”

从这些话语里，科恩特朗展现了他在里奥阿维时展现出来的勇气，也正是这一点吸引了门德斯对他的关注。“卡西纳斯・菲戈”还有很多海洋要去征服。

“豪尔赫能够实现我更多的梦想。他会一直帮助我，但是就算他不再帮助我，我都会对他心怀感激。我很感谢他出现在我生命里。”可能这些还没实现的梦想中，有一个就是回到本菲卡。“虽然我离开葡萄牙不久，但是我想回去，我热爱本菲卡，这家俱乐部也很喜欢我。”从科恩特朗最后的几句话里，我们看到了他的怀旧之情。

“要是没有门德斯，我就不会是今天这个样子。我知道能够获得今天的成就都要归功于豪尔赫，我在余生里都对他充满感激，他改变了我的人生。要是没有他，我敢肯定当时我就成了渔夫，而不会成为一个足球运动员。”科恩特朗说。

若奥·米兰达——目标欧冠

“上天注定，豪尔赫能够掌握自己的命运。”

若奥·米兰达，国际米兰的后卫，一个成熟的球员，踢球时极其聪明。这个巴西中卫眉宇间显露着他的志向：举起欧冠冠军奖杯。在里斯本，马德里竞技的欧冠冠军梦想在最后一分钟被皇家马德里击碎。接受我们的采访时，米兰达的妻子和孩子就在一旁的座位就餐，他们的座位临近马亚达洪达的埃斯皮诺球场。1984 年，米兰达出生于巴拉那瓦伊。他对自己的未来感到迷茫，但是他觉得只要门德斯在就没有什么好担心的。2014 年的夏天，他甚至一天跟门德斯通五六次电话，他们要做出一个最好的选择，最后米兰达选择了以中卫的身份加盟马德里竞技。披上红白球衣，米兰达觉得这是他职业生涯中最美好的时刻，他的表现也可圈可点。所以他无法理解为什么斯科拉里不召他进国家队，让他参加巴西世界杯。

米兰达曾在库里蒂巴和圣保罗踢球，他效力过巴拉那和巴西雷奥等俱乐部，在巴西国内已经小有名气。2005 年，他前往法甲索肖俱乐部想试试运气，不过差点儿葬送了他的前途。他在圣保罗结识了豪尔赫，当时的豪尔赫已经是个炙手可热的经纪人。

“全世界的人都认识豪尔赫·门德斯，不管是在巴西还是在新加坡。”米兰达很平静地说，“我很感谢我的朋友，路易松，还有德科，我是 2010 年认识豪尔赫的，当时怀揣着去欧洲踢球的梦想。我知道了他的名字也知道他的样子，决定加入他门下。上天注定，豪尔赫是个能够掌握自己命运的人。他默默无闻然后脱颖而出，现在已经是世界上最优秀的经纪人了。”

斯科拉里“个人的”决定

当巴西国家队主帅斯科拉里钦定的2014年世界杯大名单出来时，我们感到很惊讶，因为上面有一些让人意想不到的名字。不过让一部分巴西球迷更加不解的是，米兰达的名字并没有出现在23人名单里。过去的一年，他表现优异，展现了强大的防守能力和制空能力，在防守端的表现完全配得上国家队的征召，而且这个中卫自己也希望能够为国效力。

“这是一个‘个人的’决定，作为球员，我只能听从安排。我肯定自己要比很多人踢得更好。我盼望着国家队的征召，比任何人都刻苦训练，但是我只能服从斯科拉里的安排。”米兰达说。

在认识他的新经纪人之前，米兰达曾获得过国家队的征召。2009年，他们获得了联合会杯的冠军，那是在2010年南非世界杯之前。1年之后他见到了门德斯，虽然他们还对对方知之甚少，但是这个经纪人已经被米兰达表现出来的防守实力征服。很快，门德斯就和马德里竞技达成了交易，为米兰达打开了欧洲之旅的大门。门德斯拨通了米兰达的电话，他上来就说：“明天俱乐部的老板们会来圣保罗见你，然后谈一下合同的事。”

“那件事让我非常吃惊，因为一般来说都是球员去见老板，没听说过老板来见球员的。”米兰达说。之后，米盖尔·安赫尔·吉尔落实了米兰达的转会。

如果你有梦想，你就要去追寻

“门德斯很肯定我能够在马德里竞技取得成功，那里会为我打开一扇新的大门，让我认识另外一种足球。一切都会越来越好。”米兰达说。2011年7月12日，马德里竞技官方宣布了米兰达的转会消息，他实现了自己的第一个梦想：在欧洲一家大俱乐部踢球。“如果你有一个经纪人，他有门德斯那样的视野，事情就会变得简单很多。”第四年，米兰达在马竞取得了很大的进步，他能够适应不同的体系，在所有比赛中都能体现出自己的价值。他奉献着自己的力量，争取西蒙尼球队的首发位置。“豪尔赫给了我自信，不管发生什么，他都在我身边，哪怕是一些私人的问题，他也会站在我的位置上考虑。”

在马竞，米兰达获得了很多荣誉，比如 2013—2014 赛季的西甲冠军，2012 年欧洲超级杯冠军——在决赛中 4 ：1 战胜了切尔西。这场比赛的第 60 分钟，我们的中卫更是贡献了一个进球。还有 3 ：0 击败毕尔巴鄂竞技，取得了欧冠的参赛权。这些都是可以写进米兰达的履历里的伟大胜利。

在采访过程中，米兰达和我们一起回忆了另外一场给他留下不可磨灭记忆的比赛。那是 2013 年 5 月 17 日，对他来说，这场比赛非常重要，因为它决定了最后国王杯花落谁家，最后他们赢了，打破了 14 年不胜同城死敌的魔咒。他们击败了皇家马德里。C 罗先是打进一个头球，随后迭戈·科斯塔的一记射门洞穿了迭戈·洛佩斯把守的大门，双方 1 ：1 打平。比赛拖入加时阶段，第 98 分钟，床单军团贡献了一次绝杀：加比向禁区抛出界外球，对方球员解围失误，米兰达出现在立柱前面，高高跃起，挤开哈维·阿隆索和迭戈·洛佩斯，头槌破门！

“那是我印象最深刻的一场比赛，在伯纳乌击败皇马。因为我的进球我们赢得了最后的胜利，14 年了，我们都没有赢过他们。一个进球就能决定比赛的走向，国王杯我们靠一个球赢了，欧冠决赛我们因为一个球输了。”米兰达说。他和他的队友们都不愿意回忆在达卢斯球场发生的事情，在最后几分钟里，他们输给了命运。不过若奥·米兰达对未来充满信心。“我的梦想？那就是赢得一次欧冠。作为一个球员这就是我的梦想，我曾经差那么两三分钟就要赢了。不过我肯定会继续追逐它，这件事情我铭记在心。

如果你有梦想，就应该去追寻。”这也是 2014 年豪尔赫・门德斯给他提出的目标。

若奥・穆蒂尼奥——金钱并不是一切

“能够成为门德斯的球员是我的幸运。”

有一些球员在职业生涯之初就想要进入一些大俱乐部，比如皇家马德里、巴塞罗那、曼联等。但是对于一个葡萄牙球员来说，进入大俱乐部还有另外一个办法。他们很多人都知道，只要进入门德斯旗下，实现目标就简单多了。穆蒂尼奥就是这样的例子，不过就算他没有成为门德斯的客户，他依旧拥有光明的未来。一开始，他是里斯本的明日之星，之后他进入了葡萄牙的豪门波尔图。在跟门德斯签约之前，穆蒂尼奥的职业生涯并没有这么美好。

“其实，我的职业生涯挺顺利的。不过球员们总是想要加入最好的俱乐部，他们都会想要得到世界上最好的经纪人的支持。”豪尔赫和若奥很久之前就认识了。一个是葡萄牙的巨星，另一个是最知名的经纪人。穆蒂尼奥很小的时候就跟门德斯交谈过。“我想他是世界上最优秀的经纪人，很多人都是这么想的。”令人好奇的是，一直到 2012 年的欧洲杯之后他们的职业和个人生活才有了交集。“很久之前我就对他的工作很感兴趣，我听到很多人都对他大加赞扬。终于能够跟他说几句话了，而且我很快就明白，他是个非比寻常的人。”穆蒂尼奥说起门德斯，就像是他从小就一直喜欢的球队一样。“我是豪尔赫许多球员中的一个，我感到很幸运，有一个这样的人在身边对你有很大的帮助。”

他们才交谈了几句，穆蒂尼奥就对豪尔赫死心塌地了。

“我们总会说他说的都是真理。他告诉我在足球场上，最重要的是保持冷静，不要为比赛以外的事情分心，其他的东西他都会帮我搞定。”尽管在欧洲杯之后，有一些更大的俱乐部给他开出的条件足以让他离开巨龙球场，穆蒂尼奥还是决定专心在波尔图继续他的职业生涯。那个赛季，他被称作波尔图最佳球员，赢得了葡萄牙杯、超级杯和欧冠。这繁忙的一年，也让他更好地认识了他的经纪人。“我已经了解了他的工作。我也会问波尔图队门德斯旗下的队友，他为人处世如何，后来甚至我的家人都开始对他赞不绝口。慢慢地，我发觉他是个很特别的人，他不仅关心你的职业计划，还会关心你的日常生活。对于一个球员来说那真是太重要了。”豪尔赫还没成为穆蒂尼奥的经纪人时，他们就是很好的朋友了。“我知道不管是什么事情，只要我需要，一个电话他就会来帮我。”

穆蒂尼奥跟他的经纪人相处的时间并不长，也没有跟他一起度过什么大风大浪，除了人生中第一次坐直升机是跟门德斯在一起，就像本书中提到的蒂亚戈·门德斯一样。不过穆蒂尼奥经历的事情足够让他明白“豪尔赫总是把你放在心上”。而且他让人觉得只有在你身边的才是真正的朋友。“豪尔赫知道，私人方面，如果我们相处得很好，其他事情就会容易很多。所以他总是和球员保持联系，让他们安心。他想要的，是球员们觉得他一直陪伴着他们，一直关注着他们。对我来说，他很可靠。”每当若奥输掉了比赛，门德斯就会打电话来安慰他，鼓励他在下一场比赛中尽力。

“这是真的，一开始我不顺利的时候我们会通个电话，他总像朋友一样。他告诉我要继续努力，他总会给我发一些鼓励的短信，让我不要气馁。”穆蒂尼奥说。2013 年的夏天到了，在法尔考去了马德里竞技、胡尔克去了泽尼特之后，穆蒂尼奥和哈梅斯成了球队里仅剩的球星。所以，那时候他开始寻求改变，并且不断进步。

摩纳哥计划

穆蒂尼奥离开里斯本前往波尔图，获得了更好的成绩，可是他决定要做出一点儿改变。那时候摩纳哥提出了一个很有野心的计划。这是一支很有竞争力的球队，不过由于上赛季糟糕的表现，不幸降级到第二级别联赛，但是他们正打算开展一个很有野心的计划，想要集合很多的球星，重新在欧洲足坛崛起。

“我打算去摩纳哥。我在波尔图踢了3年了，这是离开的好时机。事情进展顺利。豪尔赫跟我说这次转会对我、对波尔图都有好处，我当时接受了。”穆蒂尼奥说。对于一个球员来说，这意味着一个很好的机会，而不仅仅是金钱上的收益。“这个计划对我有很多好处，尤其是经济方面，我对提升球队实力也有帮助。豪尔赫为他的球员们尽力争取，而我今天在为摩纳哥踢球。”

采访穆蒂尼奥是弄清摩纳哥计划的好机会。很多球员都选择了加入这个计划，而媒体无数次表示怀疑。我们问穆蒂尼奥，在这件事上豪尔赫是怎么做的，他是不是通过某种方式，要求球员加入这家俱乐部?

“豪尔赫·门德斯总会征求球员的意见，他不会为了完成工作而完成工作，没有询问球员的意见他不会擅自做主。如果豪尔赫要擅自决定一个球员的去向，他会把他送去卡塔尔，在那里他能够赚个盆满钵满，他也有那个能力做到。没这么做是因为球员的意志是第一位的。他首先关注的是球员是否喜欢这家俱乐部，之后才考虑如何让球员在这家俱乐部得到可观的薪水。”穆蒂尼奥身上发生的事情就是如此，门德斯告知穆蒂尼奥摩纳哥对他感兴趣，然后让他自己做这个意义重大的决定。“我和波尔图都接受了这个报价。必须感谢波尔图，因为对我来说这是件好事。我为自己找到了一家俱乐部，他们野心勃勃，一心求胜。”穆蒂尼奥说。我们问穆蒂尼奥，促使他转会至摩纳哥的真正原因是不是钱。

“摩纳哥有很多钱，这家俱乐部给了我一个很好的报价，还有一个野心勃勃的计划。另外，不仅是我，他们也给了其他加入这家俱乐部的球员一样的承诺。我想再重复一次，豪尔赫一直在追求两样东西：一是一家伟大的俱乐部，不仅拥有绝对的实力，也能够提供价值不菲的合同；二是摩纳哥、波尔图和我，我们三方都很满意。”穆蒂尼奥说。

未来，只有自己……和门德斯清楚

门德斯旗下的球员都知道：有门德斯在，什么事情都会变得很简单。而且，他们也知道，如果不在球场上拼杀照样什么也得不到。穆蒂尼奥自然也很清楚这些，要踢出名堂，待在办公室里是没用的。一切的一切，只有在球场上哨声响起时才开始。穆蒂尼奥是个很有创造力的中场球员，身材不高，却是个很有威胁性的传球手。我们问他为什么从来不去西班牙踢球，他回答道：“我还没有收到正式的邀请，还没有这种机会。虽然有很多传闻，但是我确实还不能去西班牙。西甲是一个竞争很激烈的联赛，每个球员都想去那里踢球。也许未来的某一天我会去，但是现在最重要的是要努力训练，才有机会达成这个目标。”

豪尔赫·门德斯完全有能力实现穆蒂尼奥的愿望，不过若奥明白，好好努力把球踢好，也会让门德斯的工作轻松很多。“如果我总能展现出最好的自己，就没什么好担心的，就像以前一样，豪尔赫会为我规划一个美好的未来。门德斯有能力实现我的梦想，虽然是他帮助我们到梦想的俱乐部，但最重要的还是我们要对自己负责。我总是尝试着尽最大的努力，我知道如果球踢得好，门德斯早晚会帮我实现梦想。”穆蒂尼奥说。

我们问穆蒂尼奥，皇家马德里或者巴塞罗那这样的俱乐部是否对他感兴趣。他笑着说：“这两家俱乐部是西班牙最好的两家，但是还有其他很好的俱乐部。事实上，我从没想过他们会对我感兴趣，现在我只想跟摩纳哥一起获得联赛冠军，我希望我们能够在欧冠道路上走得更远。个人方面，我要努力做得比去年更好。之后如果我要转会，豪尔赫会帮助我。如果我自己都没能拿出好的表现，那什么都免谈。”

没有豪尔赫就没有今天的我

要是 2012 年豪尔赫·门德斯没有出现在穆蒂尼奥的生命里，也许到今天他都会是个很平庸的球员。在他的经纪人的带领下，他和自己梦想的球队签约，他的未来和他看待足球的方式发生了转变。“豪尔赫让我明白，我还有更多的可能性。”豪尔赫为他的球员付出了很多努力，他对球员产生的影响不仅体现在转会上，还体现在言语上。

“我认为豪尔赫是个非常聪明的人。他的智慧让他成了世界上最好的经纪人。他凭借自己的勇气获得了很多东西，另外，他说的都是真话，这一点对于球员来说很重要。这个世界上，总有很多不会跟你说实话的人。”穆蒂尼奥说。

法比尼奥——另一个麦孔

“当我跟母亲说：我要去皇家马德里踢球了！她喜极而泣。”

在圣保罗，坎皮纳斯的一个小区里，平房外面的砖墙已经破损不堪。它们已经建了很长时间，人们没有足够的经费去修复这些外墙，还有就是皮球天天在上面砸来砸去。那里的孩子们总是梦想着有一天能去欧洲，到绿茵场上踢球。这就是摩纳哥球员法比奥·恩里克·塔巴雷斯，也就是法比尼奥，小时候在家乡的生活。

“我总是在街上踢球，或者在那里的一些小足球场上。我那会儿都没有球鞋，就赤着脚踢。”法比尼奥说。他的第一家俱乐部是坎皮纳斯北部的一家小俱乐部——帕利尼。他开始踢球时还非常小。跟所有人一样，他想要进球。

“7 岁时，我开始踢前锋，我以为所有人都是从这个位置开始踢的。之后我慢慢长大了，我的位置就慢慢往后退。”法比尼奥说。先是中场后来就成了中卫。“在帕利尼，我十三四岁的时候就开始踢右边卫。我曾经踢过中场，但是当时队内有太多的中场球员，教练很看重我的边路能力，所以把我放到了边路。”多亏了教练的提点，他才开始关注巴西那些专职于防守的球员。“我很喜欢卡福，他是历史上最优秀的右边后卫。等我长大一些，麦孔就成了我的新偶像。”

很快，你的人生就会改变

17 岁的法比尼奥来到了里约热内卢的弗鲁米嫩塞俱乐部，他在这儿踢了一年半。他参加了圣保罗杯，这是个名气很大的杯赛，在那里他表现突出，引起了德科的关注，德科那时在热斯蒂夫特的巴西分公司工作。“我去德科的家里吃了次饭，我们聊了很多。我早就听说过豪尔赫，因为大家都说他是 C 罗的经纪人。但是我没想到豪尔赫·门德斯这个名字在足球界有那么大的影响力。”不过在他开始欧洲之行前他都没有见过自己的经纪人。“我去孔迪郡的时候才见到他，那时我正要去里奥阿维。一切进展得都非常快，我在那儿训练了二十来天，然后就走了。”这个坎比纳斯来的男孩儿在电视上收看米兰的比赛，那里有他最喜欢的球星：卡福、塞尔吉尼奥、卡卡和迪达。他没想到自己很快就要实现梦想，到小时候自己梦想中的那家俱乐部。“豪尔赫都来不及问我想去哪家俱乐部，他直接就把我带过去了。”法比尼奥说。

他在葡萄牙的前几天住在卢西奥家里，卢西奥是德科的兄弟。有一次，他们和其他朋友正在吃晚饭，卢西奥接到了豪尔赫的电话。卢西奥很认真地听门德斯说：“卢西奥，我们要去马德里，你跟那个小男孩儿说，他要去皇家马德里卡斯蒂利亚队踢球了。”卢西奥放下电话跟法比尼奥说：“收拾一下行李，我们要出发去马德里。”小伙子听后目瞪口呆。法比尼奥回忆说：“一切都太快了。我不敢想象，像个梦一样。就这样我带上了自己的东西，和德科还有卢西奥一起去了马德里。”豪尔赫·门德斯的一个电话就足以让大家达成一致，就可以让一个球员去皇家马德里踢球。法比尼奥一直不敢确信正在发生的事情。“我见到了豪尔赫和穆里尼奥！我才从里奥阿维训练场出来，现在我就能跟伊瓜因、卡卡、迪玛利亚一起训练了。那真是个梦。”

一个母亲的眼泪

在遥远的大洋彼岸，法比尼奥的家人们还什么都不知道。到达马德里后，他要给母亲罗桑杰拉打个电话。他进入一辆停在旅馆和巴尔德贝巴斯训练场中间的车里，车里还有几个热斯蒂夫特的员工。

“我往家里打电话的时候，我的家人还以为我在戏弄他们。我跟我妈说这是真的，然后她就开始哭起来。因为还有人在我边上，我忍住不让自己流下眼泪，但是我还是没忍住，我就跟我母亲一起哭了起来。”法比尼奥说。他低声啜泣，车内的人都沉默不语，但他不是车上唯一一个掉眼泪的人，所有人都对此情此景颇为动容。“那是个很让人感动的时刻。”法比尼奥的母亲十分感谢门德斯，因为他让她儿子实现了梦想，每星期还能有

200 欧元的工资。“我母亲去了门德斯家里，她很喜欢门德斯，门德斯还邀请我母亲去伯纳乌看比赛。我的妹妹陪着她，她还跟 C 罗合影了，她们高兴极了。”家庭非常重要，豪尔赫深谙这一点，所以他总是会替他的球员照顾好他们的家人。“他和他的球员很亲近，不仅仅是职业上。他总是打电话问我过得怎么样，还会过问我的家人。真是太贴心了。”

从卡斯蒂利亚到法国

2013—2014 赛季，法比尼奥效力于皇马卡斯蒂利亚队，他偶尔也会去一线队踢球，在伯纳乌同马拉加的比赛中他甚至首发出场，为迪玛利亚送出了一次助攻。然而法比尼奥渴望更多的出场机会，他决定开始一段新的征程，决定加入摩纳哥的计划。“摩纳哥有一个很好的计划，现在球队已经变强了很多，它还会变得更好。在我去之前，我看到球队签下了法尔考、穆蒂尼奥、哈梅斯，然后那时候豪尔赫通知我也要一起去。天哪！能去法国踢球我真是喜出望外，而且我去的还是一家大俱乐部！”法比尼奥离开马德里后，他的职业生涯峰回路转。“我成长了很多，法国的联赛跟西班牙的联赛有很多差异，身体对抗和比赛速度上都差别很大，我很适应这里。”这个年轻的巴西人慢慢发现，在哪里都可以听到他的名字。“从卡斯蒂利亚到摩纳哥有一个很大的差别，摩纳哥的比赛我都能够出场，人们开始认识我，这真是太棒了！”法比尼奥说。

“他会成为另一个麦孔”

在豪尔赫·门德斯吃饭或者聚会的时候，他总喜欢把法比尼奥挂在嘴边，从来不放过任何一个谈论法比尼奥的机会，就好像德科在波尔图取得成功时，门德斯也对他的事迹念念不忘一样。法比尼奥并不知道这事，当他知道经纪人这么关注他时，竟然略带紧张又忍不住笑出声来："我的天！你说得我都起鸡皮疙瘩了。"当知道豪尔赫经常把他跟他的偶像麦孔相提并论，法比尼奥感到无比的自豪。"我很高兴。他从来不会跟我说这些，但是今年，伯纳德・席尔瓦来到摩纳哥——他并不知道我曾经在里奥阿维或者皇马踢过球，一看到我，席尔瓦就跟我说：'啊，你就是鼎鼎大名的法比尼奥吗？豪尔赫经常跟我提起你，他总是说你多好多好。'听到这些话，我真是喜不自胜。"

上个赛季，法比尼奥在球队的重要性得到了显著的提升，他出战了 31 场比赛，成了球队中出场次数最多的球员。门德斯实现了法比尼奥的目标，帮他找了一支好球队，让他有足够的比赛时间获得提升。另外他没有偏离自己的轨道，因为几乎每场比赛之后，他都会给门德斯打电话，倾听门德斯的建议，随时保持清醒。

"他告诉我，要有野心，永远想要更多的东西，不要满足于当下，因为我还很年轻。同时他也会提醒我不要着急。现在我想从摩纳哥去马德里，但是豪尔赫说我还年轻，现在最重要的是多踢比赛。我听从了他的建议。"法比尼奥说。

21 岁的法比尼奥能够不慌不忙地做好每一件事，他知道背后有一个为了他的未来 24 小时都在工作的男人。"豪尔赫非常勤奋，他喜欢工作，从来没有停下过。他总是在接电话，总是很忙，他热爱自己所做的一切，所以才能完成得这么好。"法比尼奥知道他应该感谢的人就是豪尔赫。

门德斯改变了法比尼奥的命运。"我感谢他对我的信任，感谢他给我带来的如此之大的变化，还有对我的家庭所做的一切。也感谢他相信我能够走得更远。"有一些事情让法比尼奥陷入了困境，但是有一张保护网，让他不至于摔到地上。“豪尔赫的信任让我觉得很平静。如果出了什么问题，我知道他不会让我陷入泥沼。”幸运的是，一个新的计划赶走了这些麻烦。这个巴西边卫依然延续着他在坎比纳斯的梦想，在欧洲继续成长着。如果没有门德斯的话，可能法比尼奥到今天还待在那儿，在弗鲁米嫩塞，幻想着有一天能够成为另一个麦孔。2014 年 9 月，邓加让法比尼奥顶替了他偶像的位置，成了巴西国家队的一员，这是一次巨大的进步。法比尼奥离他的梦想如此接近。

米盖尔·维罗索——国外的经历

“跟豪尔赫工作，你能得到一切。”

当时他已经展现出了职业球员的潜质，但是还没到可以让豪尔赫当他经纪人的年龄。只有 12 岁的他，在社区里和足球场上已经小有名气。他在他父亲安东尼奥·维罗索工作的阿尔维加器材公司首次见到了门德斯。16 年前，米盖尔·维罗索并不知道这个跟他有一面之缘的人后来会成为他的经纪人。

“我很小的时候就见过他，我父亲那时候在阿尔维加工作，他认识豪尔赫。那时候豪尔赫已经有了德科这样的球员。但是我只有 10 岁或者 12 岁。”维罗索说。然而，不像其他的阿尔维加球员，他没有去本菲卡踢球，这给他留下了糟糕的记忆。“小时候本菲卡拒绝了我。那时我才 8 岁，他们说我太胖了。”他笑着说。这确实是真的，那时候维罗索确实比一般的孩子要重一些。他的身体越来越成熟，一直到他长大成人，才有了一个适合足球运动的体魄。很快他和本菲卡竞技签订了人生中第一份职业合同。后来他转会至里斯本竞技并被租借到莫斯卡韦德，在那儿他希望获得更多的比赛经验。外租 1 年之后，维罗索被召回，从那时起，他开始与门德斯正式合作。“2009 年左右，我开始跟豪尔赫合作。当然在我很小的时候，豪尔赫就认识我，不过也多亏了我在本菲卡的队友——纳尼的引荐，我才能够引起门德斯的兴趣。”维罗索说。

维罗索刚刚加入热斯蒂夫特时，他就请求离队。“我当时在里斯本竞技，我想要离开，想去国外踢球。我们每天都在讨论这个事情，我告诉他我想要到葡萄牙外面的国家踢球，后来我去了热那亚。”在意大利他踢了 53 场比赛，贡献两个进球，展现出了强大的综合能力，在防守端表现尤为突出。经常有人拿他跟费尔南多·雷东多比较。“人们对我评价不错，他们做了一些比较，但是雷东多是皇马的球员，我还比不上他。我专注于自己的职业生涯，试着到达能够到达的地方。我踢过很多位置，现在发现防守型中场是最适合我的。”维罗索说。

离边境更远

维罗索口中的超级经纪人给了他一个全新的挑战，这也是维罗索的目标——2010 年南非世界杯，他收到了葡萄牙国家队的征召。世界杯期间，他的表现引起了多家俱乐部的兴趣，其中热那亚最希望得到他。“我很喜欢和豪尔赫·门德斯一起工作，因为没有他做不到的事。”人们开始议论，维罗索竟然要去一家意大利俱乐部踢球。“门德斯告诉我时间会证明一切，我还会回来的。”维罗索说，“我总是相信他说的话，因为那是朋友对我说的话。”在他跟意大利的俱乐部签约之后，发生了一个小插曲让他记忆深刻。“我记得跟热那亚签约之后，有一次，我们坐私人飞机去波尔图，我在豪尔赫家里和他的家人度过了一个愉快的周末。我很感谢他。”

家庭很重要

门德斯知道，要想让他的球员在场上拼尽全力，就不能让他们被场外的事情干扰。所以当维罗索和他的父亲发生矛盾时，他毫不犹豫地进行了调解，帮助他们解决纠纷。大家都不愿意提起这件事，但是维罗索很感激门德斯的帮助："豪尔赫做得很好，他帮助了我和我父亲。当他知道我对我父亲的所作所为很气愤时，他安慰我，让我冷静些，不要担心这些事情。"豪尔赫在两人之间当说客，想要调和他们之间的矛盾。"他总是在我身边，总会帮助我，跟我说他会解决这件事。对我来说，那真是太关键了。"幸运的是，维罗索已经度过了那段艰难的日子，现在仍专注于他的职业生涯。豪尔赫·门德斯想着帮他找一家好俱乐部，这次是在乌克兰，他要帮助维罗索继续在葡萄牙之外的地方寻找新的历险。

两年后意甲的竞技水平有了很大提高，加上维罗索在 2012 年欧洲杯上表现优异，很多俱乐部的邀请纷至沓来。不过就像之前提到过的，这次的邀请来自于乌克兰。米盖尔·维罗索又一次请求门德斯帮他寻找另外一家俱乐部："在波兰和乌克兰联合举办的欧洲杯之后，我跟豪尔赫说我想换一家俱乐部，他告诉我有很多俱乐部想要跟我签约，其中基辅迪纳摩是最理想的，然后我就去了那里。"一到基辅，维罗索就发现这里有一片美好的景色。这家俱乐部有完整的训练器材、完备的青训体系、设施良好的体育馆，这些条件都让他能够更好地适应。维罗索在乌克兰首都踢球的这段时间，热斯蒂夫特的工作人员娜塔莎一直陪着他。"要去基辅前我认识了娜塔莎，她跟着我去了，她跟我说了很多事情，关于我的合同，还有这家俱乐部。她真是个好姑娘。"

维罗索的下一个计划依然是个谜。28 岁时，他有一个强烈的愿望——去皇家马德里踢球。如他所说，这是一个他想都不敢想的梦想。

"我希望他永远不要变，一直是原来的样子。豪尔赫昨天的辛勤工作换来了他今天拥有的一切。他是一个认真又坚持的人，我希望不管多久他都能一直这样。豪尔赫·门德斯能够成功，是因为他擅长和人交谈，和人建立友谊。他是个很真诚直接的人，对每个球员都很好，尤其是当球员遇到麻烦时，他不会弃之不顾。”维罗索说。

布鲁诺·阿尔维斯

“豪尔赫·门德斯是个超人，他让我的生活变得更美好。”

当一个人成为职业球员，他要满足球队的要求，参加一些特定的训练，这也是一个球员最基本的生存之道，比如说，在每一场大型赛事之前，国家队都会组织集训。集训会让整支球队凝聚在一起，更好地理解战术和技术。在酒店里，他们要花很多时间来看比赛录像和做赛前分析。不过他们也会打打牌，打打乒乓球，做一做拉伸，打打游戏，玩玩电脑，又或者只是简单地和队友聊聊天，想办法让时间过得快一点儿，好快点儿进行比赛。葡萄牙的后场组合佩佩和布鲁诺·阿尔维斯就是在这些活动中建立起了友谊，这份关系不仅存在于训练场还存在于生活中，他们成了真正的朋友。他们曾共同效力于波尔图，当葡萄牙国家队有比赛的时候，他们又一起为葡萄牙效力。每次赛前集训，他们都会住同一个房间。他们有过无数次关于足球的长谈，很快豪尔赫·门德斯这个名字就进入了布鲁诺·阿尔维斯的生命当中。佩佩现在是皇家马德里的中后卫，当得知他的队友一直没有跟任何中介建立合同关系的时候，他向阿尔维斯谈起了自己的经纪人——豪尔赫·门德斯。那次房间里的谈话发生于2009年。在圣彼得堡的泽尼特俱乐部进行过尝试之后，布鲁诺·阿尔维斯去了费内巴切，他从土耳其打电话过来，跟我们确认了这件事：“是的，一次葡萄牙国家队集训的时候，他跟我说起了豪尔赫。他跟我说有一个人很值得信任，他会给我的生活带来改变。我想他说的一定是对的，从那时起我认识了豪尔赫·门德斯，我的生活开始变得更美好。”

和门德斯的第一次会面之后，他的人生就发生了很大的变化。布鲁诺说话雄浑有力，他现在已经是个十足的运动专家，有丰富的经验，参加过很多比赛。年轻的时候就回到波尔图（1999 年），他在那里效力了将近 10 个赛季。凭借强有力的防守表现，他获得了很多欧洲豪门的垂青，随着比赛经验的积累他踢得越来越好。他展现出了很高的水平，正因为如此，他的经纪人的工作轻松多了，他有了更多的选择。他和巴塞罗那曾传过绯闻，甚至有媒体表示皇家马德里和马德里竞技也参与了这个中卫的争夺。这可能就是他走上欧洲舞台的证明。

“我快要和马德里竞技签约时，波尔图希望对方支付更多的钱，很明显马竞不接受，那会儿差不多快到 2010 年了。我本来很想去西班牙踢球，因为那里有世界上最好的联赛，有最好的球员，而且马竞也是支很棒的球队。”不过他错过了这班车，后来摆在他面前的合约让他很吃惊，他将要去一个很有趣的地方，那里有着不同的文化、不同的气候，但是很吸引布鲁诺·阿尔维斯。在波尔图经历了 150 场比赛后，对待这种事情他表现得非常成熟。“那也是我个人的决定，我跟泽尼特签约了，他们给了份肥约，我没法拒绝他们，因为这是我生命中必须把握的机会。波尔图想要一份理想的报价，泽尼特是唯一一家能够支付波尔图这个价格的俱乐部。我也很开心，因为我在俄罗斯学到了很多东西。”阿尔维斯说。

多亏了那次葡萄牙国家队的集训，布鲁诺·阿尔维斯才能够认识豪尔赫·门德斯。

“我和豪尔赫一直保持着很好的关系，2009 年我通过佩佩认识了他，我们去他家里吃过晚饭。他是个很亲切的人，你第一次跟他谈话就会感受到他值得信任。有这样的一个经纪人，对球员们来说是很重要的。”阿尔维斯说。

布鲁诺·阿尔维斯感谢他的经纪人为他带来的一切，不管是生活中还是职业道路上。“我的生活发生了彻头彻尾的转变，我本来并不会拥有今天的一切。自从豪尔赫出现，一切都变好了。”

阿尔维斯基因

阿尔维斯一家人几乎都踢过球，他的父亲和他的叔叔们、祖父甚至曾祖父都是踢球的，所以他身上也许存在足球运动的基因。他的长辈们都在巴西或者葡萄牙从事过职业足球运动，所以他从小就接触足球，他的父亲是他的第一个教练。之后他进入了波尔图的梯队，那是他第一份职业合同。“我的第一个教练是我的父亲，不管在什么地方，我们都会进行训练，一直到我去了波尔图，慢慢地从U18、U19、U21，一直到最后我和波尔图一线队签约。我在波尔图踢了很长时间。”他父亲有过职业经历，所以他跟豪尔赫之间建立了特别的友谊。豪尔赫总喜欢在吃饭时谈论跟足球相关的东西，他会谈论阿尔维斯父亲的职业生涯的故事。“我父亲和其他家人都很喜欢豪尔赫·门德斯。我父亲曾经踢过很多年职业比赛，他对足球很了解。在成为经纪人之前，豪尔赫也是个职业球员，所以他也知道这些事，他很喜欢跟我父亲待在一起聊过去的事情。豪尔赫是个很喜欢讲故事的人。我父亲在葡萄牙踢了很久的球，但那是很早以前了——20世纪70年代。他很喜欢跟豪尔赫聊天，因此每次的晚餐都会很有意思。”阿尔维斯说。

费内巴切的主场在土耳其的伊斯坦布尔，这个葡萄牙后卫在那儿的生活发生了改变，这都要归功于佩佩和豪尔赫·门德斯。在这个有1500万人口、传统和现代融为一体的城市里，布鲁诺·阿尔维斯成了冠军。“在土耳其一切都很顺利，我拿到了冠军，能够了解不同的国家是件不错的事情，而且我还赢得了荣誉。”对于布鲁诺·阿尔维斯来说，他的经纪人对他的意义远超过一座奖杯。“豪尔赫·门德斯是个超人。”阿尔维斯说。

威廉·卡瓦略——安哥拉宝钻

“豪尔赫跟我说，如果有一天我赚了很多钱，我还要做原来的自己。”

历史上，安哥拉和葡萄牙之间有很多政治、经济上的往来。两个国家的居民都会去另一个国家寻求机会，这是葡萄牙的一笔财富。1975 年时，安哥拉甚至还是葡萄牙的领地。1992 年 4 月 7 日，威廉·席尔瓦·卡瓦略出生于安哥拉首都罗安达，临近宽扎河，那是个资源很丰富的地方，到处都是珍奇的石头，可以被打磨成钻石。“我两岁的时候跟随我的父母从安哥拉来到葡萄牙，之后第五年还是第六年的一次假期，我回去了一次，尽管我知道我还有家人在那里，但从那以后都没有再回去过了。”卡瓦略的家在葡萄牙西部近海的一个叫辛特拉的小地方，小卡瓦略在当地的米拉辛特拉联盟体育俱乐部开始踢球。这是一家创办于 2005 年的小俱乐部，不过在那里卡瓦略引起了里斯本竞技的关注，那是一家他父亲念念不忘的俱乐部。“我一直到 13 岁才去那儿踢球，有一次我们跟里斯本竞技比赛，他们很喜欢我就把我叫到一边，告诉我可以和他们一起训练，这就是一切的开始。”卡瓦略说。不过威廉满怀期望地等着召他入队，却迟迟等不来最终的消息。里斯本的死敌本菲卡也加入了对卡瓦略的争夺，他们也想带走这个安哥拉年轻人。“是的，那是真的，本菲卡也招呼我去他们那儿。我那时候还很小，什么都不懂，我就去本菲卡训练了，因为我不知道里斯本竞技是不是还会再召我入队。”这是一次不错的试探，因为里斯本竞技马上就做出了反应，他们用了所有可能的办法，留下了威廉并且让他打消了所有疑虑。

“我很清楚我是里斯本竞技的球迷，但是我确实也是左右为难。纳尼给我打电话说，去本菲卡很难踢到一线队，但是和他们一起踢球就会有很多到一线队比赛的机会。”那时候队中有纳尼、米盖尔·维罗索和穆蒂尼奥，他们都是阿尔科谢蒂青训出身的。

金子总会发光

刚满13岁的卡瓦略开始了在里斯本竞技的冒险。他不知道从那时起，世界上最优秀的经纪人会对他感兴趣。门德斯的下属路易斯·米盖尔·桑托斯——他主管里斯本和周边地区，在一场里斯本青年队的比赛之后，开始关注卡瓦略。“他带我去里斯本的一个地方吃饭。那真是个令人难忘的日子。因为路易斯·米盖尔接到了迪玛利亚的电话，说他遇到了点儿麻烦，我们就一起过去看他。能够见到迪玛利亚我真是高兴极了，尽管他是本菲卡的球员。”卡瓦略说。他露出了孩童般的笑容，尽管那时候他还不知道门德斯的能力，但是他开始怀抱希望。“我那时还很小，不管是对豪尔赫还是热斯蒂夫特都一无所知。”那时候我们的中卫还不够成熟，不能胜任一线队的赛事，所以俱乐部把他租借到葡甲的法蒂玛俱乐部，半个赛季在那儿，另外半个赛季则被租借去了比利时的色格拉布鲁日俱乐部。2013年的夏天，他回到了里斯本竞技，终于决定要跟一个经纪人签约了。“当我回到里斯本的时候，我决定加入热斯蒂夫特。那时候我已经明白了豪尔赫·门德斯是怎么样的经纪人，他是世界上最好的，他能够帮助他的球员们。”

卡瓦略在媒体上看到过豪尔赫·门德斯，但是还未真的见过他，更不用说跟他说话了。“我第一次和豪尔赫·门德斯交谈是在2013—2014赛季中的一场比赛之后，他打电话过来祝贺我，说我选择了一条正确的道路，很快我们就会见面的。”从那时起，威廉接到了很多来自于这个经纪人的电话，但是他依然在等待着能够亲眼见到门德斯。“我第一次面对面见到他是之后的事情，当时我住在里斯本的一个酒店里，我跟着路易斯・米盖尔去见他。我在杂志、报纸和电视上都见过他，那是一次很长的对话，同时也让人感到很愉快，要比我们在电话里的交流愉快得多。”

成功的一年

这个安哥拉人给了里斯本竞技一个大大的惊喜。没人能够想象被召回之后，这个年轻的球员会成为球队最重要的一个人，而且他还没有得到一份新的合同。“我租借结束归队，那时候是我跟里斯本竞技合同的最后一年，赛季之前我都不知道还会不会留在这家俱乐部。但是李奥纳多・雅尔丁决定在我身上赌一把，所有的事情都变得非常顺利。”卡瓦略说。他成了里斯本竞技无可争议的关键人物，里斯本也成功摆脱了波尔图和本菲卡的阴影，获得了葡超第二的位置，直接晋级欧冠。他一共踢了 29 场比赛，获得 4 个进球，这是很成功的一年，他的表现也让他入围了巴西世界杯葡萄牙国家队大名单。威廉的父亲西蒙是个很谦逊的人，他总是带着友善的微笑。他的父亲特别看好豪尔赫・门德斯，不仅仅是因为豪尔赫把卡瓦略带到了世界杯。“我父亲很喜欢豪尔赫，他现在和门德斯一起在西班牙马德里，他很开心。我父亲知道，豪尔赫迟早会帮助我的。”

承诺未来

记下这个名字：威廉・卡瓦略。人们很难想到他会成为近期转会市场的主角，他将会得到下一个从葡萄牙走出去的大合同。不过卡瓦略没有特别在意这些，他专注于踢好每一场比赛，而他的梦想是能够去足球诞生的地方踢球。“我的梦想是去英超。我知道有一些对我感兴趣的球队，但是豪尔赫总跟我说让我不要担心这些。我需要做的就是在球场上证明自己的价值，场外的事他都会处理。他的话总让我觉得很安心。”这个男孩儿还笑着做了一个特别说明：“当然要我去西班牙踢球也不是不可以！”

不管怎样，虽然卡瓦略很信任他的经纪人，但是豪尔赫也只是在他左右，告诉他有哪些选择而已，卡瓦略知道最后做决定的人还是他自己。“对于门德斯来说，赚钱不是首要的，最重要的是球员能够得到发展。他不会跟我们说：‘你必须去这家俱乐部或者那家俱乐部。’我们会进行交流，最后做出一个最好的选择。”22岁的年纪，豪尔赫最希望的是卡瓦略不要浪费自己的天赋。所以当他的足球生涯出现了一次巨大飞跃的时候，门德斯很严肃地提醒了他。

“他总是跟我说如果有一天我赚了很多钱，我还是必须得做原来那个我，还要保持冷静。”卡瓦略说。这种平静的心态让他在职业生涯中不断进步。“尽管我的个人能力决定了我的未来，但是和门德斯一起，我能够去豪门踢球的可能性，还有让我自己生活得更好的可能就大大增加了。我明白，他总能通过一些交易，让俱乐部和球员同时受益。”尽管卡瓦略跟门德斯才刚建立经纪关系，但是威廉已经为能够成为门德斯旗下一员心存感激。“我会告诉他，我感谢他所做的一切，我很感激能够跟世界上最好的经纪人共事。”威廉·卡瓦略——葡萄牙的威廉，下一个在欧洲闪耀的巨星——在结束采访时露出了微笑。

阿德里安·席尔瓦——漂泊的球员

“豪尔赫很勤奋，同时他还特别谦虚。”

在他还很年轻的时候，曼努尔·席尔瓦和他的父母一起移民去了法国。他们跟许多葡萄牙人一样，背井离乡只为求得生存。在那里，他们非常努力地工作，他也有幸能够继续从事自己热爱的事业——足球。他在法国认识了他现在的妻子，并且在昂吉莱姆定居，他的孩子们在那儿出生，最小的叫阿德里安。曼努尔的生活依然被足球主导着，退役之后他开始了自己的教练生涯。所以，我们的小阿德里安生命中最开始的几年都沉浸在草坪、足球和球鞋的味道当中。“我和我哥哥经常跟着父亲去球场，因为没人陪着我俩。我们看着他指挥训练，也在场边踢踢球。足球充斥着我们生活的每个角落，所以我也没有其他的选择，没有别的路可以走。”席尔瓦说。席尔瓦一家人从来都没想过他们有一天还能重回祖国的怀抱。事实上从 6 岁开始，席尔瓦就在波尔多踢球，一直踢到了 12 岁。正是从那时候开始，他们不得不走上一条跟他们的先辈不一样的道路。“我 12 岁时，我的父亲在葡萄牙找了一份工作，然后我们就回来了。”席尔瓦说。这份工作是担任葡萄牙北部的 ARC 俱乐部的主教练，那也是席尔瓦在葡萄牙的第一个俱乐部。“我在那儿踢了 6 个月，后来里斯本竞技对我产生了兴趣。”那是 2002 年，阿德里安进入了里斯本竞技的青训营中。

跋山涉水，赢得胜利

在里斯本，同时他也在阿尔科谢蒂青训营训练，热斯蒂夫特的球探开始关注他。“当热斯蒂夫特的工作人员路易斯·米盖尔和路易斯·内维斯过来跟我谈话时，那会儿我才 16 岁，我们也没谈什么要紧事。那之后就一直保持着联系。”席尔瓦说。对于里斯本竞技的球员来说，那儿有很多当地的球员，年轻球员之间的竞争非常激烈。那里有很多天才，并不是所有人都能到一线队踢。刚开始的一段日子，阿德里安就是其中之一。

“17 岁的时候，我在里斯本少年队，那是个竞争很激烈的球队，要获得出场机会很难。之前的几年我一直都在比赛，但都不是我想要的方式，第四个赛季我被租借去了以色列的马卡比和海法。我希望俱乐部能看到我其他方面的能力，然后召回我。”席尔瓦说。最后他回来了，不过不是回里斯本竞技，这次他被租借去了科英布拉。在克服了一次很严重的伤病之后，他终于获得了想要的出场时间。“我踢了所有的比赛。那让我有了自信，也让我的能力得到提升，加快了我回到里斯本的步伐。”他经历了很多次的租借，最后还是回到了里斯本竞技。一直到 2013—2014 赛季，席尔瓦才成为一线队最重要的球员之一。对于前任主帅李奥纳多·雅尔丁来说，他成了不可或缺的中场，也成了葡萄牙国家队的未来。阿德里安·席尔瓦是年轻人的榜样，我们可以从他身上学到许多：当梦想之门被关上时，你应该怎么去做。“最重要的是坚持到底，不要放弃，总是拼尽全力，最后总会苦尽甘来。如果你永不放弃，一直保持比较高的水平，你迟早会得到一切。”席尔瓦说。

成功之前先努力

后来，席尔瓦决定加入经纪公司。“不管是路易斯·米盖尔还是内维斯，所有在热斯蒂夫特的人都跟我保持联系，他们一直很关心我，给我鼓励。在热斯蒂夫特，作为球员的一面固然重要，但是他们同样看重作为普通人的一面，他们希望球员永远能够以最好的状态投入训练。”席尔瓦说。所以他也找到了能够掌握他未来的人，C 罗的经纪人——豪尔赫·门德斯。

“一开始要跟他接触很难，不过我最后还是跟他说上了话。现在我们经常聊天。我知道对他来说，要关心每一个球员是很难做到的，但是如果他漏掉了你的电话，他马上就会给你回过去。”席尔瓦说。

一天，阿德里安一直在等一个电话。他的梦想，听起来有点儿奇怪，是想要再去欧洲各地“漂泊”。这个中场觉得他是个“为球队整体着想的球员”。25 岁时他是一个期望成长的球员，同时也是个渴望长大的年轻人。阿德里安觉得要实现这个目标的唯一办法就是走出去，去体验不同的文化。

“我很喜欢西班牙和英格兰的联赛，毫无疑问，全世界的球员都向往这两个联赛。作为一个球员也好，一个普通人也好，那都会是很让人难忘的经历。”尽管里斯本的中场说着这样的话，但是他还是脚踏实地，他的人生哲学跟门德斯的如出一辙，在思考未来之前先好好努力。“他向我传达了很多技术和战术思想。但是豪尔赫不是那种在捕猎到熊之前，就嚷嚷着卖熊皮的人。他的哲学是每天都努力一点儿，这样等机会降临了，就会知道自己得到了什么。”对于阿德里安来说，他的经纪人门德斯就是个能够坐在办公室里给你提出建议的人。阿德里安用几句话，简单地做了解释：“我觉得我们之间产生了某种化学反应。他明白每个人承担的角色，这让他做事更有目的性。他从认识我们开始就能跟我们自然地相处。不管认识了多长时间，你都会一如既往地信任他。”

一个大家庭

对于门德斯的信任还来自于席尔瓦的家人。门德斯曾多次邀请阿德里安的父亲曼努尔去旅行，同行的还有威廉·卡瓦略的父亲。这两个球员效力于里斯本竞技队，司职中场，他们可不是竞争对手，而是好朋友。他们的父亲都很放松，他们明白对于门德斯来说，他们的孩子都很重要。“能够让我的父亲和威廉的父亲和谐相处，这也体现了他的职业素养。要不是这样，我们踢一样的位置，我们的家长之间可能会存在一些嫌隙，他们会在私底下相互较量。”席尔瓦说。

豪尔赫甚至还会跟他们开玩笑，找他们跟一些名人的相似之处。据这个经纪人说，曼努尔·席尔瓦很像他很喜欢的一个演员——罗伯特·德尼罗。“我父亲跟我说，当豪尔赫跟别人交流时，人们就会发现他很谦逊。他的个性、他的低调，还有他为别人付出的东西，这些都是很重要的。”席尔瓦说。这个球员口中总是离不开“谦逊”这个词，就像他脚下黏着的足球一样，当我们让他描述一下门德斯时，他说：“我觉得用来形容他的词应该是‘多动’，”他笑了一下，“但是最突出的应该是他对工作的谦逊态度。从他的出身到如今他拥有这些东西，谦逊就是其中最大的秘诀。他不断工作，不断努力。”

不要等待，立即行动

阿德里安·席尔瓦不是那种等着球来的球员，他靠自己的拼抢去拿球。他喜欢手握缰绳，掌握主动。他的经纪人也很看重他这一点，他从不会盼望着天上掉馅饼，等着经纪人为他创造奇迹。他很清楚要是没能在场上承担起自己应尽的责任，经纪人也无能为力。

“他跟我说，如果一直保持这样的野心，就能不断地进步，也会一步一步靠近我想要的目标。内心的安定是豪尔赫给我们最重要的东西。”阿德里安不着急跳进一家豪门。有些人可能会想阿德里安已经没什么可能去大俱乐部了。

“不能随便从球队带走一个球员。首先，要对他效力的球队有最基本的尊重，不能急功近利，异想天开；球员要专注于当下，未来的事自然会解决，不需要着急。这方面，豪尔赫做的就是让球员在媒体上听到自己的名字时，也能保持淡定，踏踏实实。”阿德里安就是这样，这个赛季他跟波尔图俱乐部甚至和其他欧洲俱乐部都有往来，但是他非常冷静。因为他跟门德斯的工作关系，或者说是友谊，他总是很安心。“我不知道我跟别的经纪人是不是也能建立起这样的关系。”让他感到快乐的不仅是他赚了很多钱，还有粉丝的尖叫。他很喜欢给门德斯打电话。他成为父亲时，门德斯在电话里给了他建议。“我的儿子圣地亚哥刚出生时，豪尔赫打电话给我，向我表达了祝贺，也希望我在新的人生阶段好好努力。”作为一个普通人，这个新的阶段确实让他成长了很多，恰好作为球员，这个阶段他也获得了巨大的成长。

安德森——门德斯是救世主

“我母亲知道，豪尔赫拯救了我们的生活。”

“14 岁就成了一家之主”，是热斯蒂夫特公司主页上一篇文章的标题，这篇文章讲述的是曼联的巴西球员安德森·路易斯·德·阿布鲁·奥利维拉的故事，大家都叫他安德森，小时候有人叫他“鸟人”。“所有人都叫我鸟人，因为那时候我身材矮小，经常带着球飞奔。为了开始认真从事足球运动，我辍学了，15 岁时我成了格雷米奥俱乐部的职业球员。我帮助格雷米奥成为第二级别联赛的头名，顺利进入第一级别联赛，然后我从格雷米奥去了波尔图。”鸟人的皮肤被太阳晒得黝黑，他经常去鲁本贝塔公园踢球，就在阿雷格里港北边。就是在那儿他开始学到了秩序和规矩的重要性。他的童年过得并不轻松，成为职业球员的日子也非常困难。他的家庭由他的母亲和 4 个兄弟姐妹组成，这个家庭需要很多的钱来维持。“我 14 岁的时候就开始支撑我的家庭了。通常来说，很多球员出身贫寒，我唯一的乐趣就是踢球，帮助家人，帮助我的母亲和兄弟姐妹们。这是我必须做的——成为一个职业球员从而养活家人，正是因为这一切，豪尔赫·门德斯真是太重要了。”在安德森脑海里，门德斯的形象在见到他本人时发生了巨大的改变，他本来以为会遇到一个跟眼前不一样的经纪人。“你可以想想，那些经纪人一般都是胖胖的，看起来很老，但是我看到豪尔赫·门德斯的时候真是惊呆了，他年轻，有活力，衣着整洁，一副商界精英的样子，他给了我一个很好的机会。他帮助我，待我如他的孩子一般。”安德森说。

安德森第一次跟豪尔赫握手时很紧张。当时他只是一个小男孩儿，离乡背井，刚坐飞机从巴西来到葡萄牙，准备开始在波尔图的职业生涯。“我认识豪尔赫·门德斯是在 11 年前，当时我只有 16 岁，效力于格雷米奥。豪尔赫给了我建议，那时候我还没有经纪人。跟豪尔赫握手时，我还只是个小孩儿，紧张得不行。虽然年纪还小，但是我必须抓住豪尔赫给我的那次机会，豪尔赫相信我，我也相信他。对我来说，豪尔赫·门德斯作为一个经纪人，在足球界是现象级的存在。”安德森说。在那次转会过程中，豪尔赫·门德斯让现在巴西最好的经纪人之一卡洛斯·雷特参与其中。豪尔赫指出他在这次转会中发挥了至关重要的作用，如今这位经纪人依然很感激豪尔赫的帮助。安德森的转会是雷特参与的第一次大型转会。“自从我认识了这个奇妙的人，幸运女神就来敲我的门。豪尔赫是我的老师，我永远感激他。”雷特非常肯定他能够有今天的成就，都是托门德斯的福。

对于安德森来说那是段美妙的岁月。他获得了荣誉，也更加成熟，尤其是在家庭责任的推动下，他成长为一个更有责任感的男人，同时他也变得更有野心。多亏了门德斯，在安德森刚到波尔图的头几天，他遇到了另一个贵人，她对安德森非常好，一直到现在他们都还保持着母子一般的关系。她叫曼努埃拉·布兰当，是热斯蒂夫特的工作人员。“在曼彻斯特，安德森是个孤零零的小男孩儿，家人不在身边。18 岁是个很重要的人生阶段，他需要帮助。”对于这个巴西球员来说，曼努埃拉不仅支持着他，她更是他的第二个母亲，在那些好的或者不好的时刻，帮助他获得成长。“当我到了波尔图，豪尔赫给我介绍了一个超级重要的人，她一直照顾着我，那就是曼努埃拉。豪尔赫给了我另一个母亲，曼努埃拉照顾我，全心全意帮助我。曼努埃拉对我来说就像钻石一样珍贵，她超凡脱俗，我非常爱她。虽然我不能跟你说没有她我一定会迷失自己，但是一切就会变得完全不一样了。”安德森说。

曼努埃拉给我们解释了豪尔赫是如何用最好的方式帮助球员的：“豪尔赫是个与众不同的经纪人，他希望球员们在各自的俱乐部过得开心。为了达到这个目的，如果他们需要公司的工作人员跟他们在一起，给他们相应的支持，那么豪尔赫就会安排人过去。当16岁的安德森到我们这儿时，豪尔赫跟我说：‘好好对他，就像对你自己的孩子一样。’我也是这么做的——把安德森当作自己的孩子。”

从C罗转会到曼联那时起，曼努埃拉就一直在曼彻斯特工作，她早已成了曼联大家庭的一员。所有人都认识她，都会向她求助。“总会有热斯蒂夫特的球员跑到曼彻斯特来，我就陪着他。C罗之后，还有安德森、佩佩，现在是迪玛利亚和法尔考。”最近，曼联和马拉加的球员是她主要照顾的对象。她的目的就是帮助那些球员第一时间适应在英格兰的新生活。“对于所有人来说，这是个新城市，我帮他们找东西，联系小孩子们的学校，或者帮他们搞定一些比较官方的问题。我利用我对曼彻斯特的了解，还有我在那儿认识的人帮助他们，目的就是帮助他们在这个新的城市开始新的生活。”因为豪尔赫·门德斯，布兰当开始学着做生意，她总是能以最好的价格帮球员买到东西。

安德森从格雷米奥转会到波尔图，他在波尔图效力了两年之后转会去了曼联，那是个大型转会，转会金额达到了2500万欧元。17岁时，这位南美冠军进入了巴西国家队，他有着其他人没有的特质，在巴西，人们觉得他踢球的方式和同样天赋异禀的巴西人罗纳尔迪尼奥如出一辙。他有着无可争议的天赋，在他为波尔图队比赛时，总是不会放过任何可以在门前闪光的机会。正是因为他的亮眼表现，他的经纪人才能让他最大限度地发出光芒，并且到一个更大的平台去展示自己。“豪尔赫跟我说我要去曼联踢球的时候，我真是太开心了，超级满足，作为一个足球运动员我感到非常有成就感。我是第二个还是第三个，18 岁就在英超踢球的巴西人，这实在是件不可思议的事情。我很高兴，梦想成真了！”事情就这么迎面而来，他在英超的冒险如同在车轮之上突飞猛进，那是一段非常美妙的日子，他获得了 4 次英超冠军，还有他最大的奖杯——欧冠冠军奖杯。然而，十字韧带撕裂中断了这个球员的步伐，不知不觉间，现在已经是他在老特拉福德的第八个年头了。他曾被租借去佛罗伦萨，他想要重新找回自己的力量和对足球的热情，就像他刚到红魔的那些年一样。“最开始的 4 年真是太美妙了，之后我受了一次重伤，我很伤心，伤情的恢复耗费了我相当多的精力。今天我正在努力，想要重新赢回教练的信任，因为我跟这家俱乐部有很深的感情，我很喜欢曼彻斯特，在这儿待了很长时间，我也很喜欢这里的球迷。”

安德森很享受曼联球迷的爱戴，他知道尽管自己才 26 岁，但已是球队里最炙手可热的球员。如此年轻就去了曼彻斯特，这改变了他的人生。当他还是个小孩儿的时候，刚开始踢职业比赛，就有一个想法萦绕在他脑海里：如果他能到国外去，并且在足球上取得了成功，他承诺会在他童年居住的社区里建一座球场以及其他的设施。“我许下两个承诺，现在都已经实现了：给我母亲的房子，还有就是建一座球场给孩子们踢球，这些梦想都实现了。”在整个采访过程中，安德森谈论豪尔赫·门德斯时总是显得异常亲切，他认为豪尔赫拥有伟大的人格，他总是希望球员能够处于有利的位置，他为球员们提供需要的东西，好让他们一年又一年都能处于良好的竞技状态。对他来说豪尔赫就是个救世主。“我母亲知道，豪尔赫拯救了我们的生活，他为我母亲和兄弟姐妹们提供了舒适的住所，为我们做了很多的努力。对于我们来说，豪尔赫是非常特别的。就我个人而言，他就像我的父亲一样。”

安德森对这个经纪人的溢美之词总是源源不断："豪尔赫，我很感激这一切，不论从我自己的角度考虑，还是从我的整个家庭的角度来看。我还能为你赢得更多的荣誉，我还会继续证明，你和我的合作是正确的。感谢你，你很特别，要是没有你我就不会站在今天这个位置上，感谢你教我如何在这个世界上生存。"

鲁伊·帕特里西奥

"他很伟大，他是最好的经纪人。"

通常来说，门将的职业生涯跟后卫、中场或者前锋都不一样。门将经常会在俱乐部待比较长的时间，他们的职业生涯也会更长久。葡萄牙国门鲁伊·帕特里西奥就是一个例子。他很年轻，出生于1988年，但是他在里斯本竞技比赛经验丰富，少年老成，18岁时他就加入了这家俱乐部。"几年前我认识了豪尔赫，他是世界上最好的经纪人，他总是想让他的球员得到最好的东西。"帕特里西奥进入首发阵容的道路始终被不懈的努力贯穿着。

鲁伊出生于马萨雷斯（莱利亚），他从小就在那儿踢球，一直到他获得里斯本竞技的试训机会。那段时间，他不光参加了所有较低级别的联赛，甚至参加了超过260场职业比赛。"我想豪尔赫希望我能获得对我最好的东西，我想他还会继续这么做，我以后还会继续打这么多比赛。我相信豪尔赫，如果有一天我得离开，他会再次帮助我。但现在我在里斯本竞技，只会想着怎么为它踢球。"

鲁伊·帕特里西奥表现最好的是2012年，他被评为了里斯本竞技最佳球员，还被征召进葡萄牙国家队，这让他感到自豪。各个俱乐部的报价开始像雨点般砸向里斯本竞技的办公室，最后俱乐部跟他续约了 5 年，保证了未来里斯本竞技球门的安全。“豪尔赫把一切都安排好了，我相信我们做出了最好的决定，我清楚豪尔赫的经验，这就是最好的决定。”但是这个 1.90 米高的门将的优良品格，慢慢地成了何塞·阿尔瓦拉德球场球迷心中的标志，于是很多豪门都忍不住一直给他的经纪人打电话。有传言何塞·穆里尼奥在皇家马德里执教时曾想引入鲁伊·帕特里西奥来顶替卡西利亚斯。还有国际米兰、佛罗伦萨和摩纳哥都表示了对他的兴趣。“豪尔赫总是在尝试为他的球员做最好的决定，他生来就是为了工作，他可以一直工作 24 个小时。他是个很棒的人。不只是我，所有他旗下的球员都很感激他。”鲁伊说。

鲁伊现在正处于他职业生涯的甜蜜期，甚至在 2014 年 9 月 30 日的欧冠比赛中，当里斯本竞技以 0 ∶ 1 输给切尔西后，穆里尼奥还不忘过来表达对他的赞美。这个守门员是里斯本竞技队中表现最好的一个，他一次又一次化解了迭戈·科斯塔的射门。穆里尼奥穿过整个球场来拥抱他的同胞。这位主教练在新闻发布会上说：“我跟他说，这个夜晚，差点儿就葬送在他手上了。”

听到这个门将说的话，我们注意到他是一个头脑很清楚、讲话很谦虚的人。鲁伊·帕特里西奥确信他的经纪人“毫无疑问是体育史上最好的经纪人。他是最好的，也是最伟大的”。

Com o troféu Globe Soccer atribuído ao melhor agente do ano.

秘诀 8　决心

我和其他人没什么差别，我得到这一切只是因为我的心很坚定。我有决心去奋斗、拼搏，我脑子里想着的就是我必须成功。

——豪尔赫·门德斯

十二　世界在我们之间——门德斯的合作者们

“你不可能仅靠一己之力。”

个人主义不会带你到达任何地方，豪尔赫·门德斯就是活生生的例子。一些有权有势的人，总会将所有的蛋糕都据为己有，别人一块也别想得到。但是在生活中所有的事物都是有限度的。成功不是永恒的，如果更多地与人合作，那么就能让这样的成功延续更长的时间。门德斯 24 小时都在工作，他似乎总是无处不在。但是尽管创造了很多奇迹，他也不可能同时出现在多个地方。有时候我们会听他说：我们所有人构成了这个世界。这句话是当他提到他在世界各地的合作者们和朋友们时所说的。他在很多地方都有交易，西班牙、意大利、英格兰、俄罗斯、土耳其，当然还有葡萄牙。

“不是所有东西都能被控制，你不可能在每个国家都安排一个人。但是一天又一天，你会慢慢地认识更多的人，你们会建立互信关系。如果你认识一个土耳其的经纪人，你们互相信任，经常联系，那就没问题了，你们就可以开始一起工作。这种事情的发生都是很自然的，没有人会刻意去追求。顺其自然，之后时间会告诉你事情是往好的还是不好的方向发展。如果不顺利那就及时停下，很多关系开始时就结束了，其他的则能经得住时间的考验，一直保持到今天。”这是塞尔吉奥·阿尔维斯对那些前职业球员、经纪人或者只是他生命中会认识的人，还有那些最后会成为职业经理人的人说的话。他们也知道豪尔赫·门德斯的生活是怎么样的。

巴西热斯蒂夫特分部——德科的新生活

“我会一直留在豪尔赫·门德斯的学校里。”

挂靴之后，德科决定继续从事与足球相关的行业，但是他既没有当教练也没有成立一家俱乐部。好吧，他确实加入了一家俱乐部，叫作F.C. 热斯蒂夫特。因为德科想把热斯蒂夫特带到巴西。这是葡萄牙公司在大西洋彼岸的国家的分部。在德科手里，巴西的公司现在已经发掘了很多球星：西德尼，他是巴西分公司的第一个客户；法比尼奥，现在正在摩纳哥俱乐部踢球；费利佩·奥古斯托，效力于里奥阿维；还有米兰达，马德里竞技的后卫。德科跟门德斯说巴西需要一个球员工厂去发掘天赋球员，于是2008年他们开始展开这项计划。第一间办公室位于圣保罗，他就这样开始为热斯蒂夫特工作。公司最开始主要是由两个人运营：德科和他的弟弟卢西奥·阿劳霍。事实上他们并不是有血缘关系的亲兄弟，但是卢西奥很小的时候就跟德科在同一个家庭长大，所以大家都这么认为。

当德科离开巴西，开始在欧洲的冒险时，卢西奥也跟着他去了。当时卢西奥只有18岁，跟足球毫无关系。在第一次与豪尔赫·门德斯跟塞尔吉奥·阿尔维斯的谈话中，卢西奥知道了经纪人这个职业。“当我认识豪尔赫的时候，我还在上大学。他一副生意人的样子，拿着两部手机，一直在工作，这让我印象深刻。我从没见他放过假。”卢西奥回忆道，而且他没有想过有一天他也会过上同样的生活。在我们采访期间，仅仅10分钟的时间而已，他一直盯着他的电话，还和两个正准备转会的球员说话。豪尔赫把他在巴西的工作全部交给了这两兄弟，他完全信任他们，不过转会运作中最大部分的利益所得都属于门德斯。他每年也都会去巴西几次。根据以往跟俱乐部老板的接触，阿劳霍得出了这样的结论：“豪尔赫非常具有职业精神，各家俱乐部都明白只要跟豪尔赫合作，所有事情都会容易得多。”

未来之星

德科正对他即将开始的经纪人生涯跃跃欲试。这位前职业球员说："我喜欢这个职业。"当有人褒奖他为"小门德斯"的时候，他的脸上露出了笑容，他的球员们都笑了。"就我所见到的，还有我在和他的生活中学到的，豪尔赫永远都会是我的榜样。我会一直向他学习，他以前是我的经纪人，现在是我的朋友。"德科跟门德斯在一块儿学到了很多东西，他很清楚即便成为职业经纪人，也不能把自己的家庭抛至脑后，也不能忘记要跟球员亲近，把他们当作家人。他也在自己的经历中学到了这些道理。当他最需要支持的时候，当他住在阿尔维加那个又脏又窄的公寓里的时候，生活真是糟糕透了，这个时候豪尔赫出现了，他伸出手拉了他一把。现在德科有一个梦想，他想让巴西的未来之星们走的路不像他那么艰难，他愿意为他们铺路。"对于巴西球员来说，想去欧洲踢球，先去葡萄牙会更容易些。语言和风俗上，两个地方比较枨近，容易适应。在这儿巴西人不会被当成外来人口遭到排斥。"所以德科现在正倾尽全力，保证那些即将到达葡萄牙的巴西球员不被任何问题困扰。"如果是通过我们来葡萄牙，我们就会帮助他们。把球员，尤其是年轻的球员带到这里来，让他们的职业道路更平坦一些，这是个巨大的贡献。"

对热斯蒂夫特或者德科来说，现在最大的挑战就是帮助巴西国家队找到 9 号的继承者，自从罗纳尔多·纳扎里奥退役之后，巴西人非常希望能够再出现这样的球员。"现在岀现了前锋危机，不过不仅仅是在巴西。现在有法尔考、苏亚雷斯或者迭戈·科斯塔，但是太少了。之前要比现在多得多。不过确实，有 C 罗和梅西这样的球员，9 号前锋失去了主角的位置。"虽然目前还没有找到一个优秀的前锋，但是德科也给这本书的读者们推荐了几个值得关注的未来之星："要注意罗德里格·卡欧，他是未来之星。他踢过中卫，不过是清道夫的角色。另一个很优秀的球员是达尼洛，他是布拉加的中场。”未来他们会不会取得成功，完全取决于他们场上的表现。但是，无论如何，德科都会帮助他们，让他们的生活更轻松些。这次，巴西的天才们不再需要靠自己的双脚去走那条艰难的道路，他们的未来有德科他们保驾护航。

恩里克·涅托——和墨西哥的联系

“要控制整个足球世界是不可能的，但是豪尔赫每天都在接近这个目标。”

有时候一些关系会让你认识其他的人，你永远都不知道你跟一个客户的关系会让你认识他的队友。门德斯帮助科斯蒂尼亚跟摩纳哥签约时，还跟墨西哥人拉法·马克斯建立了友谊。这个后卫的经纪人是墨西哥最有名的经纪人之一恩里克·涅托，他还是卡洛斯·维拉和小豌豆埃尔南德斯的经纪人。“豪尔赫在每个国家都会有些经纪人朋友，不管是在一些最重要的市场还是最不起眼的。”这个葡萄牙人和墨西哥人的友谊到今天已经保持了相当长一段时间。“2001 年的某一天，我在马德里认识了门德斯。他总是很忙碌，我们就是空闲时间聊了半个小时。那对于门德斯来说可是不少时间呢。”那次交谈中，他们谈论的是拉法·马克斯，2002 年他正准备加入皇家马德里俱乐部。“当时拉法的合同基本谈成了，我们还去摩纳哥观看了皇家马德里和费耶诺德的欧洲超级杯比赛，我们打算在那儿跟皇马主席弗洛伦蒂诺开个短会，分析一下拉法的合约。”最终由于某种原因，这次会议没有开成，摩纳哥给他估价 1200 万欧元，由于价格不合理，马克斯也没有顺利转会到皇马。

涅托这么处理马克斯的事情

本书中，我们已经从霍安·拉波尔塔和门德斯的角度说了马克斯到巴塞罗那的转会，这次我们就来说说涅托作为第三方，是如何处理这次转会的。“2003 年，马克斯有了去巴塞罗那的机会。他们去摩纳哥试图说服俱乐部主席，让他放拉法去巴塞罗那，他成功说服了摩纳哥新上任的主席，而且把他的价格降到了 500 万欧元并附带了一些额外的条款。”涅托认为那是一次伟大的冒险，从摩纳哥到巴塞罗那，他们开了 6 个小时的车，车内还没有空调。“多亏了门德斯的行动还有拉法自己给俱乐部施加的压力，才确保了这次转会万无一失，拉法和巴塞罗那都尝到了甜头。”合同最后敲定是在某一天的凌晨，他们收到几份传真，在最后时刻签订了合同。确认转会之后，主席霍安·拉波尔塔想引荐马克斯给里杰卡尔德，他还组织了一个晚宴。“晚宴在逆光餐厅举行，那个餐厅里面有个花园，有点儿偏僻，位于萨里亚区的米兰萨特大街。出席晚宴的有霍安·拉波尔塔、桑德罗·罗塞尔、里杰卡尔德、滕卡特、豪尔赫·门德斯、拉法·马克斯和我。晚宴的规模不小，气氛非常愉快。”涅托说。

达成合作

自从拉法·马克斯的转会运作之后，对于热斯蒂夫特来说，恩里克·涅托成了一个很重要的人物。“他一直是我们的朋友，如果我们想要某个墨西哥球员，他就会帮我们安排。”这家经纪公司有人这么说。涅托也证实了这个观点：“如果有欧洲俱乐部对某个在墨西哥联赛的球员感兴趣的话，豪尔赫会跟我联系，向我要他的信息，我们会探讨交易的方法，最后达到控制墨西哥市场的目的。”恩里克·涅托认为他跟豪尔赫·门德斯之间的关系，是通过他承担经纪人与球员之间中介的角色建立的，比如说门德斯和马克斯这件事就是个很好的例子。“实际上，对于所有经纪人来说这都是很普遍的做法，他们会在当地找一个经纪人合作，在这件事上，豪尔赫覆盖的范围则是整个欧洲。”很多经纪人都会拜访每个俱乐部的技术顾问，向他们推荐自己的球员。“区别就在于，豪尔赫·门德斯可以在两分钟内搞定一桩别的经纪人需要花一星期时间才能搞定的交易，这就是他的成功之处，也是他跟别人最大的差别。”

有时候，捏托也能从门德斯那儿得到很多好处。也就是说，对于恩里克·涅托来说，门德斯是把他的球员送到欧洲的桥梁。而且他会用最简单的方式。我们会说门德斯是墨西哥球员前往欧洲的大门。“也就是说，和豪尔赫的关系帮我们打开了很多扇门，最简单的，跟他在一块儿你会认识一些在足球界你无论如何都不可能认识的人，人脉就这样慢慢扩张，而且你还能得到别人的信任。”恩里克和门德斯都信奉这个哲学，有机会时就合作。但是当然了，不是所有的关系都会让人产生高度的互信。“足球世界在变大，要控制整个市场是不可能的，通过这几年跟门德斯的接触，我想他正在一步一步接近这个目标，他的人脉也在不断地扩张。”

经纪人们的经纪人

这本书中的很多人都会提到豪尔赫·门德斯不可思议的生活，他总是非常忙碌，总是做好准备迎接挑战。对于其他经纪人来说这是正常的生活状态吗？这是这个职业的普遍状况，还是说这个葡萄牙人是个例外？“好吧，这不是正常情况。我有一次跟他和他妻子共度‘假期’，他从来没有放下过手机。那时候，差不多已经有两年了，到现在就是三年或者四年了，我没见过他好好吃过一次饭，或者是好好享受一次跟朋友的聚会。现在呢，有时候我会看到他跟他的孩子们在一起玩耍。他的工作方式让人印象深刻，他从来不休息，不管什么时候都如此。在墨西哥时间很晚的时候，或者欧洲时间很早的时候，我通常都会关机。”这时候，涅托稍作停顿，然后对他的话做了一番解释，“我必须说，如果没有豪尔赫·门德斯这样的人，足球这项运动不会像今天一样伟大，它的市场价值不会达到今天这个地步。豪尔赫善于利用这些优势，交易实现之后，他让俱乐部和球员们双方受益。很幸运在足球的从业人员中有豪尔赫·门德斯这样的人。”也许就是因为这样，豪尔赫的墨西哥同事都觉得他是最好的经纪人，对于经纪人来说，他更是市场中的一把手。但是并不是因为他手握排名第一的转会项目，或者他是在市场中运作了最多金钱的经纪人，对于涅托来说，另一些数据更值得关注：“数据说明一切，我不是指他赚了多少钱，我指的是他职业生涯中操作的转会数量和质量，他的人脉、合同以及朋友们。他独一无二。”

公路旅行

有一次门德斯和皮特·肯扬在马德里开会。皮特必须要去埃斯托利尔，他受邀隔天去那里参加一个新闻发布会。两地间的距离约为 650 公里，差不多 6 个小时的行车时间。“我想旅程时间上豪尔赫骗了皮特，我们差不多凌晨 1 点向葡萄牙进发，我们轮流开车，我是最后一个。很明显我不知道皮特要在哪个酒店下车，甚至不知道要往哪个方向走。”涅托说。当他们到达埃斯托利尔的时候，昏昏欲睡的恩里克·涅托在门德斯的指引下慢慢减速。“我开得太慢了，豪尔赫有点儿不耐烦，他决定自己开。我习惯了开自动挡的车，所以我下车的时候没有拉手刹。这时候豪尔赫也下车准备跟我换位置。结果我们都很惊讶，车居然就自己跑了，没有人开它就自己跑了，可怜的皮特什么都不知道。”豪尔赫飞奔过去，试着追上车然后拉下手刹。就在凌晨空无一人的大街上，他们止不住地大笑。“从那时起，每当我们聚在一起，豪尔赫都会拿那件事打趣我，我们总是会情不自禁地笑起来。”

通过恩里克·涅托的陈述，我们发现豪尔赫并不总是锦衣玉食，总是坐着他的私人飞机，尽管他获得了很多东西，但仍没有失去他那份简单和谦逊。“我曾跟他一起去超市买吃的和一些日常用品，我很感谢他成为我的朋友，因为他不仅仅为我打开了足球世界的大门，还为我打开了他家的大门。有时候他会跟我说，我是他的家人。”涅托说。

艾哈迈德·布鲁特——图兰热

“跟最优秀的经纪人合作是一种光荣。”

优雅却不拘谨，这就是艾哈迈德·布鲁特。他是一个很严格的经纪人，表情严肃，努力工作，他从一个天真烂漫的伊斯坦布尔小男孩儿，变成了今天土耳其最好的经纪人。豪尔赫在土耳其的运营曾经遇到过很多麻烦，现在他跟布鲁特建立了合作关系。如果在土耳其有一些转会项目，门德斯就会打电话给布鲁特，因为他知道布鲁特能够轻松解决任何困难。相反，门德斯则帮助布鲁特打开西方乃至整个世界的足球市场的大门。他们的合作开始于2010年，豪尔赫当时对一个效力于国际米兰的土耳其人产生了兴趣。“我第一次和门德斯对话，是谈论里卡尔多·夸雷斯马。我想问他是不是准备好来土耳其了，具体是去贝西克塔斯俱乐部。”两个月间的每一天，门德斯和布鲁特都保持着联系，很多次布鲁特都希望跟门德斯碰个面，商讨夸雷斯马的事情。“我去了马德里，在维拉曼格纳酒店我终于见到了他的庐山真面目。”布鲁特说。在那次短暂的会面之后，他们彼此产生了特别的感觉，他们碰面的地方都是在门德斯位于马德里的家中。“我们很快就成了朋友，因为我们互相尊重，相敬如宾。从一开始所有的信号都很积极。另外，我们之间达成的协议，包括他的球员和我的球员，在土耳其或者欧洲其他国家，都很好地增进了我们的友谊。我们没有签什么协议，都是自然而然的。”他们彼此间的信任与日俱增，他们甚至还一起出去旅行。艾哈迈德还很清楚地记得他认识 C 罗那天：“那是个很特别的时刻，我跟 C 罗在他家里吃饭，然后我们一起去马德拉。对我来说，那次真是太难忘了。”

通话土耳其

对于门德斯来说，即便是介于亚洲和欧洲之间遥远的土耳其，他也了若指掌。很多他旗下的球员都在土耳其联赛效力过，布鲁特无私的帮助是关键，同时让那里的人也认识了门德斯。“我们一起运作了很多转会：夸雷斯马、阿尔梅达、西芒、曼努埃尔·费尔南德斯、西德尼。土耳其这边，阿尔达·图兰和埃姆雷转会去了马德里竞技队。如果有人打电话给门德斯咨询一些跟土耳其有关的事，他总会让我来处理，因为我是土耳其第一经纪人，我是最强大的。豪尔赫是个很聪明的人，他明白这一点。他总是跟我说他喜欢和其他的经纪人合作，因为虽然说人人为己，但是他认识了我，我们之间有坚定的友谊，这在生意中是非常关键的。你不可能总是独来独往。”艾哈迈德·布鲁特感谢门德斯帮助他完成了目前为止他最有价值的一次转会操作：阿尔达·图兰从加拉塔萨雷转会到马德里竞技。

阿尔达·图兰

并没有多少人真正了解阿尔达·图兰转会到马德里竞技中间的故事。2011 年 8 月，阿尔达·图兰的合约实现了。布鲁特和门德斯共事了一年，这个土耳其经纪人请求门德斯帮助这个年轻的球员，图兰那时候 23 岁，他还没有在五大联赛踢球的经历。这让艾哈迈德的任务变得更加艰巨，不过他知道，至少在卡尔德隆球场的办公室里，豪尔赫说话还是有分量的。“豪尔赫跟我提过很多次米盖尔·安赫尔·吉尔，因为要把一个土耳其球员以 1200 万欧元或者 1300 万欧元的价格带到马德里竞技不是那么容易的事情。他们总是会担心这样的球员质量不佳。豪尔赫帮了我很多，最后图兰成功地和马竞签约。那真是太特别了，签约当天，我们所有人一起去吃饭，从一开始气氛就特别融洽。”阿尔达·图兰自己告诉了我们，见到门德斯时他们说的话：“他告诉我，如果我能在防守上获得进步，我就能够成为世界上最好的球员之一，我就可以在任何一家俱乐部踢球了。他相信我，同样我也相信他。”

值得一提的是，自从这次转会之后，艾哈迈德受到了英格兰、法国和西班牙的多家俱乐部的关注。豪尔赫的指引使得他在事业上更进一步。“当然我的生活发生了改变。当你跟世界上最好的经纪人合作时，改变一定会发生。全世界都认识豪尔赫，所有人都愿意为他工作，门德斯也给我介绍了很多人。之后我接触了非常非常多的俱乐部：热刺、瓦伦西亚、曼城、摩纳哥、皇家马德里……所有欧洲的豪门和世界级的俱乐部。”布鲁特说。

门德斯在土耳其名声大噪

对于足球爱好者和新闻媒体来说，门德斯这个名字从来不陌生。他操作了无数的转会交易，现在已经成了欧洲转会市场的主角。“在土耳其，所有人都认识他，大家都觉得他是世界第一。全世界都知道我是他的合作伙伴。俱乐部的主席们信任他，媒体也是，所有的土耳其媒体都在谈论他。”就像门德斯把艾哈迈德带到西欧舞台上一样，艾哈迈德也让豪尔赫参与他在土耳其的工作，引荐他认识土耳其的一些大人物，比如贝西克塔斯俱乐部和加拉塔萨雷俱乐部的巨头们。这个经纪人丰富的经验教导他们要善于利用土耳其的风土人情。“豪尔赫经常来伊斯坦布尔。他和夸雷斯马一起来，有时他也会跟穆里尼奥和C罗来，我们会在这儿举办一些聚会。他很喜欢伊斯坦布尔和土耳其的食物。”布鲁特说。

镜子

尽管布鲁特是土耳其最优秀的经纪人，也十分令人尊敬，但是他也无法掩饰自己对豪尔赫·门德斯的敬佩。布鲁特过去都是自己进行工作的，但是跟门德斯一起，他学到了以前未曾接触过的新知识。“我学会了如何更好地处理交易，我是土耳其第一，但是却比不上豪尔赫。对我来说，跟他一起工作确实让我感到高兴，没什么好惭愧的，那是一种荣耀。”这份崇拜有一部分来自于那些任何经纪人都想要得到的球员。“他很强大，拥有世界上最好的一些球员，还把这些球员卖到了世界上最好的几家俱乐部。”布鲁特说。然而这个土耳其人也明白，这份强大也带来了很重的责任，需要非常努力工作才能支撑起这个帝国。这可不是所有人都愿意接受的。“豪尔赫是个很聪明的人，是个伟大的生意人。但是我不会想过他那样的生活，压力太大了，因为你得24小时工作，总是与电话为伴。那太过了，我不希望自己变成那样。我工作很努力，但是要像豪尔赫那样是不可能的。”2015年，图兰转会至巴塞罗那俱乐部，艾哈迈德的辛勤工作有了回报。

保罗·福特雷——尖子中的尖子

“如果豪尔赫·门德斯当我的经纪人，我会拿5次金球奖。”

如果我们想确认一份友谊是否真诚，那就回想一下是何时开始的吧，如果不能确定起点，那就是一份诚挚的友情。葡萄牙巨星也是欧洲足球史上的传奇——保罗·福特雷，他身上就发生了类似的故事。当我们问他认识豪尔赫·门德斯时的场景，他回答道："那是1994或者1995年，我可能在马赛、雷吉亚纳或者米兰踢球，已经记不清了。我知道是在波尔图认识他的，我能回想起来的事情就是一开始，我们在我岳父家里打牌。"福特雷停了很久，默默地思考着。我们试着打破他的沉思，想要帮助他一起回忆，但是我们不知所措。不一会儿，他回过神来，想起了一些小细节："我们一起打牌，玩的是葡萄牙的一个叫作'Cornelia（科妮莉亚）'的游戏。但是我不记得更多的事情了，仅仅是我认识了他然后我们一起打牌。那会儿豪尔赫还没开始他的经纪人事业呢。"在那个年代，电话的响声并不会打断这对刚结识的朋友打牌。

时间就是金钱

保罗电话不断，但是他还是帮我们回忆了一些陈年旧事。他需要跟球员和主席们沟通，因为他也是足球从业者，很多时候他会跟门德斯合作。福特雷担任了很多年马德里竞技的大使。"我需要应付非常多的电话，但是一次最多只会同时接两个电话。豪尔赫能够一次应付三个电话，这一点我非常钦佩他。他是个超乎常人的工作者，我从没见过任何一个像他一样拼命工作的人。所以豪尔赫总是冠军，他实现了自己所有的梦想，甚至超过了他自己本来的想法。如果说有什么他想改变的东西，那就是时间。”有这么多电话要接，我们能够想象，福特雷和门德斯之间的对话真是像在地狱，总是不停地被打断。“但是我们已经习惯了。我们聊天时也不耽误接电话。我们一顿晚餐可以吃上 4 个小时。奇怪的是，我们都有把握时间的能力。我们通电话的时间可能会持续半个小时左右，但是当我们挂掉电话，就能继续我们之前的聊天，从我们中断的地方开始。我们都会记得我们说过的最后一句话，然后继续。”很少有人能跟保罗和豪尔赫一样，生活节奏如此之快，他们身上的电池永远不会没电。有一个很好的证明，就是他们一起去阿尔加维的旅行。“当他在车上做计划的时候，发现有很长一段距离。那是 1998 年，凌晨 3 点，我们在阿尔加维。我们很平静地在聊天，塞尔吉奥・阿尔维斯站在我们中间。当我们看豪尔赫时，发现他已经睡着了。他就这样站着睡着了，像个钟摆一样晃来晃去，我们笑得直不起腰来。这就是他的生活节奏。也不是说他从来不睡觉，当他可以睡觉的时候他就会睡觉。有些阶段他的生活会比较清闲，但是一旦转会市场开启，他就再也停不下来了。通常，我会在凌晨 1 点或者 2 点之后跟他聊天。那是他一天中最闲的时候了。”

心理学家

在一次夜间的电话交谈中，豪尔赫请福特雷帮他一个忙，福特雷对豪尔赫来说是很重要的支持。他会成为那些遇到问题的球员的心理医生。当你成了世界上最好的经纪人，不仅要满足 C 罗这样的巨星的需要，还有很多其他的球员需要你去关心。有时候，这些球员的问题很难解决，这就需要借助福特雷的力量了。“一些球员遇到了问题，他们就会来我家里。很多情况下，那些球员处于非常复杂的境地。比如说，他们想要离开俱乐部，不想参加训练，或者是俱乐部想把他们卖掉，这些事司空见惯。当他们遇到这些麻烦时，豪尔赫就会让他们来我家里。我记得马尼切曾在我家待过一个月的时间，因为他不想再待在俄罗斯了。我手足无措，但是我安慰他，让他先冷静下来。我告诉他们有门德斯在，一切都会得到解决。我跟球员说的话往往只是很简单的：'混账，冷静下来！'"

门德斯从来不会轻易放过任何一个"可能成为球星的人"。福特雷回忆了一件门德斯事业起步之初的趣事，他曾向一个广受好评的巴西年轻人许下承诺。"我们听到有人说有个年轻人是'巴西贝肯鲍尔'。那是 1997 年，当时还没人认识豪尔赫，因为我是马德里竞技大使，门德斯就让我跟俱乐部接触。俱乐部那边告诉我，让我带那个年轻人来训练，如果他真的是'新的贝肯鲍尔'，马竞就会跟他签约。当我们去马德里时，他们就像迎接一个球星一样迎接他——为他安排了三辆车！我们从波尔图到马德里，花了七八个小时，因为那会儿还没有高速公路。训练之后，我跟门德斯聊天问他怎么样了。他不敢告诉我真相，就说了一句：'我不知道，我有点儿累了。'"福特雷一边回忆着那个球星梦落空的男孩儿一边笑着。"第二天，情况一样糟糕。他在那儿多待了 5 天，但是没办法，好像他背上有个钩子一样。那个'新贝肯鲍尔'让我们笑个不停。"

如果福特雷曾经是门德斯麾下的球员，会发生什么？

没有人比保罗·福特雷更了解门德斯了。"他是个很好的朋友，热爱家庭，拥有惊人的勇气。你可以想象一下，如果某个人听说过门德斯，他一定会觉得门德斯是那种高高在上的人，但是他们只要说几句话，他的这种偏见马上就会消失。豪尔赫平易近人，是个有幽默感的好小伙儿。他真是太棒了！当然他也会犯错，为了成功，一路上他也树敌无数。"说到门德斯的时候福特雷总是很认真。他回忆起他们一起打网球的情景，开玩笑地说："他网球打得很好。我曾经是他的偶像，所以他总是想跟我一组。"我们问他在 20 世纪 80 年代末期他的职业生涯巅峰时，如果门德斯成为他的经纪人会是怎样的情况。听到这样的假设，他一下子就严肃起来。"要是他成为我的经纪人？我一点儿都不怀疑，我会比以前好上 10 倍，我可能会拿 5 座金球奖！"

这时候保罗·福特雷还跟几个经纪人在一起，他们正准备关闭阿加尔维的转会市场。他着急离开，不过还是给他的朋友留了几句话："我真心实意地想告诉门德斯，来里斯本的时候一定要找我，就像昨天，那会儿我正和几个重量级人物在一块儿，他依然打电话跟我说：'你在哪儿？来喝杯咖啡吧。'我希望能一直这样，不管我手边有多少事，我都会挤出时间去见他。我们的友谊非常重要，他是很好的朋友。有必要的话，我的家里能容纳超过 10 个人，我跟别人说话时也不会挂掉门德斯的电话，如果别人跟我说了什么有趣的事，他也能听到，我们就会一起笑。你知道我为什么跟你说豪尔赫很伟大吗？因为我总是跟一群年轻人一起去找他，其中就有我的侄子。豪尔赫总会马上起身，走向他们，跟他们打招呼。"福特雷的助手插了一句话："豪尔赫太不可思议了。"福特雷接着说道："他们都很惊讶，因为门德斯本来只要坐着什么都不用做，他却站起来走向他们，还跟他们打招呼。这就是为什么豪尔赫会成为第一中的第一。"

十三 门德斯病毒——带来健康的“病”

“我想给那些年轻的大学生一个机会。”

豪尔赫·门德斯的工作系统中有种传染性病毒，它会传播，它可以证明你的能力，尤其是你的意志力。它叫作“门德斯病毒”。“有一次某人问我能不能跟我一起工作。你知道他坚持了几天吗？就三天。他就得去医院了。这就是门德斯病毒。不是所有人都消受得了的。”门德斯说。豪尔赫的工作节奏十分紧凑。这跟悠闲又吸引人的办公室生活截然相反，不过那种怡然自得的生活会融化人的头脑。大量的工作，让这个超级经纪人的心理和身体都非常强壮。在他的工作中，豪尔赫要有充分的责任意识，去更好地了解球员的内心，既要参与又要给出回应和解决办法。“每天我都很忙，有时候时间一过，又会有些我没想到的东西出现。你会继续工作，偶尔你停下来就会想起三四年前，甚至是10年之前你没能想到的事。我有一种责任感，工作不为别的，是我的目标驱使着我前进，为的就是实现自己的目标，为的就是能够做自己想做的事。正是这份信念让我做成了很多事情。这意味着我们要设身处地为客户思考。我经常会这样，但是我身边的人是不是跟我一样都有那么多的问题要解决？这也是一种能够完美解决问题的方式。参与其中，并且专心致志。”

他在马德里搭乘飞机准备去谈一次续约事宜，很快他就得在伦敦吃午饭，因为他要关闭一次转会。他会在另一个不一样的国家吃晚餐，解决一些还没解决的问题。这就是每个公开报道这个世界最佳经纪人每天工作情况的记录。他的生活压力很大，各种计划堆积如山，其他人随时随地都能跟他保持联系，球员们的事情一直在他脑海里回转。就像我们之前提到过的，他旗下有很多球员。很多家庭都依靠着他。他从来都是这样，不断地努力。热斯蒂夫特的摄影师豪尔赫·蒙泰罗给我们提供了一个很好的例子。“门德斯最令我印象深刻的是，在夸雷斯马到国际米兰的转会结束之后，签完合同时我跟他说：‘太好了，总算是结束了。’门德斯看着我说：‘结束了？才刚开始呢。’他指的是冬季转会的工作才刚刚开始。”

但是我们所认为的这种压力巨大的生活反而让门德斯的身体更为健康。豪尔赫大部分时间里都在打电话，健康就是保持头脑忙碌。“一个在工作中的人，一定要让自己的脑袋动起来，有目标的人才是健康的。有人跟我说我要从容一些，因为有压力是不好的，但是我想如果不工作就会有其他的东西让我感到压力。没有工作可做或者对工作没有愿景会让人感到郁闷。让你的内心充实起来，就会让你保持健康。这是真的。你要从容一些，但是不能停下脚步。”门德斯也承认他应该多休息一会儿，而且也要在自己身上多花点儿时间。对他来说要把电话放在一边是几乎不可能完成的任务。“总有人跟我说打那么多电话对身体不好，我说是，这确实是真的。但是我是一个永远都忙碌的人，不断地工作让我身心健康。思考让我健康。”

C 罗天天都跟门德斯一起工作，他也建议门德斯稍微停下来休息一下。“他非常喜欢跟别人开‘小玩笑’。但是千万别碰他的车还有电话，尤其是电话。永远不要碰他的电话还有装文件的行李箱。”C 罗把手放在腰上给我们“演示”了碰门德斯行李箱的后果：“千万别碰那些东西。”尽管这是个玩笑，却可以一窥豪尔赫对工作极度认真的冰山一角，C 罗对此肃然起敬：“豪尔赫是个非常努力的人。他值得拥有今天的一切，因为他真诚而且专业。对于外界的人还有我来说，他是世界上最好的经纪人，他是我最欣赏的人。我很喜欢跟他一起工作。但愿他的生活能平静一些，因为他已经 50 岁了，他已经有点儿‘上年纪’了。这样的生活节奏似乎不太适合他这个年纪了。我跟他说：‘豪尔赫，你应当尽量过得安静些，减少一点儿工作。’”

门德斯的老师奥古斯托·塞萨尔·伦多伊奥认为他是个“高效的交流者，他总是火急火燎，快节奏，不安静甚至很焦虑”。伦多伊奥承认门德斯有某种特质，让他超出常人，那就是一旦他有了明确的目标，不达目的誓不罢休。“如果他处于话题的中心，那很好，他会传达好别人的话，互相交流，给出自己的建议。除此之外还会非常愉悦，让人感到亲切，和其他人成为很好的朋友。”在他的工作中，拉科鲁尼亚前主席觉得豪尔赫还跟 20 年前一样有活力。为了让他的描述更形象，他还特意模仿了豪尔赫说话的样子，说一段话大气都不喘一下。“他做什么都很快。他的电话不管到什么地方都响个不停。突然间那个电话响了，他会马上拿起来，你说：‘豪尔赫那不是你的电话，是别人的电话。’他的电话经常会同时响起来。我都不知道他是不是知道每次都是跟谁通的电话。不是这个电话响就是那个电话响，只有上帝知道他是在跟谁说话。他确实有特殊的才能，这是一种特殊的本领。”奥古斯托强调的另一个门德斯的性格特点是，在遇到困难时他总能采取合适的做法。无处不在是他最突出的特点。“他懂得衡量，他能经常跑来跑去的，是个伟大的观察者。从他观察事物的角度，他知道应该怎么行动，他不会受到干扰，一会儿在这儿，一会儿在那儿，他会在任何地方出现。‘我在卡塔尔’，过了一会儿他就会跟你说：‘啊，不，我现在在巴黎或者伦敦。’”伦多伊奥还举了个例子来更好地解释这一点，当时门德斯和他一起在拉科鲁尼亚。“有一天，他凌晨 3 点出发去吃晚餐，然后坐飞机送奎克·桑切斯·弗洛雷斯去卡塔尔。他从拉科鲁尼亚出发，整夜都在赶路，因为他们要搭乘的是早上 9 点的飞机，而且中途还要路过自己家。这就是豪尔赫的风格和节奏，这跟他 20 年前一样。他经常干这些很疯狂的事，不过现在因为他妻子桑德拉的建议，这些事他做得稍微少了一点儿。”不过即使这样，也不能阻止门德斯经常这样跑来跑去。他的摄影师蒙泰罗记得一个非常特别的经历，有一次在一天之内，他们在马德里和波尔图之间来回跑了三趟：马德里到波尔图，波尔图到马德里，马德里又到波尔图。“有时候在这样的旅途中，我甚至都没办法跟他说句话。有一次我们跟另外一个人在一起，他甚至还得给门德斯打电话他们才能说上句话，就前后座的距离。”

当门德斯接近一个人，那个人很快就会被征服，并且努力为他工作。门德斯的一个员工——塞尔吉奥·阿尔维斯可能是受“门德斯病毒”影响最深的人，因为从热斯蒂夫特成立之初起他就一直跟门德斯一起工作。“我在豪尔赫身上学到了很多东西，但是学习是一回事，要成为门德斯那样的人是不可能的。他有一种天赋，一种独一无二的工作能力。他 1 天 24 个小时、1 周 7 天、1 个月 30 天、1 年 365 天都在工作，没有人能够跟他一样。我不知道他是怎么忍受这样的日子的，但是他并不会采取其他的工作方式。这是一种天生的能力，做生意的能力，一种坚持，一种信念。你在他身上学到的越多，就越清楚要成为他是不可能的。他是独一无二的。他总能挤出时间来解决所有人的麻烦，我没办法活得像他一样。没有任何一个人能够做到。除此之外，已经过了这么多年了，他依然保持着原来的样子。显然我们也遇到过很多艰难的时刻，还有令人沮丧的事情，但是我们总会冒险。有时候事情进展得不顺利，但是我们永远都在努力创造一个让大家都开心的结果。”阿尔维斯曾经见过，即便是在假期，豪尔赫仍然不知疲倦地工作。“我跟他说，迟早有一天他会累垮的，因为他从来都不停下，不休息，不睡觉，他的电话跟贴在脑袋上一样。这就是电话是无害的，人们可以放心使用的最好的证据。’不过阿尔维斯的看法是，豪尔赫的问题只有在他不工作的时候才会发生。“他只能一直工作，他没法接受其他的生活方式。我记得，最开始的时候我睡觉电话还是开机的，凌晨 4 点的时候电话响了，是门德斯打来的。‘你已经睡了吗？’‘是的，豪尔赫，现在是凌晨 4 点啊，怎么了？’‘没事没事，我们明天再说。不是什么要紧事，明天再说吧。’总有些时候，他的电话不响了，他就开始思考：‘我能给谁打电话呢？’夏天的时候，去海边度假，我们在沙滩上打球，他还带着电话和耳机。只要他的身体健康，他就不会停下来，还会继续这么做。”

这个经纪人大部分的时间都在工作，之后等着他的，是更多的工作。科斯蒂尼亚是门德斯的朋友，他也很了解门德斯。他从门德斯最明显的特征说起，就是他的电话。“我经常拿他的电话跟他开玩笑。我跟他说等你死了我就把他的墓碑刻成电话的样子，这样当我要找他的时候，还可以给他打电话。这个男人太令人难以置信了，如果手机会产生辐射，那些研究这种辐射的人应该会疯掉，因为门德斯到现在都还活着。不管在哪里，在家里、饭店或者是车上，他都在打电话。他活在电话里，没有电话他就活不下去，他是那种需要电话的人。一开始是他不能离开电话，现在是很多人需要他随时保持联系。何时何地都要能联系得上他才行。”他的工作时间是 24 小时，很多时候这个经纪人的精力旺盛到无法解释，连科斯蒂尼亚都没法解释这个事情。这个前职业球员曾效力于摩纳哥，他跟我们说了 1998 年欧冠半决赛之后发生的事。他们当时的对手是尤文图斯，不过决赛最后阶段，因为米贾托维奇的进球，尤文图斯输给了皇家马德里。“我到家的时候是凌晨 4 点。豪尔赫给我打电话说：‘我可以跟你聊 1 个小时吗，我正在车上，我也很累，难道我不想睡觉吗？’我说：‘豪尔赫，我真的累了，明天我还要训练，而且，现在是凌晨 4 点啊！我的天！’不过他没有放弃：‘不不，只要 1 个小时，1 小时就行了。’豪尔赫就是这样，当有人陷入低谷，他就非常活跃，想要帮助他。我不知道他喝了多少红牛，但是他总是精力十足，难以置信。”

雨果・莱亚尔，门德斯最初的几个球员之一，他表示门德斯的生活发生了巨大的变化，现在他的工作量和责任都是以前的两倍。但是在 20 世纪 90 年代末的时候，他记得门德斯总是很焦虑，而且永远拿着电话：“豪尔赫到我家来，我的房子里有一个小游泳池，他就在游泳池边边打电话边绕着泳池走，一圈又一圈。这件事我父亲还记得很清楚呢。豪尔赫的公文包里总是装着很多手机电池，因为手机的电很快就耗光了。每次打电话他都非常投入，电话一响电池不一会儿就用光了，他就会跟电话那头的人说，让他等一下，然后从包里取出备用电池换上去，换好之后继续谈话。当然，他在取下电池的时候，手机是关机状态。但是他太专心了，有时候都没有发现。”

工作像功能饮料一样，把门德斯变成了一只猫头鹰。如果一次转会没有完成他就不会休息。首先，他会把所有东西安排好，然后在他必须睡觉的时候才睡。这个特点让各个俱乐部的主席们都很安心。豪尔赫不给他们制造麻烦，而是帮助他们解决问题。在每个不眠之夜，这个经纪人都会思考一些球员为什么在他们的俱乐部不能发挥出作用，然后想出一个让俱乐部和球员都获益的办法。如果一个球员的表现不尽人意，门德斯就会把他带走，或者带一个更好的球员过来，或者是让那些喜欢这家俱乐部、俱乐部主席或者是教练的球员来。所以很多时候他都要通过电话沟通。法比奥·科恩特朗，就是一个非常了解这种情况的球员。“很多人不能理解这一点，豪尔赫旗下有太多球员，他没办法在一两天内和所有人对话。我完全能够理解这一点，但是很多人不能，我们应该更包容一点儿，不应该为此感到生气。如果他没有联系你，不是因为他不想，而是因为他不能。工作是他的全部，他总是拿着两部手机，我都不知道要怎样才能像他那样同时跟两个人说话。我跟他说：‘豪尔赫，你这样下去不行呀！’他总是回答我：‘对，对，你说得有道理。’然后继续工作。他就是这么特别。”

我们在本书中提到的人的看法都是一致的。他们描述了葡萄牙人紧张的生活节奏，只有当市场关闭的时候，他才有一点点时间去度个假，然后马上投入下一阶段的工作当中。门德斯的字典里没有“停止”这个词。在豪尔赫职业生涯中最辉煌的一年，当年 12 月他发表了一段讲话。“当转会市场关闭时，我差点儿晕了过去。现在我要去度几天假。但是今年已经过去了，10 天或者 15 天后，一切重新开始。要实现你的目标，必须马上开始行动，因为最后的目标离你还很远。等到 3 月或 4 月，你就知道会发生什么了，因为光是原地等着并不会带来什么改变。"

跟门德斯接触或者知道他真实生活的样子是很难的事情。所以，有些球员可能会不理解，会觉得门德斯并不是总在关注他们。保罗·福特雷跟我们讲了一个很好的例子，证明了门德斯的时间是多么有限，甚至没有时间处理那些最重要的事情："娜塔莎是他在俄罗斯的员工，她刚完成了丹尼 3000 万欧元的转会运作，将丹尼从莫斯科迪纳摩转会到泽尼特，正准备签合同。娜塔莎在圣彼得堡待了 3 天，完全没有豪尔赫的消息。当时是凌晨 1 点，我正在家里，她哭着给我打电话，因为 3 天了，她都没办法联系上豪尔赫，眼看着合约就要泡汤了。我跟她说：'这是怎么回事？你给他发消息了吗？''是，我跟很多人都说了，但还是找不到他。'我给门德斯发了一条短信：'给我打电话，马上。'他马上就给我回了电话。我跟他说，娜塔莎正在处理一个千万级别的转会。他说：'你别开玩笑！我根本没有看到！'他总是活在自己的世界里，总是有处理不完的事情，有时候就会这样。他没有接电话，因为他正在处理别的生意。有时候门德斯的行踪不得而知，因为这么多年下来，他已经学会了让大家都不知道他在哪里。如果有人知道他在哪个城市，就会猜测到将会发生的转会或者交易。只有他的妻子桑德拉知道他在哪里。她很有魅力，又完全理解门德斯的生活。没人知道他在哪里，这能避免很多问题。"

就像门德斯常说的，这个世界不是一天建成的，持续性是工作的本质特征。信任对于经纪人来说是不可或缺的，信任也需要积累，而不是一天就可以获得的。这也是霍安·拉波尔塔的生活准则："人们之间的关系建立在事实和信任之上。豪尔赫明白，我跟他说了什么就一定会做到。他也是用同样的方式对待球员的，甚至有过之而无不及。""门德斯病毒"有一个基本的特征，那就是每天都停不下来，时刻关注着旗下的每一个球员，甚至包括一些非常不起眼的细节。因为他的这个品质，巴萨前任主席还给他取了个绰号：“我经常把他比作杰瑞·马奎尔。当我看到这部电影时，就仿佛看到了门德斯，他为球员而生，每天电话不离手，对足球充满激情，球员们都非常喜欢他。不仅仅因为他是个经纪人，对于一个人来说这些都是难能可贵的品质。他很年轻，有活力，24 小时都在工作。”拉波尔塔补充了一个细节，这个经纪人是来自外太空的，他的能力超越了地球人，他的美德征服了很多优秀的人才，反过来他们的帮助也让门德斯的工作轻松了许多。“他麾下有很多优秀的球员。他有一个强有力的律师团体：卡洛斯·奥索里奥、路易斯·科雷亚、芭芭拉·瓦拉，这些都是在工作中表现很优秀的人。他们都很有活力，他们创建的公司也非常高效。”这群优秀的员工，都受到了“门德斯病毒”的影响，“门德斯病毒”为他们带来了健康。“我可以告诉你，在我的公司里，有超过 20 个人和我共事，对我来说他们就像我的家人一样。从 17 年前，我们开始一起从事某项工作，我从来没有赶走过任何一个人，即便他们有些人已经自立门户，我还是会帮助他。对我来说我有两个很重要的家庭，一个是最基本的跟我有血缘关系的家，另一个则是工作上的家庭。”

正是这个工作上的家庭，受“门德斯病毒”的影响最为深刻。门德斯的一个员工曼努埃拉·布兰当认为，有些事情已经成了公司里的习惯。“这个病毒已经攻击了热斯蒂夫特。我们中很多人都会边走路边打电话，我们挂掉电话时也会习惯性地说门德斯的‘口头禅’：‘好的好的，我会再打给你，再见，再见。’在无数次的通话之后，我们都自然而然地模仿起门德斯来。我在曼彻斯特，凌晨 3 点电话响了。我 5 点就得到机场了，看来是没有机会睡觉了。对我来说那真是漫长的一天，那时候我刚准备稍微休息一会儿，豪尔赫给我打来电话：‘你睡了吗？’‘没有，豪尔赫，还没有。’‘很抱歉，我们的作息不太一样，好吧，我们明天再说。’‘别，豪尔赫，现在就跟我说吧。’然后我们就谈了二十多分钟。”他的业务能够不断扩展一点儿都不奇怪，在热斯蒂夫特内部流传着门德斯的一件逸事，据说他曾经跟英格兰方面通过一个长达17个小时的电话，一天24小时，17个小时在电话中漫游。

一起共事多年，曼努埃拉可能是最了解豪尔赫的人之一。她告诉了我们一件事，让我们感受到了门德斯对工作的投入。“他对于工作的热情超过了一切。有一次，布鲁诺和我跟豪尔赫和桑德拉我们两对夫妻一起去旅行，中途豪尔赫提议去吃个晚饭，结果我们就坐车从波尔图去了萨拉曼卡，我们竟然跑去看了马库库拉的比赛。桑德拉真是个了不起的妻子，她一直在背后支持着一个伟大的男人。”说着她笑了起来。

从曼努埃拉说的故事当中，我们会发现，正是豪尔赫孜孜不倦的工作，让他成了一个不一样的人。“我从没见过任何一个像豪尔赫一样拼命工作的经纪人。豪尔赫凌晨起来工作，到太阳落山了还在工作。工作让他感到愉快，他热爱工作，而不喜欢安安静静地待着。他一准备好，就会马上拿起手机打电话给某个人。”豪尔赫的脑袋永远都在运作。这个病毒会通过静脉进入别人的大脑，让他们激发出自己的潜能，展现出自己最强大的能力。

给天才们的机会

豪尔赫·门德斯很看重天赋，他也明白在大学里有很多商界和体育界的爱因斯坦，他们有能力在市场上立足，但是却被现实世界阻挡，因为我们都知道外面的机会很少。门德斯注意到那些大学里的年轻人，他们有智慧，有活力和天赋，但是他们虽然接受了如此高水平的教育，却因为找不到工作而感到气馁。“我经常想那些大学里的孩子们，我想要直接把他们拉出来。因为我觉得大学里的人有很强的能力，但是他们没有任何机会。他们在大学里表现优异，毕业之后却没有任何事情可做。我想，不给他们机会，他们的能力就得不到体现。这些人有技术，但是没有发挥的空间，而我愿意给他们机会。”

于是，他创立了豪尔赫·门德斯助学计划。这个项目致力于根据先前制定的标准，每年从体育专业的学生中挑选出 6 名年轻人，让他们直接进入葡萄牙或者国外的俱乐部工作。有了这些体育方面的培训，就有可能发掘出他们的天赋。计划 2005 年出台之后，年轻人就有机会向世界上最优秀的人学习，比如像穆里尼奥和努诺·埃斯皮力图·桑托这样的教练。

卡洛斯·奥索里奥——门德斯的拥护者

“门德斯从来、从来、从来不会让他的球员自己去法院。”

在豪尔赫·门德斯的团队中有一个神秘的男人，他总是跟在这个经纪人身后，一言不发。然而在所有的交易当中，他却是至关重要的角色。他叫卡洛斯·奥索里奥·德·卡斯特罗，是豪尔赫·门德斯的私人以及工作上的律师。他的工作就是给经纪人还有球员们提供法律咨询，这样门德斯的球员们就不需要自己去请一个律师。他负责撰写球员和俱乐部、赞助商和广告商们的合同。他负责批准豪尔赫在办公室里达成的协议和为其提供法律支持，这也是门德斯的艺术中世俗的一环。在他们的私人会议中，门德斯把奥索里奥看作是权威，并且赋予他一部分特权。“门德斯在办公室里做的事情很神秘，一个经纪人要让快到手的生意成为现实，就要让所有人达成一致，那不是一门技术，而是一门艺术，那是豪尔赫·门德斯的天赋。没有什么手册来解释这门艺术。豪尔赫是个很好相处的人，而且那些俱乐部都很信任他。除此之外他准备充分，方向正确，态度认真，还有他的自信和他的能力，这一切都让他能够在和主席、体育主管、球队教练的交流中获得成功。那种能力无法解释，天赋从来不需要解释，这是上天赋予的，只可意会不可言传。”奥索里奥说。

奥索里奥亲眼见证了门德斯的一切，他还说了另外一件事。豪尔赫不是那种分析有形情况的人，他有能力创造和实现那些本来不存在的运作。“意思是他会创造和想象那些交易。有时候豪尔赫会想，A 队想要买进 C 队的球员 B，他就会找一个球员 D 来替代球员 B，这样 C 队就可以把球员 B 卖给 A 队了。他只要听到俱乐部的计划，他就拥有了主动权，然后就提出建议。足球世界就像一个巨大的棋盘，豪尔赫・门德斯就是足球界的鲍比・费舍尔。”虽然他们共事已有 10 年之久，豪尔赫的野心仍然会让这个律师感到惊讶。“举个例子，我完全没法想象哈梅斯会转会到皇家马德里。谁能想到呢？皇马用 8000 万欧元买进哈梅斯，只有豪尔赫想得到。这些运作看似疯狂，但是那只是对于我们这些凡人，我们的目光比较短浅，我们想不到这些可能性。豪尔赫总是把眼光放得很长远。”

关于门德斯的谎言

当一个成功的男人处于人生的巅峰时，总会有人企图攻击他。尤其是当转会市场打开的时候，有些可信度很低的媒体会放出假消息，甚至是恶意地贬低这个葡萄牙经纪人。我们问卡洛斯・奥索里奥，在面对这些严重的诽谤时，门德斯会不会拿起法律的武器。答案出乎我们的意料：门德斯从来没有控告过任何人。“门德斯总是想避免冲突，他是个喜欢交流的人，耐心而且擅长调解。他从来不采取任何行动来针对哪个球员或者其他人。我们对任何人都没有要求。当问题出现了，我们会试着以友好的方式解决，甚至我们会强调那是他本来就有的权利。所以我在处理争议方面的工作十分有限，因为与其说解决问题，不如说门德斯总会避免问题的发生。”豪尔赫·门德斯完成工作最重要的倚仗就是他的名声。在足球界从来不会有人在电视上评论他的工作。但是有些人会批评甚至贬低这个经纪人，这是在所难免的，有时候这也会让他感到不舒服，不过慢慢地，他也变得百毒不侵了。“报纸或者杂志刊登了关于他的谎言，他也不会起诉他们，因为那是在浪费时间。他的法则是，如果有人对你的工作品头论足，给了一些很消极的评论，你只要用你的行动予以还击就可以了。现在我们已经完全不去理会那些东西了，那些并不能破坏他的尊严或者诚信。”大部分时候，他都不愿意浪费时间，因为司法程序非常漫长，遥遥无期，当我们终于得出了结果时，大家可能都忘了这件事是谁引起的。在那些事情中，甚至不会出现任何不良的影响。“有支持者就有反对者，平静对待这些事就好了。第二天，看到那些新闻的时候，他就不那么生气了，他也知道那些认识他的人，还有跟他做生意的人是不会在意这些新闻的。当然肯定存在不喜欢豪尔赫的人，那也是不能避免的。但是我会说豪尔赫·门德斯没有做过坏事。”

合同无用

奥索里奥一直跟在门德斯身后走了很长的路。他总是出现在门德斯身边，不是去摩纳哥或者曼彻斯特解决法尔考的转会问题，就是去马德里、伦敦、波尔图或者去新加坡跟林荣福商量事情。“转会会集中在某个时间点，其他时候就特别安静。对我来说，因为我很喜欢足球，这更像是我的爱好而不是工作——毕竟我的本职工作是 M&A（企业并购）和资本市场的律师。很多时候，我要花钱去体验更好的生活，才能和 C 罗、穆里尼奥、法尔考、哈梅斯、穆蒂尼奥以及很多球员更接近一点儿，这样我就有不一样的办法向他们要照片了。”他能够接近球员，恰好证明了前文中提到过的一个事实：门德斯不相信与球员间的合同。“和球员签订合同，是为了证明自己的经纪人身份。根据国际足联的规定，一份合同的有效期是两年。但是，这个合约有效期对于豪尔赫来说是毫无意义的，因为只要球员觉得不舒服了，豪尔赫从来不会强求他留下。他从来不想违背球员的意愿。同时球员也希望豪尔赫成为他的经纪人。如果他不想了，那会得到和平解决。”

卡洛斯·奥索里奥是从2003年开始和门德斯的合作的。那时候，豪尔赫签下了波尔图队中的多名球员，奥索里奥正好是波尔图的球迷，所以门德斯在去波尔图时经常遇到他。有一次，奥索里奥去马德里处理德科的事情，他身体出了点儿问题，门德斯对奥索里奥的工作赞赏有加，然后他们就开始了合作，关系日益密切。尽管他也有一份很不错的工作——莫拉伊斯办公室的代表，但是和门德斯一起工作时，他发现门德斯是一个想要控制一切的经纪人。“实际上，豪尔赫·门德斯会参与所有事情。我叫他全职豪尔赫。他睡得很少，从起床到睡觉，他都在疯狂地工作着。但是他有一个30到40人的团队，他们确实是球员们的保姆。比如，曼努埃拉·布兰当，她照顾曼彻斯特所有门德斯旗下的球员——水、电、违章停车罚款，所有你能想到的事情。所以他并不是字面上理解的经纪人，他也是一个家庭教师。他一个人包揽了所有的事情，对待那些球员如同朋友一般，如同对待他爱的人们一样。我们也会在工作上协助他，会对经济权利进行交易，也就是所谓的投资基金。”

投资基金

足球世界的竞争是非常不公平的。有大型俱乐部、中型俱乐部还有小型俱乐部，有国家级的也有世界级的俱乐部。要与豪门们（皇家马德里、曼联、巴塞罗那、拜仁慕尼黑等）竞争，其他俱乐部就要另辟蹊径，寻求金融基金。这些投资基金是俱乐部寻求更多可能性的另一种方式。

这种投资基金的模式，就是把钱投给那些俱乐部，然后一起承担风险，因为可能会赚也可能会赔。比如，有人买了某个球员所有权的一部分，付了那部分的钱，那么当球员以原价卖出时，他就没有任何亏损；如果以更高的价格卖出，他则能赚取自己的那部分；如果卖出价格比原先的低，那就只能亏损。这是一种对足球有利的、良性的模式。

比如马德里竞技，这是一家大型俱乐部，但是从经济条件上来说，相对于皇家马德里，他却是个小俱乐部。马竞曾经在投资基金的帮助下引进了法尔考，那么禁止这种行为会有什么后果呢？

以公平竞争政策为由，欧洲足联禁止了球员的第三方拥有权，这反倒加剧了俱乐部之间的不平衡，这是一件很讽刺的事。这样做并不是为了公平竞争，而是恰恰相反。显然人们会担心透明度的问题，想明确谁才是投资方，或者这笔钱的来历是否干净，这些都是很积极的考虑，另一个很重要的事情是要限制投资基金对于一个俱乐部的影响，不能同时投资一支球队的多名球员，导致俱乐部管理上的混乱。我承认限制是有意义而且合理的，但是以公平竞争原则的名义，彻底地禁止该项权利是违背原则而且不合理的。

关于投资基金争议的焦点在于，足球运动是一项产业。俱乐部之间的竞争不光是运动场上的博弈，还有经济上的竞争。为什么在其他产业被允许的模式，在足球上就要被禁止？我不明白这一点。在我看来，这件事迟早要让欧洲法院做出裁决。就像20年前博斯曼的事情一样，我确信到时候投资基金模式不仅仅只会在英格兰、法国和波兰获得许可。欧洲足联总是在说要禁止，但是这种模式才能真正实现公平竞争，它能让很多资源有限的小俱乐部获得更多的投资和更多的可能性。对于所有人来说这都是最好的。

卡洛斯·奥索里奥

十四　门德斯的哲学——努力，努力再努力

“很多人都会说我差一点儿就成功了，他们要改变这样的想法。”

“真相在门外”这不是哪部小说里的句子，而是日常生活中我们应该明白的道理。悲观主义是当今社会的通病，它让人们把自己紧锁在家中，他们不断地说服自己努力是毫无用处的，要安于现状，还把一切责任都推到这个世界身上。他们认为只有自己那么悲惨，这一切都是那些位高权重的人造成的。但是，事实上呢，在这扇厚重的门外面，却是一个充满无限可能的世界。你只需要拿起钥匙，走出门去寻找。但更多情况下，人们只待在自己家里，从不愿意挪动一下步伐。要摒弃“我正在等待机会”这种想法，因为是机会在等待我们。那些好东西从来都不是偶然得到的，需要去寻找，去工作，去争取，去奋斗。有些人会对那些成功人士报以冷嘲热讽：“你真是幸运！”说这句话的人，通常都是那些觉得能够获得什么都是上天注定，随机安排的。纳尔逊·曼德拉说：“我们是自己命运的主人。”如果不是这样的话，我们没法知道有些事会不会发生，那就将陷入一种无尽的等待当中。

门德斯的哲学就是不要等待，要学会去利用。首先一定要进行自我反思，懂得自我批评，才能明白什么是自己真正想要的。“我认识很多人，朋友，还有朋友的孩子，他们很多人都在上大学，等他们毕业后，都会选择在跟他们的大学完全不同的地方工作。”门德斯说，我们不应该在家里浪费时间，待在家里并不会给你指引方向。我们要去消耗能量，才能做成大事，才能带领我们走向成功。“对于一个人来说，最重要的是要有野心，说好听

一点儿，就是要知道只要努力工作，付出很多，你就会实现自己的目标。有几项原则必须遵守：首先是认真，这是你跟别人建立关系或者让别人认识你的方式。其次，如果你是一个诚实、努力并且有纪律性的人，你每天都想要得到更多的东西，那么你终会实现自己的目标。”下面是门德斯的一句名言：“我会马上行动，而不是等到明天。如果C罗受了伤，能在中午12点就开始治疗，我绝不会让他等到下午6点。这一点每个人都应该记在脑子里。”

胜利者的心态

在任何劳动中，目标、生活准则、自然法则以及发展规律，拥有这些你才会产生被认可的感觉。“工作中，你要让自己变得有野心，总是想要更多的东西。当你赢得比赛而沾沾自喜时，一定要觉得还可以获得更多，下次还能做得更好，要觉得你能够超越这一切，还能获得更多。这就是我的哲学。”门德斯主义哲学适用于其他任何职业，可能让你每天都收获更多。一切都基于：在闹钟响起之后，我们如何面对一成不变的生活。“我的意思是不管是我的工作，还是球员的，跟律师、医生或者是一个百货商场的老板一样，这条哲学对每个人都有帮助，因为这是一种非常重要的方式，让你在一份职业中突出自己的价值，这就是一个站在高处的人和一个身处低处的人的区别。”

我们要坚定某些目标，向它们迈出坚定的步伐。我们可能会遇到很多困难，还可能犯错，也有可能我们会看得越来越长远。但是我们知道就是这条路，没有其他选择。这就是成功的钥匙。有一些名言能够证明这个观点：“成功并不是一直胜利，而是有所舍弃。”这是其中一句。温斯顿·丘吉尔说过：“成功就是经历一个又一个失败，又不丧失激情。”体育界中也有类似的话，迈克尔·乔丹拍的一个广告中就有一则响亮的口号：“在我的职业生涯中，我投失过 9000 个球，输掉了将近 300 场比赛。有 26 次人们信任我让我投绝杀球但是我失败了。在我的生命中，我失败了一次又一次。正因为如此，我获得了成功。”门德斯也做出了解释，虽然他是以一种比较积极的方式来说的，不过这就是他取得成功的办法，以及绝不投降的原因：“我跟世界上千千万万的人一样，我努力工作，认真专注，热爱生活中的一切。如果一个人把他的工作看作是压力，那么成功对他来说可能比想象的还要困难。这就是心态的问题。如果人们采取不一样的方式进行同样的工作或者活动，他们就会获得完全不一样的结果。这就是态度的问题。”

世界上有很多不同种类的人，门德斯用足球的例子来解释这句话：“一个教练可能会用一种特定的方式来管理一支球队，让它更有效率地运作。但是总有一些球员不需要这样，他们自己有一套方法。他们总是想要更多、更多、更多。比如 C 罗。”但是门德斯的这个说法，并不只是针对那些球星们。那些领导着很多工作人员的上司，同样有很大的责任，要让事情往积极的方向发展。“举个例子说，企业家和管理者们，最重要的就是要让自己充满动力然后去感染别人。事实上，一般来说，所有人都能够做得更好。”这就是豪尔赫・门德斯把 C 罗带去曼联后发生的事，前文的章节中我们提过这件事，这也是豪尔赫在 C 罗的纪录片中说的话。“我告诉他，现在在你的职业生涯中，最重要的并不是钱。我的朋友，没有什么是不可能的，相信我，没有什么是不可能的。”毫无疑问这是这个经纪人最爱重复的两句话了。

坚持

当豪尔赫・门德斯有一个清晰的目标时，他会去认识俱乐部最有影响力的人，他们会带领他去认识那些特别的球员，然后把他们转化成合约。“开始时，我总会祈祷着不要让我跟主席们谈话，而是让我去见俱乐部的体育总监。只接触到俱乐部的球探们，那会非常困难。”门德斯想要和体育总监对话，然后跟某个不能说出名字的人签下合同。门德斯会跟他一起看 U18 和 U17 的比赛，一看就是 3 年，门德斯会跟他去葡萄牙不同的 50 个地方以及国外看球。直到某一天，门德斯会跟他说：你在俱乐部待了 18 年，你甚至没能带任何一个球员去一线队。豪尔赫的目的就是能找到一个他能帮助的对象，这并不是在浪费时间。观看比赛帮助他增加了经验，他就会知道他的工作是不是产生了积极影响，或者就像那个人一样没能有任何帮助。学习就是一切，门德斯的学习之道就是积累经验。“你必须学习，每天都要，而且还要继续下去。每天，不管你做什么，都要从中学习。之前我认识的人只有今天的 3%；你学到的所有东西，还有经验都会帮助你一天一天变好，你就能获得更大的进步。”

制订生活计划很重要，不要每天都千篇一律，伴着闹钟醒来，做完工作下班然后就可以睡觉了。生活计划，就是一个实现目标的计划。你每天做什么无关紧要，最重要的是，你每天都在朝你的目标迈进，慢慢地你的步伐开始加快，不过永远都要以安全的方式。“人们总想过好日子，让自己和家人都过上最好的生活。我是一个普通人，因为我小时候家庭很困难。我的家庭并不能满足孩子的一切欲望，现在，我很幸运能够做到这个，因为现在我们的家庭情况完全不一样了。”要实现这个梦想，改变自己的生活，只需要一个公式：“工作加上决心加上野心等于成功。大部分的人都安于现状，他们需要改变自己的心态。我认识很多来自不同国家、不同文化的人，但是最后他们其实是一样的。如果你做出这样的决定，改变自己的心态，那么，你就有可能为自己创造更好的条件。”

另一个豪尔赫·门德斯经常提到的主题就是“命中注定”，这意味着一个农民永远都不可能成为一个国王。他的地位是不变的，梦想仅仅只是梦想，是一种幻觉。如果我们是根据某种预先设定好的路线出生的，那么学习就没有任何意义。那只是徒劳，就好像在海底放一块玻璃，那些鱼根本看不见还想要冲到海面上一样。对于门德斯来说，只要努力，一切皆有可能。尽管一个人的出身确实有很大的影响，但是它并不能成为我们脚上的镣铐。“有很多球员都天赋异禀。比如在阿根廷，有很多六七岁的小孩儿就是为足球而生的。他们在街上踢球，和小伙伴们一起玩耍，他们不断进步，这也是努力的一种。没有哪个人从来不碰球，突然间就变成了世界上最好的球员。那是不存在的。一切都要通过努力才能获得，一切都需要工作和专注。”所以，对于门德斯来说，总有很多球员通过自己的努力弥补了天赋上的缺陷。想要成为某个更好的人其实就是想超越原来的自己。“一个很有天赋却不知努力的球员是不可能超越一个天赋平平却非常努力的球员的。有天赋的球员能够成为世界上最优秀的人，不过不努力什么都不可能。”一个曾参与过很多青少年球员培养的经纪人说道。

语言的力量

皇马的总经理——何塞·安赫尔·桑切斯对于哲学和生活很是了解，因为他曾经获得过哲学学位，并且打算成为一名教授。“豪尔赫有哲学家的风范，而且他很聪明。对于别人的问题总能对答如流，而且他不喜欢谈论自己知道的东西，不想显得自己过于锋芒毕露。他有一个很大的优点就是慎重，因为总有一些经纪人因为滔滔不绝坏了一桩生意。那总让人不舒服——他用手指指着办公室的方向——应该要知道什么是该说的，什么是不该说的。”桑切斯读书时，曾经在一家卖电脑的公司里打工。他当时正在准备答辩，好让自己能成为教授。不过这家公司给了他一份难以拒绝的邀请，挣的钱是当教授的3倍。24岁的他没有参加第二天的考试，而是抓住了这个机会。最后，他就这样误打误撞地进入了足球世界。在这儿，他学的东西偶尔也能派上用场。“哲学就是怀疑，怀疑自己知道的东西，也怀疑自己相信的，还有自己读过的东西。这种批判性精神，能够让你学会如何管理，唤醒你的激情，让你获得进步。我总是想知道更多的事情，不过这还是让那些科学家和经济学家来吧。”从皇马的总经理处理生意的方式上，我们也能够看出门德斯的性格。是的，他总是那么诚实。“豪尔赫是一个胜利者，在他的公司里只能有值得他信任的人。他们还必须具有优良的品质：意志坚定，尊重别人，值得信任而且诚实守信。这些品质能够让人远离麻烦，所以他的人气才可以延续如此之久。他是一艘银河战舰，这本书应该被命名为‘银河战舰·门德斯’。”银河战舰是弗洛伦蒂诺开始就任主席时人们对皇马的称呼，那个时期皇马队中有菲戈、罗纳尔多、齐达内和贝克汉姆。银河战舰，桑切斯用这个名称来赞美门德斯。

当门德斯和球员发生直接冲突时，他从来不会把事情延伸到法庭上。在跟他的客户对簿公堂前，他会切断他们之间的关系，远离伤害。“我完全反对那些把球员带上法庭的人。那些人总是希望球员发生点儿什么，好从中获利。你得为他工作，而不是等着球员出事付出代价。如果你签下一个球员，人们经常会以为他是你的球员，你就得时刻准备着替他办事。如果他问题很严重，你尽可以终止跟他的合作，而不要把他送上法庭。假设你有 50 名球员，你只要把其中两个送到法官那儿，其他人就不会再信任你了。”

他和俱乐部之间也保持着一种互信。卡洛斯·弗雷伊达说了一件跟纳尼有关的事来证明这个观点——那时候他还是里斯本竞技的经理。“我们达成了一致，正要和纳尼续约，因为豪尔赫的介入，我们提高了球员的薪资而且延长了合同时间。纳尼的合约从 1500 万欧元涨到了 2000 万欧元。2000 万欧元是他的转会金额，但是那份合同并没有被激活。”那份合同是门德斯和现任里斯本竞技的主席费利佩·苏亚雷斯·佛朗哥（2005—2009 年）口头签订的。他们在知名餐馆卡斯卡伊斯草签。他们来到餐馆找了一张桌子坐下，互相握手，商量修改合同条款。他们口头约定，只是握手致意并没有签什么文件。很快这就成了豪尔赫不得不履行的承诺了，之后他跟曼联开始了转会谈判。与此同时，纳尼继续在里斯本竞技踢球，并且状态爆发，再次引起了众多豪门的兴趣，其中就有瓦伦西亚这样的球队。“但是纳尼转会到曼联的金额是 2500 万欧元，而条款中只规定了 2000 万欧元。豪尔赫做事的风格很有气节，即使是口头上的协议他也会严格遵守。那一天热刺也来询问价格，可是门槛已经不一样了。豪尔赫没有为自己索取任何东西，他只为俱乐部争取更多。最后他成功地让曼联多出了550万欧元来获得纳尼，那可不是一笔小钱儿。豪尔赫尊重我们之间的口头约定。”卡洛斯·弗雷伊达说道。

门德斯的一个客户若奥·米兰达，用简单的几句话解释了他的经纪人的哲学："没有太多东西，豪尔赫的哲学就是努力工作。我把未来寄托在他身上，因为我知道他总会为我选择最好的东西。”因为这种工作哲学，门德斯必须得按照需求度来划分自己的时间。比如米兰达说的这种情况："我给他打电话，他说：‘两个小时后我给你回电话，现在你没什么问题，我需要照顾一下某个更需要帮助的人。’之后，他就会给我打电话，虽然有时他会在凌晨两点给我打电话。”

本书采访的很多人都向我们表示，跟门德斯一起工作，没有必要签任何文件，因为他说的话就足够了。但是门德斯为什么不签合同呢？门德斯自己都承认，有时候要向俱乐部展示一些文件，才能证明你是这名球员的经纪人，不然一会儿就会有50个“这个球员的经纪人”出现。这是必要的程序，尤其是对于那些刚开始工作还默默无闻的新人来说。但是这不是豪尔赫要考虑的问题。“对我来说，那些合同没有用处。而且我几乎从来，是从来，不会让一个球员惹上官司。这7年来，我经历了你能够想到的所有事情，但是我从来没碰到过那种事。即使你会觉得有点儿受伤，我只是想把主动权握在自己手里。如果出于某些原因事情出现了问题，我会是第一个结束合同的人。”门德斯曾经遇到过这种情况，他跟球员的家人谈话，他们出现了分歧，最后他便终止了和球员的合作，好让他能够自愿选择自己的经纪人。不过最后还是球员自己想要重新加入门德斯麾下。“我对合同一点儿都不感兴趣。如果让我来决定，这些国际足联规定的条条框框就不会存在，但是我承认有些时候为了理清情况合同是必要的，跟有真凭实据的经纪人合作也会让人觉得舒服一些。”门德斯说。

秘诀9 家庭

在我的公司里有超过20名员工，他们就像我的家人一样。17年来，自从我创办这家公司起，我没有辞退他们中的任何一个人。对我来说我有两个最重要的家庭，一个是与我有血缘关系的，另一个则是我职业中的家庭。

——豪尔赫·门德斯

Com o troféu Globe Soccer
atribuído ao melhor agente do ano.

十五 豪尔赫·门德斯是卡巴纳斯

"跟他在一起时我很开心。"

到现在我们已经知道了豪尔赫·门德斯的很多故事，我想现在是时候告诉亲爱的读者们一些秘密了。门德斯的秘诀别无其他，只是处变不惊。财富、名声和奢侈的生活都没能将卡巴纳斯改变。这个来自佩德罗加尔的小男孩儿一直以一个成功的经纪人的身份生活着，这一点大家都能感受得到。球迷们，以及街上的普通人会对球员、球队主席和世界上那些有影响力的人产生盲目的崇拜，觉得他们高人一等，像是不可触碰的神一样，但是他们根本不了解人类世界的现实是怎么样的。确实有这样的人，但豪尔赫·门德斯并不在其中。"我不曾追求成为最好的企业家，对我来说最重要的是日常的工作。"门德斯说。他的成功来自于：在与人交往当中，他放弃了所有的技巧和忌讳，把它们都埋在地下。C罗在他的电影里，为我们展现了一个平凡的豪尔赫。电影中的一个场景是C罗正在剪头发，这时候门德斯正在大厅里和他的儿子玩耍，C罗念着旁白："我的动力的另外一个来源就是他。豪尔赫总是在给我打气，他一直相信我能够成为最好的，也相信我每次都能获得进步。他的愿望就是我能够成为历史最佳，这个目标让人很有动力。他已经变成了我的兄长、我的父亲，变成了我的家庭中的一分子。"蒂亚戈·门德斯说："跟门德斯在一块儿，一切都变得很有趣。虽然吃饭的时候，我不得不一直跟他说话，好让他把电话放下。他最喜欢说他侄子路易斯的趣事，他们之间有很多故事可以说。路易斯很健忘，他经常会出现把机票忘在家里这样的事情。豪尔赫经常拿这些事情跟路易斯开玩笑。”每次回忆门德斯讲述自己经历的场景，这个球员就情不自禁地发笑，像一个伟大的球员一样，把球放在地上，准备开球。这个没人能解释是因为什么，但是正是这个让他显得如此特别。关于这一点，门德斯旗下的球员科恩特朗说：“豪尔赫有一种没人知道的特质，没有人发现这个秘密，不会有任何的经纪人能够跟他一样。在这个行业里，这是他的天赋，让他一直是最优秀的，是精英中的精英。跟他在一块儿时，我总觉得他是一个快乐的人。似乎他也把这样的快乐传递给了我，尽管我跟他相处的时间不多，但是跟他一起的那些时间里，我都觉得自己是个幸福的人。”

科恩特朗的话，是对豪尔赫身边的人的真实反映。我们记得科恩特朗的妻子罗蕾拉，她在看到她丈夫手机里的通话记录全是豪尔赫的时候，忍不住放声大笑。有时候他们的朋友们正在各聊各的，但是当豪尔赫把他们召集到一起时，他们就会把注意力放在豪尔赫身上，他是不是在看自己，他在观察什么，抓住机会跟他交谈几句。门德斯从来不会高高在上，而是走到大家中间，让所有人围在他身边，他就可以更靠近他的朋友们。他总是带着微笑，说话也非常幽默。其中一个例子，就是在采访霍安·拉波尔塔时发生的。当时我们正在和巴塞罗那的前任主席讨论梅西，结果引起了豪尔赫·门德斯的注意，他完全没有听到我们在说什么就开口了：“梅西一定很后悔，既生瑜，何生亮，因为世界历史上最优秀的球员就是C罗！”餐厅里响起了阵阵笑声。拉波尔塔说：“他正好是我最大的敌人！”两个朋友互相拥抱，这正是他们超越职业界限的友谊的最好证明。门德斯走的时候，我们问拉波尔塔，你们俩谁更有趣，因为我们知道拉波尔塔也是个著名的主持人。他回忆着他跟门德斯之间的事情，很快就回答了我们：“他是个非常有意思的人，总能说出一些很棒的笑话，当一个人需要愉悦一下精神的时候，他会逗得你哈哈大笑。那真的很美妙。”门德斯第一个运作转会去马德里竞技的球员雨果·莱尔也证实了这一点：“他很会说笑话，包袱抖得恰到好处。这方面他也很有天赋。”

门德斯也有不为人知的一面，那就是他有画漫画的爱好。他拥有成为一个肖像画家的所有条件：姿势、眼神、技术……可能他唯一缺乏的就是画好一幅画了，但是这并不能阻止他。不得不承认，当你看到他画画时，你会联想到那些在城市的广场上，或者夏天在海岸线上写生的画家。

豪尔赫用他的方式描绘着现实世界，他会极尽夸张之能事，或者就是原原本本地画，有些人成了他的缪斯，有些则是他笔下的冤魂。他最喜欢的模特是C罗的母亲多洛雷斯·阿维罗的先生安德拉德。可能是因为他最大的特征是浓密的眉毛，最后的作品比较容易找到跟模特的相似之处。不管是哪幅画，最后的成品都会引来大家的哄堂大笑，但是门德斯自己，护卫自己的画就像考试中不允许别人抄他卷子的学生一样。

画画时他会一直保持严肃，他全神贯注地看着自己手中的画，但是就在快完成的时候，豪尔赫自己就开始大笑起来，甚至会笑出眼泪来。看了他的作品，所有人都会笑得在地上打滚，尤其是阿维罗看到自己先生的浓眉大眼时更是乐不可支。不过还没结束，还有一个关键步骤，得拍照留个念。每次门德斯完成作品后，都要跟它还有模特来个自拍。这时候，大家都会笑个不停，然后把门德斯的作品通过Whats App（一款通讯应用程序）发给C罗，C罗看到之后就回复一个哈哈大笑的表情。他已经对他的经纪人的这个爱好习以为常了。

虽然门德斯的作品还进不了博物馆，但是C罗的家人向我们保证，只要多加练习，门德斯有能力画好一幅画，他们会把门德斯为他们作的画挂在家里。

提到门德斯40岁的生日时，拉波尔塔说到一个细节："他公司的一个人向我要一张贺卡，然后我就手写了一张。我觉得这个方式比较私人，我们是很好的朋友，对我来说能够成为他的朋友是一种殊荣。豪尔赫不仅是一个足球经纪人，这句话很有巴塞罗那的风格。"拉波尔塔痞痞地笑了一下，这句话模仿的是巴塞罗那俱乐部的口号：不仅是一家俱乐部。"他是一个把激情投入到工作中的人，有自己的标准、智慧，效率很高，而且充满活力，对他的球员很是尊重。除此之外他还会让人发笑，他的幽默感让他大受欢迎。”

用一个词来定义门德斯再好不过了，那就是人性。每次出行，都会有一个他的工作伙伴或是朋友陪着他，特别是他的妻子桑德拉。有时候他也会牵着两个女儿和小儿子的手一起出门去。拉波尔塔强调桑德拉对门德斯尤为重要。

“他们是巴萨的常客，我很喜欢看到足球界人士到场。门德斯每次都会拥有更多的球员，会有更多的名字归到他旗下。他的到来让诺坎普蓬荜生辉。他是这里的常客，而且有自己的标准，他曾踢过职业比赛，视足球如生命。我喜欢他和桑德拉一起来看比赛。在足球世界里，一个年轻人跟自己的妻子一起去看比赛是件严肃的事。桑德拉总是陪在他身边，她给豪尔赫安全感。”

桑德拉·门德斯——旅伴

“豪尔赫从不说‘我要去试试’，他总是说‘我要做到’。”

除了生意、接待、合同、接不完的电话，还有球员源源不断的问题外，门德斯还得担忧另外一些事。因为无处不在的豪尔赫还代表着另外一个集体，一个他必须照顾的集体，那就是“豪尔赫家族足球俱乐部”。这个私人的俱乐部是由他的妻子和孩子们组成的，是他生活的动力。

“豪尔赫从不说‘我要去试试’，他总是说‘我要做到’。”

他的妻子桑德拉这么定义她的丈夫渴望胜利的心理。常言道，一个成功的男人背后必定有一个默默付出的女人，豪尔赫和桑德拉印证了这句谚语。门德斯能够在生活中东奔西跑，随心所欲，是因为在他的背后有妻子的支持。他的妻子善解人意，善于观察，姿态优雅，守护着门德斯的内心世界。桑德拉是门德斯的妻子，她认为自己是门德斯的“生活中和旅途中的伴侣”。

她为她的丈夫录制了一个小视频，看到这个惊喜时，门德斯忍不住在众位客人面前流下泪来。桑德拉自己准备、拍摄并且编辑这部视频，用来庆祝豪尔赫·门德斯作为经纪人的第十五个年头，以及他45岁的生日礼物。在桑德拉准备的礼物中有一件很特别的，她花了很大的努力和精力才制作的礼物。这个经纪人珍藏着这份礼物，仿佛那是个真正的奖杯一样。那是一本厚厚的相册，里面都是豪尔赫从事经纪人工作以来，报纸和媒体上关于他的消息和文章。这就是桑德拉，一个时刻站在丈夫身边的女人，巨细无遗，不管是事业上还是生活上都是门德斯最忠实的伴侣。桑德拉·门德斯出生于波尔图，法律专业毕业，两个女孩儿——芭芭拉和比阿特丽斯——的母亲，他们还有一个婚姻的结晶刚降生，那就是门德斯的小儿子。

“我只会跟你说我丈夫的好话，因为对我来说他是世界上最完美的人，作为一个父亲，他做得也非常好。我是他的妻子，总是陪在他身边，和他一起旅行，从波尔图到马德里，去伦敦或者世界上的任何地方。我总是在尝试协调他的工作和生活。我明白，我在他身边的时候，他才能感到安心。”

桑德拉是他的妻子，同时也是他的崇拜者，她说：“他是个很真诚的人，受到了所有人的爱戴。他也是孩子们的父亲，我对此备感骄傲。”

这些年你不断地征服，施展抱负，但是首先你向世人展现了你的谦逊、诚实和宽容。之于我，这些年，你让我非常骄傲。

能够成为你生命中的一部分，在你的职业生涯中伴你左右，给予你支持和稳定的生活，让你能够受到大家的敬仰，这也会是我永远的荣幸。

这些年你一直在奋斗，付出了很多努力，你有能力跨越所有的障碍，让你个人的和职业的计划都更顺利地进行。

今天，作为你的妻子和孩子们的母亲，我感到无比骄傲。最重要的是，我愿做你一生的陪伴。

（节选自桑德拉·门德斯为豪尔赫·门德斯45岁生日准备的DVD和相册）

大家都想问一个问题：门德斯是如何权衡工作和家庭的？

“有好多次，我们在一个城市醒来，中午在另一个城市吃饭，晚上又在不同的地方睡觉。”

多变的工作并没有影响门德斯承担家庭责任，和家人们共享天伦。他把刚出生的小豪尔赫抱在怀里的时候，也没有忽视他的女儿们。当他的女儿走进房间的时候，豪尔赫跟她说：“过来，孩子，来，亲父亲一下。”但是有时候距离是不可逾越的。这时候，尽管电话是豪尔赫用来战斗的武器，但当他跟家人说话时，声音总会变得很柔和，他想把父亲的爱传达给每个孩子。而且，他不会提任何跟足球有关的事情。小豪尔赫的微笑或者充满稚气的声音就足够了。一个爱自己家庭的父亲，会因为孩子单纯的眼神变得温柔，当他的孩子专心玩皮球时突然被抱起来，他会开怀大笑。他把签合同时的习惯带到了父亲的角色当中，安抚他哭闹的孩子们时就像跟主席们博弈一样灵巧。豪尔赫代表了他的球员们，但是最基本的，他代表自己的家庭。这个经纪人为自己的家庭感到骄傲，他总是用自己的手机给别人看他家人的照片和视频。桑德拉说：“豪尔赫心怀世界，这从球员们说的话中也能感受到。豪尔赫待他们视如己出。”如果这句话是真的，他的球员们真是不可能找到更好的选择了。

如果不存在，那就去创造

他的妻子回忆，门德斯是个音乐爱好者，他特别喜欢阿尔多·诺瓦和舞台娃娃。在他拼搏的岁月里，“他会给我打电话，一边打一边听着他最喜欢的音乐，一直到凌晨，他还会给我录带子，我们会在车上放”。有时候，门德斯的太太不得不为丈夫缺席一些家庭活动而向大家解释，毕竟豪尔赫的工作是“24 小时制”，工作中他不仅要关心他的球员，还得为球员们的家人或者伤病担忧。他经常会因为工作牺牲家庭聚会的机会。“豪尔赫总是关注着和帮助着他的球员们。”桑德拉说。当我们要她形容一下自己的丈夫时，她说：“独一无二。”而且是真正的独一无二，因为世界上很少有人能够做到像门德斯这样。她深吸一口气继续说道：“他很特别，谦逊、慎重、真诚。”豪尔赫·门德斯是个令人难以置信的男人，他被信任所包围，拥有难以估量的信仰和源源不绝的激情。“感谢他，让人们明白了‘友谊’的含义，因为他有一颗金子一样的心。他的工作，所有人对他的信任，他对家人的爱，这一切，让他与众不同。”

豪尔赫·门德斯就是如此，一心一意。他的一切，最重要的是他的品质，征服了桑德拉。不过他的妻子还说了他的一个缺点：“有时候，他不太守时。不过考虑到他的工作，这也是正常的。如果他没有帮助某个人，那他一定在为另一个人忙碌，他是矛盾解决者。他让很多人过上了更好的生活，所以很多时候我会跟他说：‘要是没有，你也得把它创造出来。’听着，我觉得这个可以当作这篇文章的标题：如果不存在，那就去创造。”

在你的职业生涯中，很多次，我都对你的谦逊和善良感到惊讶，比如那个阿根廷年轻人，他无父无母，却在自己后背文上了你的名字，可见你为他做的事情是多么的重要。这些或者那些事都证明了你在工作中以人为本，你以自己的方式打动了人心。

（节选自桑德拉·门德斯为豪尔赫·门德斯45岁生日准备的DVD和相册）

克里斯蒂安·博尼利亚——和门德斯亲密接触

我的故事要追溯到2001年。当时我效力于阿根廷青年队，6月我在西班牙参加U15世界杯。我们打到了决赛，并且获得了最终的胜利，我还获得了金靴。但是我无法想象，最大的奖励之后才降临到我身上，我认识了在我的生命中起到关键作用的人。门德斯的部下安东尼奥·阿尔贝托一直在观看我们的比赛，因为我们的国家队当时很有名气，大家都看好我们。决赛时，豪尔赫·门德斯亲自过来看了比赛，那场伟大的比赛中，我打入了整场比赛唯一的进球，帮助球队赢得了最终的胜利。后来我回到了布宜诺斯艾利斯，离开了原来的俱乐部，马上去了波尔图，豪尔赫很喜欢我踢球的方式。

我毫不犹豫，接到电话后马上收拾行李。那时候，对我来说，门德斯只是个陌生的企业家。虽然我要强调一下，在我去葡萄牙之前，安东尼奥·阿尔贝托要为他犯的错负80%的责任。当然了，从我看待事情的角度出发，我依然很敬佩他，因为豪尔赫·门德斯能够获得成功，他也有不小的功劳。当时电话并不是直接打给我的，而是打给我的父母，可是很遗憾我的父亲在世界杯前一个月就已经去世了，正是他引领我走进了足球的世界，他负责我所有的事情。所以，豪尔赫·门德斯通过另一个阿根廷经纪人和我取得了联系。

听说波尔图对我感兴趣，我完全不敢相信，因为那是我的梦想——在贾尔德效力的球队踢球，那时候贾尔德是全欧洲唯一的纯射手。我永远都不会忘记飞机降落在里斯本的那一刻，安东尼奥正在那儿等着我。我不知道他长什么样，跟他也没有交情，我只知道在机场等我的人叫安东尼奥。但是，见到他时我马上就发现，世界杯期间，就是他一直在看我们的比赛。我们从机场直接赶往门德斯在里斯本的家中，那是我第一次见到门德斯。我们中午的时候才到，门德斯准备了丰盛的午餐迎接我们，当时我觉得他非常谦虚、神秘，总是传递出一种自信。

他并不知道我父亲的事情，他给了我一张卡片，从那时起，他就成了我在波尔图的向导。他并不是只对球员、货币或者经济上的富裕感兴趣，恰恰相反，我感觉他就像我的父亲一样。我认为我生命中发生的一切都是有原因的，豪尔赫的出现让我更加坚信这一点。我的父亲去世了，这对我来说无疑是非常沉重的打击，我甚至无法相信。我们经常聊天，他总是能发现很多细节，我们会说世界上的所有球员其实都是一样的。但是那个时候，德科是他的最爱，他总是不停地跟我提起他，简直到了让人无法忍受的地步！直到某一天，回首我们一路走来，他突然发现，我会成为下一个德科。

豪尔赫影响了我的人生，他改变了我看待事物的方式，尤其是对工作的看法：谦虚的态度、个人魅力，还有就是我认识他时他身上的那种纯粹。我在波尔图时很艰难，15 岁的我失去了自己的父亲，我和比我大 10 岁的哥哥一起住在那儿。他们带着我花了 10 天时间去熟悉这座城市。对我来说这是个很理想的地方。豪尔赫·门德斯实现了我的梦想。当时有很多俱乐部对我感兴趣，比如塞尔塔、纽卡斯尔或者本菲卡，但是豪尔赫希望我留在波尔图，靠近他的关系圈，这是必要的。当我们签约时，波尔图的副主席雷纳尔多·特莱斯也在场。我们握了手，他还祝我好运。

我不擅长那里的语言，所以过得很不习惯，门德斯开始关心我的感受，他会一直问我需不需要什么帮助。我发现，他总是在想办法让我过得开心，可能当一个人还是孩子的时候，并不知道人们担心的是什么。多年以后的今天，我从一个足球界的无名小卒，被豪尔赫一手带到了世界级的水平，我可以说豪尔赫的公司之所以能够成功，都是基于他的谦逊和对球员们的关心。这些东西，在这个世界上是多么难能可贵！

很多人不知道，我在背后文上了豪尔赫·门德斯的名字，很多人会问我为什么。很简单，因为我真的找不到更好的方式来定义他了。要是没有认识他，我的人生就会是另一番模样。这个文身的意义就是，在我失去双亲的黑暗岁月里，豪尔赫·门德斯是我生命中的一束光。想象一下，15 岁的时候，我父亲养着一家人，然后在豪尔赫的帮助下我踢上了职业比赛，他给我带来了一份职业合同，如果没搞错的话，我应该是波尔图签下的最年轻的球员。当时我要求门德斯跟我签一份文件，因为我不知道他的意图，我以为这是一个骗局或者他有什么目的。豪尔赫签了那份文件，而且什么都没说就让我从阿根廷过来，就是那天我去文了身。那是我第一次文身，很疼。我文在背上，但是那时候我没有跟豪尔赫说这事，因为我觉得没那个必要。能够在他身边我感到骄傲，仅此而已。当时我 16 岁，很长一段时间后他才知道文身的事情。

葡萄牙的俱乐部 4 个月没有付我薪水了，眼看着假期就要到了，我却没有钱回家，所以我决定去热斯蒂夫特公司豪尔赫的办公室找他，我需要跟他谈谈。当我走进办公室的时候，我们互相打了招呼。就像他说的，我看起来很糟，我跟他说俱乐部没有付我工资，我买不起机票，没法回国度假。他立即打电话给旅行社给我订了机票，然后跟我说：“家是世界上最重要的。”那时候我跟他说，对于我来讲，他就像我的家人一样，所以我在身上文了他的名字。他只是微笑着，不相信我真的那么做了。他们都以为这只是个玩笑，办公室里的人都笑了起来。豪尔赫的侄子安东尼奥、C 罗，还有一个秘书等，他们都在那儿。我看到他们都不相信我，就把上衣一脱转过身去。他看到我的文身时，简直难以相信。我弄这个文身已经 4 年了，那是我最后一次和豪尔赫对话。

我只是曾经出现在他生命的某个角落，他则会一直在我的生命里，我明白这个道理，也欣然接受。不管是不是偶然，我都希望他能关注我，我们的生日还是同一天——1 月 7 日。如果有人问我我的梦想是什么，我会说，就是再让我和门德斯聊一次天，我就能跟他说，在我的生命中他是多么重要。仅此而已。我不想要他的名望、他的财富，完全相反，我只想拥抱他一下，告诉他，不管花多少钱，都换不来我对他的感激。

我觉得，他是一个不管身处多么辉煌的时刻，当我需要帮助时，都愿意站在我身边的人。我永远不会忘记，有一天，我心情非常糟糕，望着窗外被雨笼罩的波尔图，一直到豪尔赫给我打了个电话，他说感觉我不太对劲，想过来找我聊聊天。20 分钟后他就到了我家，他得知我在波尔图青年队过得很糟糕，那里的工作人员对我态度很恶劣。他给了我很多建议，还跟我说，不管什么时候，我都要振作一点儿，我身边还有一个朋友，一个伙伴，他并不只是我的经纪人，他对我的关爱高于金钱。还有一件事就是，有一次豪尔赫带我去和纽卡斯尔当时的体育总监博比·罗布森一起吃饭，对我来说简直像一个小朋友去了迪斯尼乐园，他让我美梦成真。晚餐是在马托西纽什旁边靠海的餐厅吃的，那是波尔图一个风景很美的地方。一个不太正式的晚餐，我们欢声笑语，我和在场的所有人分享了我的故事。

也许对于很多人来说这是个陌生的世界，但是我相信总有那么一些人存在。他们不是普通人，他们是榜样，是骄傲，葡萄牙应该记住他们并且赞美他们。我敬佩甚至崇拜豪尔赫·门德斯，我梦想着能够做到他功绩的一半就满足了。葡萄牙会一直出现豪尔赫·门德斯这样的人，这对足球来说绝对是一笔财富！

克里斯蒂安·博尼利亚

马拉多纳——直到胜利

“我曾经染上毒瘾，我的老母亲在我出门时跟我说：‘要与好人为伍！’认识豪尔赫，他帮助我重回正途，这是最重要的。”

1983 年 6 月 22 日，阿根廷对阵英格兰，在墨西哥的阿兹台克体育馆进行世界杯四分之一决赛。那一天对很多人来说都很特别，对于阿根廷国家队来说尤其如此，特别是对一个男人——迭戈·阿曼多·马拉多纳。“茸毛”是世界上最伟大的球员之一，在他第二次入选世界杯国家队大名单时（第一次是 1982 年西班牙世界杯），戴上了蓝白军团的队长袖标。他贡献了两个令人难忘的进球：一个是他用手打进的（上帝之手）；另一个，他带球从英格兰球员的身边穿过，最后打进了一个精彩的进球。

马拉多纳拿球，两个防守球员盯着他，马拉多纳踩着球，这个足球天才从右侧启动，突然停下来，要把球传给布鲁查加。马拉多纳自己拿球！天才！天才！天才！他晃过了一个，一个又一个防守队员！射门！球进了！我想哭，我的天啊，足球万岁，球进了，迭戈！马拉多纳！我就要哭了，原谅我……马拉多纳，带着球一路狂奔，这是一段令人难忘的冲刺，这是历史性的进球……他的光芒照耀整个宇宙……你究竟来自哪个星球？就这样斩断了英格兰前进的道路。全国人民都握紧拳头为阿根廷欢呼。阿根廷 2 ： 0 英格兰。迭戈，迭戈，迭戈·阿曼多·马拉多纳……感谢，感谢我的神啊，感谢足球，感谢马拉多纳，感谢这些眼泪，感谢阿根廷 2 ： 0 英格兰！

乌拉圭解说员维克多·雨果·莫拉雷斯对此球的解说

豪尔赫·门德斯如今是足球界声望最高的经纪人，他和朋友们分享了这个意义非凡的时刻。“我们习惯在我家里看比赛，有时候也会去我们的朋友保罗·洛伦索家里。我们在墙上贴上马拉多纳的海报，他是我们的偶像。”门德斯从小的朋友卡洛斯·拉亚回忆道。马拉多纳对门德斯影响深远，门德斯在自己家乡的球队踢球时，还一直模仿马拉多纳。洛伦索说：“看了马拉多纳的比赛之后，他就开始经常用左脚踢球。”另一个朋友埃尼奥·马里亚斯回忆起那件趣事：“他想要跟马拉多纳一样，能把球黏在脚下，不让任何人抢走，他想要过了所有人。但是，很明显，我年纪大一点儿，偶尔我就把他推倒，教育他一下。”1986 年夏天，那几个还没满 20 岁的小伙子想不到 26 年后，他们中间会有人碰到那只“上帝之手”。

生活兜兜转转

26 年后，豪尔赫·门德斯和上帝之手成了朋友，他成了马拉多纳的朋友。世界巨星们在豪尔赫的建议下展现出了自己的天赋，豪尔赫总是在那些“迭戈”需要的时候出现。采访马拉多纳时，他的声音有点儿沙哑、颤抖，他回忆起他的母亲：“我的母亲去世前，总是跟我说话，教我很多东西，另外我的女儿们也教会我很多东西。我曾经染上毒瘾，酗酒。他们所有人都希望我好，在我的母亲去世前她跟我说：‘去与好人为伍。’今天，我的女儿们能看到我跟谁在一起，我在路上认识了豪尔赫。”马拉多纳把豪尔赫看作是救世主：“4 年前我在马德里遇见他，我们开始谈话，他告诉我他是穆里尼奥的好朋友。我说我很想认识一下穆里尼奥，豪尔赫就为我们牵线。他看起来是个再普通不过的人，很喜欢工作，但是他不是那种想从工作中榨取利益的人，他全凭自身的优势取胜。”

葡萄牙的晚宴

豪尔赫·门德斯邀请马拉多纳到他在伯纳乌的专属包厢里，观看穆里尼奥的皇马对阵巴塞罗那的最后一次胜利。第二天早上，他们相约一起去波尔图，和豪尔赫的朋友们共进晚餐。门德斯还是跟往常一样，手里拿着手机，耳朵上戴着耳机，脸上总是带着微笑。他说：“迭戈睡得很多，最好是不要打扰他。”他耐心地等着迭戈换下他的西装，到马德里宫殿酒店的招待处，司机正在门口等着，他们将要搭乘一辆商用车去机场，然后前往葡萄牙。

第二天，马拉多纳到了波尔图，豪尔赫的朋友们基本都在那儿。夜幕降临的时候，门德斯已经在一个迷人的地方准备好了晚餐。在到达晚宴地点之前，他处理完所有公事，还特意去问了马拉多纳，避免他在外旅行多日，没有准备充足的衣物。豪尔赫就是这样，总是非常关注细节。在外旅行数日，马拉多纳需要置办新的行李。所以他们在一家餐馆旁边的服装店停下：他得换套衣服，因为过几天在曼彻斯特（2013 年皇马欧冠四分之一决赛的对手）还有新的活动。

这是一家精心挑选的餐厅。豪尔赫强调说："这是最好的餐厅，你一生都没机会吃上几次。"在一个私人包厢里有14个餐车，颇有家庭气氛。马拉多纳向其他人做了正式的自我介绍，然后他们就开始斟酒。桌子上摆放着很多美味佳肴，有鱼有肉，肥美鲜嫩。这场宴会的"位置安排"是：马拉多纳（偶像）和豪尔赫·门德斯（经纪人）面对面坐着，门德斯的妻子坐在北侧靠左的位置。中间是布拉加竞技的主席安东尼奥·萨尔瓦多，还有其他人——豪尔赫的朋友们，一些有影响力的人，社会人士和热斯蒂夫特的工作人员。迭戈不知疲倦地讲着一个又一个故事，关于他的旅途、进球、比赛、菲德尔·卡斯特罗、切·格瓦拉、皇家马德里、梅西、C罗、穆里尼奥、阿奎罗。当然也不乏对他的小孙子本杰明的赞美，迭戈把本杰明文在自己的前臂上，他总是不知疲倦"炫耀"他："本杰明很特别。他才两岁就能那样带球，这很不寻常。对他来说，不是梅西，不是他父亲，他的爷爷才是最好的。"这个阿根廷人一边擦嘴一边说。

在座的其他人，看着面前童年的偶像，一个个都听着"茸毛"的故事入了神。他们不想遗漏任何细节。就好像一个政治家赠予追随者们梦想一样。作为一个讲述者马拉多纳也是独一无二的，就跟他拥有上帝的左手一样。他的声音很有磁性，语言不是问题。他的听众都是说葡萄牙语的，但是马拉多纳的语言世界通用。他偶尔带点儿讥讽的玩笑，会逗得门德斯哈哈大笑。整夜他们都欢笑不止，马拉多纳不停地跟大家签名合影。

网球

晚餐的最后要上一些甜品。有人提议玩个游戏，于是就在桌上摆了一个网球。豪尔赫拿起网球，向马拉多纳提出了挑战，他把网球放在额头上，试图让它停留尽可能长的时间。门德斯和马拉多纳之间产生了一种新的关系，那就是挑战。马拉多纳也发现他这位朋友跟他以前接触过的经纪人都不一样，不管是科波拉还是曼库索——这两位阿根廷经纪人，都在马拉多纳职业生涯的巅峰期利用了他。“他们不停地批评我，最后夺走了我的一切，曼库索还把我卖给了外国人。”马拉多纳说，“失去了我的朋友吉列尔莫·科波拉，无疑是对我的当头棒喝。我发现豪尔赫会在中场把球停下，然后会做出正确的决定，他知道要怎么做。所以每当我需要做什么决定的时候，就会给他打电话。但是豪尔赫一分钟内可能有成百上千个电话，有时候能打进去，有时候打不进去，不过我依旧会像朋友一样征求他的意见。”

晚餐和游戏都结束了，豪尔赫说：“迭戈，唱一下你的歌如何？”这时候大家纷纷举杯邀请马拉多纳高歌一曲，他被酒杯围绕。手机和平板电脑纷纷亮起，大家都想要记录下马拉多纳担任主角的另外一个时刻。他用沙哑的嗓音，唱了这首歌献给豪尔赫·门德斯：

他出生在乡村农舍，这是上帝的意愿
用一种谦卑的方式，成长和生活
去面对逆境
用满腔热情去赢得生活中每一个阶段的胜利
在足球场上，他向我们展示了一个永恒难忘的左手
这是用他的全部经历和一腔雄心来创造的
从一个小洋葱头（指小孩）开始，他就梦想驰骋在世界杯的赛场
为夺取第一个世界冠军而奋战
也许，足球，是他能帮助全家唯一的方式
初次亮相在足球场上
“马拉多纳，马拉多纳”
博卡青年队的球迷喊着你的名字

“马拉多纳，马拉多纳”
对成功的梦想，还只充斥着模糊不清的目标
人们在歌唱：“马拉多纳，马拉多纳”
为人们带来喜悦，为这片土地带来光荣

“你是上帝，然后我才是神”

豪尔赫对他的球员就像自己的家人。所有人都喜欢豪尔赫，他善于倾听，又能够在合适的时间说合适的话。他曾经跟我说过：“你是上帝，然后我才是神。”因为比起门德斯，我让更多人开心，我比他更接近上帝，我进的球要比他多。

以前的马拉多纳谁的话都听不进去，但是新的马拉多纳愿意跟天上的母亲还有女儿们保证，再不做那些坏事。我也是这么跟豪尔赫说的。现在，我每天早上起来后都会给他打电话，豪尔赫跟我说，以前我身边的人对我都没有益处，只有我自己抱着那样的幻想。这些事情豪尔赫都会跟你说，他反对那样的交际。因为他一直在往前走。

在足球世界里，有些事是你应该做的，有些事是你不能做的。豪尔赫看问题的角度跟我一样，所以我们对于很多事情的看法是一致的。他明白一个人要怎样才能走向管理层，而我知道怎么从一个球童，成为一个运动员、教练最后成为一家俱乐部的主席。

他的妻子为他的生日制作了DVD，他完全不知道这件事，看到DVD的时候他竟然掉下了眼泪。里头有一些我在那不勒斯和阿根廷的照片，我曾经告诉他：我们最终会成为朋友，走着瞧，豪尔赫！祝你生日快乐！这次生日我缺席了，但是从现在起，我不会再错过。我的母亲在天上注视着我，豪尔赫，他帮助我重回正途，这是最重要的。

我在豪尔赫人生中最好的时光里认识了他。以前，豪尔赫过得并不容易，不过足球世界里没人过得轻松。现在豪尔赫应该为这本书感到开心，为我能够设身处地为他着想而开心，为穆里尼奥打败了强大的巴塞罗那而开心。

切·格瓦拉说：我们应该奋斗，直到获得永远的胜利。

迭戈·阿曼多·马拉多纳

西装领带——经纪人的样子

C 罗："有些事情，他比我优秀得多。"

有很多跟形象有关的话题：好的形象胜过千言万语，我们的形象就是介绍信，第一印象往往是决定事情成败的关键。这些是在生意世界里经常听到的话。毫无疑问，形象非常重要，具有独特的作用。但是有时候，没有内涵就不会有好的外表，外在条件很难改变一个人的内涵。虽然外表能够迷惑跟你对话的人，但是有些看不到的东西要比外表更为重要。我们说的就是魅力。豪尔赫·门德斯从孩童时期起就很有魅力，今天，不管是他的外貌还是他的内在依然保持着同样的魅力。他的外表，我们可以说是无可挑剔的。这个经纪人能够经得住时间的考验，主要是他一直拥有一个关键因素：人性。

门德斯小时候有一群朋友，其中有一些年纪比较大的孩子。他们有些人认为门德斯比他们小得多，但是这一点对于卡巴纳斯，也就是豪尔赫来说，没有任何影响。"豪尔赫是最早把头发留长的，一两年后，大家都开始模仿他，把头发也留长了。"门德斯的一个朋友埃尼奥回忆道。

生活中，很少看到他穿别的衣服，永远是西装、领带、背心和皮鞋。完美结合，无可挑剔。

他年轻时的朋友说："他总是穿着整洁，裤子、运动衫一尘不染，他很注意自己的形象，总是保持完美。"对他来说，外表也是很重要的，所以他总是在百忙之中还抽出时间去锻炼，就是为了保持体形，他的爱好之一是跑步，有时也会去游泳。保持体形是他一直坚持的事情，他基本上每天都去他朋友卡洛斯·拉亚·布加斯的健身房锻炼。“我们会锻炼肌肉，他会向我要一些乳制品让他更强壮，因为当时他还小。”布加斯一边说一边张开双臂。门德斯假装发怒打了他一拳，那一拳可够重的：“那时候，布加斯就是施瓦辛格，他的健身房就像是一个果园，中间放着四五样东西，可能就差两个西瓜了。我一般不吃蛋白类的食物，可能有时候会吃一些。但是布加斯总会让我吃，他说这些是从美国进口的，我敢保证他一定被人骗了，这就是本地货。”

和C罗“竞争”

C罗是个渴望竞争的物种，他总是想要跟别人比出个高下。

“有一些事情，他比我更优秀，虽然这种情况很少见。他没什么特别的优点，他是个不错的运动员，肺活量很好，也擅长跑步。虽然有点儿‘老了’，但是也还不错。”C罗想着门德斯听到这些话时的表情，情不自禁地笑了起来。豪尔赫听到了这些话，他回答道：“在你40岁前你是不会退役的，所以11年后，当你有点儿‘老了’的时候，你就得贴着诺罗尼亚医生给你开的药膏，拄着拐杖才能走路。腰酸腿疼、十分疲劳的你再也踢不动球了。”豪尔赫也笑了。我们问豪尔赫·门德斯，C罗是不是像他的儿子一样，他很快就回答了我们：“是的，他就像我的孩子，对我来说是个很特殊的人。”

他们经常拿对方的穿着开玩笑。有一件趣事是发生在门德斯和诺罗尼亚医生之间的，那是在皇马的一场比赛之后，他们在俱乐部里。“豪尔赫是个很喜欢开玩笑的人，世界上这样的人并不多，你可以跟他开很多玩笑，而且他不会生气。比如拿他的头发或者鞋开玩笑：‘今天好多了，虽然有点儿不像你，但是好多了。’我记得有一次在伯纳乌，欧冠比赛之后，我们下去找穆里尼奥。我穿了一条带条纹的裤子，豪尔赫说：‘看看这儿，你是卖雪糕的吗？感觉这里是个海边的小商店。’我很喜欢豪尔赫这一点，他喜欢开玩笑，而且不会把玩笑开得过火。他戏弄你，但是也接受你开他玩笑。他不会生气，他是那样平易近人。”

门德斯的理发师

事实上，豪尔赫·门德斯能够很放心地把自己的脑袋交给米盖尔·谢罗，他是C罗的理发师。“我通过C罗认识了门德斯。我很喜欢他的风格、他的形象，穿着一身前卫的西装，非常优雅特别，总是那么完美无瑕。”这个发型师经常跟门德斯接触，他开始研究起他的外形，“豪尔赫是个很职业的人，从他的形象就可以看出来，他喜欢无可挑剔的打扮。要帮他剪头发，可得花不少工夫得到他的信任。我为C罗剪了很多年的头发，坦白说，第一次给豪尔赫剪头发时，我花了不少时间适应。他很快就发觉了，然后跟我说：‘我想让你知道，我不是足球运动员。’门德斯只让我帮他修了一下两鬓的胡须，我从一边开始修，他一直拿着一面镜子在看着。我给他修好了另外一边，他跟我说，可以帮他剪头发了。这样我就有机会给他设计一个发型。后面剪短，中间头顶的地方到脖子这一段稍微长一些，这样可以让中间和两边很好地衔接起来。”米盖尔为他剪头发时，门德斯一直在打电话。“这很正常。他是世界上最好的经纪人，他拥有来自很多国家的球员，他们随时会给他打电话。这是他工作的道具，就像剪刀之于我一样。”尽管在剪头发，门德斯的耳朵上仍然戴着耳机。“我经常得做手势，让他换一下，好剪另外一边的头发。他也有在iPad上阅读足球新闻的习惯。”

门德斯别无其他——足球与音乐而已

纳迪尔："因为豪尔赫，我才认识弗洛伦蒂诺，第十一冠的主题曲才能变成现实。"

除了足球，音乐是门德斯的另外一大爱好。他最喜欢的青年乐队是杜兰杜兰乐队，豪尔赫会模仿他的偶像西蒙·勒邦唱歌，之后他开始喜欢皇后乐队，还有一些英伦摇滚乐队，比如马克·诺夫勒的恐怖海峡乐队，《波动的苏丹》这首歌门德斯百听不厌。了解门德斯的人都知道，他真的喜欢摇滚。不过不管是什么形式的音乐，门德斯都无比喜爱，比如说瓦尔加的音乐。豪尔赫很少在家里看电视，如果他看电视，就是看足球比赛，或者一些播放音乐视频的体育频道。他喜欢听各种类型的音乐，还会伴着音乐跟他的孩子们一起跳舞。也许就是因为这些，豪尔赫·门德斯才会通过热斯蒂夫特和北极星跟创新艺人经纪公司的体育部门合作，这是一家美国的公司，旗下有大卫·贝克汉姆这样的球员，也有很多美国的明星，比如汤姆·克鲁斯、阿尔·帕西诺、罗伯特·德尼罗、布拉德·皮特、安东尼奥·班德拉斯、威尔·史密斯和茱莉亚·罗伯茨等。

纳迪尔，马德里圣歌

你们知道是豪尔赫·门德斯让皇家马德里的球迷们听到了第十一冠的主题曲吗？是的，就是那首大合唱："前进马德里……义无反顾！"一切都开始于蒙特卡洛的一个叫萨斯咖啡的地方，那个地方聚集了世界各地的音乐人。一天晚上，纳迪尔（可能他的艺名 Red One 更为大家所熟知）去了那家咖啡馆，纳迪尔是 Lady Gaga、詹妮弗·洛佩斯、皮普保罗、基卡和马克·安东尼的音乐制作人。那天晚上这家咖啡馆举办了一个会员舞会，大家都在讨论一个话题：足球。咖啡馆的主人打断了他们的谈话，跟纳迪尔说："你一定要认识一下豪尔赫·门德斯。C 罗才 17 岁的时候，他就跟我说，这个小伙子会成为世界上最好的球员。"纳迪尔是这个葡萄牙球员的粉丝，他想都没想就接受了朋友的邀请，去马德里见了世界上最好的经纪人。"豪尔赫当时就邀请我去看了一场欧冠比赛，是皇家马德里对阵 AC 米兰。"2009 年 10 月 2 日，纳迪尔开始书写人生中的新乐章。他在音乐上获得了一切，现在他又接触到了另外一个让他心驰神往的领域，那就是足球。"门德斯从一开始就非常友好。他对客人非常友好，有很多人在场，但是他没有怠慢任何一个。那些晚上是历史性的，值得我一辈子铭记。通过豪尔赫·门德斯你可以认识所有人，他是一个令人难以置信的人，让你不得不爱他。"从那时起纳迪尔认识了很多人，比如 C 罗、阿尔·赫莱菲、米盖尔·安赫尔·吉尔以及林荣福。这些人也在某种程度上影响了他的职业道路。这个音乐制作人非常形象地形容了豪尔赫·门德斯："豪尔赫就像一个呼叫中心。"他笑着说："门德斯会为你鞠躬尽瘁，你需要的任何东西他都会给你。如果你有什么需要，他认识合适的人，他会让你跟那个人取得联系，这样就可以解决问题了。豪尔赫一生都在帮助别人。"

豪尔赫·门德斯为他做的另外一件事就是帮他打开了皇家马德里的大门。纳迪尔觉得门德斯和奥索里奥律师是他的家人，他们一起吃了顿饭，门德斯鼓励他把计划告诉皇家马德里。歌曲已经差不多写完了，只需要皇马官方认可。"在皇家马德里把我的歌用作十一冠主题曲这件事上，奥索里奥和门德斯给了我很多帮助。他们让我到皇家马德里，我认识了何塞·安赫尔·桑切斯还有弗洛伦蒂诺·佩雷斯，跟他们讨论了我的作品。豪尔赫安排了一个晚宴，宴会上我跟他们说了我的故事，我是一个皇马的死忠球迷。感谢他们所有人，让我实现了梦想。"

纳迪尔的故事跟豪尔赫·`门德斯的很像，他们都凭借自己的努力获得了成功。"我们两个都受到了梦想的指引，有激情，有抗争，当然也有低谷。我们并非出身显贵，生来就拥有一切，我们一开始都是一无所有的，而今天的成就全是自己一手创造的，是通过多年的工作和努力获得的。对于我来说，与豪尔赫的友谊是一辈子的。”

最好地诠释门德斯人生的歌曲：我们是冠军……我的朋友

我们问纳迪尔，门德斯对于音乐的喜好是怎么样的。他想都没想就告诉了我们：“门德斯尤其喜欢20世纪80年代的摇滚乐。所有跟那个年代相关的音乐他都喜欢。虽然……”他又一次笑了起来，“他也喜欢重金属。”如果有一天能跟门德斯一起在体育场上拍一段MV，他会非常高兴。“不管是什么主题的摇滚，都会让他不由自主地跟着唱起来。”尽管如此，我们问他认为哪首歌最能够诠释豪尔赫·门德斯的这一生呢？他说：“我觉得门德斯的生命给人一种能量，所以皇后乐队的《我们是冠军》会很适合他。因为豪尔赫是所有人的朋友，特别是他的球员们。”那如果是给门德斯写的歌曲，会以什么作为题目？“他的歌会叫作《无限的爱》，因为门德斯爱着全世界。”

我们问豪尔赫·门德斯本人的时候，发现他很喜欢弗兰克·西纳特拉的《我的人生》，因为他总觉得这首歌描述的就是他自己的人生——用汗水堆积起来的一生，用自己的方式走出来的一生。

我的人生曾经艰难
走过世上所有的路
尽管如此
我还一直坚持自己

在娱乐圈里我认识很多人，认识了豪尔赫·门德斯之后，我在足球界结识了很多伟大的朋友，这也是我的梦想。门德斯帮助我实现了梦想。很多人会忘记一些小细节，但是豪尔赫从来不会。

——红色乐队音乐制作人

秘诀 10　爱心

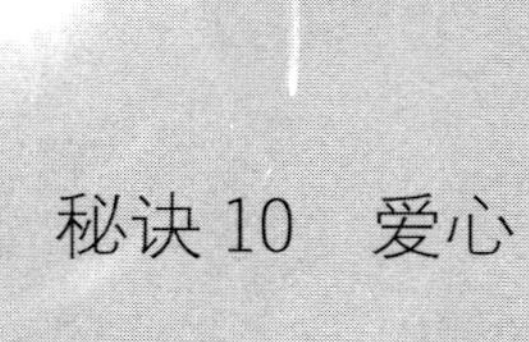

要跟球员成为朋友，得有爱心。没有爱心，一切都免谈。

——豪尔赫·门德斯

Com o troféu Globe Soccer atribuído ao melhor agente do ano.

十六　团结

“豪尔赫很有爱心。”

豪尔赫会捐助那些需要帮助的团体和个人，但是他不是那种喜欢把这些事公开的人。然而，这是这个经纪人很有趣的一面，这说明豪尔赫·门德斯是个很感性的人，他会为别人遇到的困难而担心。每个星期，热斯蒂夫特的公共邮箱都会收到数以千计的邮件。有请求帮助的，也有球员报价，还会有些不能实现的请求。就是这样，豪尔赫总是会对他遇到的人摆出很友好的姿态。他公司的一个工作人员曼努埃拉·布兰当跟我们说了一些事情：“豪尔赫还有另一面，比如说，他去一家餐馆吃饭，他对一个70多岁还在工作的老人家很亲切。豪尔赫跟他说：‘你应该休息，不应该在这儿工作，你现在应该享受生活。’豪尔赫给了他很多小费，还有一张波尔图比赛的门票。那儿总有一些人会把足球视作自己的生命。”另一件事是他曾帮助过一个智力有缺陷的小女孩儿。“他很有爱心，当女孩儿的母亲来求助时，豪尔赫问我这是不是真的，我跟门德斯的摄影师豪尔赫·蒙泰罗一起去核实情况。证实是真的之后，豪尔赫帮助了她们。”门德斯为她们买了一些日常生活需要的家具。

何塞·卡洛斯·诺罗尼亚——健康第一

“要达到巅峰，光有生意是不够的。”

如果有人的膝盖受了很严重的伤，那他就会被送到他们这里。何塞·卡洛斯·诺罗尼亚医生，如今已是医学界的权威，他是豪尔赫·门德斯的助手，帮助他解决球员的伤病问题。这个“神奇的医生”，当豪尔赫麾下的球员受伤时，他就成了救世主。他治愈过很多巨星，比如德科、西芒、丹尼、佩佩、法尔考。他是运动伤害方面的专家，而且他曾经撰写过很多关于“膝盖内外的十字韧带”的著作。这个在波尔图工作的专家获得过葡萄牙很多奖项。他的一生都在不断地研究、学习、写作、手术，在世界范围内参与了无数研讨会，为很多俱乐部工作，甚至曾为穆里尼奥工作过。2010 年，这个令人尊敬的医生，凭借他在骨科领域做出的贡献，获得了葡萄牙的嘉奖。他跟门德斯 11 年前就认识了，多年来积累的经验，也让门德斯对他信赖有加。他的双手帮助过很多受过重伤的球员，甚至 C 罗受伤时，都决定让诺罗尼亚医生为他治疗。

2003 年 12 月，我结识了豪尔赫·门德斯。我刚给塞萨尔·肖托做完手术，几周之后又给德尔雷做了手术。他们都是外侧十字韧带撕裂，同是波尔图的球员，豪尔赫·门德斯则是他俩的经纪人。最开始我和豪尔赫联系的时候，我觉得他是个反应很快、很仔细的人，他做事的方式非常严谨，让人感到放心。他非常关心球员的恢复情况，一般来说经纪人只会担心球员的前途，很多情况下，这种伤病对于竞技状态会产生极大的影响，甚至会导致球员生涯的结束。但是豪尔赫·门德斯依然像家人一样照顾他们，很多时候，尤其对于运动员来讲，他们会很依赖家人。另一方面，家人的健康对于球员的稳定发挥至关重要。球员的家人一旦出现问题，他们的状态也会受到很大的影响。我们经历过一些这样的事情，下面会举几个例子，以便从中了解豪尔赫是如何照料他的球员和他们的家人的，这是他获得事业成功的重要因素。

蒂亚戈·席尔瓦是个值得我们注意的球员，他是世界上最好的球员之一，现在效力于巴黎圣日耳曼俱乐部。2005 年 9 月的一天，当时席尔瓦在莫斯科肺结核第七医院就诊，豪尔赫·门德斯打电话问我他的手术完成了没有，不过手术时间是在隔天。蒂亚戈·席尔瓦当时只有 20 岁。我跟豪尔赫坦白，治疗席尔瓦的医生并不是我，我马上联系了拉马略·德阿尔梅达医生，他几乎对这次治疗一无所知。2005 年 9 月 5 日，蒂亚戈决定提出转院申请，9 日就到达葡萄牙，过去的 5 个月零 22 天他都是在莫斯科度过的。豪尔赫给我打电话说，这个球员本来隔天就要进行手术了，但是好在豪尔赫成功联系上了他，给他订了机票即刻返回葡萄牙。好多次他都没法联系上席尔瓦，因为他在接受治疗。门德斯很担心，最后席尔瓦还是接了电话。如果当时门德斯没有把席尔瓦送回葡萄牙接受治疗，他今天就不能继续踢球了。拉马略医生看到治疗方案的时候非常“震惊”，上面有大量没有效果的药物，很可能会造成药物中毒，最后酿成悲剧。后来我们重新展开了治疗，球员居住在马托西纽什，进行持续的药物控制。有趣的是，从 2005 年 10 月中旬开始，席尔瓦来到葡萄牙接受治疗之后，在合理控制的情况下，他已经可以开始跑步和踢球了。

3 个月之后，治疗效果很理想，蒂亚戈要求回到他自己的国家——巴西，弗拉加医生和西斯特罗医生按照拉马略·德阿尔梅达医生的治疗方案，继续对蒂亚戈进行治疗。几个月后，蒂亚戈·席尔瓦已经在弗鲁米嫩塞踢球了，后来他转会到了 AC 米兰，之后巴萨这样的俱乐部对他表示了兴趣，不过他现在效力于巴黎圣日耳曼。这是一个多么出色的球员！这些转会的顺利进行，跟医生提供的信息息息相关。

这件事充分说明了，豪尔赫·门德斯参与某些事情，会对它造成决定性的影响。这只是他影响足球世界的案例之一，同时也是一次至关重要的治疗，他几乎决定了这个运动员的职业生涯。这也是专门研究肺病的医生——拉马略·德阿尔梅达的一次成功，蒂亚戈·席尔瓦和热斯蒂夫特非常感谢他。从此席尔瓦和拉马略医生建立起了深厚的友谊，他们经常打电话交流，席尔瓦还曾邀请医生去看他的比赛。

2011年，豪尔赫·门德斯去曼彻斯特看望纳尼，因为他的状态很差，心情非常郁闷。门德斯发现，让纳尼忧心的是他远在里斯本的哥哥的病——睾丸肿瘤。他打电话给我咨询我的看法，跟我说如果必要的话，那天下午他就会让纳尼的哥哥到波尔图来接受检查。我想到了泌尿科专家林多罗医生，我问他能否去看一下这个病人。那天他刚好开始休假，不过他非常愿意帮忙，下午他就赶来看望病人。在波尔图，由坎波斯·科斯塔医生为纳尼的哥哥进行了计算机断层扫描，观察肿瘤是否发生了转移并且检查肿瘤目前的状况。豪尔赫·门德斯请求若奥·卡马乔送病人去波尔图，去找林多罗医生拿检查结果。在检查结果出来之后，病人还做了一系列的检查，最后林多罗医生得出了结论：并不是癌症，只是附睾腺出现了炎症。他打电话给豪尔赫·门德斯，对方还在曼彻斯特，门德斯把这个消息告诉了纳尼，他恢复了平静，重新投入到了训练当中。

有一天下午我正在等博辛瓦过来，他当时效力于切尔西，但是膝盖受了重伤。他即将转会去博阿维斯塔，所以他要过来检查一下膝盖。这个时候，我接到了门德斯的电话，他说C罗最近一直在为他母亲的身体状况担忧。我和C罗通话后，他告诉我他的母亲患了甲状腺癌。我问他是在哪里诊断出来的，他说是在马德拉岛上。我毫不犹豫地建议他们去找何塞·特谢拉·戈梅斯医生，他是岛上知名的病理学专家。很快C罗问我是否可以当天就去咨询他，他的母亲正在赶往波尔图的飞机上，随时都可以去见那个医生。就这样在当天下午6点左右，多洛雷斯·阿维罗女士到达了特谢拉·戈梅斯医生的办公室。最后的结果让大家松了一口气：并不是肿瘤，但是甲状腺出现了功能障碍，可以靠药物解决。

以上是豪尔赫·门德斯关注球员及其家人身体健康的事例，它们说明了一件事情：要到达事业的巅峰，只有生意，签下很多的球员是不够的，还需要给球员的家庭以无条件的支持。豪尔赫·门德斯不仅是个生意人，还拥有非常善良崇高的品质。我还记得一些事情可以证明这个观点。

加纳利群岛的小男孩儿

2011年，豪尔赫·门德斯打电话给我，跟我说了一个男孩子的事情，他只有10岁左右，患了脑肿瘤，现在肿瘤已经发生了转移，他想要见见C罗。这个孩子只能坐在轮椅上。豪尔赫和C罗决定让这个孩子乘坐航班去马德里，去伯纳乌球场跟C罗共度一些时光。他们拍了很多照片也录制了一些视频。不仅如此，他们还决定让这个孩子在马德里接受特殊治疗，他们请求我和我的医疗团队为他治疗。这个男孩儿虽然遭受了如此的不幸，却也得到了极大的光荣。

我自己也是豪尔赫和C罗的善心的受益者。4年前，我的父母住在阿尔瓦伦加–阿罗卡，那里正在筹建一所养老院。我们遇到了很多困难，但是一些朋友帮助了我们，让情况得以改善。没有豪尔赫和C罗的帮助，我们就没法修建起一座能够容纳将近50名老人的养老院。那里的居民，包括我，都非常感谢他们。

然而，豪尔赫·门德斯做的不仅仅是这些，热斯蒂夫特每年都会为他的员工和合作伙伴组织一次圣诞晚宴。2012年，在舒适的费雷拉餐厅举办了晚宴，圣诞气氛很浓，大家都很开心。豪尔赫问我要怎样才能让热斯蒂夫特在体育事业上发展得更好。作为一个医生，我推测他指的是与运动医疗相关的事情。经过交谈，我们得出了最后的结论，我们应该出一本运动中常见伤病的书籍，主题就是十字韧带。就这样诞生了一本书，将近300页，只针对十字韧带，并且有葡萄牙语和英语两种版本。它的意图是要尽量避免这类伤病的发生，并且让伤者在术后得到更好的恢复。

正是这样的态度、智慧的视角让豪尔赫·门德斯站在了今天的位置上。最近他被推选为足球界最有影响力的第五大人物，也是体育行业最大经纪公司的所有者。热斯蒂夫特是一个值得研究的案例，这个稀有的案例中包含了智慧、谨慎、效率和善良。豪尔赫和C罗一样，两个人都是不断向上的人。我想如果这个世界上没有极限，那么我也不知道他们能够到达怎样的高度，因为很久以前他们已经超越了阿尔卑斯山了。

祝福你，豪尔赫！

何塞·卡洛斯·诺罗尼亚

波兰男孩儿

“C罗进球时，大卫在病床上醒来。”

——米哈尔·伍德金斯，《事实日报》

这是13岁的波兰男孩儿大卫的故事，他是C罗最忠实的粉丝，他总是梦想着能够见到自己的偶像。最后，门德斯和他的热斯蒂夫特团队让他的梦想成真。但是在此之前，这个小男孩儿身上发生了很可怕的事情。

2013年的夏天，大卫在他家门外的街上骑着自行车，这个小镇里的居民只有2000人左右，很少能看到路上有很多的车。一个阳光明媚的下午，大卫在穿过街道时，被一个女人驾驶的汽车迎面撞上，他飞出了很远的一段距离，落地时已经失去了知觉，当时两个急救团队都无能为力。在他被直升机转移去医院之前，医生告诉他的父母要做好最坏的打算。大卫的状态非常危急。他的颚部和五根肋骨都断裂了，他掉了很多牙齿，手臂骨折。大卫处于昏迷状态，奄奄一息。45 天后，他被从兹维耶克转移到另一家在巴索维亚的医院。在病房里，“红色警报”一直响着，这是为了帮助那些像大卫这样，遭受重大事故的受害者。这个孩子的父亲想出了一个听起来有点儿奇怪的主意。他从家里把男孩儿最喜欢的皇马球衣带到了医院，还有他房间里一大堆 C 罗的海报。

有一天，他的父母给他戴上了耳机，让他收听皇马对阵莱万特的比赛。几天后他们让他收听了葡萄牙和瑞典的比赛。这样的办法似乎对他的伤情没有帮助。11 月 8 日，令人惊喜的事情发生了，大卫在车祸后第一次睁开了眼睛。刚醒来的时候，他无法正常表达，他向他母亲要了一张纸，写下了“母亲，我爱你”，看到他写的这几个单词，他的父母不禁潸然泪下。对于他的母亲来说，这是个令人动容的时刻，为了这一刻她已经等了不知道多少个日夜。她很开心，因为大卫在 4 个月后，可以出院回家过圣诞节了。

当我听到这个故事时，我感到难以置信，也非常感动。所以我决定跟豪尔赫·门德斯和他的公司热斯蒂夫特取得联系。我告诉了他大卫的故事，同时把这篇文章发到了葡萄牙的《事实日报》，我想象着大卫在现场观看皇家马德里比赛的场景。一天后，我得到了热斯蒂夫特的回复，邀请大卫全家前往西班牙首都。我不敢相信，大卫真的要见到 C 罗了，在车祸前这是他最大的梦想。这个男孩子不知道多少次请求他父母带他去现场看他的偶像，这是他们的家庭从未有过的一次旅行。现在他们不用为任何事情担心，不用顾虑任何花销，因为豪尔赫·门德斯和 C 罗帮他们支付了来回的机票和旅馆的费用。他们唯一要考虑的就是拿到他们的护照并且准备好人生的第一次飞行。我给大卫的母亲打电话告诉她这个好消息的时候，她正准备去教堂做礼拜。对她来说，C 罗和他的经纪人的做法实在是不可思议，直到从华沙飞往马德里巴拉哈斯机场的飞机降落，她才敢相信这一切。那一刻她儿子的梦想实现了。

从一开始，热斯蒂夫特的员工迎接大卫一家的方式就让人印象深刻。他们让大卫在伯纳乌观看皇家马德里与多特蒙德的欧冠四分之一决赛，在 VIP 区看到 C 罗取得进球的感受难以言表。大卫高兴极了，从比赛开始一直到结束，他笑得合不拢嘴。半个小时后，大卫将要实现另外一个梦想，他迎来了见到 C 罗的独一无二的机会，他还送给罗纳尔多一条波兰的红白围巾。在此之前，C 罗就像抱一只泰迪熊一样把大卫揽在怀里。

在那个特殊的时刻，我们很惊讶 C 罗对这个小男孩儿的事了如指掌，我们都不需要为他解释任何事情。他很有耐心也不着急离开，跟大卫的家人聊着天，之后他把当天比赛的球衣送给了大卫。“我要把它装进相框里，挂在墙上。”小男孩儿跟 C 罗保证。出乎我们意料的是，C 罗邀请大卫去看另一场皇马的比赛，他又可以再次见到自己的偶像了。大卫还可以见到另一位巨星——科恩特朗，他是 C 罗的好兄弟。我必须承认，他的做法让我非常感动，我甚至流下了眼泪。

豪尔赫 · 门德斯邀请大卫去参加一个晚宴，出席宴会的都是门德斯最亲近的朋友们：哥伦比亚人拉达梅尔 · 法尔考、皇马的主席弗洛伦蒂诺 · 佩雷斯（他也拥抱了大卫）。出席宴会的所有人都很关心大卫的健康状况、他的医疗情况，还有他的家庭、他的未来。回到家里后，大卫收到了来自西班牙的礼物：另一件印着 C 罗名字的皇马球衣。未来，我会一直记着这次我们和 C 罗的相遇。我不敢相信我们经历的事情，这是给予大卫力量最好的方式，给他以勇气继续治疗，马德里之行结束之后，他的母亲激动地几乎说不出话来。从那时起，就跟我们想的一样，大卫的小房间就像是一个小型的皇家马德里宫殿。这个世界上任何地方都没法再找到一个这样的C罗的粉丝了。现在如果有人跟我说奇迹是不存在的，我一定会跟他说：你对生活一无所知。

米哈尔·伍德金斯

博格诺沃——对抗渐冻人症

博格诺沃基金会，是一个为了对抗肌萎缩性脊髓侧索硬化症（英文简称ALS）的基金会，这种疾病也被称为渐冻人症，博格诺沃就是这种疾病的患者。患病之后，他开始呼吸困难，吐字不清，很快他便失去了控制自己手脚的能力。博格诺沃在病床上经历了这些苦难的日子，他挣扎着呼吸和吞咽。博格诺沃和外界唯一的联系，就是一台电脑，他用这样的方式对抗这个“魔鬼”，他是这么称呼这个疾病的。

如同我们所说，豪尔赫·门德斯是一个有能力把不同的人聚集在一起的人。得益于豪尔赫·门德斯在足球界的人脉，他能够跟所有人交流，不仅仅是为了生意，更是为了解决一些问题。就在那场皇马和多特蒙德的欧冠比赛中，也就是波兰男孩儿大卫来的那一次，他还邀请了很多人：胡伦·洛佩特吉、贝吉里斯坦、拉达梅尔·法尔考、林荣福和瓦季姆·瓦西里耶夫。这次聚会的目的并不是像在媒体面前说的那样，探讨拉达梅尔·法尔考的未来，而是要推荐尚达尔给他们认识，她是前米兰和佛罗伦萨前锋博格诺沃的遗孀，她来这儿是为了请求大家的帮助。豪尔赫·门德斯对于这种事情总是很上心。当天晚上C罗和尚达尔合影，通过社交网络把她的故事发布出去。尚达尔则送给他一本书作为回礼，书名是《天生射手》，这本书讲述的是前欧冠冠军的故事。这不是门德斯做的唯一一件事，他还向她保证，如果没有她，也不会有今天坐落在意大利科莫区的约翰·克鲁伊夫－斯特凡诺·博格诺沃球场，这座球场于2014年11月开放。

另外，当时还有许多相关的人士在场，豪尔赫·门德斯提议为这个疾病的研究募捐。为了使这次募捐活动受到更多人的关注，他们便开始了著名的“冰桶挑战”，这个挑战是为了给这个可怕的疾病募捐。门德斯是最早的一群把冰水从自己头上浇下去的人，之后他还邀请了摩纳哥球员若奥·穆蒂尼奥、他的朋友林荣福和巴黎圣日耳曼的主席纳赛尔·阿尔·赫莱菲参与这个挑战。

门德斯和博格诺沃

没有豪尔赫·门德斯，就不会有2014年11月在科莫区落成的约翰·克鲁伊夫－斯特凡诺·博格诺沃球场。多亏了他和林荣福的帮助，才能完成这个对于尚达尔和这个基金会意义重大的项目。克鲁伊夫是斯特凡诺最喜欢的球员，他总是想成为像克鲁伊夫那样的球员，他还在自己的书里专门设立了一个克鲁伊夫的章节。

我们认识豪尔赫·门德斯，是在2014年3月皇家马德里和巴塞罗那的国家德比之后的星期一。尚达尔和斯特凡诺·博格诺沃的好朋友卡尔洛·安切洛蒂约好了见面。坦诚地讲，在国家德比中，皇马3 ：4输给了巴萨，这场比赛让人感到惊讶，这样的结果让我们担心是否还能见到安切洛蒂。我们以为他应该会为这样的结果感到失落，也会受到来自媒体的很大压力（或者仅仅是输给巴塞罗那之后有很多工作得做）。出乎大家的意料，安切洛蒂还是来了，非常准时而且完全放松，在舞会上我们度过了一段很美好的时光。那天，到了半夜，豪尔赫·门德斯和林荣福才跟我们会合。

那个晚上我们玩得很开心，根据我们谈论的内容，豪尔赫、林荣福还有更多的人开始对斯特凡诺·博格诺沃基金会感兴趣。

一直到很晚的时候我们才离开，派对结束之后我们就决定要建立一个组织来对抗“渐冻人症”。所有人：卡尔洛、豪尔赫和林荣福。找到能够治愈“渐冻人症”的办法，无疑是我们最大的梦想。所以，一周之后，借由皇马与多特蒙德的欧冠四分之一决赛，我们又一次聚在一起。这次豪尔赫邀请我们去他家里，同时他找来了他旗下的球员们，开始跟大家解释这种疾病，希望能引起大家的重视。

比赛之后，豪尔赫向我们介绍了C罗，他当即就表示愿意帮助我们。隔天，C罗在他的脸书上贴出了他和豪尔赫与尚达尔的合照。当天晚上，我们就决定要建立一个专门对抗“渐冻人症”的公司，并且在更多球员的帮助下，我们从2014年就开始了这个项目。和豪尔赫、林荣福一起，我们想要让大家了解这个基金会，当然也是为了让更多的人了解这个疾病，从而加入我们的行列。

斯特凡诺·博格诺沃基金会

秘诀 11　责任感

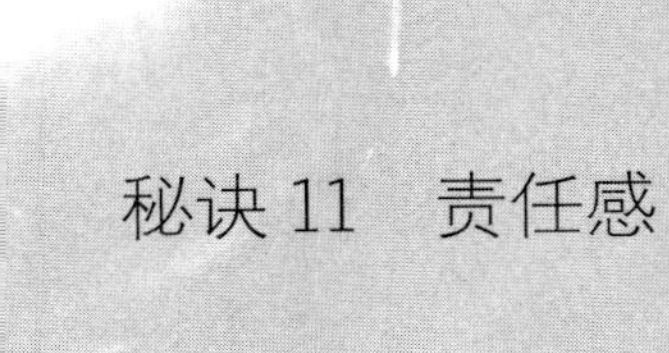

有责任感是对你的球员负责。比起我自己我更关心我身边的人。

——豪尔赫·门德斯

Com o troféu Globe Soccer
atribuído ao melhor agente do ano.

十七　奖杯

获奖的是——豪尔赫·门德斯。

豪尔赫·门德斯的柜台里展示着他作为足球经纪人的职业生涯中获得的各种各样的奖项，还有很多照片和裱在墙上的队服，这些东西记录着那些难忘又独一无二的时刻，他房间和办公室的每个角落都留存着他过去的痕迹。他总会接到电话，来询问他获得的各种各样的奖项，是如何获得的。但是门德斯可不这么想，他从没想过会有谁给他什么，一切都是他通过自己的工作热情赢得的，他获得的最大的奖励，就是他旗下的那些球员。不过在他作为国际足联经纪人的这两年里，他还是获得了很多的奖项，这些奖项都是对他工作的高度肯定。俱乐部、媒体、诸如“环球足球”的私人团体都曾对他予以过表彰，不过他获得的最特别的奖励，是葡萄牙政府为他颁发的体育功勋奖章。但是当我们问他哪个是他最中意的奖项时，他从来不说出具体的项目，他从不会认为哪个奖项高于其他，因为就像他的球员们一样。“对我来说，他们所有人都很重要。我没法告诉你是哪一个，所有的都很重要。”对于豪尔赫来说，他获得的每个奖项都占据着相同的地位，不论是最小的、最大的、最闪耀的还是说最具代表性的。在他的生命中，所有这些都很重要，尽管他不喜欢吹嘘，他曾努力工作获得了那么多的奖项，这个光芒足以掩盖一切。他没有上场踢球，但是他在场外取得了成功，他的成功就是他的球员的成功。

环球足球年度最佳经纪人

这个奖项创办于2010年，曾经有很多足球界的重要人物前往迪拜接受这个奖项，其中有俱乐部主席、经理、企业家，还有球员。C罗、法尔考、马拉多纳、德科、阿德里亚诺·加利亚尼、平托·达·科斯塔还有豪尔赫·门德斯自己都曾获得过这个奖项。这些人都会聚集在一块儿，参加一个热闹非凡的庆典，这个庆典融入了许多不同的文化元素，还有灯光表演，并围绕着一些建筑元素。作为世界上最富有、石油资源最丰富的国家之一，阿联酋的建筑都高耸入云。

那里总是聚集了很多足球界的好友。这个2010年创办的奖项，由恩利科和托马索·贝尔尼领导的联合通信公司发起。创办不久，它就在全球范围内产生了很大的影响。评委会每年都通过很严格、客观的程序评选出年度最佳球员、俱乐部和媒体，奖励他们的职业生涯、球队规划，当然也包括他们的经纪人。豪尔赫就是从那里走进大家的视线的，因为自从有了环球足球奖，门德斯作为金球奖最佳经纪人，就成了这个奖项的常客。通常由一些大企业家为他颁奖，比如荷兰人罗布扬森或者意大利人卡罗帕拉维奇诺。在2010—2013年，当然还有业务最兴旺的2014年，门德斯都获得了这个奖项。每年的圣诞期间，豪尔赫都会参加这些奖项的颁奖典礼，每年他都会听到发言人在台上宣布："获奖的是——豪尔赫·门德斯。"从2010年开始就一直是这样的。当获奖之后，豪尔赫·门德斯拿过奖杯，站在讲台上，他把他的这些荣誉献给了两个很特别的人："在我的生命中，这些日子非常艰难，因为我的母亲和我的哥哥都离我而去，他们对我来说非常非常重要。"说完这些话之后，他回顾了自己获得的奖项："很幸运，我能够拿到最佳经纪人奖，何塞·穆里尼奥则是最佳教练员，C罗，如大家所知，他一直都是最优秀的球员之一。"

还有另一个经常来迪拜领奖的经纪人，那就是意大利企业家乔瓦尼·布兰基尼，他是门德斯的好友，多年以前两人就已经相识。在布兰基尼的经纪人生涯中曾签下了不少著名的球员，尤其是两位巴西巨星罗纳尔多和罗马里奥。1994 年世界杯决赛中，首发上场的 22 名球员中，有 11 名是他旗下的球员。最近，他还完成了一次惊世骇俗的转会运作，将佩普·瓜迪奥拉转会到了拜仁慕尼黑。这个意大利人还是守门员西里古和意大利球员蒙托利沃的经纪人，他刚刚成功地把曼朱基齐转会至马德里竞技。“我和门德斯很久以前就认识了，因为我最开始进行的一次转会，就是要把葡萄牙球员乌戈·波费里奥带去英格兰。我们把他转会到了桑坦德竞技。从那时候起，我们的关系就很密切。对于他，我除了赞扬没有别的。他是一个非常敬业的经纪人，他配得上他获得过的所有成功，他从来不会丢失自己的原则：离开那些球员，我们一无是处。最重要的是，我们一起完成了很多重要的转会，互相尊重，我对我们之间的关系感到高兴。他也知道，我是一个真诚的朋友。”

罗布扬森是足球界最受尊敬和信任的经纪人之一，2012 年他获得了环球足球最佳经纪人生涯奖，那时候豪尔赫·门德斯也获奖了。而在欧洲经纪人协会的一次会议上，主席罗布扬森表达了他对与门德斯之间友情的赞美：“我们认识之初就有一种特别的友谊，它是通过我们的家庭建立的。豪尔赫是世界上最优秀的经纪人之一，我们互相尊重。”

备受媒体尊敬的国际足联经纪人罗布扬森，是职业经理人董事会成员。这是一个荷兰的经纪人组织，是一家创办了 25 年结构完整的机构，同时也是《体育推广》的创办者和发行者。罗布扬森麾下有很多世界巨星，有一些已经退役，比如丹尼斯·博格坎普、维姆·琼克、范德萨、菲利普·科库、库伊特、斯特克伦博格和克鲁伊维特。“我跟豪尔赫·门德斯的关系为何会如此密切，因为我们非常相似，在生意上我们频繁往来，我们和各自的家庭都有交流。豪尔赫和我能够明白对方的想法，我们以相同的方式理解足球。我们很习惯跟足球界的巨人合作，这件事并不简单，我们互相理解，互相信任，这点在经纪人世界非常难能可贵。”

信任源自于尊敬。他们会将职业和友谊分开看待。他们“从不同时参与或者干涉同一个运作，我不会参加他们的，他们也不会干涉我的。每年我们都会说很多次，当然我们会讨论一些可能性，可以肯定的是如果我们一起做某些事，我们一定能够做好，不过到目前为止还不需要这样”。他们思考问题的方式非常接近，也正是因为如此他们才能一直跻身于世界精英经纪人的行列。光有精力是不够的，要想成功还需要一些武器。“豪尔赫有无限的精力，这是他成功的关键所在。他有充沛的精力去应付他的工作，他能够百分之百投入到自己的工作中，他的知识帮助他实现了一些目标，他的人脉让他的工作锦上添花。豪尔赫的另外一个特质是，他非常清楚什么人值得他信任，什么人不值得。”罗布扬森说。

凶残的门德斯

环球足球和迪拜不会改变门德斯的生活，我们不知道门德斯有多喜欢开新年派对，但是我们知道2010年他生命中的某些东西发生了改变。为了让大家更了解经纪人这个职业，我们决定设置一个用来奖励经纪人的奖项，那改变了门德斯的生活。这是颁给经纪人的奖项，经纪人自己的金球奖。门德斯通过一系列的转会获得了这个奖项：C罗、穆里尼奥、法尔考、科斯塔还有很多很多巨星。他的影响不容忽视：2010年、2011年、2012年、2013年、2014年，获奖者都是门德斯。

何塞·穆里尼奥在他第一次获奖前夜接受采访时说：“环球足球奖是个很严肃的奖项，它只会有一个得主，那就是门德斯。”是的，凶残的门德斯囊括了这些奖项。他总会把新年派对开到阿联酋来，带上他的一众好友：穆里尼奥、法尔考、C罗。我们不知道在门德斯的职业生涯中，还能获得多少次这个奖项，但是毫无疑问他创造的纪录前无古人，后也难有来者。现在我们正在筹备着下次环球足球奖，我想很快我们又能再次见到那个神奇的家庭了。

环球足球奖组织者：托马索·贝尔尼

体育功勋奖章

在迪拜，豪尔赫·门德斯每年都拿到了最佳经纪人奖，所以葡萄牙政府做出了相同的决定并不是偶然。2012 年 5 月，葡萄牙政府授予了这个经纪人一个特别的、独一无二的奖章：体育功勋奖章。作为葡萄牙的公民，豪尔赫把它戴在胸前，作为一项特殊的荣誉。这个奖章是政府用来奖励那些在国外对葡萄牙体育事业有重大贡献的人，获得这个奖章意味着你拥有过人的才能。换句话说，门德斯通过他的经纪公司热斯蒂夫特改善了葡萄牙的国家形象，促进了国家的经济增长，也为葡萄牙的足球运动员提供了更多的机会。葡萄牙政府向豪尔赫授予奖章那天，他的家人陪在他身边，当然还有他的朋友们。他的谦逊让大家钦佩，他的泪水在眼眶里打转。“我是一个谦虚的人，不过当你停下来想想，那真是个令人骄傲的时刻。我的家人在我身边，他们一直支持着我，那是个很打动人心的时刻，我的人生中很少有那样的时候，我会回首往事。我总是想着未来我要做的事情，不知不觉间你经历了很多事情，但是你只想着以后、未来。在那个时候，我有一种感觉，想回忆一下过去。”这是豪尔赫·门德斯回忆起当时的场景时说的话，是他的球员为他带来的这份荣耀，有些球员早前还参加了门德斯在里斯本第波里酒店举办的庆祝会。

豪尔赫·门德斯在运动世界里得到的仅仅是很小的一部分，他更是一个值得追随的模范和榜样，他为他的国家葡萄牙做了很多贡献。议会事务部长米盖尔·雷尔瓦斯非常敬佩豪尔赫·门德斯，他将勋章授予了门德斯，并高度地赞扬他是一个“对葡萄牙国家的体育事业发展有着重大贡献、给予了葡萄牙运动员极大帮助的人”。雷尔瓦斯说：“每个人都很佩服他，他是体育界最成功的商人。”

接受本书采访的很多人都不停地重复着，门德斯为葡萄牙所做的一切，他们认为政府应该给他最高级别的奖励，甚至“为他树一座纪念碑”。比如葡萄牙国家队的队员布鲁诺·阿尔维斯，如今他在土耳其甲级联赛的费内巴切踢球，他说：“他总是能够做得更多，在葡萄牙经济形势非常困难的时候，豪尔赫为葡萄牙做出了很大的贡献。他刺激了资金融入国内，也让葡萄牙的足球取得了进步，改善了很多人的生活。他是葡萄牙最著名的人，家喻户晓。他总是跟别人做不一样的事，他有很多优点。”

布拉加竞技的主席安东尼·萨尔瓦多是豪尔赫·门德斯的挚友，他这么评价门德斯：“他是世界上最优秀的经纪人，前无古人。他是葡萄牙最大的‘出口商’，政府授予他奖章并不是出于偶然，而是因为他的努力和奉献，因为他为葡萄牙经济做出的贡献。所以豪尔赫能够将最好的球员和教练纳入自己旗下一点儿都不奇怪。这就是门德斯之所以成为最优秀的经纪人的原因。”

保罗·福特雷毫不犹豫地指出了现在葡萄牙足坛最重要的3个人：C罗、穆里尼奥和门德斯。“他为葡萄牙带来的财富令人难以置信，他不久前被授予了奖章，但是还需要更深入地了解他。他为这个国家创造了很多的财富，仅仅是波尔图俱乐部，10年之间超过了1亿欧元。我们说的是这个国家最大的俱乐部。葡萄牙人都知道他是做得最好的一个，人们爱戴他，尊敬他。但是豪尔赫是全世界的榜样，你们写的这本书应该进入校园里。葡萄牙政府还没有给他应得的荣誉，他们授予他了体育功勋奖章，不过他应该获得更多的奖励。因为当我们的总统外出访问时，他都会带着10个、15个或者20个企业家过去，门德斯从来不去。总统先生只要带上门德斯一个人就够了，葡萄牙需要重新认识门德斯的价值！”

人们想要知道门德斯对于这件事情的看法，他为自己做过的一切感到骄傲：“葡萄牙是个小国家，但是今时不同往日。我为能够为我的国家做出贡献感到自豪。现在，在足球上，我们处于领先地位，要知道以前可不是这样，在英格兰我们甚至没有任何市场。那是热斯蒂夫特为葡萄牙足球做出的重大贡献，这对于葡萄牙的俱乐部、球员和教练来说都很重要。很显然，我为此感到骄傲。”

那天，门德斯和他的家人、工作人员和球员们在一起。热斯蒂夫特的一个工作人员曼努埃拉·布兰当回忆道：“那是个伟大的时刻，那天我们感到这个男人为这个国家的贡献，为这个国家创造的价值终于得到了认可，整个公司的工作人员都非常开心。”在热斯蒂夫特内部，有一群非常崇拜门德斯的人。“那是个很令人感动的时刻，就像 2014 年 1 月，C 罗获得金球奖的时候一样。豪尔赫开始哽咽，说不出话来。这个时刻是如此真实、感人，是我们的骄傲。豪尔赫想‘他们为什么要为我这么做？’我们都感到很开心。秘书长在那儿，很多葡萄牙政府的人和很多朋友都在他身边。”

葡萄牙内政部长——费尔南多·戈梅斯

能够近距离见证这个转会市场的外星人（指门德斯）被授予勋章的人，就是费尔南多·戈梅斯了。他是葡萄牙的重要人物，早期管理过波尔图俱乐部，是个热忱的篮球、足球爱好者，葡萄牙足协前任主席，从 2011 年起，接替吉尔伯托·马代尔拒任葡萄牙内政部长。认识戈梅斯的人都说他是个很聪明的人，他让葡萄牙的经济有所好转，让葡萄牙的联赛更加有序，运营顺利。现在，在他的新一轮任期内，整个国家经济井井有条。

葡萄牙政府授予勋章给豪尔赫时，戈梅斯和葡萄牙国内几个重要人物都出现在了现场。“我想授予豪尔赫·门德斯这个勋章，意味着他所做的贡献获得了葡萄牙政府的承认。这是相对的，因为他还会做更多的事情，不过我们必须承认，在我们的国家，这是个很重要的勋章，是至高无上的荣誉。”在场的人都十分赞赏豪尔赫·门德斯对国家形象、国家经济做出的卓越贡献，门德斯俨然成了葡萄牙的名片。戈梅斯的一席话显然并不是场面话，而是实事求是的赞美：“豪尔赫的诚信是他赢得一切的钥匙。作为一个足球经纪人，他功勋卓著。他提升了葡萄牙的国家形象，推动了很多市场运作，为葡萄牙带来了极为可观的收入。他所做的一切决定都具有相当的正确性。”

差不多15年前，当豪尔赫刚开始他的事业、戈梅斯坐上波尔图的头把交椅时，他们就认识了。“那是20世纪90年代末了，那时候我刚开始在波尔图工作。作为波尔图的管理者，我和他保持联系，我们会谈生意，还有球员的买卖。”那时他们讨论的仅仅是与职业相关的事情，现在他们的关系已经转化成友谊。“现在我们还保持联系。我们还有很多足球界的朋友，我可以从他们那儿听到不一样的意见，以便于在与足球相关的事情上做出正确的决策。我和保罗·本托教练之间的关系就是这样的。豪尔赫·门德斯有丰富的足球知识，他很认真，能力惊人，与人相处时非常自信。他是个很有教养的人，工作能力卓越，对他做的事情百分之百投入，并且拥有广阔的人脉，这些都转化成他高度的自信。”

这本书应该命名为：世界成功人士实例。我从豪尔赫身上看到了很多积极的东西：与人相处的能力，对球员和工作人员的用心。豪尔赫一直还是15年前我认识的那个人，他的性格成就了他。

——费尔南多·戈梅斯

十八 一切皆有可能

有的人的能力远比他自己想象的更强大。最关键的是你是否有足够的动机，每一天你的动机都支配着你的生活。努诺·埃斯皮里图·桑托转会到了拉科鲁尼亚，他这些年的经历告诉我们，你的渴望、坚持、意愿、奉献精神、决心和坚信“不可能的事也会发生”，都会帮助你实现自己的目标。

有些时候，只有我一个人相信。我身边的所有人都告诉我，我已经疯了，我要明白那是不可能的事情，我每天前往拉科鲁尼亚是白费工夫，浪费时间。一般来说，在一个需要如此长时间解决的事情上，最容易的和平常的做法就是放弃。要花很多时间去做一件看起来不可能的事情不那么简单，但是最后你会发现，那只是几乎不可能，不是完全不可能。不可能只是因为你觉得不可能。

——豪尔赫·门德斯

这段充满激情的历史不会就此停止。豪尔赫·门德斯，他还有很多地方要去征服，还有很多转会需要运作，还要获得更多荣誉，取得更多成就，还有很多巨星等待挖掘。旅程才刚刚开始。

旅程从未完尽

只是旅人停下了步伐

他们会活在人们的记忆中，会被写进书里

一段旅途的结束，只是另一段旅途的开始

——若泽·萨拉马戈